中国铝业集团有限公司年鉴

2023

中国铝业集团有限公司　编

THE YEARBOOK OF ALUMINUM CORPORATION OF CHINA

CHINALCO

方志出版社
Publishing House of Local Records

图书在版编目（CIP）数据

中国铝业集团有限公司年鉴 . 2023 / 中国铝业集团有限公司编 . — 北京 : 方志出版社， 2024. 7. — ISBN 978-7-5144-6241-8

Ⅰ . F426.32-54

中国国家版本馆 CIP 数据核字第 2024WV3438 号

责任编辑： 刘　芳
责任校对： 张玉霞
责任印制： 梅中英
出 版 者： 方志出版社
地　　址： 北京市朝阳区潘家园东里 9 号（国家方志馆 4 层）
邮　　**编：** 100021
网　　址： http://www.zgfzcb.cn
发　　行： 方志出版社图书营销中心（010–67110500）
印　　刷： 北京中科印刷有限公司
开　　本： 889 毫米 ×1194 毫米 1/16
印　　张： 23.75
字　　数： 622 千字
版　　次： 2024 年 7 月第 1 版
印　　次： 2024 年 7 月第 1 次印刷
定　　价： 180.00 元

《中国铝业集团有限公司年鉴（2023）》编纂委员会

主　任　段向东

副主任　王石磊

委　员　刘建平　叶国华　董建雄　皇甫莹　田永忠　魏成文　史志荣

编辑部

主　编　关晓光

副主编　代金林　王琦龙　张红群

编　辑　韩　露　李凤君　宋士勇　王世闯

撰稿人

于姝雅　凡青平　马军民　马健钰　王　卫　王卫宏　王石磊　王冬生　王　伟
王辛成　王　玮　王晓艳　王梦然　王梓旭　王　震　车淑娜　方东斌　尹　恒
孔羚懿　左金枝　卢中华　申江涛　田茂良　田　野　白　娇　冯国政　邢苏颖
吕彩霞　乔　帅　乔亚峰　伍祚明　任丹莉　任尚清　刘　青　刘　敏　刘绪睿
米　金　孙雯雯　阳文鸿　阳　洁　苏玉龙　李　元　李应俊　李　哲　李　浩
李　祥　李珺佚　李锋帆　李　澄　杨紫桂　吴宏樟　吴若蒙　吴雪亮　邱　皓
汪恒玉　汪献忠　张立眉　张亚婕　张　帆　张华军　张兴莉　张明阳　张　妮
张　琦　张　晶　张静萱　陈一新　陈丽丽　陈家作　陈腾飞　陈新彦　欧阳银坤
尚立建　周加贵　周　涛　孟　欣　孟晓峰　赵一楠　赵成才　赵　刚　赵贵娥
赵寅宇　胡　瑛　段庆尉　费　凡　贺　让　贺胜利　贾迎春　徐岱儒　高国平
涂　键　黄臣富　黄政义　黄　颖　曹京莲　崔献刚　盖志云　彭燕青　董立婧
韩龙飞　韩齐卓　景瑞娜　程　刚　傅蓓喆　温　彪　靳记涛　蔡　宇　藺　建
谭　论

编 辑 说 明

一、《中国铝业集团有限公司年鉴（2023）》（以下简称本卷年鉴）是中国铝业集团有限公司（简称中铝集团或集团）的第19卷年鉴。在中铝集团年鉴编纂委员会的领导下，年鉴编辑部（设在集团办公室）负责年鉴的编纂工作。

二、本卷年鉴以马克思列宁主义、毛泽东思想、邓小平理论、“三个代表”重要思想、科学发展观、习近平新时代中国特色社会主义思想为指导，坚持辩证唯物主义和历史唯物主义的立场、观点和方法，全面记载2022年中铝集团坚持党的领导，加强党的建设，积极服务国家战略，全面强化科技创新，推进国企改革三年行动，实践中铝高质量发展等重点工作及重要举措、重大事件以及工作经验，为建设世界一流优秀有色金属集团提供精神动力和史实支撑。

三、本卷年鉴记述时限为2022年1月1日至2022年12月31日，数字用法、标点符号用法分别采用国家标准《出版物上数字用法》（GB/T 15835–2011）、《标点符号用法》（GB/T 15834–2011），计量单位采用国家技术监督局1993年12月发布的《量和单位》系列国家标准，中铝集团所属企业在本年鉴正文中使用简称，后附全简称对照表。年鉴所收录影像资料均来自于中铝集团影像资料库。

四、本卷年鉴共设7个篇目：影像篇收录中铝集团2022年重大事件、重要活动的影像资料；特载篇收录中铝集团一届五次职代会暨2022年工作会议材料；大事记记载2022年中铝集团的大事、要事；综述篇记述2022年中铝集团概况、党的建设、产业运营等方面的工作综述；企业篇记述2022年各二级经营单元及实体企业的生产经营、企业管理与改革、科技创新、党建与企业文化建设、履行社会责任等内容；荣誉篇收录中铝集团及所属企业2022年度获得国家级、省部级、集团级的综合性荣誉称号；附录收录中铝集团所属企业全称和规范简称、主要指标数据对比图表，全国氧化铝、电解铝、铝加工材、铜精矿、电铜、铜加工材历年产量等统计数据。

目　录

【影像篇】

调研指导……………………………………………………………………………… 2
合作交流……………………………………………………………………………… 7
党的建设……………………………………………………………………………… 12
领导调研……………………………………………………………………………… 17
改革发展……………………………………………………………………………… 21
科技创新……………………………………………………………………………… 27
社会责任……………………………………………………………………………… 32

【特载篇】

深入贯彻党的十九届六中全会精神　为全面建成社会主义现代化国家作出新贡献
——在中铝集团一届五次职代会暨2022年工作会议上的讲话（摘要）…………… 2
保持埋头苦干勇毅前行的精神状态　奋力推动集团高质量发展迈上新征程
——在中铝集团一届五次职代会暨2022年工作会议上的工作报告（摘要）……… 10
实施新时代人才强企战略　全力开创集团人才工作新格局
——在中铝集团人才工作会议上的讲话（摘要）………………………………… 18
全面贯彻落实党的二十大精神　为加快建设世界一流企业团结奋斗
——在中铝集团2022年度发展战略研讨会上的讲话（摘要）…………………… 26

【大事记】

2022年中铝集团大事记 ……………………………………………………………… 34

【综述篇】

集团概况…… 42
党的建设…… 46
产业运营…… 48
安全环保…… 51
节能低碳…… 54
科技创新…… 56
投资发展…… 59
深化改革…… 63
合作交流…… 65
人力资源开发…… 67
纪检监察与巡视监督…… 70
内控管理与风险防控…… 74
文化建设…… 78

【企业篇】

中国铝业股份有限公司…… 82
中铝山东有限公司…… 87
中铝矿业有限公司…… 90
中铝山西新材料有限公司…… 93
中国铝业广西分公司…… 97
中铝中州铝业有限公司…… 101
中国铝业重庆分公司…… 104
山西华兴铝业有限公司…… 106
广西华昇新材料有限公司…… 108
中国铝业贵州分公司…… 111
中国铝业青海分公司…… 114
包头铝业有限公司…… 117
兰州铝业有限公司…… 120
山西华圣铝业有限公司…… 123
抚顺铝业有限公司…… 126

遵义铝业股份有限公司 …… 128
甘肃华鹭铝业有限公司 …… 131
中国铝业连城分公司 …… 133
山西中铝华润有限公司 …… 136
广西华磊新材料有限公司 …… 138
云南铝业股份有限公司 …… 141
中铝郑州有色金属研究院有限公司 …… 144
中铝（上海）碳素有限公司 …… 147
中铝宁夏能源集团有限公司 …… 150
中铝国际贸易集团有限公司 …… 153
中铝能源有限公司 …… 156
中国铝业香港有限公司 …… 159
中铝物资有限公司 …… 161
中铝物流集团有限公司 …… 164
贵州华锦铝业有限公司 …… 166
中铝集团山西交口兴华科技股份有限公司 …… 168
贵州华仁新材料有限公司 …… 171
中铝新材料有限公司 …… 174

中国铜业有限公司 …… 178
云南铜业股份有限公司 …… 182
中铝秘鲁矿业公司 …… 185
中铝洛阳铜业有限公司 …… 187
中铜（上海）铜业有限公司 …… 190
中铜华中铜业有限公司 …… 192
中铝洛阳铜加工有限公司 …… 195
中铜国际贸易集团有限公司 …… 198
中铜东南铜业有限公司 …… 201
中铜矿产资源有限公司 …… 203
云南铜业股份有限公司西南铜业分公司 …… 206
云南迪庆有色金属有限责任公司 …… 208
云南金鼎锌业有限公司 …… 210
云南驰宏锌锗股份有限公司 …… 212

中铜资产经营管理有限公司……215
中铜投资有限公司……218
中铜（昆明）铜业有限公司……221
昆明冶金研究院有限公司……224

中国铝业集团高端制造股份有限公司……227
西南铝业（集团）有限责任公司……232
东北轻合金有限责任公司……236
西北铝业有限责任公司……240
中铝瑞闽股份有限公司……243
中铝沈阳有色金属加工有限公司……246
中铝铝箔有限公司……249
中铝特种铝材（重庆）有限公司……252
中铝材料应用研究院有限公司……255
中铝河南洛阳铝加工有限公司……258
重庆国创轻合金研究院有限公司……261

中铝国际工程股份有限公司……264
沈阳铝镁设计研究院有限公司……268
贵阳铝镁设计研究院有限公司……272
长沙有色冶金设计研究院有限公司……276
中色科技股份有限公司……279
中国有色金属长沙勘察设计研究院有限公司……282
中国有色金属工业第六冶金建设有限公司……285
九冶建设有限公司……289
中色十二冶金建设有限公司……292
中铝招标有限公司……295

中铝资产经营管理有限公司……298
山东铝业有限公司……302
中国长城铝业有限公司……305
贵州铝厂有限责任公司……308
中铝山西铝业有限公司……311

中铝资本控股有限公司…… 314
中铝财务有限责任公司…… 318
中铝商业保理有限公司…… 321
中铝融资租赁有限公司…… 323
云晨期货有限责任公司…… 326
中铝保险经纪（北京）股份有限公司…… 328
中铝创新发展股权投资基金管理（北京）有限公司…… 330

中铝环保节能集团有限公司…… 333
中铝创新开发投资有限公司…… 337
中铝海外发展有限公司…… 340
中铝智能科技发展有限公司…… 343
中铝科学技术研究院有限公司…… 347
中铝铁矿控股有限公司…… 350

【荣誉篇】

集体荣誉…… 354
个人荣誉…… 359

【附　录】

中国铝业集团有限公司所属企业全称和规范简称…… 364
2001—2022 年中国铝业集团有限公司主要经济指标表 …… 370
中国铝业集团有限公司主要产品产能、产量图（2001—2022 年） …… 375
中国铝业集团有限公司主要经济指标图（2001—2022 年） …… 377
1953—2022 年全国氧化铝、电解铝、铝加工材产量表 …… 378
1953—2022 年全国铜精矿、电铜、铜加工材产量表 …… 379

Contents

SNAPSHOTS

Visits and Guidances ······ 2
Cooperation and Communication ······ 7
Party Building ······ 12
Leadership Visits ······ 17
Reform and Development ······ 21
Science and Technology Innovation ······ 27
Corporate Social Responsibility ······ 32

SPECIAL FEATURES

Thoroughly Implementing the Guiding Principles of the Sixth Plenary Session of the 19th CPC Central Committee, and Making New Contributions to Build a Modern Socialist Country.
——Excerpts from the Speech at the Fifth Session of the First Chinalco Workers Congress and 2022 Work Conference ······ 2
Keeping the Spirit of Hard Working, Forging ahead with Resolve, and Striving to Promote Chinalcos' High-Quality Development into a New Journey.
——Excerpts from the Annual Working Report at the Fifth Session of the First Chinalco Workers Congress and 2022 Work Conference ······ 10
Implementing the New Talent Strategy, and Creating a New Talent Paradigm of Chinalco
——Excerpts from the Speech at Chinalco Talent Work Conference ······ 18
Fully Implementing the Guiding Principles of the 20th National Congress of the CPC, and Accelerating the Construction of a World-Class Enterprise with Concerted Efforts.
——Excerpts from the Speech at 2022 Workshop on Development Strategy of Chinalco ······ 26

CHRONICLES

Chinalco's Major Events in 2022 ······ 34

OVERVIEW

Corporate Profile ······ 42
Party Building ······ 46
Industrial Operation ······ 48
Safety and Environmental Protection ······ 51
Energy Conservation and Carbon Reduction ······ 54
Science and Technology Innovation ······ 56
Investment and Development ······ 59
Deepening Reforms ······ 63
Cooperation and Communication ······ 65
Human Resources Development ······ 67
Discipline Inspection and Supervision ······ 70
Internal Control and Risk Prevention ······ 74
Culture Construction ······ 78

ENTERPRISES

Aluminum Corporation of China Limited ······ 82
Chalco Shandong Co., Ltd. ······ 87
Chalco Mining Co., Ltd. ······ 90
Chalco Shanxi New Materials Co., Ltd. ······ 93
Chalco Guangxi Branch ······ 97
Chalco Zhongzhou Alumina Co., Ltd. ······ 101
Chalco Chongqing Branch ······ 104
Shanxi Huaxing Aluminum Co., Ltd. ······ 106
Guangxi Huasheng New Materials Co., Ltd. ······ 108
Chalco Guizhou Branch ······ 111
Chalco Qinghai Branch ······ 114
Chalco Baotou Aluminum Co., Ltd. ······ 117

Chalco Lanzhou Aluminum Co., Ltd. …… 120
Shanxi Huasheng Aluminum Co., Ltd. …… 123
Fushun Aluminum Co., Ltd. …… 126
Zunyi Aluminum Co., Ltd. …… 128
Gansu Hualu Aluminum Co., Ltd. …… 131
Chalco Liancheng Branch …… 133
Chalco China Resources Shanxi Co., Ltd. …… 136
Guangxi Hualei New Materials Co., Ltd. …… 138
Yunnan Aluminum Co., Ltd. …… 141
Chalco Zhengzhou Nonferrous Metals Research Institute Co., Ltd. …… 144
Chalco (Shanghai) Carbon Co., Ltd. …… 147
Chalco Ningxia Energy Group Co., Ltd. …… 150
China Aluminum International Trading Co., Ltd. …… 153
Chalco Energy Co., Ltd. …… 156
Chalco Hong Kong Co., Ltd. …… 159
Chalco Materials Co., Ltd. …… 161
Chalco Logistics Group Co., Ltd. …… 164
Guizhou Huajin Aluminum Co., Ltd. …… 166
Chalco Shanxi Jiaokou Xinghua Technology Co., Ltd. …… 168
Guizhou Huaren New Materials Co., Ltd. …… 171
Chalco New Materials Co., Ltd. …… 174

China Copper Co., Ltd. …… 178
Yunnan Copper Co., Ltd. …… 182
Minera Chinalco Peru S.A. …… 185
Chinalco Luoyang Copper Co., Ltd. …… 187
China Copper (Shanghai) Co., Ltd. …… 190
China Copper Huazhong Co., Ltd. …… 192
Chinalco Luoyang Copper Fabrication Co., Ltd. …… 195
China Copper International Trading Group Co., Ltd. …… 198
China Copper Southeast Co., Ltd. …… 201
China Copper Mineral Resources Co., Ltd. …… 203
Yunnan Copper Southwest Branch …… 206
Yunnan Diqing Nonferrous Metals Corporation Limited …… 208
Yunnan Jinding Zinc Co., Ltd. …… 210

Yunnan Chihong Zinc & Germanium Co., Ltd. ······ 212
China Copper Capital Operation Co., Ltd. ······ 215
China Copper Investment Co., Ltd. ······ 218
China Copper (Kunming) Co., Ltd. ······ 221
Kunming Metallurgical Research Institute Co., Ltd ······ 224

Chinalco Advanced Manufacturing Co., Ltd. ······ 227
Southwest Aluminum (Group) Co., Ltd. ······ 232
Northeast Light Alloy Co., Ltd. ······ 236
Southwest Aluminum Co., Ltd. ······ 240
Chalco Ruimin Co., Ltd. ······ 243
Chinalco Shenyang Nonferrous Metals Fabrication Co., Ltd. ······ 246
Chinalco Aluminum Foil Co., Ltd. ······ 249
Chalco Sapa Special Aluminum Products (Chongqing)Co., Ltd. ······ 252
Chinalco Materials Application Research Institute Co., Ltd. ······ 255
Chinalco Luoyang Henan Aluminum Processing Co., Ltd. ······ 258
Chongqing National Innovation Institute of Light Alloys CO.,LTD. ······ 261

China Aluminum International Engineering Co., Ltd. ······ 264
Shenyang Aluminum and Magnesium Design and Research Institute ······ 268
Guiyang Aluminum and Magnesium Design and Research Institute ······ 272
CINF Engineering Corporation Limited ······ 276
China Nonferrous Metals Processing Technology Co., Ltd. ······ 279
China Nonferrous Metal Survey and Design Institute of Changsha Co., Ltd. ······ 282
China Sixth Metallurgical Construction Co., Ltd. ······ 285
Jiuye Construction Co., Ltd. ······ 289
China Nonferrous Metals Industry's Twelfth Metallurgical Construction Co., Ltd. ······ 292
Chinalco Tendering Co., Ltd. ······ 295

Chinalco Capital Operation Co., Ltd. ······ 298
Chalco Shandong Co., Ltd. ······ 302
China Great Wall Aluminum Co., Ltd. ······ 305
Chinalco Guizhou Aluminum Co., Ltd. ······ 308
Chinalco Shanxi Aluminum Co., Ltd. ······ 311

Chinalco Capital Holdings Co., Ltd. ······ 314
Chinalco Finance Co., Ltd. ······ 318
Chinalco Commercial Factoring Co., Ltd. ······ 321
Chinalco Lease Finance Co., Ltd. ······ 323
Yun Chen Futures Co., Ltd. ······ 326
Chinalco Insurance Brokers (Beijing) Co., Ltd. ······ 328
Chinalco Private Equity Fund Management(Beijing) Co.,Ltd. ······ 330

Chinalco Environmental Protection and Energy Conservation Co., Ltd. ······ 333
Chinalco Innovation Development Investment Co., Ltd. ······ 337
Chinalco Overseas Development Co., Ltd. ······ 340
Chinalco Smart Technology Development Co., Ltd. ······ 343
Chinalco Central Research Institute ······ 347
Chalco Iron Ore Holdings Limited ······ 350

HONORS

Collective Awards ······ 354
Individual Awards ······ 359

APPENDICES

Full Names or Standard Abbreviation of Chinalco Subsidiaries ······ 364
Table of Chinalco Main Economic Indicators from 2001 to 2022 ······ 370
Production Capacity and Output Charts of Major Products of Chinalco from 2001 to 2022 ······ 375
Chart of Chinalco Main Economic Indicators from 2001 to 2022 ······ 377
China's Output Charts of Alumina, electrolytic Aluminum and Fabricated Aluminum Products from 1953 to 2022 ······ 378
China's Output Charts of Copper Concentrates, Copper Cathodes and Fabricated Copper Products from 1953 to 2022 ······ 379

2023

中国铝业集团有限公司年鉴

The Yearbook of Aluminum Corporation of China

【影像篇】

Snapshots

调研指导

2022年，省市领导到集团所属企业调研指导工作，鼓舞了广大干部职工坚定信心、真抓实干，为建设世界一流企业而奋斗的决心

2月8日，云南省委书记、省人大常委会主任王宁（中）到云铝海鑫调研

5月19日，黑龙江省委书记、省人大常委会主任许勤（前排右一）到东轻调研

6 月 25 日，广西壮族自治区党委书记、自治区人大常委会主任刘宁（前排右一）到广西分公司调研

6 月 28 日，贵州省委副书记、省长李炳军（前排右一）到遵义铝业调研

1 月 10 日，广西壮族自治区人大常委会党组副书记、副主任，自治区总工会主席张晓钦（左二）到广西分公司调研新时代产业工人队伍建设改革工作

3 月 23 日，时任青海省委常委、西宁市委书记陈瑞峰（前排中）到青海分公司调研

6 月 22 日，时任宁夏回族自治区副主席吴秀章（前排左一）到宁夏能源调研

7 月 27 日，时任云南省委常委、常务副省长刘非（前排左二）到玉溪矿业龙都尾矿库检查指导安全生产工作

11 月 10 日，全国人大常委会委员、财经委主任委员徐绍史（左三）到广西华昇调研指导工作

11 月 19 日，全国政协常委，中国有色金属工业协会党委书记、会长葛红林（左三）到云铝股份调研

合作交流

2022年，中铝集团坚持合作共享共赢，加快促进战略合作的步伐，积极开展与各方伙伴的沟通交流与互利合作，促进融合发展，打造合作交流新格局

1月13日，中铝集团与中国工商银行签署全面战略合作协议

1月19日，中铝集团与中国检验认证集团签署全面战略合作协议

2 月 28 日，中铝集团与迈格钠磁动力有限公司签署战略合作框架协议

3 月 5 日，中铝集团与蔚来汽车科技有限公司签署战略合作协议

3 月 25 日，中铝集团与北京市昌平区人民政府签署战略合作框架协议

4 月 20 日，中铝集团与中国地质调查局签署战略合作协议

10 月 28 日，中铝集团与中国供销集团有限公司签署战略合作框架协议

11 月 6 日，中铝集团连续五年参加中国国际进口博览会现场签约

8月10日，中铝集团参加2022年华南国际铝工业展览会，众多“中铝造”产品集中亮相

11月19日，云铝股份“绿色铝·在云铝”主题展亮相南亚博览会

7月7日，奥地利经济代表团到中铝瑞闽开展商务考察

9月30日，印尼北苏门答腊会议代表团到沈阳院印尼电解铝改造项目现场调研考察

党的建设

2022 年，中铝集团党组坚持以习近平新时代中国特色社会主义思想为指导，深入学习宣传贯彻党的二十大精神，发挥党建引领保障作用，坚定不移推进全面从严治党，加快建设世界一流企业

1 月 10 日，中铝集团召开党史学习教育总结会议

1 月 25 日，中铝集团召开 2022 年党风廉政建设和反腐败工作会议

4 月 7 日至 8 日，中国共产党中国铝业集团有限公司直属第三次党员代表大会在京召开

6 月 29 日，中铝集团召开学习贯彻习近平总书记重要批示精神暨 2022 年党建工作推进会

8月26日，中铝集团举办“学习习近平总书记重要讲话精神，迎接党的二十大”党委书记专题研讨班

9月28日，中铝集团召开思想政治工作会议

1月19日，中铝集团党组书记、董事长姚林（左一）为基层联系点讲授党的十九届六中全会精神专题党课

10月28日，中铝集团召开学习贯彻党的二十大精神宣讲报告会

11 月 29 日，中铝集团党组副书记、总经理刘祥民到青海海晏县同宝山开展主题党日活动

10 月 26 日，中铝集团出席中共二十大代表徐俊霞（中）在包头铝业宣讲党的二十大精神

7 月 15 日，云铝阳宗海组织党员干部、关键岗位人员到云南省反腐倡廉警示教育基地开展警示教育活动

领导调研

2022 年，中铝集团党组成员全面贯彻落实习近平总书记对国资央企和中铝集团重要指示批示精神，聚焦企业高质量发展，深入各企业现场解决企业发展和民生难题

3 月 24 日，中铝集团党组书记、董事长姚林（中）到中铝物资调研

11 月 29 日，中铝集团党组副书记、总经理刘祥民（左三）到青海海北州帮扶点调研

9月17日，中铝集团党组副书记、董事刘建平（左二）到广西分公司调研

8月16日，中铝集团党组成员、总会计师叶国华（中）到山西新材料调研

7 月 8 日，中铝集团党组成员、副总经理董建雄（前排右一）到宁夏能源调研

11 月 4 日，中铝集团党组成员、纪检监察组组长皇甫莹（右三）到中铝资产调研

8月3日，中铝集团党组成员、副总经理田永忠（右二）到长城铝业调研

9月16日，中铝集团党组成员、副总经理魏成文（右二）到宁夏能源王洼煤业王洼二矿调研

改革发展

2022年，中铝集团国企改革三年行动实现高质量收官，国有资本投资公司试点改革稳步推进，各项专项改革取得新成效，企业竞争力和整体盈利能力得到大幅提升

1月24日至25日，中铝集团召开一届五次职工代表大会暨2022年工作会议

7月24日，中铝集团召开2022年年中工作会议

8 月 24 日，中铝集团召开深化国有资本投资公司试点改革务虚会

12 月 8 日，中铝集团召开学习贯彻党的二十大精神暨年度发展战略研讨会

6 月 14 日，中铝物流承接的进口铜精矿货代及国内运输业务实现全流程贯通

6 月 30 日，广西分公司教美铝土矿山建设项目顺利投产

7 月 29 日，内蒙古华云 6 兆瓦分布式光伏项目首批并网发电

11 月 16 日，中铝物资出口海外的首批 20000 吨烧碱货轮拔锚起航

9月28日，在第35届国际矿业展上，秘鲁矿业获得由秘鲁矿业工程师协会（IIMP）、国家工业协会（SNI）和阿雷基帕工商会（CCIA）颁发的“秘鲁卓越采矿奖”

2月22日，东轻熔铸厂259车床智能机器人改造项目顺利完成并投入使用

7 月 11 日，西南铝成功研发国内最大规格 4 米级特宽航天用高端合金板材

6 月 30 日，九冶参与承建的陕西省宝鸡市团结渭河大桥项目实现全线通车

科技创新

2022 年，中铝集团围绕建设世界一流企业，不断完善创新体系建设，打造原创技术策源地，加快关键核心技术攻关和科技成果转化，全面推进“十四五”科技发展规划落实落地

8 月 4 日，中铝集团举办新能源发展研讨会

8 月 12 日，中铝集团召开科技工作推进会

8 月 26 日，中铝集团召开原创技术策源地建设工作务虚会

10 月 28 日，中铝集团召开关键核心技术攻关大会

10 月 25 日，西南铝科研技术人员在生产现场商讨铝合金板材工艺优化方案

3 月 16 日，东轻科研人员调试生产机翼壁板

9月28日，国内首例光伏直流电直接供给铝冶炼生产试验项目在云铝阳宗海绿色铝产业园成功投运

11月25日，中铝中央研究院材料分院高硅合金高速铸造成套技术在中铝瑞闽现场试制A390高硅铝合金成功

3 月 31 日，西南铝成功开发出客户所需的汽车板，实现进口产品替代

9 月 1 日，东轻科研团队成功攻克某大型客机用铝合金薄板技术难题，满足民机用户标准规范要求

社会责任

2022 年，中铝集团全面优化产业布局，加强生态环境治理，高质量建设绿色低碳中铝；始终将职工视为企业发展壮大的共同体；投身社会公益事业，助推乡村振兴；响应“一带一路”倡议，履行央企社会责任

1 月 4 日，中铝集团召开 2022 年安全环保质量暨依法治企专项工作会议

6 月 28 日，中铝集团举办第六届降碳节活动暨社会责任报告发布会

8月4日，中铝集团纪检组长、党组成员皇甫莹（中）到湖北阳新县帮扶点调研

11月29日，赤峰云铜自主研发的“侧顶吹双炉连续炼铜技术”成功入选《国家工业和信息化领域节能技术装备推荐目录（2022年版）》

2 月 17 日，云铜股份开展 2022 年环保开放日活动

11 月 25 日，“中国铝业杯”第十五届全国有色金属行业职业技能竞赛在云铝股份举办

6 月 8 日，贵州分公司开展"青安在线"活动

4 月 20 日，包头铝业举办"喜迎二十大 建功新包铝"职工文化艺术节

6月15日，中色科技举办“踔厉奋发 挑战极限”职工篮球比赛

5月22日，中铝集团在定点帮扶县湖北省黄石市阳新县开展2022年农业种植养殖培训

8 月 30 日，包头铝业开展“金秋助学”活动

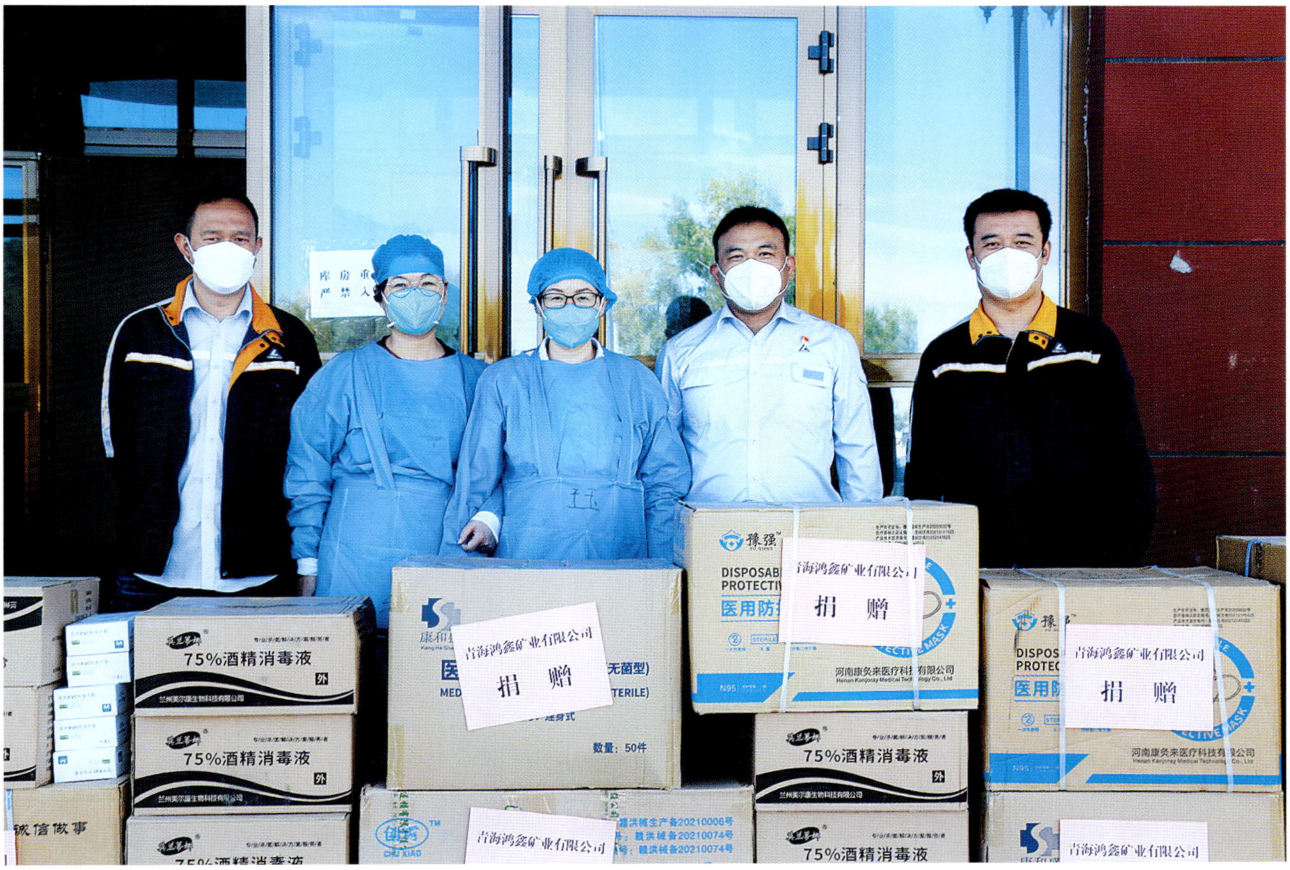

9 月 6 日，驰宏锌锗青海鸿鑫先后分两批向格尔木市红十字会捐赠总价值 8 万元的医用紧缺物资

5月23日，彝良驰宏组织青年志愿者到云南省昭通市中心血站彝良采血点开展无偿献血志愿活动

1月7日，中铝几内亚援建几内亚博法省岩贝兰县的“友谊路”正式通车

2023

中国铝业集团有限公司年鉴

The Yearbook of Aluminum Corporation of China

【特载篇】

Special Features

深入贯彻党的十九届六中全会精神 为全面建成社会主义现代化国家作出新贡献

——在中铝集团一届五次职代会暨 2022 年工作会议上的讲话（摘要）

党组书记、董事长　姚　林

（2022 年 1 月 24 日）

第一部分　关于 2021 年的工作

2021 年，集团党组坚持以习近平新时代中国特色社会主义思想为指导，在党中央的坚强领导下，在中组部、国务院国资委的正确领导下，以推动高质量发展为主题，以深化供给侧结构性改革为主线，以建设世界一流企业为目标，聚力打造中铝高质量发展新模式，经营业绩创历史最好水平，实现“十四五”良好开局。

一、深入学习贯彻党的十九届六中全会精神，从党的百年奋斗史中汲取智慧和力量

党的十九届六中全会通过《中共中央关于党的百年奋斗重大成就和历史经验的决议》。《决议》明确提出，支持国有资本和国有企业做强做优做大，建立中国特色现代企业制度，增强国有经济竞争力、创新力、控制力、影响力、抗风险能力。这为我们在新征程上加快建设具有全球竞争力的世界一流企业指明方向。

中铝集团作为党中央管理的重要骨干企业，承担着“排头兵、主力军、引领者”的战略使命，必须切实把思想和行动统一到全会精神上来，从党的百年奋斗史中汲取智慧和力量，在新征程上更加坚定地做强做优做大，推动高质量可持续发展，加快建设世界一流企业，在实现中华民族伟大复兴的征程中挑重担、扛大梁，为全面建成社会主义现代化强国作出新贡献。

（一）挑重担、扛大梁，对党绝对忠诚，做捍卫“两个确立”、践行“两个维护”的表率

集团各级领导干部始终衷心拥护“两个确立”、忠诚践行“两个维护”，做到对党忠诚，始终在政治立场、政治方向、政治原则、政治道路上同以习近平同志为核心的党中央保持高度一致，更加自觉地增强“四个意识”、坚定“四个自信”、做到“两个维护”，始终胸怀“两个大局”，牢记“国之大者”，不断提高政治判断力、政治领悟力、政治执行力，确保习近平总书记重要指示批示精神和党中央决策部署在中铝集团得到最有力最有效的贯彻落实。坚持不懈用习近平新时代中国特色社会主

义思想武装头脑、指导实践、推动工作，用以指引打造中铝高质量发展新模式的生动实践，将“两个确立”的决定性意义和实践要求内化于心、外化于行，确保中铝集团建设世界一流企业的宏伟事业始终沿着正确方向前进，不断夺取新征程上的新胜利。

（二）挑重担、扛大梁，坚持人民至上，做依靠职工、造福职工的表率

坚持人民至上，自觉践行以人民为中心的发展思想，积极推动公司治理变革，深化体制机制创新，完善中国特色现代企业制度，通过合理共享使各类要素积极参与发展，在做大“蛋糕”的前提下进一步分好“蛋糕”，努力实现职工收入增长与效率效益同步提高，更好地做到企业发展成果与广大职工共享。

各级党组织通过卓有成效的思想政治引领，将拥护“两个确立”、做到“两个维护”落实到职工群众的自觉行动中，坚定不移听党话、矢志不渝跟党走。各级工会组织进一步健全完善以职工代表大会为基本形式的民主管理制度，积极探索实践职工参与企业管理的有效方式，始终做到发展依靠职工。持之以恒推进党史学习、教育、宣传，巩固拓展党史学习教育成果。持续深入开展“我为群众办实事”实践活动，聚焦职工群众的急难愁盼问题，坚持尽力而为、量力而行，让职工群众在集团高质量发展进程中日子过得一天比一天好，获得感幸福感安全感不断充实。

（三）挑重担、扛大梁，矢志不渝奋斗，做勇于担当、善做善成的表率

中铝集团的发展已经站在新的历史起点上，在新征程上推进集团高质量发展，任务艰巨而繁重，不但需要付出更为艰巨的努力，而且需要更强的本领，需要勇于担当的宽肩膀，能担重任的“铁肩膀”。

集团实现科技自立自强、绿色低碳发展、数智化赋能建设、完善价值管理体系的任务异常艰巨，实践高质量发展新模式走深走实的任务和内涵有新的拓展，广大党员干部必须增强专业思维、专业精神、专业能力，以咬定青山不放松的执着和行百里者半九十的清醒不懈奋斗、艰苦奋斗，以“人一之我十之、人十之我百之”的劲头真抓实干、埋头苦干，以“干在实处”推动“走在前列”，在新的赶考之路上考出好成绩，不断书写中铝高质量发展的新篇章。

二、明方位鉴形势补短板，把握时代要求践行新使命

（一）总结成绩明方位，坚定砥砺奋进的信心

效益指标跑赢央企增速。2021 年，集团实现营业收入 5142 亿元，同比增长 40.1%，比央企平均营业收入多增长 20.6 个百分点。净利润 200 亿元，位列央企重点增利企业第 9 名（按增利额排序）。归母净利润 94.5 亿元，位列央企第 28 位，创历史最好水平。营业收入利润率提升 3.44 个百分点，比央企平均水平多提升 2.84 个百分点。净资产收益率、EVA 等反映资本回报水平及价值创造能力的指标大幅提升，达到或接近行业领先水平。

有力推动改革创新发展。积极服务国家战略，布局资源获取，做强“红旗工程”，铝、铜、稀土资源保障均实现新进展，国家重大工程取得新突破。坚持以科技创新和绿色低碳为支撑的战略导向，重塑科技创新体系，谋划绿色发展路径。坚持价值创造全面提升管理，建立“四层两力”价值管理体系，深化“2W3H”全要素对标模式，搭建

“一体两翼”财务管理架构，提高了企业经营素质，增强了可持续盈利能力。坚持以内涵式发展集聚资源，制定实施“十四五”内涵式高质量发展战略，超进度完成国企改革三年行动任务，“两非”“两商”“两金”全面压减，中央生态环保督察整改有序推进，法律审计维权创效有力落实，“大监督”体系有效运行，推动了质量变革、效率变革、动力变革。

更加彰显党建政治优势。坚持以高质量党建引领保障高质量发展，“第一议题”制度落实更加有力，连续第3年召开深入学习贯彻习近平总书记对中铝党建重要批示精神会议，聚焦抓推进、抓落实制定学习宣传贯彻习近平总书记“七一”重要讲话、党的十九届六中全会精神方案，做到“两个维护”更加自觉。热烈庆祝党的百年华诞，在陕西照金举办学习习近平总书记“七一”重要讲话精神专题研讨班，以多种形式推动讲话精神进企业、进车间、进班组。扎实开展党史学习教育，坚持高站位部署、高标准督导、高质量办实事、高力度宣传，做到党中央决策部署有序落实，广大职工获得感幸福感增强，党建品牌形象不断优化，中央企业学习教育第四指导组到中铝现场指导17次，对集团党史学习教育工作给予有力支持和充分肯定。党的领导融入公司治理的体系更加完善，修订完善党组议事规则，制定集团在完善公司治理中加强党的领导实施办法，优化党组会和二、三级企业党委前置讨论重大经营管理事项清单，党组（党委）领导作用发挥更加规范。党建基层组织力不断提升。扎实开展国务院国资委党建责任制考核反馈问题整改和全国国企党建会议精神贯彻落实情况“回头看”，自查党建短板问题607个，制定改进措施1394项。扎实开展“两对标、两抓好”“大学习、大比武、大落实”“赶超标杆我能干成什么”大讨论活动，基层党建基础更加夯实、工作更加规范。统筹推进基层党组织副书记试点建档立卡、系统培训和定期分析，从体制上为党建与业务的融合提供保障。做精“两带两创”，做实党员“双提升”，党建与业务工作“双向融合”不断深化。干部人才队伍更有活力，“以德为先、事业为上”的选人用人导向更加鲜明，大力选拔优秀年轻干部，突出科技人才队伍建设，严管厚爱狠抓干部监督，激发了干部人才队伍的动力活力。全面从严治党更加深入，深入整治靠企吃企，梳理4方面40项任务，提前实现党的十九届中央任期内集团巡视全覆盖，查办一批重点案件，处理处分部门副职级及以上干部23人次，追责问责22名党组管理干部和关键岗位人员，惩贪治腐取得重大阶段性成果。

（二）寻找差距补短板，提升全要素效率

在总结成绩的同时，更要对照高质量发展的要求和标准，查找差距不足，加快补齐短板。

一是高质量发展基础还不坚实。与建设世界一流企业的目标相比，还存在战略布局的合理性不足、战略单元独当一面的能力不强、新兴产业发展缓慢、低碳生产路径不清晰等问题，在质量效益、创新能力、价值创造力、生态控制力和国际化水平等方面有待提高。

二是全面深化改革动真碰硬不够。战略单元和子企业改革进展不平衡，部分企业存在形式主义现象，不敢、不愿、不想改的问题不同程度存在。“三项制度”改革的成效不明显，经营机制市场化改革程度不深，能下、能出、能减力度不大，“末位淘汰”机制尚未落实。

三是安全生产管理仍然存在短板。安全生产管理的系统性不强，安全生产标准化执行不严格，安全责任落实不紧不实，综合管理措施不精不细，重复性安全生产事故时有发生，企业本质安全水平亟待提升。

第二部分 关于2022年的工作

2022年集团工作的总体要求是：以习近平新时代中国特色社会主义思想为指导，全面贯彻党的十九大、十九届历次全会和中央经济工作会议精神，深入贯彻落实习近平总书记关于国有企业改革发展和党的建设重要论述，完整、准确、全面贯彻新发展理念，坚持稳中求进工作总基调，融入构建新发展格局，高质量服务国家战略，全面强化科技创新，决战决胜国企改革三年行动，防范化解重大风险，实践中铝高质量发展新模式走深走实，稳步提升经营业绩，以优异成绩迎接党的二十大胜利召开。

一、纲举目张，抓好战略重点带动发展全局

一是突出战略定位，抓好国家战略服务保障工作。要抓好战略性矿产资源保障，加大国内资源勘查力度，落实新一轮找矿战略行动，加快推动重点项目落地，筹谋优质资源获取。提升全球战略资源获取能力，加快形成有竞争力的战略性资源储备和获取模式，切实提升初级产品供给保障能力，更好发挥国家战略资源生产自给的支撑托底作用。要抓好关键材料保供，做优“红旗工程”，科学运用挂图作战，确保在研在建项目完成年度目标任务，积极争取国家重点攻关任务项目落地。精准谋划民机铝材研制认证工作，加强与中国商飞的整体沟通协调，提高大飞机铝材可供率。持续提升关键材料质量和营销水平，确保A品保供率、成品率稳中有升，为国家战略材料保障彰显新担当、展现新作为。要抓好“双碳”目标落地，紧跟“双碳”目标谋划发展格局，推进集团专业规划、行动方案及《碳排放管理办法》落地。加强行业沟通对话，狠抓绿色低碳技术攻关，加快先进技术推广应用，探索高耗能产业可操作、可量化、可衡量、可考核的低碳负碳路径。优化能源结构和产业布局，引领带动行业加快转变发展方式，加速全价值链绿色低碳发展进程。推进中央生态环境保护督察问题整改攻坚，更好发挥减污降碳协同发展效应。

二是强化顶层设计，努力打造国家战略科技力量。要进一步提高政治站位，强化科技策源功能。贯彻国务院国资委《关于推进国有企业打造原创技术策源地的指导意见》要求，抓住国家实验室建设和全国重点实验室等国家级创新体系重组机遇，加快构建领先创新体系。提高中央研究院运营质量，健全完善与科研院校、产业链伙伴合作的创新链条，提升共性关键技术研发服务能力，打造符合国家战略的高水平科技力量。要进一步增强创新能力，强化支撑引领作用。要放眼全球，突破关键核心技术，在国际标准、专利和国家级技术创新成果等方面力争有所建树。要面向未来，加强产业技术基础研究和颠覆性技术研究，抓好关键技术、共性技术攻关，围绕战略性新兴产业和碳达峰碳中和需求，布局3D打印、高端材料、氢能利用、资源高效利用、绿色循环低碳负碳、智能化等前沿技术，下好先手棋、打好主动仗。要聚焦当下，紧紧扭住成果转化关键环节，加强共性技术成果转化应用，加大金融对科技创新的支持力度，推动产业、产品向价值链中高端跃升。

三是加快数字化转型，培育传统产业新模式新

业态。要打造数字生态，聚焦铝、铜和高端制造等重点产业领域打造数字化转型试点企业，推动以广西华昇为代表的5个标杆工厂模块化建设取得实质性进展。借鉴同类行业央企先进做法，整合内部电子商务采购和网络货运等互联网平台，加强已有技术集成和应用，推进“物商网”建设，抓住产业价值链数字化转型契机，打造产业数字生态新优势。要激活数据要素，启动数据治理专项行动，通过专业化的分级分类管理，充分挖掘和释放数据要素活力，推动数据向数据资产转化，持续挖掘数据价值，促进数字技术与生产经营深度融合、上云赋智。要构建数智化体系，在完善财务共享中心、资金管理中心的基础上，围绕财务“一体两翼”，优化建立“五位一体”的信息化管控体系，建成信息化中心、数据中心和网络安全运维中心，推动信息化管控体系全面优化。

四是守好红线底线，防范化解各类风险。落实企业防风险主体责任，健全完善企业内部监督体系，防患于未然。严控债务风险，强化资产负债率约束，有序压减带息融资规模，推动分类债务监测，强化各级市场主体债务风险意识。严控安全生产风险，厘清各级安全生产职责，将承包商纳入企业安全管理体系，强化安全生产标准化体系建设，提高员工本质安全意识，坚决防止重特大安全事故。严控海外经营风险，落实向境外单位直派财务主管人员要求，完善境外法律合规风险防范机制，切实保护境外员工生命安全和身体健康。完善风险防控体系，组织全级次排险控险专项行动，把经营风险关口由事后向事前延伸、由表内向表外延伸、由集团向基层延伸、由内部向外部延伸。坚持执行整改并重，加强违规经营投资追责问责，充分挖掘审计成果和法律风险典型案例内在价值，突出责任约束，有效发挥“大监督”体系合力，牢牢守住不发生重大风险底线。

二、脚踏实地，狠抓管理变革促进战略落地

面对市场跌宕起伏、竞争无处不在的有色金属生态环境，要高度重视打基础练内功的重要性，脚踏实地、坚定稳健推进价值管理和三年改革行动，以真抓促落实、以实干求实效，全面提升集团组织效率和活力，促进战略重点目标按期落实落地。

一是完善以市场为导向的价值管理。坚持价值创造，落实对标世界一流企业价值创造行动，推动自由现金流、全员劳动生产率、净资产收益率、经济增加值全面提升，锻造价值创造能力和可持续发展能力，加快向世界一流企业进军。要持续完善价值管理体系，加大经营现金流、归母权益贡献的考核权重，引导各战略单元在推进净资产收益率（ROE）进一步追标的基础上，确保自由现金流和归母净利润同步增长，实现高水平的资本回报，推动集团归母权益逐步回升。聚焦关键环节，开展关键业务领域专项价值提升活动，堵住价值创造的“漏洞”。继续加强价值管理培训宣贯，深化战略单元和企业主要负责人价值管理的系统概念。要持续深化全要素对标管理。始终坚持围绕价值创造和绩效考核导向，优化战略单元对标指标体系，紧盯标杆全方位分解要素，组织企业立足新的市场环境，站在更高的盈利基础上，瞄准指标逐个追赶，努力缩小与标杆企业的差距。要巩固广西华昇、山西中润的行业标杆地位，加强迭代升级，形成中铝品牌，创出中铝特色，打造全球知名度。要着力开展商业模式创新。坚持商业模式创新引领，把商业模式创新作为集团提升经营水平和盈利能力的切入

点和创造价值的载体，着力开展管理方法对标，推动商业模式、操作模式创新，强化资源整合能力，提高对各种发展要素的集成和再分配能力。

二是决战决胜国企改革三年行动。对照“三个明显成效”要求，狠抓改革落地见效，确保国企改革三年行动任务在党的二十大之前基本完成，实现治理体系和治理能力全级次提升。要不断完善体制改革。坚持党的领导和完善公司治理相统一，提升董事会运行质量，规范子企业董事会建设，提高董事履职能力，完善中国特色现代企业制度，提升治理效能。要持续推进机制创新。深化“三项制度”改革，严格业绩考核，全面评估年度任期制和契约化改革成果，对不符合要求的业绩合同书以签订补充协议和完善指标的方式进行整改；实践同类企业排队和末位调整机制，根据考核结果，落实刚性“退出”，真正做实经理层成员任期制和契约化管理。加大转岗培训、跨企业转移安置、置换劳务派遣和业务外包用工力度，持续优化用工配置，推动全员劳动生产率进一步提高。总结推广铜加工企业职业经理人改革的经验成效，提炼成为有影响力的标志性实践成果，提振干部职工深化改革的信心。要深化科技体制改革。完善分工协作、职责明晰的科技创新体系，推动《新发展阶段加强科技创新工作的实施意见》落地，积极落实科技体制改革三年行动要求，健全符合科研特点的分类项目管理机制，加快研究形成以质量、贡献、绩效为核心的科技成果经济性评价模型，在完善科技创新体制机制中更好释放创新潜能。要强化集中一贯管理。推动各战略单元、实体企业和专业公司，根据业务特点有所侧重地开展集中一贯管理，打造上接“天线”、下有贯穿的专业化管理体制，杜绝“上下一般粗”。

三、凝聚力量，以高质量党建引领保障高质量发展

突出高质量党建引领保障高质量发展主题，把迎接和宣传贯彻党的二十大精神作为主线，聚焦政治、组织、思想、作风和队伍建设，提升引领力、组织力、影响力，为完成生产经营和改革发展任务提供更加坚强的保证。

一要聚焦政治建设，坚决做到“两个维护”。要深刻认识“两个确立”的决定性意义，把“两个确立”真正转化为增强“四个意识”、坚定“四个自信”、做到“两个维护”的思想自觉、政治自觉、行动自觉。要以高度的政治责任感做好迎接党的二十大工作，认真做好党的二十大代表推荐工作，精心组织开展党的二十大精神宣传贯彻落实工作。要切实深化党史学习教育和全国国企党建会精神，建立党史学习教育常态化、红色现场教学经常化、“我为群众办实事”长效化机制，开展“汲取伟力创价值，对标争先创一流”大讨论活动，认真总结成功经验，抓好短板问题持续整改，抓好党的建设难题破解和工作创新，抓好成果经验互学共鉴、固化推广，确保习近平总书记重要指示批示精神和党中央决策部署在集团一贯到底、落实落地。要不断完善各治理主体权责关系，切实履行好党组把方向、管大局、保落实职责，推动董事会和经理层更加积极地发挥作用，加快建设世界一流的中国特色现代企业。

二要聚焦队伍建设，培育新时代治企兴企行家里手。深入贯彻新时代党的组织路线，落实中央人才工作会议精神，深入推进人才强企战略，锻造高素质专业化的干部人才队伍。要进一步树立重实干、重实绩、重担当的用人导向，在实践实战中培育实干家。要严格考核刚性兑现，明确市场化退出渠道，对不胜任的坚决退出、对人岗不匹配的合理安置、对敢担当有作为的提供新机会，用活内部优秀人才。要统筹用好各年龄段优秀干部，加大年轻干部储备和使用力度，选优配强“关键少数”，建强配齐领导班子，不断优化干部队伍年龄和专业结构。要完善人才能力开发机制，围绕集团六大核心能力建立岗位任职资格体系，根据岗位能力要求谋划关键岗位人才的学习地图。要锻造专业化、创新型科技人才队伍，加快高精尖科技人才、高潜力科技人才、高技能人才队伍建设。要紧盯“关键少数”，严格执行《关于加强对“一把手”和领导班子监督的实施意见》，推动党委主体责任、党委书记第一责任、班子成员“一岗双责”、纪委监督责任“四责协同”机制走深走实，督促企业领导在“三重一大”等决策中保持警醒、守住底线。

三要聚焦组织建设，进一步强基固本发挥作用。深化落实《中国共产党国有企业基层组织工作条例（试行）》，加强组织机构、人员队伍和工作体系建设，不断增强党组织政治功能和组织功能。要不断夯实基层基础，围绕“六化”（组织设置标准化、组织生活正常化、管理服务精细化、工作制度体系化、阵地建设规范化、作用发挥最大化）标准，开展“百十一”示范工程建设。要加强党建责任落实，建立集团与二、三级党群部门负责人季度党建工作例会机制，抓实党建考核反馈、民主生活会（组织生活会）查摆、调研发现问题整改，建立整改台账，持续强弱项补短板固根基。要推进党建与业务工作“双向融合”提档升级，推进内设非法人单位配备党组织副书记试点单位全面过硬，加大对试点单位的调研指导力度，开展专项验收考核，总结经验成效，实事求是推广。要做精“双百分”考核，做优“两带两创”，做细党员“双提升”，把中铝的党建好传统发扬光大。要围绕改革发展重点任务系统谋划研究解决发现问题，总结提炼一批典型做法，以改革发展成果检验党组织工作成效和战斗力。要加强企业文化和群团建设，持续完善集团“11666”特色企业文化体系，持续弘扬中铝精神谱系，学习贯彻新工会法，持续深化中铝技能竞赛体系，组织开展庆祝建团100周年系列活动，开展好“青马工程”青年人才培养。

四要聚焦自我革命，一体推进不敢腐、不能腐、不想腐。深入贯彻全面从严治党战略方针，落实十九届中央纪委六次全会精神，加强党风廉政建设，以自我革命精神把严的主基调长期坚持下去。要持续强化重点领域监督，巩固深化“靠企吃企”专项整治成效，扎实开展“影子股东”、民企挂靠国资、中间商承包商清理等专项整治，坚决防止国有资产流失。要有效发挥“大监督”合力，以党内监督为主导，推动纪检监察、巡视巡察、审计法律等各类监督贯通协同。探索完善常规、专项和“回头看”等巡视巡察工作机制，打破轮次限制，切实增强“政治体检”震慑力和实效性。要巩固案件查办成果，系统施治、标本兼治，深入剖析重点案件，认真梳理存在的制度机制短板漏洞，推动以案促改、以案促治、以案促建。

五要聚焦作风建设，营造风清气正的良好政治生态。要坚持不懈纠“四风”，一以贯之抓好中央八项规定精神督查落实，健全作风建设长效机制。要坚持将纠治不正之风、解决突出问题与大力弘扬新风统筹谋划、共同推动。精准运用“四种形态”，坚持“三个区分开来”，激励干部担当作为。要以优良党风带动企风民风，以党员干部为重点加强党性党风党纪教育，推动带头树立新风正气，涵养文明新风尚。各级干部要树立正确的权力观、政绩观、事业观，坚持力戒形式主义、官僚主义，防止简单化、乱作为，反对不担当、不作为。要深刻领会中国共产党的初心使命，成为一名优秀的党员干部，除了学习没有任何方法可循，除了实干没有任何捷径可走。全体党员都要深入学习党的历史、坚定历史自信、厚植文化底蕴，提高领导素质和能力，在推动集团高质量发展中奋勇争先、建功立业。

同志们，风正时济自当破浪前行，任重道远更需快马加鞭。站在新的历史起点上，让我们深入贯彻落实党的十九届六中全会精神，牢记初心使命，胸怀“国之大者”，以敢为人先的魄力、敢谋新篇的勇气、敢于担当的作风，实践中铝高质量发展新模式走深走实，为全面建成社会主义现代化国家做出中铝新贡献，以优异业绩迎接党的二十大胜利召开！

保持埋头苦干勇毅前行的精神状态 奋力推动集团高质量发展迈上新征程

——在中铝集团一届五次职代会暨2022年工作会议上的工作报告（摘要）

党组副书记、总经理　刘祥民

（2022年1月24日）

一、2021年主要工作回顾

2021年是党和国家历史上具有里程碑意义的一年。在党中央、国务院的坚强领导下，集团以打造高质量发展新模式为牵引，改革发展各项工作取得重大突破，实现“十四五”良好开局。

（一）突出政治引领，党建优势更加彰显

集团高度重视加强党的建设、发挥党建法宝作用，自觉站在国家发展全局和长远利益高度，真抓实干把党中央决策部署落到实处，推进党建和业务深度融合，提升基层党组织的组织力战斗力，开创集团高质量发展的新局面。高标准高质量组织开展党史学习教育、庆祝中国共产党成立100周年活动，深入学习贯彻党的十九届六中全会精神，广大干部职工从党的百年奋斗史中汲取智慧和力量，弘扬国企精神、传承红色基因，在对党忠诚中筑牢信仰根基，增强建设一流企业的自信心和紧迫感。坚持从严管党治企，中央巡视反馈问题整改措施阶段性落实到位，政治巡视提前完成中央一届任期内全覆盖任务，持续完善大监督管理体系，查处一批违纪违法人员，警示教育广大干部职工，风清气正的政治生态更加巩固。实践证明：坚持党对国有企业改革发展的全面领导，能从根本上增强高质量发展的自觉和信心。

（二）坚持高质量发展，经营业绩创历史新高

集团以提高全要素效率为目标，内抓提质增效不动摇，外抓市场机遇不懈怠，全年实现营业收入5142亿元，首次突破5000亿元，同比增长40.1%。经营利润461.2亿元，主动消化历史遗留问题197.7亿元后，利润总额达263.6亿元、净利润200.0亿元、归母净利润94.5亿元，同比分别增长288.6%、377.5%和326.6%，均创历史最好水平，归母净利润在央企排名第28位。营业收入利润率5.3%，同比提升3.4个百分点；资产负债率63.09%，同比下降2.11个百分点；经营活动现金净流入517.9亿元，同比增加210.9亿元，增幅68.7%。成费比降至94.31%，经营性净资产收益率（ROE）超过15%，创2008年以来的最高水平；经营性EVA超300亿元，在扭转多年为负基础上实现大幅增长，呈现稳中有进、稳中向好、稳中提质的良好态势。实践证明：打造高质量发展新模式的实践，得到广大干部职工的积极参与，增强争创一流的自信。

（三）深化全要素对标，价值创造能力明显提升

全面落实价值管理理念，构建“四层两力”价值管理体系和“5C”价值评价模型，推动各类要素和各项管理活动向价值创造聚焦。构建集团“2W3H”全要素对标体系、净资产收益率（ROE）动态对标和“五步法”预算引领、构建“三步走”精细化成本管控模式，全集团紧抓成本竞争力提升不放松，战略单元指标优化率达 80%，追标事项完成率达 86%，主导产品实现降本增效收益 20 亿元。精准压降“两金”，全口径月均“两金”同比降低 65 亿元。狠抓亏损企业治理，形成“一企一策、分类治理、量化排名、穿透监管、协同推进”工作模式，提前完成国务院国资委关注的 9 户重点亏损企业治理任务，全级次企业亏损额同比减少 63 亿元。建立“财务硬约束、资金紧平衡”机制，加强融资规模和资产负债率双管控，带息融资规模、利息支出同比下降 168 亿元、13.6 亿元。加强税务管理筹划，应缴税金同口径降低 12.8 亿元。6 家上市公司市值较年初增长 45% 以上，云铝股份募集权益资金 30 亿元。积极推进“两商一台账”压减工作，铝铜战略单元承包商压减 25%，集团中间商压减 57%，班组台账数量减少 53%，均超额完成年度目标。实践证明：提高全要素效率要发挥集团集约化管理优势，聚焦价值创造，增强协同作战能力。

（四）服务国家战略，产业结构布局更趋优化

全面落实党中央决策部署，服务构建新发展格局，编制集团“十四五”发展规划纲要，发布科技发展等 8 个专项规划和 11 家战略单元发展规划，明确“11336”内涵式高质量发展战略和“十四五”时期主要目标任务。着力提升国家战略资源保障能力，获取广西花山稀土矿、宁夏能源王洼煤矿采矿权，新增离子相稀土 13.6 万吨、优质动力煤 4.4 亿吨；勘查新增或升级铜金属资源量 131 万吨，铅锌金属资源量 62 万吨，金龙矿权取得新勘查许可证。积极响应“一带一路”倡议，几内亚博法铝土矿达产达效，秘鲁铜矿二期一步顺利投产、二步环评获得批复。响应国家稀土产业整合，顺利完成钢研稀土并购，全力支持中国稀土集团成功组建。牵头与中远海运推动博法项目海运费人民币结算，突破国际海运业务结算由美元完全垄断的局面。坚持价值投资，坚持量力而行、尽力而为，坚持集中资源重点配置战略性项目，初步形成具有中铝特色的价值投资方法。优化 82 个固定资产项目、暂停 32 个项目，云南建水、防城港核电铝、西南铜异地新建等项目完成可研审查。云铝海鑫新增绿色水电铝产能 25 万吨，整合青海省投 75 万吨电解铝产能，广西华昇、山西中润成为国际国内行业新标杆。完成中铝股份碳素资产整合，完成精细氧化铝整合方案，确定铝合金发展方式，打造单项冠军、推进专业化管理迈出新步伐。实践证明：坚持把中铝高质量发展事业融入中华民族伟大复兴的战略全局，保持战略定力和长远眼光，就能在服务国家战略中有更大作为。

（五）聚焦自立自强，科技创新取得重大突破

集团制定《关于新发展阶段加强科技创新工作的实施意见》，构建中央研究院、专业研究院、领域技术中心、群众性创新平台的创新体系，牵头组建中国有色金属绿色低碳发展创新联合体，全行业唯一“国家铝产业计量测试中心”获批筹建。坚持把科技自立自强作为核心动力，全年研发投入 98.8 亿元，投入强度达到 2.93%。坚持“国家所需、中铝所能”，保障嫦娥、天和、天问、天舟、神舟等重大工程高性能材料供应；组建中国商飞—中铝集团民机铝材联合实验室，10 项民机铝材获得中国商飞合格供应商认证，民机铝材可供率达飞机用铝的 50%；成功研发高纯超细氮化铝、5N 高纯氧化铝、高纯镓，打破国外垄断；高纯锌镉、特种铜合金、高端微粉阻燃填料等项目建成投运，产品结构逐步迈向高端化、绿色化。中铝股份 10 万吨氮化铝中试线投入试生产，驰宏锌锗等企业入选国家第三批“专精特新”和“小巨人”企业。坚决落实“双碳”“能耗双控”要求，推进铝铜铅锌冶炼技术攻关和科研成果应用，增强绿色低碳发展技术支撑。实施质量指标穿透管理，14 项质量指标累计值达标率 100%，A 类产品实现量质双提升。集团首获全国质量奖、国际质量管理小组金奖、中央企业 QC 小组成果一等奖，连续 5 年获得全国企业职工全面质量管理知识竞赛“优秀组织企业”荣誉称号。实践证明：完整准确全面贯彻新发展理念，坚持把创新作为第一动力，就能在高质量发展中赢得竞争优势，实现更大倍增效应。

（六）纵深推进改革，发展引擎动力更加强劲

集团扎实推进国企改革三年行动，97 项改革任务已完成 80 项，完成率达 82%；完善公司治理体系，集团子企业董事会 100% 应建尽建，100% 实现外部董事占多数；354 户纳入任期制契约化管理和职业经理人制度改革的企业 100% 签约，现代企业制度建设和市场化改革迈出关键步伐。积极推进“双百行动”和“科改示范行动”，华中铜业职业经理人改革、长沙院科改分别入选国务院国资委优秀案例。持续优化人员配置，集团用工总量同比减少 1.86 万人，全员劳动生产率同比提高 49.6%，在工资总额同比仅增长 1.46% 的前提下，在岗职工平均工资增长 6.98%。深化审计体制机制改革，构建“上审下”审计监督格局。加速财务“一体两翼”建设，财务共享中心、资金管理中心实现试点上线。妥善处理云南资本履约风险，达成 C3 后续处置方案。“两非”企业处置超额完成国务院国资委下达的目标，稳妥处置 15 户低效无效参股股权，完成 5 户混合所有制企业改革。健全长效激励约束机制，中铝股份限制性股票激励计划成功启动实施。实践证明：深入推进国有企业改革三年行动，是建设世界一流企业的强大动力，是增进职工获得感幸福感的最优路径。

（七）强化底线思维，风险防控治理更加有效

集团高度重视，推动企业举一反三加快中央生态环保督察问题整改，205 条整改措施完成 163 条。一批废气提标改造、堆场封闭、污水治理、矿山生态修复、渣库改造等环保项目建成投运。强化内部审计作用，发现问题整改率 97.10%，促进企业修订完善制度 217 项，促进增收节支和化解重大风险 18.32 亿元。坚持依法合规治企，持续夯实法治建设第一责任人职责；规范商业合作伙伴管理，制定集团涉诉黑名单 335 项限制类、284 项禁止类目录；全级次企业推广常用合同示范文本，推进法治中铝向“做精”转变。超额完成案件“去存量、控增量”双降目标，避免和挽回经济损失 32 亿元。集团保密工作连续获得中央企业保密管理对标标杆企业称号，人民防线建设工作经验获得国家安全部肯定。实践证明：坚持底线思维，夯实安全发展的堤坝，既要从大处着眼，更要从具体细节入手。

在总结成绩的同时，更要清醒地发现问题和不足。

一是高质量发展的成色不足，产业发展层次和水平有待提升。主责主业竞争优势不明显，战略资源保障能力不强，新兴产业布局滞后，产业产品高端不足，关键材料核心工艺技术亟待突破，落实“双碳”能源结构解决方案着力不够，绿色低碳转型任重道远，本质安全水平亟待提升，数智化水平难以有效支撑高质量发展。

二是激发内生动力的机制不活，点上经验成为系统制度的攻坚有待加强。改革重点难点任务动真碰硬不够，针对性、穿透力不强，“三项制度”改革及其激励政策还处于试点阶段，困难企业脱困的主动性和干部职工队伍发奋图强的自觉性不充分，挑战自我、追求卓越的氛围还不浓厚，少数干部的作风、能力、素质还不完全适应高质量发展的新要求。

三是治理能力现代化水平不高，集中一贯、协同运作的运营机制有待完善。部分单元大局观、执行力、协同作战能力、风险防控能力、整体效益效率和发展能级仍有待提升；重复试错、犯低级错误、容忍粗放低标准还大有市场，打造可复制迭代升级经验模式的愿望不强烈；推动商业模式创新、规范贸易制度等事关长远竞争力重大问题的解决动力不足。

对此，要一项一项扎实改进，一步一步努力解决。

二、2022 年工作目标

生产经营目标：确保“两利四率”实现“两增一控三提高”目标，利润总额、净利润保持稳定增长，分别达到 200 亿元、150 亿元，力争再提高 20%；资产负债率控制在 63% 以内；收入利润率保持在 3% 以上、劳动用工优化率达到 5% 以上、研发投入强度不低于 3%，厚植一流企业的竞争优势。

管理改革目标：国企改革三年行动任务力争上半年全面完成，公司治理体系和治理能力现代化水平进一步提升，内生机制更有活力，强激励硬约束更有动力，科技创新体系、价值管理体系、资本运作体系内涵更加丰富，培育一流企业的根本能力。

风险防控目标：较大及以上安全生产事故、突发环境事件、职业病危害事故为零，累计完成 190 条中央生态环境保护督察整改措施，不发生重大群体性上访事件。大监督管理体系、依法治企、合规管理、审计监管更加有力有效，经营风险实现有效防控，筑牢一流企业的坚实根基。

三、2022 年主要工作安排

（一）坚持稳中求进总基调，打好提质增效阵地战

一是深化价值管理，提升经营质量。增强集团“11336”内涵式高质量发展战略自信，集聚各类资源要素，紧紧围绕价值创造的核心目标，强化净资产收益率（ROE）市场化对标的过程管控和刚性约束，兑现累计缩小差距 60% ~ 80% 的目标计划，树立从追标到创标的志向。要进一步锤炼价值管理能力，完善“四层两力”价值管理体系，拓展 5C 价值评价模型应用，强化预算引领控制作用，分类分主体实施差异化考核，优化完善财务指标、管理指标和负面清单考核体系评分规则，用好考核和分配的关键“指挥棒”。

二是精细成本管控，蓄积竞争优势。要实施基于价值管理的全周期成本管控，推动成本管理从制造阶段向战略成本和资源成本延伸，推动成本分解向基层班组落实，分层分类开展成本全要素对标。持续优化“三步走”成本精细化管控模式，启动第二个“三年降本增效计划（2022—2024 年）”，加强对成本竞争能力和盈利能力的动态监控。要综合运用集中采购、精益管理等手段，消化大宗原材料上涨风险；注重一企一策研究能源结构和成本，注重税务筹划和政策研究，持续蓄积竞争优势。

三是强化现金创造，增强财务弹性。要强化财务硬约束，实现资本结构和融资结构“双优化”，融资规模和融资成本“双下降”，信用评级和授信规模“双提升”、自由现金流和归母权益“双增长”，确保集团负债率稳步下降。要加快“一体两翼”财务体系建设，构建财务共享服务模式，推进运营财务专业化分工；加快以资金管理中心为平台的司库体系建设，强化资金穿透管理，实现金融资源共享、资金运转高效、资金信息可视、资金风险可控。要秉承“有现金、高价值的利润”的理念，增强应对市场的韧性。

四是推进专项工作，优化资产结构。精准对接“一带一路”倡议和RCEP协议，力争刚果（金）和秘鲁找矿勘探取得突破，加快红泥坡项目建设进度，加快办理金龙项目采矿权，实现秘鲁二期二步项目建成；紧跟国家新一轮战略性找矿行动，聚焦靶向目标兼顾资源品种扩容。强化“两金”压降，加强授信管理，向精准压降、高效评价转变，严防无效库存反复，确保“两金”规模再压降35亿元。坚决推动山西、甘肃、河南等企业转换经营机制，强化亏损企业治理，实现亏损企业数量和亏损总额均减少30%。做好供给侧结构性改革这篇大文章，坚决清理低效无效资产，确保完成国务院国资委下达的20户“两非”剥离任务；集团全级次“两非”“两资”企业再清理48户、控制在10%以内，力争控制在5%以内。继续推进“两商”压减，确保承包商再压减30%、中间商再压减40%，严防班组减负成果反弹。要通过打赢阵地战、稳固基本盘，形成进可攻、退可守的坚实阵地，为高质量发展打好基础。

（二）要以善作善成的实功，打好科技创新攻坚战

一是坚定服务国家战略，引领行业高质量发展。坚持把“国家所需、企业所能”作为科技创新的着力点，瞄准提升综合国力、服务国家战略、引领行业发展的关键材料、核心技术攻关突破，在为党分忧、为国尽责中锻造集团高质量发展“桥头堡”和“制高点”。要发挥中国有色金属绿色低碳发展创新联合体平台作用，推进前沿颠覆性技术、行业重大关键技术、成果产业化协同攻关，在资源综合利用、绿色低碳冶炼、高端材料以及数字化智能化转型方面抓出标杆。要围绕“11336”内涵式高质量发展战略，扩容升级科技创新攻坚计划，主动扛起原创技术策源地和现代产业链链长重任，力争入选第二批“链长”企业名单。要细化分解“十四五”科技重大专项任务，加快重点项目立项，高水平保障国家铝、铜材料需求，实现关键材料从跟跑向领跑迈进。要打通前沿技术研发到成果转化的创新链条，搭建金融支持创新的良性互动平台，孵化一批“专精特新”产业。

二是落实科技创新二十条，打造有色行业人才高地。要深入贯彻集团第四届科技创新大会精神，落实党组织第一责任人抓科技的制度安排，着力解决三个“不实”、三个“不足”等问题。科技创新部和中央研究院要强化统筹，推进科技创新规划全面落地。各战略单元要加快推进科技创新20条措施，形成可操作、可量化和可考核的具体措施。要构建创新人才高地和万众创新创业生态，各级领导要在创新人才引进、培养、使用、激励上解放思想、大胆创新，更大限度地激发创新人才活力和动力。坚持以技术创新提升现场工艺水平和生产管理效率，用活技术成果转化应用政策，积极组织开展劳动和技能竞赛、合理化建议、“五小”活动等，不断提升职工群众价值创造能力，培养更多能工巧匠。

三是加快推动绿色低碳转型发展。坚持把绿色低碳转型作为集团高质量发展的内在要求，坚决落实国务院国资委《关于推进中央企业做好碳达峰碳中和工作指导意见》要求，完善集团“碳达峰”“碳中和”专业规划和行动方案，制定行业绿色低碳发展标准，在绿色发展竞争中抢得先机、占据优势。细化完善集团碳排放“四统一”集中管控模式，制定推进2022年“双碳”行动计划，坚决做到可衡量、可考核、可检验、能落地。要锚定70万吨降碳目标，重点推进节能减排降耗、清洁能源替代等十项“双碳”工作，推进减污降碳协同增效。大力实施节能提效改造，力争能效水平达到行业平均以上，中铝股份确保今年清洁能源消纳50%以上，达到行业领先，一批电解铝能耗率先达到国家标杆。加强与能源央企战略合作，探索更加务实管用的能源解决方案。

四是加快布局资源循环型产业体系。要积极推进再生有色金属产业布局，实施产业基础再造和产业链提升工程，以现有产业未来化、未来技术产业化为方向，从细分行业中培育一批高成长性的潜力企业。要以减量化、再利用、资源化为重点，加快赤泥综合利用关键技术攻关取得突破，拓宽综合利用渠道和规模，形成产业化发展格局。加快电解铝“三废”处置与利用技术研发和示范推广，建成电解铝危废处置与利用体系。加大“城市矿山”开发力度，建立“PIR+PCR”双循环利用机制和体系，建设“中心＋卫星”两基地，酝酿组建再生金属循环利用公司，创建国家级再生金属循环利用技术中心，多节点创新商业模式，加快滇中有色再生铜资源综合利用方案论证，力争全年增加废铜消纳3万吨、废铝保级利用20万吨以上。

（三）要以当仁不让的气概，打好深化改革主动战

一是在建立中国特色现代企业制度中完善公司治理体系。坚持党的领导和完善公司治理相统一，保证企业党组织在重大生产经营事项中把得了关、掌得了舵、使得上劲。要全面提升集团治理能力现代化水平，坚持授权和监管相结合、放活与管好相统一，实施精准授权和差异化管控，最大限度激发企业活力。要建设专业尽责、规范高效的企业董事会，加大外部董事选拔任用力度、提升履职能力，健全董事会运行配套制度，厘清各治理主体权责边界，落实董事会职权，促进经营层依法行权，提高决策质量和效率。要着眼把改革重要举措和经验固化为制度，推动各方面制度更加成熟、更加定型，形成具有中铝特色的世界一流企业制度体系。

二是在持续深化“三项制度”改革中激发市场竞争活力。要结合“稳中求进”的新要求，完善“一岗一责一单一薪”，优化任期制契约化管理和职业经理人制度改革，建立预警机制，确保刚性兑现，努力把探索变成经验，把“试点”办成“示范”。用好“赛马”机制，加大管理人员竞争上岗、末等调整和不胜任退出改革力度。坚持市场化对标，持续优化用工配置，确保全年劳动用工优化率达到5%以上。积极开展按贡献决定报酬的中长期激励，实施超额利润分享、降本奖惩，继续推行非上市科技型企业分红激励和上市公司股权激励，构建富有活力和效率的内生机制。中铝股份、中国铜业新启动的事业部制改革，首先要把机制规划设计好。新兴战略单元要坚定主责主业定力，深化商业模式创新，促进责权利相结合，打造有特色有影响力的新兴产业发展实体。

三是在深化国有资本投资公司改革中提升资本运作能力。聚焦优化资本结构和产业结构，加强资本运作能力建设，完善“融投管退”全流程体系，加快资产资本化、资本证券化进程。高质量推进重点资本运作项目，完成“金山项目”“N1 项目”，启动“黄河项目”、推动“两江项目”。研究实施集团控股上市公司股票管理方案，发掘存量证券资产价值。持续开展集团内资产重组、专业化整合工作，发挥集约优势，提高要素效率。推进参股股权自查整改任务，确保完成 15 户参股权处置。加大存量资产盘活力度，力争盘活收益 10 亿元以上。用好绿色低碳发展基金，深入参与碳市场交易，加强碳资产经营管理。

四是在加速数智化赋能建设中提升管控效率和治理水平。要以建设“数字中铝”“智慧中铝”“共享中铝”为目标，着力提升集团数字治理统筹能力，形成降本增效、协同共享、风险预控、智慧决策的机制。要强化数据资产管理，将碎片化数据整合成为集团新的竞争优势。系统开展有色金属产业应用软件开发，打造有色金属产业链供应链工业互联网生态圈。坚持用数智化推动集团业务、流程、组织的重构，优化业务执行和运营效率，提高资产创效能力。财务共享中心、资金管理中心在试点基础上，力争实现全面拓展应用。中铝股份、中国铜业要加快智能工厂建设，用好中铝智能、依托数智化手段赋能主业绿色低碳发展；中铝开投要着力推动铝拓网稳健运营，树立数智化产业标杆。

（四）要以燕子垒窝的韧劲，打好风险防控持久战

统筹发展和安全，牢牢守住不发生重大风险的底线，必须要全面提升系统化、专业化、法治化能力，以攻为守、长期坚持。

——坚持高标准严控安全环保风险。要坚守中铝人“严、细、实”的工作作风，坚持以安全生产标准化建设为抓手，持续提升职工安全意识和技能，落实重要危险源“源长”制，抓细抓实承包商安全管控；扎实开展安全生产专项整治三年行动，彻底消除一批安全隐患，解决环境和物的不安全状态；强化科技创新赋能安全管理，攻克生产工艺的安全障碍，提升本质安全水平。生态环境保护方面，要坚持减污降碳协同发展，把降耗和减碳纳入绩效考核，推动《集团碳排放管理办法》落实落地。要聚焦中央生态环境保护督察提出的 205 条整改措施勠力攻坚，确保年底累计完成 190 条整改措施，更要坚持系统治理，坚持举一反三，拓展广度、延展深度、保持力度，持之以恒增加发展的含金量、含新量、含绿量。

——坚持一体化系统化管控风险。要以“强内控、防风险、促合规”为总要求，以专业化体系化法治化的视角开展专项行动，抓深抓实抓透国务院国资委部署的“合规年”建设。法律合规部要牵头开展标准合同文本使用、规章制度执行和公章管理等专项整顿工作，运营优化部要牵头做好子企业董事会规范运作、授权行权、金融衍生业务等规范管理工作，确保穿透到战略单元和实体企业，坚决防控“抓而不紧”“选择性执行”带来的系列风险，全面提升集团依法合规治企能力。要继续提高投资管控能力，加强投资事前事中管理和事后评价，探索投资收益与设计费用挂钩机制，用好投资决策“终身负责”制，坚决履责褒责。严格落实中央筑牢防范系统性金融风险安全底线的精神，按照国务院国资委和集团要求，进一步强化金融业务的风险管理。持续做好担保、内部借款等规模管控，防范金融风险交叉传导。发挥集团大监督体系作用，落实“抓在日常、严在日常”要求，推进纪检、审计、巡视、法律、财务要“一体化”监督，重视监督成果运用，实现监督检查整改的闭环提升。

同志们，完成全年目标任务，推进高质量发展，必须狠抓落实。在此，我强调三点：

一是要把抓落实体现到贯彻落实党中央决策部署的实际行动上，强化政治意识，树牢全局观念，发扬斗争精神，坚决做到“总书记有号令、党中央有部署，中铝集团见行动”，坚决做到为党分忧、为国尽责、为民奉献。

二是要把抓落实体现到推动高质量发展的实际行动上，坚定党建、创新、改革和经营目标，抓牢高质量发展的关键要素。各战略单元要开展富有特色的专项行动，细化任务清单、措施清单、项目清单，坚持纵向、横向一体化，确保见实效、出亮点。

三是要把抓落实体现到依靠职工办企业的实际行动上，各级党员干部要始终牢记党的群众路线法宝和全心全意依靠职工办企业的宗旨，紧紧依靠全体职工强化开拓精神，以敢想敢干的志气、敢破敢立的锐气、敢打敢拼的胆气，努力创造出色、出彩、出众的一流业绩。

同志们，新时代赋予新使命，新征程要有新作为。我们要坚持以习近平新时代中国特色社会主义思想为指导，牢记初心使命，坚定理想信念，践行党的宗旨，以“一万年太久、只争朝夕”的奋斗姿态，感恩奋进，担当实干，走好新时代的赶考之路，以高质量发展的优异业绩迎接党的二十大胜利召开！

实施新时代人才强企战略
全力开创集团人才工作新格局

——在中铝集团人才工作会议上的讲话（摘要）

党组书记、董事长 姚 林

（2022年6月30日）

集团召开人才工作会议，主要任务是以习近平新时代中国特色社会主义思想为指导，深入贯彻习近平总书记关于做好新时代人才工作的重要指示批示精神，落实中央人才工作会议精神、中央企业人才工作会议精神，按照党中央决策部署和中组部、国务院国资委党委关于人才工作的要求，突出科技人才队伍建设这个重点，总结工作、分析问题、部署任务，纵深推进新时代人才强企战略，为实践中铝高质量发展新模式走深走实，加快建设具有全球竞争力的世界一流企业提供坚强的人才保障。

一、牢固树立“第一资源”理念，人才工作取得显著成效

（一）党对人才工作的领导全面加强，人才引领发展地位更加巩固。集团党组坚持党管人才原则，加强对人才工作的政治引领。成立人才工作领导小组，党组书记任组长，总经理和专职党组副书记任副组长，“一把手”亲自抓人才工作，党组专职副书记分管人才工作，主动谋划、靠前指挥，人力资源部牵头抓总，有关部门各司其职、密切配合，用人主体作用充分发挥。建立领导干部联系服务专家制度，制定《关于进一步加强党组（党委）联系服务专家工作的实施意见》，分级建立专家人才库，帮助专家解决实际困难。把科技人才梯队建设、优秀管理人才队伍建设、高技能人才培养、核心骨干员工激励等作为党管人才工作的重点纳入党建考核，党的政治领导力、思想引领力、组织动员力在人才强企工作中得到新的加强。

（二）人才队伍建设取得积极成效，人力资源配置更加优化。集团党组紧紧围绕服务国家发展战略和企业发展需要，聚焦高精尖缺、紧扣主责主业，创新人才培养引进方式，人才队伍素质结构进一步优化。集团在岗职工14.06人；本科以上学历人数占比27.6%；取得专业技术职务人数占比22.14%；取得技能等级人数占比35.14%；科技人才8800人，占比6%。基本建立了一支同发展战略相一致、地位规模相匹配、改革发展相适应的人才队伍。制定《关于实施柔性引才的指导意见》《关于推进市场化引进人才薪酬激励工作的指导意见》

等制度，优化引才制度环境，拥有国家级科技人才 63 人，2018 年以来引进高层次人才 91 人，其中全职引进具有博士学位或正高级职称 59 人，通过项目合作、兼职服务、顾问指导等柔性引进 32 人。积极推荐人才申报各类荣誉称号，2 名专家入选国家重点人才计划，4 名专家获国务院政府特殊津贴，1 个团队获第一届国防科技工业先进集体荣誉；13 名技能人才荣获全国技术能手，2 人荣获中央企业“百名杰出工匠”荣誉，1 个国家级技能大师工作室，3 人荣获全国五一劳动奖章，7 人荣获全国劳动模范。

（三）人才开发培训力度持续增强，人才培养体系更加完善。集团年度人均培训实际投入达 1079 元，员工总体培训覆盖率 71.57%；加快培训基地建设，成立中铝党校、中铝产教融合发展中心及 6 个基地；遴选、编制 163 个典型管理案例，228 项优秀操作技法，丰富教学资源库，形成现场教学、网络学习立体培训网络。以配套科研项目合作、共建联合技术中心等为纽带，加大与院士团队、高校、研究院所的合作，共同推进人才培养，2018 年以来累计培训科技人员 45432 人次。大力推进“启明星计划”科技团队培养计划，设立专项经费专门支持 35 岁以下青年科技人才开展科技创新活动，共资助 94 个团队，金额达 1826 万元；举办有色金属行业青年科技英才创新能力提升高级研修班，近三年共争取国家财政经费资助 50.5 万元。深入实施“工匠计划”，推进“五级技师”制度和高技能人才培养，新培养高技能人才 2368 人。持续开展经营管理人才“合金”“锋刃”“飞跃”三大人才计划，对 936 名人选实施动态调整，以“领导力”“创新力”“变革力”为培养主线统筹制定培养方案，计划实施以来共有 364 名人选得到提拔和进一步使用，初步建立起一支高素质专业化年轻干部队伍，改善干部队伍结构，打造集团核心经营团队“第二梯队”。

（四）人才发展体制机制持续优化，集团高端人才高地加快形成。重构科技人才管理发展体系，建立“首席科学家 + 专业总师 + 卓越工程师”三层六级科技人才技术职务体系和有别于行政序列独立的科技人才薪酬体系。全面推行“五级工程师”制度，通过“五级工程师”的选拔、聘任、考核、激励，充分发挥各层次科技创新人才的引领和带动作用。积极申报正高级工程师评审权限，组建集团工程系列正高级工程师评委会；落实国家职称改革要求，出台集团《职称评审管理办法》《思想政治工作人员专业职务任职资格评定办法》，优化完善各专业序列评审条件，实现职业资格制度与职称制度互通互认。制定《关于建立并推进“五级技师”制度的指导意见》《“五级技师”评聘工作指引》，评聘“五级技师”5714 人，建立 40 个集团技能大师工作室。贯彻落实中央关于提高技术工人待遇的工作部署，制定《关于加快推进提高技术工人待遇的工作意见》。入驻未来科学城，成立并做实中央研究院，形成以中央研究院、专业研究院、专业领域技术中心、群众性创新平台为主体的科技创新体系，引才聚才育才用才环境持续优化。

（五）激励保障举措全面加强，人才效能持续释放。建立较完善的考核激励政策体系，制定《新发展阶段加强科技创新工作实施意见》，召开集团第四次科技创新大会，提出科技创新驱动发展的指导思想、基本原则和任务目标，制定五个方面 20 条针对性强、可操作的具体措施，加快形成集团科技创新发展、科技人才激励的“1+N”政策体系。全面推行科技型企业分红激励和科学技术奖励制度，对 17 户企业、23 个项目实施分红激励，兑现 3120 万元；奖励科技成果、授权专利、标准 2926 项，发放奖励 2052 万元。遵循“薪酬市场化、管理契约化”原则，完善高层次科技人才的激励约束机制。积极开展“双百企业”“科改示范企业”试点，推行核心骨干人才中长期激励、分红激励，激发人才创新创造创效活力。设立科研人员工作沟通邮箱，畅通与科研一线同志们的沟通渠道，及时了解科研人员思想动态和心声。广大科技人才、经营管理人才和技能人才立足岗位作贡献，在集团高质量发展、关键核心技术攻关等方面的关键作用更加彰显。

二、深刻领会中央会议精神，找差补短明确目标任务

（一）深刻领会新时代人才工作的新理念新战略新举措。习近平总书记在中央人才工作会议上的重要讲话，深入分析人才工作面临的新形势新任务新挑战，科学回答新时代人才工作的一系列重大理论和实践问题，用“八个坚持”首次系统概括提出新时代人才工作的新理念新战略，明确深入实施新时代人才强国战略的指导思想、战略目标、重点任务、政策举措，为做好新时代人才工作指明前进方向，提供根本遵循。国务院国资委中央企业人才工作会议对纵深推进新时代人才强企战略作出重要部署，明确优化人才结构和人才布局、优化人才发展体制机制、打造优秀科技人才队伍、集聚急需紧缺人才、激发人才创新创造活力、加强党的领导六个方面的重要举措。我们要切实提高政治站位，始终把习近平总书记关于做好新时代人才工作的重要思想作为根本遵循，把抓好人才工作作为重大政治责任和重要政治任务，全面贯彻党中央、国务院和国务院国资委党委关于新时代人才工作的决策部署，以更大力度更实举措深化新时代人才强企战略，在加快建设世界重要人才中心和创新高地当好先锋队，在深化人才发展体制机制改革中当好排头兵，在加快建设国家战略人才力量中当好主力军。

（二）深刻认识人才工作面临的新形势新任务新挑战。从国际形势看，全球人才战略价值凸显、人才供求矛盾加剧、人才流动形态多样，围绕科技制高点和高端人才的竞争空前激烈，给科技人才队伍建设带来更大挑战。从国内发展看，我国正在进入老年阶段人口增多、劳动人口数量下降的人口转变阶段，人才发展的阶段、地位、任务、格局发生新变化。从集团层面看，集团要实践以科技和绿色低碳为支撑的高质量发展，实现建设世界一流企业的战略目标，对高端人才、科技人才有着前所未有的迫切需求。中共中央、国务院印发的《关于加强和改进新时代人才工作的意见》，对加快建设世界重要人才中心和创新高地作出重大部署。我们必须肩负起践行国家意志、服务国家战略的重大使命，坚决成为建设新时代人才强国的骨干中坚。

（三）深刻剖析集团人才工作存在的问题和差距。从集团层面看，还存在关键核心技术不足、全球竞争优势不强、世界影响力不够等问题，与世界一流企业相比，最突出的差距是创新能力的差距，最根本的差距是人才的差距，主要体现在三个方面。

一是重点领域人才队伍结构不合理。高层次人才不足，尚无两院院士，以战略科学家、科技领军人才为统领的高质量创新团队数量不足、质量不高，引领行业领域技术前沿、颠覆性技术的高端研发和领军人才严重不足。产业人才结构以有色冶炼等传统产业为主，生产型技术人才多，年龄老化

（无 40 岁以下首席工程师），聚焦“双碳”基础研究、碳资产经营（如“双碳”股权投资），能够结合产业实际进行传统产业数字化、智能化改造的复合型人才匮乏，面向未来新兴产业的人才储备明显不足。

二是人才培养、引进、使用方法不科学。人才引进的方向不清，结合集团服务国家战略、高质量发展的内在需求思考得不深、计划性不强、侧重点不准，对有些专家信息掌握不足、了解渠道少、引进渠道窄。人才培养的方法不明，引进后的系统培养跟踪机制没跟上，支持青年科技人才挑大梁当主角的政策不健全、锻炼平台少、实战机会少，培养培训的针对性不强。“揭榜挂帅”“赛马”机制运用不够。人才支持的力度不够，保障科研人员集中精力搞科研的措施落实不到位，对容“错”的标准和界限难以把握，导致“0–1”的创新鼓励政策不足，科研人员不敢挑战前沿课题。

三是人才评价不精准、激励不到位。对科研单位和项目的考核针对性不够，将科研视同生产经营，偏重利润、追求“短平快”；科研人员考核频次多、汇报层级多、提交报告报表多，应付考核精力大。对科技人才评价存在急功近利思想，关注短期指标、项目结题快出成果，对科研成果应用价值等内涵质量重视不够。企业对激励政策学习不够，存在“等靠要”思想；破除内部既有分配格局的决心和行动不够；对周期长、额度大的激励态度不积极。成果收益核算不够精准，长期研发投入成本在当期财务核算中合理分摊的规则不清晰。

以上讲到的这些问题，各层面企业都不同程度存在。集团致力于构建分层分类的创新体系，各层级都有不同分工，不需要所有企业都做基础研究，但也不意味着创新就只是科研单位的事、无关生产企业。各单位都要对号，对这些问题要有深刻认识、有精准措施，努力改善创新生态环境，帮助科研人员成长，否则我们培养的永远都是解决身边故障的工程师。举个例子：我们有个先进员工事迹材料，说每个月都有几次半夜赶到生产现场处理事故，对他来说，这毫无疑问是一种奉献，但反过来暴露出我们企业事故频发、疲于救火的管理问题。假如我们都以“深夜加班处理事故”的标准去培养人、去解决问题，假如一个企业长期满足于“出了事故有劳模盯着”的恶性循环，这个企业会走到哪里？会成为一流企业吗？这反映出我们在管理思路上、在人才培养上的思想方法问题。

做好集团新时代人才工作总要求是：以习近平新时代中国特色社会主义思想为指导，深入贯彻习近平总书记关于做好新时代人才工作的重要指示批示精神，全面落实中央人才会议和中央企业人才会议精神，坚持党对人才工作的全面领导，坚持全方位培养、引进、用好人才，坚持深化改革、创新机制、优化服务，以科技人才队伍建设为重点，突出培养造就高精尖缺人才，纵深推进新时代人才强企战略，系统优化人才发展制度体系、培养体系、承载体系、激励体系、保障体系，持续提升集团人才承载力、创新力、竞争力，强化集团作为国家战略人才力量、国家战略科技力量主力军作用，有力推进集团高质量发展，加快建设世界一流企业，更好支撑国家高水平自立自强。

三、实施新时代人才强企战略，建设行业人才中心和创新高地

（一）坚定不移树牢系统观念，建强有色金属人才创新高地。一要服务支撑国家战略大局。坚决服从国家工作大局，积极组织企业人才参与国家实

验室、大科学计划、大科学工程建设，建设完善民机铝材研制与应用联合实验室。做实绿色低碳发展创新联合体，为解决行业共性关键技术问题，推进行业尽早实现“碳达峰”“碳中和”提供人才支撑。二要构建高效率科技创新人才管理体系。集团层面要围绕“十四五”规划和中铝高质量发展新模式，构建高效能的科技创新人才管理模式；优化完善以中央研究院、专业研究院、专业领域技术中心、群众性创新平台为主体的集团科技创新体系。各战略单元和企业要发挥主体作用，在政策引领、氛围营造、经费保障、资源投入等方面采取有针对性措施，发挥好各层、各类创新平台（项目）的引才、聚才、育才、用才作用，形成依托科技创新基地和平台的“人才 +”培养模式，加快构建与世界一流有色金属企业目标相匹配的科技创新人才管理新体系。三要打造科技创新的策源地。突出集团重点专业领域、科技前沿和战略需求，围绕引领集团未来发展关键领域、重点科研任务和重要产业化技术开发项目，以“揭榜挂帅”、专家推荐、项目合作等方式培育一流科技领军人才和创新团队。建立跨地区、跨企业、跨团队的人才协同机制，促进人才有效配置、发挥作用。坚持长远眼光，加快锻造一批思维超前、视野开阔、思路清晰，能够突破关键核心“卡脖子”技术、解决行业技术难题、实现科技价值创造的战略科技人才。

集团作为国有资本投资公司试点企业，战略单元层面是培养造就战略科研力量的主力军，是这个行当的主角。如何造就战略科研力量，各战略单元要深入研究、独立思考、严肃回答。从产业生态上来讲，集团产业分布很广，是伴随有色金属行业的发展沿革形成的，这样的布局和生态究竟能否适应未来创新高地的定位？大家要认真思考。从人才生态上来讲，创新依靠人才，而人才具有很强的流动性，人才流动的机制随着时代在变化。必须遵循市场化的规律引进人才。

（二）坚定不移优化体制机制，全面打造良好创新生态。一要完善科技人才职业发展通道。健全以“首席科学家”为统领的科技人才职业发展体系，依托“五级工程师”，健全完善科技人才技术职务体系和岗位设置标准；实施动态管理，破除“科技人才论资排辈”“一评定终身”等问题；按照科技人才的创新能力和贡献，明晰战略人才、核心人才、骨干人才的划分标准，优化梯队建设。重点打造“以首席科学家为战略人才、首席专家（专业总师）为核心人才、卓越工程师为骨干人才”的科技人才队伍。二要完善充分授权赋能的组织体系。建立科技团队项目负责人制度，赋予项目负责人技术路线决定、资源调度、考核评价、经费支配、团队组建等自主权。针对重大攻关项目，加快建立健全“军令状”等责任制，明确主体责任，完善容错机制，鼓励人才大胆创新。支持有能力的科技人才特别是 40 岁左右的科技领军人才自荐担纲挂帅，带动创新团队干事创业。三要完善切实松绑减负的保障制度。加大对项目管理、经费管理等方面的改革力度，持续优化科研项目立项、审批、等流程，减轻科技人才负担。建立保障科研人员专心科研制度，解决兼职多、会议多、填表多等问题，减少参加非学术性的应酬性活动和不必要的评审评价活动，支持科技人才从繁杂事务性工作中解脱出来，保证充足的科研时间。四要完善价值创造引领的人才评价机制。建立以创新价值、能力、贡献为导向、与科技活动属性相适应的差异化评价体系，提高科技领军人才、项目负责人在评价中的话语权，坚决破除“唯论文、唯职称、唯学历、唯奖项”的评价问题。对基础研究人才，重点看提出和解决关键问题的原创能力、成果科学价值、学术水平和影响力等；对应用研究和技术开发人才，突出市场价值评价，重点看技术创新与集成能力、取得的自主知识产权和重大技术突破、成果转化、对行业或产业发展的实际贡献等。改变生产经营型考核思维，减少对科技人员的非技术指标考核，简化年度考核事项，优化聘期考核，适当延长基础研究、青年科技人才考评周期，更加合理、有效评价科技人才的工作实效。

（三）坚定不移走好自主培养之路，建设高水平专业人才队伍。一要整合资源培育高精尖人才。定期从国家和集团科学技术奖获得者及科研任务领衔者中，遴选科研基础强、培养潜力大的顶尖科技人才、领军科技专家，由集团党组直接掌握，量身定制培养方案，全力支持领衔申报国家级重大科研项目，承担前瞻性领域自主研究任务，培养解决行业关键核心技术的能力，培养超前思维、创新思维、全局思维、国际视野、领导实践等能力，培养造就院士人才、战略科学家。围绕落实碳达峰碳中和战略，加快培养一批绿色低碳关键技术攻关和工程应用领域创新人才。二要紧扣需求培育高潜力人才。围绕绿色低碳冶金、再生与循环利用、资源高效综合利用、高端材料与先进新材料制造、数字化转型与智能制造、先进短流程等集团重点专业领域和关键核心技术领域，实施科技领军人才“钻石计划”和优秀青年科技人才“明星计划”，支持入选计划的科技人才担纲挂帅，承担“0-1 创新”和应用技术研究项目。各用人主体要建立青年科技人才库，在实践中不断发现和持续培养优秀青年人才。探索名师育才、导师制等有效方式，实行重大专项“双负责人”制，有计划地安排青年骨干参加重大科研任务。三要建立健全人才培养机制。要在集团统筹下，指导战略单元和用人单位建立与院士团队、高等院校、科研机构“双向合作”培养人才机制，建设一批校企联合培养研究生基地，实行校企“双导师培养”，通过项目合作方式实现人才、资源、平台等互补互通，最短距离贯通“科学—技术—产业”的创新链。充分发挥用人主体在人才培养的主导作用，建立科技人才学术研讨平台、技术交流平台和视野开拓平台，走在行业最前沿。

（四）坚定不移广聚天下英才，抢占未来发展制高点。一要着力引进顶尖技术攻关人才。结合集团“11336”发展战略和产业布局，在“卡脖子”关键技术和重点领域，有针对性引进高端人才；有计划引进掌握关键核心技术、能够引领重大科研任务、重大工程建设的科技领军人才。采取项目合作、技术咨询、设立特聘专家岗位等方式，柔性使用国内外优秀人才。用好“× × 计划”、国家引才引智示范基地等平台，二要靶向引进急需紧缺人才。集团部门、各战略单元和重点科研单位要开展急需紧缺人才盘点，对人才团队的规模、结构、能力等进行评估，进一步细化分专业引才目录，以更加开放的视野引进和集聚“急需紧缺”人才。“一人一策”制定支持保障方案，在团队组建、实验室建设、试验设备等方面配套科研经费，确保人才引得来、留得住。三要发挥政策优势集聚人才。要拓宽社会引才渠道，利用集团在京、沪、大湾区企业作为引才的重要窗口，积极发挥人才中心城市的企业引才作用；利用国家重点实验室、博士后工作站等科技创新平台引进人才，积极参与国家和地方引才工程计划，用好用足各方面支持政策，汇集更多贤才良将共创集团科技创新事业。

（五）坚定不移强化人才激励，充分释放人才创新的动力活力。一要建立以价值创造为导向的绩效激励机制。建立科技激励工资总额单列清单和差异化工资总额确定机制，研究建立有别于行政序列的科技人才薪酬激励体系，将工资分配向科研骨干人员倾斜；以年度薪酬、价值创造分享、长期股权激励为核心，即时激励与年度激励、短期与长期激励相结合，形成核心科研人员收入普遍高于行政领导的氛围，增强科研人员的自豪感。各战略单元、科研单位要用好用足现有激励政策，探索创新更多精准有效的激励方式，进一步加大中长期激励力度，促进人才与企业风险共担、利益共享。

绩效激励方面，行政领导的中心工作是实现事业的发展，而不是管住人，不要觉得"我的部下收入比我高就不正常"。民营企业都是带着问题来挖人，一挖一个准，只要能解决问题直接兑现待遇，真正是市场化激励、市场化选人。这方面我们的观念还需要有所突破。

二要进一步加大奖励和精准激励力度。增加科技创造"价值分享"单元，对承担课题实施项目激励；支持鼓励符合条件的企业建立以股权激励为主的中长期激励机制，积极推进上市公司股权激励和科技型企业分红权激励。加大科技创新专项奖励力度，提高专项奖励标准，按期召开科技创新大会，评选表彰科技创新杰出贡献者。对一线科研骨干人才积极采取市场化协议工资、项目工资等形式。对按市场机制引进的"高精尖缺"人才，或者承担国家重大项目（重点工程）、集团关键核心技术攻关任务的技术项目负责人，实行"一人一议""一事一议"的协议薪酬。对新引进入选海外高层次创新人才、青年人才按国家政策要求给予相关生活补助。对于因承担关键核心技术攻关任务，对当期经营业绩产生影响的，实施特殊事项考核管理，在考核中予以考虑。要坚持眼睛向内，切实解决好激励政策不敢用、不愿用、不会用问题，加快完善吸引保留人才的制度，强化对政策落实情况的监督检查，积极营造拴心留人的良好环境。

（六）坚定不移加强党的全面领导，推动人才工作各项部署落地生效。一要把党管人才原则贯穿人才工作始终。进一步强化党组（党委）统一领导，组织人事部门牵头抓总，有关部门各司其职、密切配合，用人单位发挥主体作用的党管人才工作格局。各级党委要坚决把思想和行动统一到习近平总书记重要讲话精神上来，坚决扛起为党育才、为国育人的主体责任，要定期研究人才工作，及时解决重大问题，督导落实重点任务；强化"一把手"责任制，党委书记要亲自抓人才工作，履行好第一责任人职责；专职副书记要具体抓，担负起直接责任；组织人事部门要牵头抓好落实，形成有力组织保障。二要强化人才服务保障。坚持落实党组（党委）联系服务专家制度，完善领导干部直接联系服务人才工作机制，集团领导班子重点联系一批科技领军人才和作出突出贡献的专家，战略单元班子成员重点联系一批核心骨干人才和优秀青年人才，做到政治上充分信任、思想上主动引导、工作上创造条件、生活上关心照顾，有感情地做好人才工作。各战略单元和实体企业，要根据《实施意见》《工作方案》等政策和配套制度，提出贯彻落实方案，把人才工作各项措施具体落实到日常工作中去。集团总部将进一步加大监督检查考核力度，将战略单元科技人才队伍建设等工作落实情况纳入到大监督体系范围、纳入党建考核。三要营造识才爱才敬才良好环境。定期总结科技工作先进经验，授予"先进科技工作者""优秀创新团队"等荣誉，并在科研经费、疗养休假、评先评优、培训深造等方面优先支持。坚持每年奖励一批重大技术创新、授权专利、技术标准、计算机软件著作权等科技成果，积极推荐优秀科技人才到国内外学术技术机构和行业组织任职，提升科技人才知名度、荣誉感和获得感。在集团内外的宣传平台大力宣传优秀科技人才及创新团队的先进事迹，营造弘扬科学家精神、尊重人才、见贤思齐的浓厚氛围，鼓励创新、宽容失败的工作环境，待遇适当、无后顾之忧的生活环境，公开平等、竞争择优的制度环境。

同时，要统筹推进经营管理人才、技能人才队伍建设。培养造就一支可堪大用、能担重任的高素质专业化管理人才队伍，切实把忠诚干净担当的干部选拔出来、使用起来。进一步优化领导人员年龄结构，从政治素质、性格特点、发展潜力三个维度，构建“经营管理人才胜任能力素质模型”，通过多岗位锻炼、专业化培训等个性化培养措施，打造“知识结构合理、专业结构配套、年龄结构优化、气质结构互补”的领导团队，培养一批具有企业家潜质的领军人才。加大年轻干部储备和使用力度，形成年轻干部成长的良性循环机制。配齐建强董事会队伍，充实集团董事人才库，遴选形成一支熟悉宏观经济政策和行业发展要求、能够把方向、谋大局、定政策、促改革的专业专职董事人才储备力量。培养造就一支爱岗敬业、技艺精湛、善于创造性解决工艺难题、推动技术革新的技能人才队伍。实施工匠培育计划，优选一批能力、业绩突出的技能专家，坚持以能力提升、平台支持、作用发挥、荣誉推荐为主线，以创新理论方法、工艺难题会诊、工匠精神传承为重点，大规模开展技能培训和岗位练兵，全面推行中国特色新型学徒制，培养一批高技术能手。拓宽技能人员的职业发展路径，完善技能等级评价标准和评价办法，落实高技能人才参评专业技术职务任职资格制度，建立多职级的技能人才职业发展通道，健全以职业能力为导向、以工作业绩和价值创造为重点、注重职业道德和知识水平的技能人才评价体系。大力弘扬劳模精神、劳动精神和工匠精神。

同志们，发展是第一要务，人才是第一资源，创新是第一动力。让我们坚决贯彻习近平总书记关于人才工作的重要指示批示精神，认真实践新时代人才强企战略，构建高效率人力资源管理体系，开创集团人才百花齐放的生动局面，为集团建设成为具有全球竞争力的世界一流企业提供有力的人力资源保障，在建设人才强国的新征程上贡献中铝力量。

全面贯彻落实党的二十大精神
为加快建设世界一流企业团结奋斗

——在中铝集团2022年度发展战略研讨会上的讲话（摘要）

党组副书记、总经理　刘祥民

（2022年12月9日）

集团党组决定召开年度发展战略研讨会，聚焦加快建设世界一流企业的总目标，充分研讨集团深入贯彻落实党的二十大精神的思路举措，凝聚广大干部职工团结奋斗的精神力量，高质量收官2022年、高起点谋划2023年，推动党的二十大精神在集团付之于行动、见之于成效。

一、坚持知行合一，全面学习把握落实党的二十大精神

一要在全面学习上下功夫。“知者行之始”，只有全面、系统、深入学习，才能完整、准确、全面领会党的二十大精神，对是什么、干什么、怎么干了然于胸，为贯彻落实打下坚实基础。集团党组已经制定学习贯彻落实党的二十大精神的方案，各级党组织要引导组织广大党员干部职工读原文、悟原理，把学习二十大报告同学习习近平总书记系列讲话结合起来，同实践中铝高质量发展新模式的任务目标结合起来，联系实际深入学习、深刻领悟“两个确立”的决定性意义，全面增强对习近平总书记的忠诚和拥戴，加深对习近平新时代中国特色社会主义思想、马克思主义中国化时代化、中国式现代化等重大问题的认识，深刻理解党的二十大对全面建设社会主义现代化国家作出的战略部署，深刻理解集团“排头兵、主力军、引领者”的战略使命，深刻理解加快建设世界一流企业的重大战略意义，切实把思想和行动统一到党中央精神上来。要综合运用有效学习培训、有力宣传报道、深入集中宣讲、理论研究阐释等多种方式，用广大职工听得懂、能领会、可落实的语言，推动党的二十大精神进车间、进班组、进头脑，实现更好的学习目的和效果。

二要在全面把握上下功夫。党的二十大精神内容十分丰富，既有政治上的高瞻远瞩和理论上的深邃思考，也有目标上的科学设定和工作上的战略部署，这些是相互联系、有机统一的。我们要全面把握“三件大事”的历史性意义，弄懂“两个结合”促进马克思主义中国化时代化新的飞跃，切实做到“六个坚持”，牢牢把握中国式现代化的本质特征和“五大原则”，系统把握习近平

新时代中国特色社会主义思想的世界观和方法论，坚持好、运用好贯穿其中的立场观点方法。要将党的二十大报告作出的部署与集团实际相结合，坚持历史和现实、理论和实践相结合，坚持从整体到局部、再从局部到整体反复揣摩，做到知信用贯通，切实把党的二十大精神转化为加快建设世界一流企业的强大力量。

三要在全面落实上下功夫。“行者知之成”，行是关键，是将学习成果转化为指导实践的有力武器。空谈误国、实干兴邦，我们要对标对表党的二十大作出的新部署新要求，紧紧围绕建设现代化产业体系、提高产业链韧性和安全水平、实现高水平科技自立自强、加快绿色低碳发展等各方面的部署，将“国之大者”装在心里，把高质量发展作为首要任务，聚焦国家所需，做到中铝能为、中铝应为。12 月 6 日中央政治局研究经济工作释放一系列积极信号，再次强调“稳字当头、稳中求进”工作总基调，我们要坚持丰富拓展中铝高质量发展新模式的内涵，把握扩大内需和供给侧结构性改革相结合的窗口期，加力解决集团不平衡不充分的发展问题，着力在补短板、强弱项、固底板、扬优势上下功夫，着力培养专业化能力锻造长板，全面提升集团的“硬实力”和“软实力”，以加快建设世界一流企业的实际成效，回应职工所盼、未来所向。要结合谋划 2023 年工作，对一些事关全局和长远的必要事项深入研究，对发展思路和举措再审视再对照再深化，把握发展现状，找准存在问题，明确努力方向，拿出硬招实招，执着不让向前推、锲而不舍往实抓，确保党的二十大精神在中铝落地生根、开花结果。

二、坚持团结奋斗，加快建设世界一流企业

我们要坚持把加快建设世界一流企业作为贯彻落实党的二十大精神的重要抓手，凝聚团结奋斗的时代精神，以奋力攻坚的强大动力和善作善成的自觉行动，团结带领广大干部职工在新的时代坐标中坚定追求卓越的发展取向，推动集团的综合实力和国际影响力跃上新台阶。集团党组对标对表中国式现代化的全局性要求，按照“产品卓越、品牌卓著、创新领先、治理现代”的目标方针要求，结合全球竞争态势和集团“十四五”战略规划纲要，专题研究构建世界一流企业评价指标体系，初步形成创新领先、布局领先、规模领先、效率领先、产品和服务领先、品牌领先“六个领先”为主要目标、包含 7 方面 30 多项具体措施的《加快建设世界一流有色金属企业实施方案》，即将呈报国务院国资委备案并印发企业贯彻落实。这个方案是“11336”发展战略在新形势新要求下的具体化。

（一）增强价值创造能力。这是集团赖以生存发展的基本能力。我们要始终把提高效益效率作为建设世界一流企业的基石，完善“四层两力”中铝价值管理体系，强化价值创造、不断厚实家底。一是要持续提升成本竞争能力。成本是资源型企业的命根子，各级管理层都要为成本设置红线，凡事有一弊必有一利，要把精力都集中到为降本找方法上来，不允许成本考核上搞博弈。坚持成本三年对标目标不动摇，以成本“五化”闭环管理为核心，推行基于价值管理的全周期成本管控。坚定优化投资不动摇，推进成本管控从生产环节向投资环节延伸，从源头降本起步，推动构建成本领先的生产管理体系，提高全要素成本竞争力。推进同质化同类化资产和业务整合，实现“一业一企、一企

一业”形成竞争优势；整合或退出不符合战略安排的业务，提升“两非”“两资”处置效果。这三年，集团累计处理300多亿元不良资产，明年要加快内部业务专业化整合，各单元要有计划引导资源向优势企业集中；集团要提高采购物流集中度，推行阳光采购，大力削减采购中间商。要建立标准化思维，在产品规划、工程技术、现场作业和经营管理中降低试错成本、提高集约效率；近两年“五标一控”“三化一提升”“阿米巴经营模式”带来很好的效果，要总结最佳实践形成专业管理标准，迅速在同类企业推广，打磨核心竞争力和品牌影响力。二是要提升有现金流的盈利能力。现金流是维持企业生命的血液。要深化2W4H全要素对标体系，不讲客观坚持净资产收益率（ROE）市场化对标，对内向生产工序延伸，对外建立与世界一流企业相匹配的净资产收益率（ROE）追标立标目标。加快具有中铝特色的“1+2+3”司库体系建设，形成“一体两翼”财务组织架构，持续强化“资产负债率＋融资规模”双管控模式，建设财务管理数字化平台，实现集团资金全面集中管理。强化国有资本收益管理，提升各层级企业分红水平和集团归母权益，提升国有资本保值增值能力。提高有现金流盈利能力的重点在各战略单元，要把“有利润的收入，有现金流的利润”作为经营原则，形成管理习惯，作为客观地反映竞争实力的首要标准。

（二）培育全球资源配置能力。这是集团做强做优做大的根本能力。作为全球最大的有色金属企业，集团产业结构和布局仍有待优化，全球化配置资源能力不强。矿山资产占比小，缺乏高品质、低成本、长寿期具有国际竞争力的矿山。冶炼资产占比虽大，但布局分散、有竞争力的企业少，绿色低碳转型压力大。材料产业与社会期望还不相称，中铝高端、中铝新材料还处于积累发展阶段，盈利能力和新产品开发能力还有短板。

依托中国大市场提升集聚和调动全球资源要素的能力，是我们构建新发展格局、建设世界一流企业的重点方向。一是要集中优势力量提高矿产资源保障能力。围绕集团矿产资源保障供应主责，要集中力量多措并举推进资源获取。在国内，对接国家第二轮找矿战略行动，重点关注西藏、内蒙古、新疆等地质成矿带，推进资源获取，增加金属品种、提升资源储备，推动多龙铜矿项目开发建设。在国外，积极融入“一带一路”倡议，科学获取境外战略性矿产资源，持续跟踪非洲、南美及我国周边等重点成矿带及优质资源项目，通过并购合作，启动风险勘探。在方式方法上，除并购、合作、风险勘探等传统方式外，还将探索贸易投资获取资源新模式，围绕国际贸易＋上游资源权益投资，打造“资源＋贸易＋融资＋物流＋风险管理”全链条增值服务业务模式，深度配置全球资源。二是要发挥国有资本投资公司功能作用。利用现有上市公司平台优势和资本市场工具，加快实现资产证券化水平，着力解决有色金属行业产能分散、同质化竞争等突出问题，重点关注有色资源类以及具有高协同性的上下游产业和海内外企业的并购重组机会。提高集群化发展能力，重点在能源组合优势强、贸易物流便捷、上下游协同潜力大的地区形成有影响力的铝业集群化产业基地。优化完善铜铅锌产业链，重点在云南省打造多维度资源共享、生产组织灵活调节的高技术产业集群，立足铅锌产业全国多点布局的现状，统筹策划建立区域关键金属冶炼基地，打造具有世界一流竞争力的稀贵金属生产基地，增加铅锌产业厚度。打磨中铝资产专业化运作能力，切实提高沉睡资产的贡献度。支持中铝开投加强投资研究，在风险投资中管控风险、抢抓机遇，锻造成为开疆拓土敏锐锋利的“尖刀”。三是要发挥多重积极性，实体企业要建立管理规划，贯通集团规划体系，提升统筹地区资源能力。

（三）建设强大的科技创新能力。这是集团建设世界一流企业的核心驱动能力。集团要在国际化竞争舞台上展现自信自立的形象，要有独有的看家本领。一是要建设一流科技创新体系。聚焦强化科技创新策源功能，重点建设一流的具有相对规模的研究院所，汇聚顶尖创新人才，依托“国重”等国家级平台，开展重大科技攻关。要提升中央研究院的创新组织功能，强化各专业研究院对领域技术中心的创新引领，持续加大研发投入强度，着力推进“0–1”的原创性研发，加快打造原创技术“策源地”。战略性前沿技术研发是指令性任务，各单元要添砖加瓦，令行禁止。二是要着力建设高技术产业。聚焦代表未来发展方向的先导产业，努力掌握产业链关键价值环节，突出高端引领。着眼于产业基础高级化和产业链现代化，按照有色金属绿色低碳、先进材料两条主线，加快绿色短流程冶金技术攻关，力争在关键领域实现国际领跑。着眼于提升国防军工用材料保供能力，持续推进“红旗工程”建设，着力研发第五代铝合金，奋力实现战略必争领域的自主可控。着眼于构建包括钴锂的能源金属产业链技术体系，打造“专精特新”企业，拓展 20 余种有色金属新材料在航空航天及国防军工、新能源、交通运输、电子、化工、医药、节能环保等领域的增值作用。中铝国际要突出“工程技术”的初心，变工程施工为工程技术解决方案，依托技术实力有效参与竞争。

（四）集聚绿色发展引领能力。这是集团建设世界一流企业的必然要求。服务国家“双碳”目标，要发挥产业链完整和“绿色基金”的优势，增强环保专业能力，实施“绿色矿山 + 绿电冶炼 + 再生金属 + 绿色制造 + 绿色应用”增绿厚绿有序发展新模式，推动环保绩效从 C 级向 B 级为主提升。加快清洁能源替代体系建设，发挥产业用电基荷大、负荷稳定的特点，联合能源企业利用矿山土地、尾矿堆场加大新能源开发，开展老旧矿井储能技术探索，积极参与以消纳可再生能源为主的源网荷储一体化微电网建设，在青海、甘肃、内蒙古、云南等地区加大新能源消纳力度，力争到 2025 年绿色铝比例达到 60%，2030 年达到 75%，全集团清洁能源占比达到 70%。加快建设绿色智能示范工厂，开发冶炼产品向基础材料延伸短流程适用技术，建设绿色冶金示范企业。研发推广节能技术和装备，培育一批行业领先节能技术典型示范项目。加快布局发展再生循环产业，加大“城市矿山”开发力度，聚焦几何废料返回和社会废料两大类型，统筹全国铝铜主要消费市场，依托供销总社回收网络和集团冶炼加工企业，建设再生有色金属回收和增值化骨干体系。力争“十四五”末再生有色金属循环利用能力达到 300 万吨以上目标，赤泥综合利用率在 10% 的基础上每年提高 5%，实现全球领先。

（五）提升现代化的治理能力。这是建设世界一流企业的重要支撑。作为中央企业，持续完善中国特色现代企业制度，推动治理体系和治理能力现代化，努力为中国式现代化提供国企治理范例。一是强化集团总部顶层设计能力。从今年党组召开的系列务虚会成果来看，集团在海外矿产资源获取、数智化发展、专业化整合、总部职能优化等方面还有不少短板，存在顶层设计不完备、战略执行不到位、资源配置效率不高等现象，统筹现代化管理思想、管理组织、管理制度、管理手段和管理人才能力还不强。提高集团总部顶层设计能力，不是要求大家都成为战略专家，而是要求各系统具备管控内部资源、统筹外部资源的能力；具备迅速明晰责任、立即行动的能力；具备前瞻性思考、全局性谋划、整体性推进的系统思维能力；发挥集团总部战略规划、制度建设、资源配置、资本运营、财务监督、风险防控、绩效评价等核心职能作用，推进集团由“管理型”向“治理型”转变。二是提高战略单元专业化运营能力。三年来，各单元基本具备本领域专业运营的基础。“仰之弥高，钻之弥坚”，明年要着重推升各单元专业化运营能力。通过发挥党的领导优势、健全子企业董事会建设，推动各战略单元落实与专业化运营相关人权、事权、业绩考核权、薪酬管理权、财务事项管理权等具体措施，深化（中铜）事业部制走深走实，推动生产经营事项下沉，激发专业化管理内生动力。材料加工产业要注重培育引导市场和市场引领相互作用的能力，集中资源增强专业化生产定力，培育向社会产能输出管理的能力，实现从产品合格到质量管理体系科学强大管用的转变，通过2—3年努力孵化形成数个有竞争力、能成为事业基石的规模化产品。建设贸易强国首先要有贸易强企思想，要为贸易行为立规划线，也要为贸易结构升级提供支持；一流企业的海外营销不能依赖代理商，否则永远听不见炮声。三是提高集团数智化管理能力。整合集团数智化资源，完善集团数字化转型、智能化发展规划，按照数智化发展“12345”总体思路，起步“一张网”“有色云”基础设施建设，从统一数据标准入手打通各个环节信息交流壁垒，积累形成数字化产业生态体系，使数据资产成为推动集团未来发展的巨大动能。整合集团数字化资源，建设一批少人的数字化矿山和“灯塔”工厂，提升本质安全水平。构建数字化智能化采购物流平台，实现集中采购关键核心指标（集中采购率、公开采购率、上网采购率、电子招标率）达标。

建设一流企业，要开展典型引路、大力抓落实，同时还需要注重战略执行的方式方法。

一是要坚持全面预算管理。“凡事预则立，不预则废”。预算管理的核心就是细分战略目标形成战略任务，通过解码战略目标、优化资源配置、落实企业责任，将经济指标、管理任务和战略事项统筹匹配，实现战略规划、经营计划与全面预算紧密衔接、一体化推进。当下，全面预算管理在各企业中的应用不尽相同。有的理解不深、重视不够，重预算编制轻预算管理，造成预算与执行“两张皮”；有的企业重结果、轻过程，预算编制不“全面”，预算执行责任不清，预算纠偏难度大；有的预算分析习惯于“同比”“环比”，经营考核与预算挂钩不够紧密，预算成为应付检查的工具。上述现象本质上是认识问题，没有将全面预算作为服务战略落地的主要方法。

全面预算管理是一个系统工程，涉及全业务、全流程、全过程、全方位，任何环节的不主动、不协调，都会对战略执行带来较大影响。下一步，全集团要突出以战略为导向、以价值管理为中心、以现金流为主线、以业务预算为基础的全面预算管理，将预算管理作为优化资源配置、判断经营状态、加强风险管控、提高运行质量的有效工具，强化预算管理的权威性和严肃性，增强各级企业经营班子的预见性与责任感，通过目标分解、资源配置、执行跟踪、纠错改进等，促进集团整体战略目标实现。集团财务产权部和运营优化部作为预算编制和考核部门，既要科学精准编制，也要严肃严格考核，既要坚持集中一贯监管，也要科学精准授权放权，确保有限资源聚焦集团战略服务。

二是要坚持全面深化改革。集团三年改革行动正在收官，国务院国资委已在筹划建设世界一流企业改革提升行动，改革的质量要通过深化改革来巩固。比如，任期制契约化管理、职业经理人制度、“三项制度”改革是否真正见效，是不是还存在选择式改革、空转式改革？改革不进则退，明年改革的主要任务，深化上述改革，比如对已实施股权激励的企业要“借鉴”合伙人制度；对应前述能力建设深化改革。改革的目标是一流企业建设，改革的指向是效率效益，必须抓住时间窗口形成氛围一以贯之，发挥改革对发展的深刺激、强刺激作用。改革开放是实现中国梦的关键一招，各级党组织要负起领导责任，真刀真枪改革，让干部职工能切身感受到改革带来的整体成效；各级领导干部更要为改革担当、为改革拍板、为改革用人激发全集团干事创业的活力，全面实践习近平总书记在 12 月 6 日中央政治局会议上强调的“让干部敢为、地方敢闯、企业敢干、群众敢首创”的要求。

三是要全面防控危机风险。有色金属行业是一个周期性产业，一定要研究周期、利用周期，运用逆周期和跨周期相结合的思维预控风险。周期上行的时候，我们可以走得快一点；周期下行的时候，就要走得稳一点。回顾集团 20 余年的发展史，我们在战略执行上既有过扩张、也有过收缩，经历的艰难历程刻骨铭心。我们要始终保持居安思危的政治清醒、坚如磐石的战略定力、勇于斗争的奋进姿态，紧跟社会发展大势、经济运行趋势、市场发展走势，努力在党、国家事业大局中找准对接点、着力点。要发挥集团大监督体系的特色和作用，进一步拓展功能、提高质效。各级干部和广大职工都要养成在监督下工作的习惯，促进强化底线思维意识、提高风险防控意识，精准分析重大经营风险出现的概率，强化防范化解风险的规则程序，深入推进审计、合规管理和内部控制，形成在监督下工作的习惯，增强组织效能、提高经营效益，保障在激烈市场竞争中既要打得赢、又要控得住。

三、坚持党的领导，坚定不移推进新时代党的建设新的伟大工程

一是全面加强党的政治建设和思想建设。政治上的主动是最有利的主动，讲政治是具体的，建设一支讲政治、顾大局的队伍，要严格政治生活，教育引导广大党员干部坚定拥护“两个确立”、坚决做到“两个维护”，围绕“国之大者”开展工作，提高各级党组织和党员干部的政治判断力、政治领悟力、政治执行力。发挥党的领导独特优势，这是建设一流企业的法宝，全集团党员干部要坚持不懈用习近平新时代中国特色社会主义思想凝心铸魂，善于运用习近平新时代中国特色社会主义思想的观点立场方法，积极应对和解决一流企业建设征程上的新挑战、新问题，坚决贯彻“两个一以贯之”要求，切实发挥党组织把方向、管大局、保落实的领导作用，凡是党中央作出的部署，就是中铝集团的自觉行动，凡是企业生产经营的痛点，就是各级党组织工作的要点，切实把制度优势更好转化为公司治理效能，确保中铝集团始终成为党和国家最可信赖的依靠力量。

二是全面加强党的组织体系和干部人才队伍建设。要把大抓基层的鲜明导向落到实处，把企业改革发展的重点难点作为党建工作的着力点，推进“六化”党支部创建达标工作，深化“两带两创”和党员“双提升”等品牌活动，将各级党组织锻造成为政治功能强、组织凝聚力强、发展推动力强的战斗堡垒、实现党建工作与生产经营融合的前沿阵

地，着力将党的组织优势更好转化为工作执行优势。持续完善集团“大党建”工作格局，推动党的领导和党的建设融为一体，坚持把党建工作融入企业产业链、价值链、创新链各环节，以党建引领提质增效、改革发展，齐心协力推动目标任务实现，着力将党的政治优势转化为发展优势和竞争优势。要聚焦建设一支政治过硬、堪当重任、富有企业家精神的高素质干部队伍，扎实推进各级领导班子年度绩效考核和优化调整，高度重视年轻干部培养使用，加大干部交流使用力度，落实干部能上能下机制，把堪当建设世界一流企业重任的优秀干部选出来、用起来。要聚焦人才这个第一资源，深入实施人才强企战略，持续深化人才体制机制改革，加快构建“首席科学家 + 首席专家 + 卓越工程师”核心骨干科技人才体系，完善优秀青年人才全链条培养机制，培养造就更多大师、战略科学家、一流科技领军人才和创新团队、青年科技人才、卓越工程师、大国工匠、高技能人才，加快建设有色金属行业人才中心和创新高地。

三是坚持全面从严管党治企永远吹冲锋号。聚焦全面从严治党永远在路上的时代要求，坚持严的主基调不动摇，坚持党风党纪党性一起抓，持之以恒正风肃纪反腐，推进政治监督具体化、精准化、常态化。严格落实中央八项规定精神，持续纠治形式主义、官僚主义，深化“靠企吃企”问题整治，加强巡视整改和成果运用，不断优化“大监督”体制机制，提高一体推进“三不腐”能力和水平，引导党员干部始终牢记“三个务必”，永葆自我革命精神，让红色基因历久弥新。

四是凝聚团结奋斗的精神力量。团结奋斗是中国共产党和中国人民最显著的精神标识，也是国有企业的红色基因和优良传统。我们要围绕加快建设世界一流企业的任务目标，坚持人民至上，坚持全心全意依靠职工办企业，以团结凝聚力量、以奋斗把握主动，在全集团弘扬劳动精神、奋斗精神、奉献精神、创造精神、勤俭节约精神，持续丰富中铝“精神谱系”和企业文化内涵，树立崇尚劳模、鼓励先进的鲜明旗帜，形成人心凝聚、团结奋进的强大精神纽带。要着力构建共建共享的机制，兼顾效率与公平，激活全要素生产效率，完善“工资效益联动、效率对标调节、工资水平调控”的机制，提高工匠等高技能人才收入，扩大中等收入群体，实现经营业绩增长和职工收入水平提高的良性攀升，不断增强全体职工奋进新征程、建功新时代的志气、骨气、底气。

同志们，加快建设世界一流企业，使命光荣、责任重大。我们要坚持以习近平新时代中国特色社会主义思想为指导，把思想和行动统一到党的二十大精神上来，把智慧和力量凝聚到党的二十大确定的各项目标任务上来，坚定战略自信、保持战略清醒、增强信心斗志，为加快建设世界一流企业团结奋斗！

2023

中国铝业集团有限公司年鉴

The Yearbook of Aluminum Corporation of China

【大事记】

Chronicles

2022 年中铝集团大事记

1 月

4 日 中铝集团召开 2022 年安全环保质量暨依法治企工作会议。

7 日 中铝集团召开 1 月份推进改革工作例会。

是日 中铝集团党组副书记、总经理刘祥民会见中南大学党委副书记李景升。

10 日 中铝集团召开党史学习教育总结会议。

是日 广西壮族自治区人大常委会副主任张晓钦到中铝广西企业调研。

13 日 中铝集团与中国工商银行签署全面战略合作协议。

14 日 中铝集团党组书记、董事长姚林，党组副书记、总经理刘祥民会见西藏自治区人民政府副主席江白。

是日 中铝集团党组书记、董事长姚林会见中国一重党委书记、董事长刘明忠。

18 日 中铝集团党组书记、董事长姚林会见国务院国资委党建工作局局长姚焕。

是日 中铝集团党组书记、董事长姚林会见国防科工局副局长徐占斌一行。

是日 中铝集团党组书记、董事长姚林会见北京科技大学党委书记武贵龙、校长杨仁树。

19 日 中铝集团与中国检验认证集团签署全面战略合作协议。

是日 中铝集团党组书记、董事长姚林会见中国有色集团党委书记、董事长奚正平。

21 日 中铝集团党组书记、董事长姚林，党组副书记、总经理刘祥民拜访国家电投董事长钱智民、总经理江毅。

24 日至 25 日 中铝集团一届五次职代会暨 2022 年工作会议在京召开。

25 日 中铝集团召开 2022 年党风廉政建设和反腐败工作会议。

26 日 中铝集团党组召开党史学习教育专题民主生活会。

28 日 中铝集团以仿真视频形式举行 2022 年新春团拜会。

29 日 中铝集团召开专职董事保密教育培训会。

2 月

16 日 中铝集团成功发行 6 亿美元境外高级债券，成功簿记定价 5 年期境外美元高级债券 6 亿美元，票面利率 2.95%。集团本次发行创中铝系 5 年期境外债历史最低利差，是 2022 年首家实现零新发行溢价的中资企业。

17 日 中铝集团召开所属企业董事会规范运行推进会。

18 日 中铝集团党组副书记、总经理刘祥民会见中国地质调查局党组成员、副局长，中国地质科学院常务副院长李金发。

23 日 生态环境部东北督察局分局党组书记、局长闫景军一行对中铝集团中央生态环境保护督察反馈意见整改落实情况进行检查。

24 日 皇甫莹任中铝集团纪检监察组组长、党组成员。

25 日 中铝集团党组副书记、总经理刘祥民会见焦作市委书记葛巧红。

28 日 中铝集团与迈格钠磁动力股份有限公司签署战略合作框架协议。

3 月

2 日 中铝集团党组书记、董事长姚林会见西马克中国总裁兼首席执行官孙宇。

3 日 中铝集团与蔚来汽车签署战略合作协议。

8 日 中铝集团党组书记、董事长姚林出席全国人民代表大会有关会议。

是日 中铝集团党组副书记、总经理刘祥民会见中国有色金属工业协会党委副书记范顺科。

10 日 中铝集团党组副书记、总经理刘祥民会见力拓首席执行官石道成。

11 日 最高人民检察院第八检察厅二级巡视员吕洪涛、主办检察官刘家璞等到中铝集团调研公益诉讼工作。

14 日 中铝集团党组副书记、总经理刘祥民会见力拓首席商务官、中国区主席白睿明一行。

16 日 中铝集团党组书记、董事长姚林一行到中国科学院过程工程研究所考察交流。

18 日 中铝集团党组书记、董事长姚林参加国务院国资委党委和中央企业党委（党组）理论学习中心组联学会。

21 日 中铝集团党组副书记、总经理刘祥民会见澳大利亚工程院院士吴鑫华一行。

25 日 中铝集团与北京市昌平区政府签署战略合作框架协议；集团党组书记、董事长姚林会见昌平区委书记甘靖中、区长支现伟。

28 日 田永忠任中铝集团党组成员、副总经理。

是月 中国有色金属工业协会公布 2020—2021 年度有色金属产品实物质量认定结果，中铝集团 7 个产品（西南铝的 7050T7451 铝合金板材、西南铝板带公司的易拉罐罐体用铝合金带材、驰宏锗业的高纯二氧化锗和区熔锗锭、山西华兴的冶金级氧化铝、滇中有色的阳极铜、云铜锌业的锌锭）被认定达到国际同类产品实物质量水平，荣获“有色金属产品实物质量金杯奖”。

是月 市场监管总局（国家标准委）发布 357 项推荐性国家标准和 4 项国家标准修改单，其中全国有色金属标委会归口标准 33 项。由中铝集团所属企业主持修订的 12 项国家标准获批发布，涉及氧化铝，铝、镁、铜及其合金，镓等有色和稀有金属，10 月 1 日正式实施。

4 月

7 日至 8 日 中铝集团召开直属党委第三次党员代表大会。

11 日 中铝集团召开一季度经济活动分析暨投资活动分析会。

13 日 中铝集团党组领导班子在中铝资产参加“绿色低碳向未来”义务植树活动。

15 日 中铝集团党组副书记、总经理刘祥民在集团总部会见启明星辰集团董事长严望佳。

16 日 “中铝造”助力神舟十三号载人飞船返

回舱成功着陆。

20日 中铝集团与中国地质调查局在京签署战略合作协议。

是日 中铝集团党组副书记、总经理刘祥民会见中国工程院院士谢建新。

21日 中铝集团召开贯彻落实国务院国资委中央企业一季度经济运行情况通报会精神会议。

24日 中铝集团党组副书记、总经理刘祥民会见北京科技大学吴爱祥教授。

26日 中铝集团召开2022年度财务工作会议。

27日 中铝集团党组书记、董事长姚林带队开展云铜重要危险源安全生产大排查。

28日 中华全国总工会在京召开2022年庆祝“五一”国际劳动节暨全国五一劳动奖和全国工人先锋号表彰大会。中铝集团有4个集体、1名个人受表彰。其中，山西新材料电解厂供电车间、西南铝高精板带事业部热连轧制造中心铣床班组、云南永昌铅锌勐糯选矿厂磨浮103班和迪庆有色动力厂4个集体获评“全国工人先锋号”，东轻特级技师贾春成荣获“全国五一劳动奖章”。

29日 中铝集团召开“严肃财经纪律、依法合规经营”专项工作部署会。

是月 “中铝造”助力神舟十三号平安返航。

是月 标普将中铝股份长期发行人信用评级从“BBB-”上调至“BBB”展望稳定，这是自2012年标普下调公司评级以来，时隔10年后再次将公司评级提升到BBB水平。

是月 工业和信息化部公告第二批符合铜、铝、铅锌行业符合规范条件的企业名单，中铝集团此次新增11家企业列入规范企业行列，分别为文山铝业、贵州华锦、中铝山西新材料、云铝涌鑫、遵义铝业、连城分公司；赤峰云铜、东南铜业、易门铜业；彝良驰宏、永昌铅锌。符合规范条件的企业是行业主管部门评审优选的行业领先企业，截至4月底集团共有21家企业入选工业和信息化部规范公告企业名单。

5月

10日 “中铝造”助力天舟四号出征太空。

11日 国务院国资委“稳增长、防风险、促改革、强党建”第十综合集中督导组到中铝集团调研。

12日 为保障集团总部员工身体健康和疫情防控需要，全员居家办公。

20日 中铝集团党组书记、董事长姚林参加国务院国资委学习贯彻习近平总书记在庆祝中国共青团成立100周年大会上重要讲话精神暨中央企业青年精神素养提升工程动员会议。

6月

2日 中铝集团召开学习贯彻习近平总书记重要讲话精神暨党建带团建推进会。

5日 “中铝造”助力神舟十四号载人飞船成功发射。

6日 中铝集团党组召开2022年第一轮巡视工作动员部署会。

13日 中铝集团党组副书记、总经理刘祥民会见广州市委常委、南沙区委书记卢一先。

23日 集团党组副书记、总经理刘祥民会见郑州市委副书记、市长何雄。

28日 中铝集团召开学习贯彻习近平总书记重要指示批示精神暨2022年党建工作推进会。

是日 中铝集团举办“喜迎二十大　绿色低碳

向未来”第六届降碳节活动暨2021社会责任报告发布会。

是日 《中铝集团2021企业社会责任报告（CSR报告）》获中国企业社会责任报告评级专家委员会“五星佳”评价。

是月 中铝股份首家氧化铝智能工厂建设示范单位——广西华昇建成投用。

7月

9日 中铝集团党组副书记、总经理刘祥民以视频方式出席先进制造业与产业互联网深度融合发展论坛并致辞。

12日 中铝集团召开党组扩大会议，姚林同志不再担任集团党组书记、董事长。

是日 魏成文同志任中铝集团副总经理、党组成员；集团原党组成员、副总经理陈琪退休。

23日 中铝集团党组副书记、总经理刘祥民会见黄石市委书记郄英才一行。

24日 中铝集团召开2022年年中工作会议及集团党组第29次党风廉政建设警示教育大会。

27日 中铝集团党组副书记、总经理刘祥民会见无锡市市长赵建军。

是日 中铝集团党组副书记、总经理刘祥民会见中国驻秘鲁大使宋扬。

29日 内蒙古华云新材料6兆瓦分布式光伏项目首批并网发电，包头铝业成为集团第一家拥有分布式光伏电源的企业。

8月

1日 中铝集团召开援青援藏工作座谈会。

2日 中铝集团党组副书记、总经理刘祥民视频会见力拓首席执行官石道成。

7日 中铝集团向西藏昌都市察雅县援助50万元支持疫情防控。

9日 中铝集团党组副书记、总经理刘祥民会见重庆市委常委、副市长陈鸣波。

10日 中铝集团应邀参展2022华南国际铝工业展览会。

12日 中铝集团召开科技工作推进会。

是日 中铝集团举行现代产业链链长建设工作务虚会。

18日 中铝集团党组副书记、总经理刘祥民会见中国地质大学（武汉）党委书记黄晓玫、校长王焰新一行。

19日 中铝集团召开深化国有资本投资公司试点改革务虚会。

24日 长征五号B遥三运载火箭搭载“问天”实验舱成功发射，西南铝提供60%以上的关键铝合金材料，涵盖锻件、板材、型材、管材等多个大类10多个规格品种。

26日 中铝集团举办“学习习近平总书记重要讲话精神，迎接党的二十大”党委书记专题研讨班。

是日 中铝集团召开原创技术策源地建设工作务虚会。

29日 中铝集团召开审计署审计组进点视频会议。

30日 中铝集团启动领域技术中心评价工作。

31日 中铝集团党组副书记、总经理刘祥民出席2022年服贸会开幕式。

是月 上海证券交易所发布《关于2021—2022年度信息披露工作评价结果的通报》，中国铝业连续第四年获信息披露工作A级评价。

是月 中国铜业所属昆明重工全国劳动模范耿

家盛专题采访片《匠心耕耘车工梦》在 CCTV-10《人物故事》栏目播出。

9月

1日 中铝集团召开工会一届三次会员代表大会。

6日 中铝集团党组副书记、总经理刘祥民到中铝驻沪贸易企业调研。

是日 中铝集团捐赠 1000 万元全力支持四川泸定抗震救灾。

9日 中铝集团党组副书记、总经理刘祥民出席中央企业助力上海高质量发展视频会。

是日 中铝集团党组副书记、总经理刘祥民会见丝路国际产能合作促进中心主任谢阳军一行。

19日 中铝集团党组副书记、总经理刘祥民会见中国科学院院士徐南平。

23日 中铝集团召开加快建设世界一流企业务虚会。

28日 中铝集团召开思想政治工作会议。

是月 国务院国资委发布“砥砺辉煌十年 强国复兴有我”第五届中央企业优秀故事获奖名单，集团报送作品获一等奖 1 个，二等奖 2 个，三等奖 2 个，获奖等级及数量创历年新高，在有色行业中位列第一。

是月 中铝集团《引入 PDCA 畅通融合路桥“两带两创”激活基层党建新动能》等 13 个案例成功入选《国企》杂志评选“国企党建创新优秀案例”。

10月

11日 中铝集团党组副书记、总经理刘祥民会见审计署党组成员、副审计长王文斌。

12日 中铝集团召开集团党组 2021 年度选人用人工作民主评议反馈结果通报会暨干部管理监督政策宣讲会。

24日 中铝集团党组中心组召开第 13 次学习会，第一时间传达学习党的二十大精神。

是日 中铝集团举办“中铝大讲堂”——学习贯彻党的二十大精神宣讲报告会。

26日 中铝集团党组副书记、总经理刘祥民会见司法部律师工作局局长赵振华。

28日 中铝集团与中国供销集团签署战略合作协议。

是日 中铝集团召开关键核心技术攻关大会暨 2022 年度科技表彰会。

是日 中铝集团召开宏观经济形势交流会，邀请摩根大通和中信建投相关专家就宏观经济形势、有色金属行业发展前景等主题作分享交流。

是日 中铝集团召开学习贯彻党的二十大精神暨深化产业工人队伍建设改革推进会。

31日 “中铝造”助力梦天实验舱成功发射。

是月 国际权威品牌价值评估机构世界品牌实验室（World Brand Lab）、GYbrand 发布上市公司品牌价值榜单，中国铝业连续 15 年入围《亚洲品牌 500 强》榜单，2022 年排名第 239 位，其中冶金行业共有 9 家企业（其中中国企业仅 5 家）上榜；入围《中国最具价值品牌 500 强》榜单，排名第 204 位。

是月 中铝集团首个集中式光伏发电项目——宁夏能源宁东 250 兆瓦光伏复合发电项目开工建设。规划装机容量为 250 兆瓦，建设升压站及配套储能等设施，项目年均发电量为 4 亿千瓦时。

11月

1日 中铝集团举行学习贯彻党的二十大精神宣讲报告会。党的二十大代表、包头铝业装备能源部党支部书记、主管工程师徐俊霞，集团党组副书记、总经理刘祥民分别宣讲党的二十大精神。

2日 中铝集团党组副书记、总经理刘祥民会见辽阳市市长白英一行。

6日 中铝集团连续第5年参加中国国际进口博览会。党组副书记、总经理刘祥民出席第五届中国国际进口博览会开幕式。

7日至8日 中铝集团在长沙召开“双百行动”“科改示范行动”推进会。

8日 中铝集团党组召开2022年第二轮巡视集中反馈会。

10日 全国人大常委会委员、财经委主任委员徐绍史一行到广西华昇调研。

11日 中铝集团党组副书记、总经理刘祥民出席中信建投有色金属行业宏观形势等主题交流。

12日 “中铝造”助力天舟五号送货太空。

16日 中铝集团党组副书记、总经理刘祥民出席2022年中国铝业周开幕式并致辞，出席铝“10”圆桌会议。

是日 集团党组副书记、总经理刘祥民会见海南省副省长闫希军。

16日至17日 第47届国际质量管理小组会议（ICQCC）在印尼雅加达召开。中铝集团所属中铝山东新材料原料二区QC小组成果“提高3号熟料窑台时产量”荣获金奖。

20日 “第五届北京责任展暨企业社会责任蓝皮书（2022）发布会”在京召开。在最新公布的中国企业300强（国企、民企、外企）社会责任发展指数排名中，中铝集团以83.80的指数得位列有色金属行业排名第1、国企排名第12、总榜排名第14。

24日 中铝集团党组召开扩大会议部署安全生产和疫情防控工作。

29日 “中铝造”助力神舟十五号载人飞船成功发射。

是日 中铝集团党组副书记、总经理刘祥民到青海省海晏县调研中铝对口援建乡村振兴产业项目建设推进情况。

30日 由公安部、国务院国资委共同主办的全球公共安全合作论坛（连云港）·安全发展论坛在江苏省连云港市举办，中铝集团几内亚博法项目被评为2022年度海外安防优秀实践项目。

12月

8日至9日 中铝集团召开学习贯彻党的二十大精神暨年度发展战略研讨会。

13日 集团党组副书记、总经理刘祥民出席汽车铝板产业化年度工作总结会。

20日 中铝集团成为“中央企业ESG联盟”首批成员企业。

是日 2022年度中国证券“金紫荆奖”揭晓，集团党组副书记、董事刘建平荣获“卓越企业家”奖。

是月 首架C919成功交付，西南铝作为国内首家取得国产大飞机用铝材合格供应商资质的企业，为其提供超过50%的铝材材料，主要应用于机翼、起落架等部位，是飞机的关键结构件，多项技术填补国内空白。

是月 中铝集团荣获中国文化管理协会“2022年新时代党建与企业文化共建单位”称号，并参与起草两个团体标准《企业智慧党建信息化建设工作指引》《企业绿色文化建设评价标准》，报送案例分获党建强企优秀案例一等奖、企业文化实践创新成果一等奖，报送视频入选“最美企业之声”荣誉名单。

是月 第十七届“振兴杯”全国青年职业技能大赛（职工组）——“中核杯”创新创效竞赛全国决赛结果公布，中铝科学院（中铝中央研究院）《高强韧铝合金高锁螺母原材料制备技术开发》项目荣获研发创新类全国铜奖。

是月 由国家档案局主办的“喜迎二十大·档案颂辉煌”主题征文活动奖项揭晓，中铝集团荣获优秀组织奖。

【综述篇】

Overview

集团概况

一、基本概况

中国铝业集团有限公司是中央管理的国有重要骨干企业，成立于2001年，前身为中国铝业公司，2017年改制为中国铝业集团有限公司（以下简称“中铝集团”），2018年被国务院国资委确定为国有资本投资公司试点企业。中铝集团是全球最大的有色金属企业，连续15年入选世界500强企业，2022年排名第139位。截至2022年底，集团注册资本255亿元，资产总额6250.20亿元，拥有全级次企业426户，产业链涉及20余种有色金属元素，氧化铝、电解铝、精细氧化铝、金属镓、锗产品、铝用阳极供应量全球第一，铜金属产业在行业占据重要地位，铝基新材料产销规模、铅锌综合实力国内第一。经过多年发展，形成了矿山勘探开采、有色金属冶炼、高端材料制造、工程技术、资产经营、产业金融、新型环保、智能科技、海外开发的多元化发展格局，业务遍布全球20多个国家和地区，旗下拥有中国铝业、中铝国际、银星能源、云南铜业、云铝股份、驰宏锌锗等6家上市公司。

2022年中铝集团领导班子成员一览表

表1

姓名	职务	备注
姚　林	党组书记、董事长	2022年7月免职，调出
刘祥民	党组副书记、总经理、董事	
敖　宏	党组副书记、董事	2022年2月免职，调出
许质武	纪检监察组组长、党组成员	2022年2月免职，退休
刘建平	党组成员、副总经理	
陈　琪	党组成员、副总经理	2022年7月免职，退休
叶国华	党组成员、总会计师	
董建雄	党组成员、副总经理	
皇甫莹	纪检监察组组长、党组成员	2022年2月任职
田永忠	党组成员、副总经理	2022年3月任职
魏成文	党组成员、副总经理	2022年7月任职

二、重点工作

2022年，中铝集团党组坚持以习近平新时代中国特色社会主义思想为指导，以迎接保障党的二十大胜利召开和学习贯彻党的二十大精神为强大动力，坚决贯彻落实党中央决策部署，全面落实

“疫情要防住、经济要稳住、发展要安全”的重要要求，全力以赴打好四大战役，超额完成各项目标任务，聚力实践高质量发展新模式取得新成效、实现新突破。

（一）疫情防控交出优异答卷

面对疫情，集团党组坚决贯彻党中央决策部署，以“建功新时代、喜迎二十大”活动凝聚全体力量，扎实开展“共学共促”活动解难题办实事，统筹疫情防控和生产经营工作有序平稳开展，指导帮助55家企业、约10万人次抗击疫情，以抢在先、跑在前的务实行动，谋得早、落得快的有效举措，实现生产运营正常、订单逆势增长、海内外物流畅通，保障广大职工身体健康，提高集团应急管理和后勤保障能力，获得企业所在地政府的高度评价。

（二）提质增效取得丰硕战果

积极应对经济下行“三重”压力，全力以赴稳增长做贡献，有色金属多数产品增速高于行业平均水平和GDP增速，海外铝土矿、焦煤、铜精矿进口量实现较大增长，加大投资新增国内战略资源储量和项目建设，为产业链供应链稳定做出贡献。提前完成国务院国资委“两增一控三提高”考核目标，实现营业收入5175.98亿元，利润总额288.23亿元，同比增长9.58%；净利润243.06亿元，同比增长21.69%。营业收入利润率5.70%，同比优化0.39个百分点；研发经费投入总额139.88亿元，同比增加34.98%，研发经费投入强度（剔除贸易）达到3.50%，同比增加0.47个百分点；全员劳动生产率64.92万元/人，同比提升7.98万元/人；资产负债率62.58%，较上年末下降0.73个百分点。

2022年中铝集团主要产品产量产能一览表

表2

序号	名称	单位	产量	产能
1	氧化铝	万吨	1990.8	2226
2	电解铝	万吨	731.5	805.5①
3	铝加工材	万吨	185.8	174.5②
4	自发电装机容量	兆瓦	43382000	9780
5	铜精矿	万吨	33.0	38.7③
6	精炼铜	万吨	134.9	128
7	铜加工材	万吨	41.2	44.8
8	铅精矿含铅量	万吨	10.6	57.6④
9	锌精矿含锌量	万吨	35.8	
10	电铅	万吨	14.3	16.4
11	电锌	万吨	63.6	60.4
12	金属镓	吨	146.49	200
13	锗产品含锗	吨	55.86	60

说明：①该数据含未建成电解铝指标，②该数据为同口径计算产能，③根据品位测算，④根据品位测算

（三）科技创新实现更多突破

加快一流现代化科研院所建设，完善集团四层次立体式科研体系，有序推进GF重点实验室、有色金属绿色低碳创新联合体、国家铝产业计量中心等创新载体建设，重组成功有色金属强化冶金新技术全国重点实验室，新增1家国家知识产权示范企业和5家优势企业，获得中国专利银奖和优秀奖各1项。编制“打造原创技术策源地实施方案”，系统部署258项原创技术攻关任务，立项实施一批前沿技术项目。圆满完成“1025工程”一期等国家重点工程研制任务，具有自主知识产权的大规格铝锂合金炉组成功投运，航空紧固件用铝合金丝/棒

材全面通过考核验证，累计 16 种民用航空铝材通过中国商飞工程批准，其中 6 种打破国际唯一垄断、实现国产替代。全力保证国防军工先进材料供应，为天舟五号、长征七号、梦天实验舱、C919、运 20 等国之重器提供关键有色金属材料。绿色低碳技术和高端材料研发实现新突破，“12300”铝电解节能技术达到行业领先并实现推广应用；5N 高纯铝、5N 高纯氧化铝、5N 高纯锌、5N 高纯镉、6N 高纯氮化铝、7N 高纯镓、8N 高纯锗、11N 四氯化锗已投放市场。数智化工程建设有序推进，“有色云”入选“国务院国资委行业领域公有云建设计划”，国务院国资监管信息化平台、境外应急指挥中心具备应用条件，财务共享中心、资金管理中心全面运行。

2022 年中铝集团主要经济指标

表 3

项目	单位	2021 年	2022 年	增长（%）
资产总额	亿元	6244.43	6250.2	0.09
所有者权益	亿元	2291.29	2338.76	2.07
营业收入	亿元	5186.48	5175.98	−0.20
利润总额	亿元	263.04	288.23	9.58
净利润	亿元	199.73	243.06	21.69
归属于母公司所有者的净利润	亿元	90.23	114.18	26.54
技术开发投入	亿元	103.63	139.88	34.98
利税总额	亿元	454.3619	479.21	5.47
应缴税金总额	亿元	191.31	190.98	−0.17
全员劳动生产率	万元 / 人 · 年	56.94	64.92	14.01
净资产收益率	%	8.79	10.57	增加 1.78 个百分点
总资产报酬率	%	6.05	6.22	增加 0.17 个百分点
国有资本保值增值率	%	100	100	—

（四）深化改革激发动能活力

深入推进供给侧结构性改革和战略性重组，成功回购华云 50% 股权，完成云铝并表、云铜增发、平果铝股权和宁能新能源资产收购，解决阳光保险股权对价问题。有序推进内部业务专业化整合，扁锭产能、铝用碳素和精细氧化铝业务实现市场化、专业化运营；中铜事业部改革，山西河津、河南上街、贵州企业完成一体化管理整合。持续推进“两资”“两非”治理，全面完成 20 户“两非”企业剥离任务和 8 户民企挂靠国资整改任务，自加压力完成 17 户参股权处置。能源结构转型迈出新步伐，有序推进源网荷储一体化等光伏项目，中铝股份清洁能源消纳比例达到 47%。再生金属和循环利用产业布局加快，赤泥综合利用率达到 10% 以上。国企改革三年行动实现高质量收官，以公司章程为核心的“1+N”现代企业治理制度体系更加成熟定型，任期制契约化管理、职业经理人和“三项制度”改革实现精准考核、刚性兑现，持续优化用工管理和劳动生产效率，提高基层一线职工的收入，推动发展成果由职工共享。

（五）风险防控取得制度性成果

紧密结合大监督管理体系统筹开展“1+7+3”综合治理专项行动，累计查摆问题 3598 项，完成整改 3473 项，提前完成年度整改要求，形成一批解决发展瓶颈、提升管理能力的制度性成果。积极配合审计署进驻经济责任审计，帮促企业新建修订制度 546 项，清收逾期款 20.4 亿元，增收节支、防范化解风险 23.18 亿元；强化融资性贸易风险防控，规避化解重大存货风险 10.74 亿元，闭合境外项目风险敞口 5.7 亿元。扎实开展合同示范文本推广、印章规范管理专项整治，持续推进涉诉案件“去存控增”工作，累计挽回和避免经济损失 23.89 亿元。安全生产责任事故工亡人数同比下降 53%，如期完成中央生态环境保护督察问题年度整改目标。

2022 年中铝集团社会责任绩效数据一览表

表 4

序号	指标	单位	绩效数据
1	安全职业健康教育与培训	次 / 万人	144.6
2	新增职业病数	例	0
3	新建项目环保总投入	亿元	39.96
4	一般工业固体废物综合利用率	%	34.26
5	较大及以上环境和职业危害事件	次	0

（六）党建引领保障得到有效发挥

集团以迎接保障和学习宣传贯彻党的二十大精神为主线，高质量开展“建功新时代、喜迎二十大”系列活动，精心组织“汲取伟力创价值，对标争先创一流”大讨论，创新开展党员领导干部与企业“共学共促”活动，推动党的二十大精神走进车间班组。组织召开五个专题务虚会和发展战略研讨会，形成以《加快建设世界一流企业实施方案》为总抓手的系列举措，确保党中央决策部署在中铝落地生根。更加自觉地践行“两个维护”，严格落实“第一议题”制度，深入开展中心组学习质量专项提升行动，完善贯彻落实习近平总书记重要指示批示精神“全链条”机制，进一步筑牢坚定不移跟党走的政治、思想基础。聚力构建“大党建”格局，坚持大抓基层鲜明导向，压紧压实第一责任，扎实开展标准化党支部创建、“百十一”示范党组织评选，深入推进“两带两创”、党员“双提升”活动规范化制度化，组织“青马工程”和系列技能、劳动竞赛，有效推动党建与业务工作深度融合，党组织优势更好转化为攻坚效能。坚持党管干部党管人才原则，以选优配强党政正职为重点，全年调整使用党组管理干部 37 人，突出建设高精尖人才队伍，遴选科技领军人才 51 人、优秀青年科技人才 132 人，完善科技人才培养体系和薪酬激励机制。全面从严治党更加深入，细化纪检监察组与党组沟通协调机制，推动政治监督具体化常态化，加强巡视整改和成果运用，一体推进“三不腐”体制机制建设走深走实，加强新时代廉洁文化建设，完善“大监督”工作流程，深化靠企吃企问题整治，促进政治生态更加风清气正。

撰稿 / 韩　露

党的建设

2022 年，中铝集团党组在党中央的坚强领导下，在国务院国资委党委的指导下，以迎接党的二十大和学习宣传贯彻党的二十大精神为主线，着力发挥党建引领保障作用，圆满完成各项工作任务，获得上级表彰 7 项，2 篇理论成果在国家级刊物刊发，30 余篇稿件在国家级刊物刊登，党建工作等方面成效 6 次被《人民日报》报道、4 次被中央电视台报道，获评 2022 年中央企业党建责任制考核 A 级。

一、着力推进党的全面领导

认真落实“第一议题”制度，对习近平总书记重要讲话精神和党中央重大决策部署，做到第一时间对标对表校偏差、找差距定措施补短板。全年集团党组中心组学习 16 次，编发中心组学习《简报》46 期。高质量向中办、国务院国资委党委等上级机关报送学习贯彻习近平总书记重要讲话精神情况、中央重要会议精神情况等各类报告 20 余个。扎实开展习近平总书记重要指示批示精神再学习再落实再提升主题活动和为基层减负决策部署贯彻落实情况“回头看”活动。修订党组议事规则，指导重要子企业梳理完善党委前置清单，促进各治理主体规范履职。

二、开展迎接学习宣传贯彻党的二十大精神工作

坚持把迎接党的二十大和学习宣传贯彻党的二十大精神作为一项重要政治任务贯穿全年、抓紧抓实。集团党组召开中心组学习研讨会 5 次，组织全级次宣讲报告会 4 次，组织党建、统战、群团系统分别召开部署会、专题会、学习会。组织开展“喜迎二十大、踔厉奋发、勇立新功”主题宣传教育、“共绘央企同心圆、聚力献礼二十大”“喜迎二十大、永远跟党走、奋进新征程”主题实践等系列活动。

三、深化党的创新理论武装

坚持在常态长效上用力，制定推动党史学习教育常态化长效化实施意见、加强和改进思想政治工作的实施办法。督导各级党委建立年度办实事项目 5522 项，完成 95.8%。坚持在求真务实上用力，深入开展“汲取伟力创价值，对标争先创一流”主题大讨论，收集建议 4214 条，各级党组织完善制度机制 466 项，形成典型案例 20 个。坚持在质量提升上用力，扎实开展党委中心组学习质量提升专项行动，督导各级党委对照有学习计划、有学习研讨等六个方面 24 个是否，逐条分析找问题，举一反三抓整改。坚持在教育培训上用力，高质量举办 2

期专题培训班，集中培训党组织书记134人。扎实开展网络专题培训，处级以上党员干部全覆盖，培训党员3万余人次。

四、抓牢抓实党建基层基础

高标准召开党建工作推进会、思想政治工作会和季度党群工作例会，总结讲评工作，部署重点任务，示范带动各级党组织层层压实责任。紧贴企业实际，制定《“六化”党支部创建达标工作实施办法》，《加强党务干部队伍建设的实施办法》；高标准开展中央企业、集团党建责任制反馈问题整改和党务工作机构清查整治，建立整改台账，强化监督销号；深化标准化建设，精心组织“百十一”示范党组织评选命名、对标追标、总结推广工作，基层基础更加夯实。编印集团党建工作制度和规范性文件汇编。梳理提炼以“励精图治 创新求强”为核心，“老兵工精神”“普朗精神”“精标准控精神”“博法精神”“中铝工匠精神”等具有时代意义的中铝精神谱系，开展“我身边的中铝精神”主题宣讲1724场。扎实开展“崇尚先进 学习先进 争当先进”活动，组织“最美中铝人”评选，深入挖掘、广泛传播先进典型事迹。紧盯疫情防控形势，及时印发通知和慰问信，提出要求、发出号召，党组织战斗堡垒作用和党员先锋模范作用在疫情防控中得到充分彰显。

五、党建与业务“双向融合”

做优“双百分”考核。持续优化考核方案和考核指标，把企业党委划分为ABC三类，考核更加精准有效。做精“两带两创”。总结经验、检视不足，修订完善“两带两创”活动实施办法，强化PDCA管理，评选表彰40个优秀创新创效项目，编印优秀案例集。做细党员“双提升”。探索总结具有中铝特点的党员先进性量化评价标准，修订党员“双提升”活动实施办法，用好动态评价管理机制，有困难找组织、怎么干看党员的氛围更加浓厚。

六、统战群团工作有序开展

加强组织领导，分别印发统战、工会、青年和共青团工作要点。召开产业工人队伍建设改革推进会、党建带团建推进会。组织召开集团工会一届三次会员代表大会，督导3家企业成立工会组织、4个单位工会完成换届工作。坚持从严治团，121个团委按期完成换届，新筹建89个团组织，撤销99个团组织，整顿软弱涣散团支部4个。统筹三类青年骨干，完善大培养模块，高质量举办首期“青马工程”培训班，培训“青马”学员68名。抓实工会干部、统战干部培训，分别举办专题培训班。高质量举办“中国铝业杯”和“中国铜业杯”技能竞赛、“中铝国际杯”创新创意大赛。集团11名选手荣获“全国技术能手”称号。做实职工教育培训。新成立7所中铝工匠学院，举办4期班组长综合管理技能培训比武活动，评选产生优秀班组管理法44个。做优创新创效活动，评选100个“标杆班组”。征集合理化建议3.3万条，采用2.3万条。严格标准条件评选出职工创新工作室30个。

撰稿/米　金　李　哲

产业运营

2022年，中铝集团实现营业收入5176.0亿元；利润总额288.2亿元，同比增长9.4%；净利润243.1亿元，同比增长21.4%；归母净利润114.2亿元，同比增长26.2%；营业收入利润率5.70%，较上年提升0.39个百分点；研发经费投入139.9亿元，按国务院国资委考核口径，研发经费投入强度为3.5%；全员劳动生产率64.9万元/人，同比提升8.0万元/人，劳动生产效率进一步提升；2022年末资产负债率62.58%，较2021年末降低0.73个百分点。“两利四率”指标显著提升，全面完成各项年度目标，经营业绩达到历史新高。

一、预算引领拓增量

坚持“稳字当头、稳中求进”的工作总基调，通过“目标引领式”预算五步法，深入开展净资产收益率（ROE）市场化对标，科学确定经营目标，基于市场动态调控，实现经营效益的“颗粒归仓”。2022年，集团“两利四率”同比大幅优化，超额完成国务院国资委“两增一控三提高”的目标要求，各项效益指标跑赢央企增速，按归母净利润居央企第24位，按增利额居央企重点增利企业第14位，为稳定宏观经济大盘作出积极贡献。

二、精耕细作降成本

系统总结“三年降本计划1.0”，启动“三年降本计划2.0”，提出成本“五化”闭环管理方法论，全级次企业绘制成本地图，推行基于价值管理的全周期成本管控，以达到“局部优化、整体见效、跬步千里”的成本管控目标，全面提升价值创造能力和成本竞争力。2022年，在主要原辅材料价格大幅上涨的情况下，集团控制消耗、降低费用，实现降本增效超过63亿元，成费比94.65%，较年度目标优化1.93个百分点。

三、撬动价值创造

完善“四层两力”价值管理体系。在抓好经营效益的同时，引领推动各类要素和各项管理活动向价值创造聚焦，实现融资规模和融资成本“双下降”、资本结构和融资结构“双优化”、自由现金流和归母权益“双增长”、资产运营质量和运行效率“双提升”，财务价值创造能力进一步加强。

坚持债务管控，多措并举优结构。强化现金流管控，压控带息融资规模和成本，资本结构持续优化，融资生态进一步改善。2022年，集团经营现金净流入499.7亿元，带息融资减少227亿元，其中带息权益融资减少110亿元，中长期融资占比提升 6 个百分点，置换高成本融资 751 亿元，整体平均融资成本下降 20BP，利息支出同比减少 18.9 亿元，授信总额增加 887 亿元，惠誉主体信用评级保持“A-”，连续 5 年获得全球有色金属行业最高信用评级。彻底解决历时 10 年的农行质押合同纠纷诉讼，减少损失风险 6.5 亿元。

提升归母权益，夯实国有资本保值增值基础。一是制定《归母权益提升方案》，整合内外资源，引导提高国有资本回报水平、增强国有资本保值增值能力。2022 年，集团剔除永续债的归母权益较年初增加 161.4 亿元，扭转归母权益多年为负的局面，确保归母权益正增长。二是开展总部现金增收工作，修订资本收益管理办法，2022 年收取集团全资及控股企业 2021 年国有资本收益 5.9 亿元，同比增加 1.4 亿元。三是推动落实《“一院四中心”服务费用收取、土地关联交易增收资金回流总部方案》等，逐步减轻总部成本费用负担。

四、“一体两翼”初具雏形

坚定实施世界一流财务管理体系建设。财务管理转型稳步推进，编制完成集团《财务管理转型规划》，全面完成财务共享中心和资金管理中心年度建设目标，核心业务模块建成并实现战略单元全覆盖，两个系统顺利实现互联互通，“一体两翼”建设实现里程碑式的突破。

全面推广财务共享中心系统，实现“质”“量”效率双提升。从制度、数据、业财、系统 4 个维度，建立集团统一的标准化框架体系，提高业务处理效率和标准化处理水平，上线企业财务数据质量稳步提升。与业务系统、管理系统、核算系统、金税系统等多个系统集成，初步完成业财数据互通，实现数据同源、数据共享，加快集团数智化建设步伐。截至 2022 年末，共享系统 10 个核心业务模块全部建成，实现全部战略单元试点上线。

全面构建中铝特色司库体系，实现效率效益双优化。以数智化为核心动能，通过理念变革、组织重构、资源聚合、流程再造，新建资金管理系统并与财务公司核心业务系统集成，实现银行账户 100% 全生命周期管理、预算结算 100% 全天候集约管控、资金集中 100% 全集团一体统筹的“三个 100%”，有效提升资金运营管控、金融资源协同和资本决策支持的“三大能力”，形成具有中铝特色的“11334”司库体系，得到国务院国资委的高度评价，并获得财政部指导下新理财杂志评选的“2022 中国卓越司库奖”。截至 2022 年底，中铝司库完成 10 大功能建设，全级次企业上线 764 户，覆盖率达到 99%，构建“一纲八目”的制度体系，账户直联率、资金集中度、结算集中度、预算准确率、融资规模和融资成本等指标均实现明显优化。

五、全面提质增效

2022 年，克服原燃料价格大幅上涨、部分企业限电限产等各种不利因素，突出目标导向、突出质效并重、突出工作重点、突出风险防范，坚决打好提质增效“阵地战”确保“两增一控三提高”目标实现，坚决打好科技创新“攻坚战”激发提质增效动能，坚决打好深化改革“主动战”提升提质增效活力，坚决打好风险防控“持久战”强化提质增效保障，利润总额、净利润较上年分别增长 9.38%、21.40%，资产负债率较上年降低 0.73%，营业收入利润率、全员劳动生产率、研发投入强度较上年分别提高 0.40%、14.01% 和 0.70%，“两增一控三提高”目标全面完成。持续提升会计信息质量，解决力拓股权投资准则运用和估值方法难题，消除连续 13

年的非标审计意见，集团整体决算非标审计意见下降30%，财务报表质量得到财政部和国务院国资委通报表扬。强化“依法纳税、应享尽享”税务管理，全年享受各类税收优惠64.4亿元。

六、对标管理提升

以对标世界一流企业和行业先进企业为抓手，聚焦加强管理体系和管理能力建设，探索构建全要素对标管理新模式，做优《对标管理提升实施方案》，方案被国务院国资委审核为10大优秀案例，在国务院国资委国企改革讲堂作经验交流；高效率启动和组织落实，强化融合管控，中铝股份和《“三横三纵三个全覆盖”新型管控体系》入选国务院国资委标杆企业和项目，培育内部标杆企业9家、标杆专业14个，高标准评价和对照检查，推进固化深化，工作清单节点完成率达到100%，在国务院国资委对标世界一流管理提升行动评价结果中央企业中排名第31位。

七、绩效考核

2022年，紧紧围绕“11336”内涵式高质量发展战略，坚持市场化对标，坚持动态指标考核，引导持续追标理念；把对标先进、赶超一流作为重要手段，优化各层级、全要素的先进性，明确目标、加快赶超，在确保完成国务院国资委“两增一控三提高”目标的前提下，跑赢市场，跑赢标杆企业。继续坚持党建、经营互为系数计算综合得分的考核评价办法，建立年度考核、任期考核、超额利润分享、上市公司股权激励、精准激励等立体网络化考核体系，协同发力，考核“指挥棒”作用有效发挥。坚持财务指标＋管理指标＋负面清单的经营业绩考核指标体系，强化质量考核评价，引导提升绿色、科技、数字化智能化三个支撑作用和增强可持续高质量发展能力，将禁止性事项、重点事项及必须突破的痛点、难点问题等纳入负面清单管理，注重差异化、可持续发展以及战略单元间的协同创效能力，实现集团“一盘棋”协同发展。

撰稿／高国平　孙雯雯

安全环保

2022年，中铝集团认真贯彻落实党中央、国务院关于安全生产、生态环保的各项工作部署，坚持问题导向、目标导向和结果导向，集团党组领导带头排查，整治安全环保隐患并实行清单式管理。抓细抓实安全环保工作，安全标准化体系有效运行，优化班组评分标准、建立承包商管理体系，安全专项整治成效显著；习近平生态文明思想深入人心，危险废物管理更规范，矿山生态修复有成效，一批绿色低碳技术得到应用，绿色发展产业格局进一步优化；安全环保督察实现三级企业全覆盖并下沉四级企业，推动集团安全环保决策在基层落实，化解大量存量安全环保问题。2022年，集团未发生重大及以上生产安全事故，未发生较大及以上突发环保事件。

一、安全生产方面

2022年，集团认真贯彻落实党中央、国务院关于安全生产、生态环保的各项工作部署，坚持问题导向、目标导向和结果导向，集团党组领导带头排查，整治安全环保隐患并实行清单式管理。抓细抓实安全环保工作，安全标准化体系有效运行，优化班组评分标准、建立承包商管理体系，安全专项整治成效显著；习近平生态文明思想深入人心，危险废物管理更规范，矿山生态修复有成效，一批绿色低碳技术得到应用，绿色发展产业格局进一步优化；安全环保督察实现三级企业全覆盖并下沉四级企业，推动集团安全环保决策在基层落实，化解大量存量安全环保问题。

集团坚决贯彻落实国务院安委会“十五条硬措施”，扎实推进安全生产标准化工作，扎实开展矿山、建（构）筑物、重要危险源、环保设施安全专项整治和百日清零行动等，较好地完成安全生产专项整治三年行动巩固年任务。

安全标准化体系有效运行。组织优化班组安全标准化评分标准，由原来的49项优化为18项，围绕“责任、培训、操作、现场、设备”5个标准化组织班组开展创建，达标率为84.2%，班组安全标准化水平进一步提高。组织建立集团承包商安全管理标准化体系，进一步规范对承包商系统化、标准化安全管理。

安全专项整治成效显著。集团党组领导带头，组成14个排查组对22家企业的50个重要危险源开展安全排查。组织开展工贸企业“百日清零行动”、矿山领域安全专项整治、环保设备设施和建（构）筑物安全专项排查等，系统整治一批隐患。2022年1月至10月，全集团排查整治安全隐患56.8万项，其中重大隐患253项，对查出的安全隐患实行清单式管理，分级分类整治，切实清除事故隐患。

安全培训提升安全技能。以安全生产月活动为契机，组织开展车间级安全培训考试，重点针对岗位安全风险、规程和应急处置措施，实行人人过关，做到全覆盖；组织开展安全培训“走过场”专项整治，提高培训针对性，对弄虚作假的行为进行通报并问责，进一步提高岗位员工“知风险、会操作、会防范”的能力。

二、生态环保方面

中央生态环境督察问题整改措施完成33条，累计完成196条，整改完成率95%。2022年未发生较大及以上突发环境事件。

习近平生态文明思想更加深入人心。连续五年在新年后第一个工作日召开全级次企业生态环境保护工作会议；坚持将习近平生态文明思想纳入党组中心组学习的重要内容，系统学习习近平总书记关于生态文明建设的重要论述以及《习近平生态文明思想学习纲要》；集团党组领导率先垂范，坚持将生态环境保护作为深入企业调研的重要内容，时时、处处、事事关注生态环境问题、宣贯绿色发展理念；各级领导干部对“以人民为中心的发展思想”有更深刻的体会和感悟，与人民群众共享生态文明建设成果的意愿更加强烈，把绿色发展从纸上落到地上的步伐更加坚定，践行绿色低碳发展理念、履行企业社会责任的行动更加自觉。

危险废物管理更加规范化。危险废物产生、收集、贮存、运输、利用、处置等环节的管理日趋科学化，相关设施、设备和场所的管理和维护日趋标准化，防扬散、防流失、防渗漏等防止污染环境的措施日趋规范化。包头铝业积极推行危废零库存，及时对大修渣、炭渣、铝灰进行处置，完成污染土壤的评估与治理；青海分公司按计划推进大狼沟渣库治理；甘肃华鹭电解槽大修渣储存场等一批危险废物贮存场所缺陷得到有效整改；重庆分公司、西南铜业等单位涉及的挥发性有机物（VOCs）危险废物暂存间增加气体导出与净化装置；铝电解槽使用寿命超额30%完成2022年目标。有序推进铝灰、大修渣、炭渣的无害化处置与综合利用，集团危险废物减量化、无害化、资源化逐步走实。

矿山生态修复取得显著成效。集团上下全力推进绿色矿山建设，积极探索矿山开采与生态环保相容兼顾的绿色矿业发展之路。山东企业完成6万平方米的赤泥堆场复绿任务。集团累计完成16个采探矿权与自然保护区、饮用水水源保护区等重叠问题的整改，云南澜沧铅矿石门箐尾矿库等20个矿山获得“绿色矿山”殊荣。

一批绿色低碳技术得到应用。为走实绿色低碳发展，集团成立新能源和再生有色金属产业2个专班，专司能源结构调整和发展循环经济。山西新材料首创国内电解铝二次铝灰熟料烧成窑协同处置技术，在电解废弃物资源化利用方面迈出坚实一步；铝能清新“氧化铝焙烧炉烟气污染物全流程控制技术”“新型铝电解烟气半干法脱硫及副产物综合利用技术”成功应用；迪庆有色建立采选尾全流程的在线智能监控系统，最大限度降低采矿对生态环境的影响；中铝瑞闽旋转风帆通过客户测试，最高可以节省近30%的燃料消耗，并减少25%的排放，标志着原料、生产、排放、产品、回收“五位一体”绿色发展循环体系取得新突破；郑州研究院研发“无炭渣预焙阳极技术”，解决在石油焦资源日趋劣化情况下生产无炭渣阳极的技术难题；西南铜业研发的“高密封性自抑结渣装置”成功实现PS转炉应用，烟气控制技术率先实现行业性突破。

绿色低碳技术的研发、集成和应用，使得集团环境效益、经济效益和社会效益呈现出协同发展的新局面。

绿色发展产业格局进一步优化。产业结构调整步伐明显加快，集团高质量发展的绿色元素更加丰富。云铝阳宗海绿色铝产业园绿色智慧能源示范项目一、二期 57 兆瓦投产，同时开展 300 千瓦光伏直接接入电解直流系统试验项目成功投运；中州铝业完成焙烧炉改烧天然气技术改造；贵州分公司年处理能力 5 万吨以上的再生铝协同处理示范生产线开工建设；中铝物流 20 台电动重卡推广应用，迈出低碳环保绿色化发展转型的新步伐；宁夏能源宁东 250 兆瓦光伏复合发电项目开工建设，每年可减少温室气体排放量约 32 万吨。

三、安全环保督察方面

坚持问题导向、目标导向和结果导向，全年开展 4 个批次和 1 个专项安全环保督察。2022 年督导检查 70 家生产型企业。2022 年督察工作实现三级企业全覆盖，并有重点地下沉到部分四级企业，是职业健康安全环保督察制度建立以来“督察频次最高、覆盖范围最广”的一年，有效推动集团安全环保决策部署在基层生根，化解一大批存量安全环保问题。

撰稿 / 赵寅宇

节能低碳

2022年，中铝集团高度重视绿色低碳工作，积极响应国家2030年前碳达峰、2060年前碳中和目标，坚持走生态优先、绿色发展之路，全面优化产业布局，加强生态环境治理，落实“双碳”战略决策，推进绿色低碳发展布局，进一步推动绿色低碳技术创新，高质量建设绿色低碳中铝。

一、强化顶层设计

坚持把学习习近平生态文明思想作为主题教育的重要内容，将绿色低碳发展入脑入心，成立集团碳达峰碳中和及生态环保两个领导小组，设立碳排放管理办公室，印发《中铝集团碳达峰碳中和专业规划》《中铝集团碳达峰行动方案》，建立“绿色低碳能效”指标评价体系，构建具有中铝特色的“2114N”碳排放任务体系，有力地推动集团绿色低碳发展。

二、推动发展方式绿色低碳转型

统筹发展与减排，推动产业链、供应链安全与绿色低碳转型升级相协调，不断做强做优精细氧化铝、碳素材料，大力发展先进铝、铜材料和多种高纯超纯有色金属材料，有序推进包铝达茂旗源网荷储一体化、宁东250兆瓦光伏项目，云铝股份2兆瓦分布式光伏直供项目成功投运，成为行业首例，现在集团使用清洁能源的电解铝产能已达到45%，稳居行业第一。

三、大力开展节能降碳工作

2022年全年降碳量达167万吨，万元产值综合能耗（2020年价）同比下降1.14%；万元产值二氧化碳排放量（2020年价）同比下降1.89%；主要产品能耗指标中，氧化铝综合能耗同比降低5.80%；原铝液交流电耗同比降低0.39%，超额完成国务院国资委任期目标进度；矿山修复治理率89.63%。

集团氧化铝、电解铝、铜冶炼、锌冶炼能耗100%达到了能效基准水平；集团氧化铝综合能耗大幅优于氧化铝单位产品能耗限额等级1级标准，广西华昇氧化铝综合能耗达到全国最优水平；集团电解铝液交流电耗优于行业平均值、能耗基准值，有4家企业优于全国标杆值；集团铜冶炼企业单位产品能耗100%优于能耗基准值，76%的企业优于能耗标杆值。绿色低碳技术攻关，电解铝节能攻关、惰性阳极、碳捕集和铝循环利用技术等一批前瞻性绿色低碳技术已启动实施；铝电解节能技术取得重大突破，成功开发出不同槽型电解铝直流电耗“12300”成套技术，吨铝节电400千瓦时以上，吨铝减少碳排放233千克；申请二次铝灰资源化利用专利6项，赤泥综合利用技术专利4项。累计25家厂矿获得“绿色制造”称号，2022年山西新材料、中铝矿业和易门铜业获评国家级“绿色工厂”，中铝山东5种精细氧化铝产品、中州新材料1种精细氧化铝产品获评“国家级绿色设计产品”；西南铜业、赤峰云铜荣获2022年度全国铜冶炼行业“能效领跑者”称号，驰宏会泽冶炼获得全国铅冶炼行业“能效领跑者”称号，驰宏综合利用公司获得全国锌冶炼行业“能效领跑者”称号，云铝文山荣获水效“领跑者”称号。组织开展全国节能宣传周系列活动；集团在国家发展改革委、工业和信息化部联合组织的重点领域节能降碳工作调度会上作经验交流发言。

四、提升绿色低碳循环发展水平

加大力度布局再生循环产业，集团与中国供销集团签署战略合作协议，在再生金属收集采购、分类分拣、预处理、消纳等方面加强合作，全年实现废铝利用33万吨、废铜利用6.4万吨。加大废弃物综合利用和赤泥利用共性技术攻关，全年二次铝灰综合利用4.28万吨，赤泥综合利用量达280万吨，超过10%，达到全球领先。成立国内有色金属行业最大的绿色低碳发展基金，首批规模60亿元，将服务集团节能降耗、能源结构优化、智能制造、再生金属、轻量化材料、碳治理等领域的技术升级、重大项目建设。

五、编制低碳标准引领行业发展

联合行业协会等18家单位，牵头建设国家有色金属行业绿色低碳公共服务平台，着手构建“全企业行为、全碳排放足迹、全员参与”的中国有色金属行业碳排放评价体系（NCES）；配合工业和信息化部编制有色行业碳达峰方案、碳达峰解剖麻雀工作方案；加入有色协会成立的有色行业（电解铝）碳排放权交易研究工作组，完成电解铝行业碳排放权基础规则的制定；印发中铝集团《低碳产品评价方法和要求 电解铝》企业标准。

撰稿 / 高国平

科技创新

2022年，中铝集团坚持以习近平新时代中国特色社会主义思想为指导，深入贯彻党的二十大精神，积极践行新发展理念，不断完善创新体系建设，打造原创技术策源地，加快部署关键核心技术攻关，全面推进“十四五”科技发展规划落地。2022年，研发投入139.9亿元，研发投入强度达到3.50%，全年申请专利1840件，其中发明专利808件，授权专利1352件，其中授权发明专利328件；累计专利拥有总量9734件，其中累计发明专利拥有总量3609件。集团获得省部级科技一等奖18项。

一、承担国家任务成效显著

集团坚定服务国家战略需求，积极承担国家重大科技项目，新申请政府立项项目经费5.5亿元，到账政府经费7.6亿元，较上一年度提高120%和280%。大力实施“红旗工程”，为天舟五号、长征七号、梦天实验舱、C919等国之重器提供关键有色金属材料；争取国有资本金注入3亿元，1个突出贡献团队和3名突出贡献个人获国务院国资委表彰；大飞机铝材研制任务5项产品完成QPL，民机铝材国产化率达36.3%。A品质量、销量逐年提升，全年销量同比增长10.6%。

二、国家平台建设再上新台阶

“有色金属强化冶金新技术”全国重点实验室重组成功。新增3家国家发展改革委国家企业技术中心，集团国家级企业技术中心增至14家。长沙院入选工业和信息化部国家技术创新示范企业。东轻“航空航天用高性能2××× 系铝合金预拉伸板”入选2022年度国家制造业单项冠军产品。集团新增1家国家知识产权示范企业、5家国家知识产权优势企业。2件产品成功入选首批国家标准样品试点项目。

三、启动原创技术策源地建设

集团深入贯彻落实党中央、国务院原创技术策源地建设有关精神，组织召开原创技术策源地建设研讨会，制定《中国铝业集团有限公司有色金属绿色低碳原创技术策源地建设方案》《中国铝业集团有限公司有色金属先进材料原创技术策源地建设方案》，形成258项原创技术攻关任务。

四、持续推进科技攻关与转化

集团全面推进《“十四五”科技发展规划》落地实施，加快部署关键核心技术攻关，重点面向国家重大需求，聚焦“双碳”等时代命题，解决有色金属关键基础材料“卡脖子”问题，聚焦资源开发、低碳冶金、高端材料、数字化智能化转型等领域，启动实施16项“十四五”科技重大专项，持续推进关键技术研发与成果转化。

战略性先进结构材料方面。突破国家重点工程用铝、铜合金关键材料系列“卡脖子”问题。中铝高端制造自主技术创新的铝锂合金炉组调试成功，航空紧固件用铝合金丝/棒材全面通过考核验证，满足了使用要求；11种民用航空铝材通过中国商飞工程批准，极大地提升了民机铝材产业链和供应链安全性；中国铜业成功制备出国际最大规格Φ650毫米铜镍合金无缝管坯，大规格耐高温特种铜合金材料通过预验收。

战略性先进功能材料方面。系列化高纯材料研发取得里程碑成果。中铝股份成功研发出纯度达到5N5级别的高纯铝产品；高纯氮化铝、4N高纯铝已进入产业化示范阶段，分别进行100吨、3000吨年产能建设；5N高纯氧化铝实现小批量销售。200公斤高纯镓结晶提纯设备已开展现场安装调试。中国铜业光纤级高纯四氯化锗试生产运行，产出合格样品；5N高纯镉生产工艺全线贯通，产出50千克样品供下游客户试用；5N高纯锌全线完成调试。

绿色低碳方面。中铝股份形成电解铝“12300”成套技术，吨铝节能400千瓦时以上，技术已在连城分公司复产改造项目中应用；全年赤泥综合利用量280万吨，赤泥综合利用率由4.7%提高至10%以上；建成二次铝灰处置产能7万吨，大修渣处置线3万吨、炭渣处置线0.5万吨，二次铝灰处置量累计达到3.4亿吨。中国铜业开展共伴生有色金属矿加压浸出、铜冶炼炉渣浮选、Neto锗渣综合利用等技术攻关，锌浸出率提升16.1%达94.6%，渣浮选铜精矿铜品位≥22%。

资源利用方面。系统梳理产业链28种有价金属元素，发力关键金属提取，中铝股份启动“东方三号”等一批重点项目，中国铜业铜钼混合精矿清洁高效分离取得较大进展，全年钼精矿产量可达1000吨，迪庆有色钼选矿回收率从39%提升至80%，平均制造成本同比降幅30%；聚焦选矿指标优化，中铝股份完成湿法深度氧化脱硫脱碳产业化、几内亚铝土矿有机物脱除工业试验等项目，有效解决遵义铝业、广西华昇铝土矿高硫、高有机物问题。

战略性前沿技术方面。启动惰性阳极、氯化铝电解、轻质高熵合金等一批前沿、颠覆性技术项目立项实施，为集团公司未来长远发展奠定基础。

五、出台“1+8”科技创新制度体系

学习贯彻党的二十大精神，落实党中央、国务院关于加强科技创新工作的部署要求，围绕建设成为世界一流创新型领军企业，全面重构科技创新体制机制，出台“1+8”科技创新制度体系，进一步完善集团科技创新机制，增强自主创新能力，激发创新动力活力。出台《关于新发展阶段加强科技创新工作的实施意见》，提出支持科技创新20条措施，内容涵盖创新体系、人才成长、项目激励、成果收益分享、科研自主权等。同时，相继出台《科技研发管理办法》《科技研发项目管理办法》《科学技术奖励管理办法》《工资总额管理办法》《科技人才技术职务设置与薪酬激励办法》《科技成果转化收益分享及技术革新奖励办法》《科技型企业股权和分红激励实施办法》《业绩考核管理办法》8项具体规章制度，实现科技创新政策的制度化与体系化，为实施科技创新战略提供根本性、全方位的支撑。一系列技术取得里程碑式突破，科技工作展现新面貌、取得新成效，科技创新在建设世界一流企

业的征程中的引领支撑作用更加强劲。

六、深化全面质量管理

夯实全面质量管理。通过季度会议、穿透评价、月度跟踪、对标提升等推动全面质量监控，13项对标一流质量指标2022年达标率100%，质量提升货币化收益5.06亿元。质量收益倍增专项行动有序推动，建立质量收益倍增跟踪体系。18个标杆产品项目、52个普通产品项目、83个质量损失控制点、8个创新创效项目有效管控。强化质量品牌建设。精心组织质量月活动，培育标杆企业，开发集团总部全流程质量管理体系（HTPQMS），完成第三届中铝质量奖评选；获得中国质量协会质量技术奖1项、国家优质工程金奖1项、国家优质工程奖2项、中国建筑工程鲁班奖1项、中国钢结构金奖1项。

撰稿／李　浩

投资发展

2022年，中铝集团紧紧围绕“排头兵、主力军、引领者”的战略定位，聚焦主责主业，坚持价值导向和“量力而行、尽力而为”的投资理念，强化顶层设计，加强投资对标和过程控制，结合“十四五”规划，优先投资矿产资源获取及矿山建设、结构调整布局优化、新能源和再生金属高端新材料等重点发展项目，下达投资计划78.41亿元，实际完成投资62.15亿元，资产结构进一步优化，高质量发展走深走实。

一、年度投资及完成情况

2022年，集团积极贯彻落实国务院国资委扩大有效投资的要求，加快项目前期论证审核，全年组织召开10次投资预审委员会会议，审议49个项目的立项或可研，广西分公司并从五个方面积极推进拟建项目、在建项目形成更多实物量。

战略性矿产资源保障项目。6月30日建成投产广西分公司教美铝土矿项目，形成200万吨/年露采铝土矿产能。按期推进红泥坡铜矿项目建设，竖井累计掘进802米。完成西藏金龙勘探报告，并于12月23日在集团完成项目开发在集团完成项目开发立项。

绿色低碳重点项目。完成包铝达茂旗1200兆瓦自备新能源项目立项，实现宁东25万千瓦光伏基地、内蒙古华云分布式光伏项目开工建设；开展宁能、中润等分布式光伏项目集中招标。建成云铝石墨化阴极项目，形成2万吨石墨化阴极生产能力。实施宁能银星一井煤场封闭、兰铝煤场封闭、山西新材料烟气脱硫、兴华科技渣场扩建等环保项目，提升了环保设备设施本质能力。

高纯新材料项目建设。山铝低钠微晶新材料、包铝高纯铝、山西华兴和广西金属镓等项目建成投产，形成5万吨低钠微晶新材料、1万吨高纯铝、80吨金属镓产能，实现了向产业链高端延伸。

高端民品和A品配套项目。加快推进东轻挖潜增产提质增效技术改造项目，补齐中薄板拉伸矫直、中厚板淬火拉伸工序短板，提高小规格多品种合金锭产品质量，助力“红旗工程”做强做优。开展了中铝瑞闽16万吨再生循环和陇西铝箔生产线重启项目，提升高端民品市场份额。

环安智短平快技改项目。按照安全、环保、节能以及提质增效等类型梳理技改项目，按照“成熟一个实施一个”的原则提高决策效率。筛选并实施工期短、投资回报率高的短平快项目127个。

二、重大投资项目管控

严控非主业投资。紧紧围绕集团战略，优先保障主业范围布局优化转型升级重点项目，严格按照国务院国资委核定的比例控制非主业投资。

加强项目过程管控。严格执行项目责任人制度，战略单元与项目单位签订项目责任书，将项目投资控制、达产达标达效、工期等纳入考核范围；建立重点项目情况通报机制，将项目关键建设条件落实、“四大控制”、招投标、达产达标等纳入集团监督管控范围，每月定期调度项目，解决存在的主要问题。

严格承包商管理。组织开展工程建设承包商综合评价，2022 年将 31 家承包商列入预警清单，限期整改，12 家承包商列入负面清单，从源头上遏制不符合条件的承包商入围，防控项目风险。

三、海外发展及项目进展

截至 2022 年底，中铝集团境外资产总额 2212 亿元，占总资产 35.8%；境外营业收入 886 亿元，占总营业收入 16.9%。中铝秘鲁特罗莫克铜矿全年生产铜精矿（含铜）24.4 万吨。中铝几内亚博法铝土矿项目全年生产铝土矿 1350 万吨，全部运回国内，为集团氧化铝稳定有序生产提供坚强保障。

四、矿产资源基本情况

矿业权基本情况。集团及所属企业拥有及合作的矿业权共计 325 处，其中采矿权 177 处、探矿权 148 处，按矿种铝土矿 146 处、铜矿 52 处、铅锌矿 100 处、铁矿 1 处、煤炭 5 处、其他 21 处。

主要铝土矿产地。主要铝土矿有广西平果太平、教美、那豆铝土矿；云南文山天生桥；贵州猫场、燕龙林歹、清镇麦坝；河南渑池段村、雷沟，小关，新安郁山、洛阳矿；山西兴县赵家焉、黄辉头、奥家湾、苏家吉、交口铁金村、西宋庄、孝义相王；境外几内亚博法。

主要铜多金属矿。西藏改则县铁格隆南、拿若、尼木白容岗讲；云南普朗、大红山、羊拉、大平掌；四川会理红泥坡、拉拉；境外秘鲁特罗莫克。

主要铅锌多金属矿。云南兰坪金顶、彝良毛坪、会泽矿山厂、麒麟厂；内蒙古新巴尔虎右旗甲乌拉、查干布拉根；青海格尔木牛苦头；境外加拿大塞尔温。

主要铁矿。几内亚西芒杜铁矿 3、4 号矿段。

主要煤矿。宁夏灵武积家井银星一号、王洼、固原银洞沟，甘肃省正宁县罗川。

主要钼矿。黑龙江大兴安岭岔路口钼矿。

主要金矿有青海玛多抗得弄舍。

五、信息化发展及项目进展

2022 年，集团印发《数字化转型、智能化发展“十四五”规划》，进一步细化集团数字化、网络化、智能化“12345”工作任务。双引擎驱动数智化发展，财务共享中心、资金管理中心系统建设进入深入推广阶段，国资监管信息化平台应用进一步深化，系统建设方式加快向集成共享转变，合规管理、审计管理等系统模块实现快速开发，境外应急指挥中心系统初步具备应用条件。广西华昇、包头铝业、迪庆有色和中铝瑞闽等示范企业智能化应用场景不断丰富，部分模块已启动复制推广。

财务共享中心建设项目。从试点上线阶段向运营阶段逐步过渡，巩固上线单位应用成效。按计划推进数据集市的新版升级和合并报表数据的对接切换。完成从会计核算到财务管理，从流程到制度的标准化规范。

资金管理中心项目。2022 年完成投资功能、融资功能和运营分析功能，并试点上线；完成 549

家企业推广上线工作。

安全环保与应急管理信息化平台项目。集团安全环保与应急管理平台包含监测监控、统计分析、培训考试、应急管理、安全生产标准化、风险分级管控等6个功能模块，实现集团能源节约与生态环境保护报表、安全统计报表和环保统计报表功能，提升集团安全环保在线管理能力，同时支撑集团环境保护督查问题整改和安全督查整改，为集团安全环保管理迈向数字化智能化奠定基础。

智能制造标杆工厂示范项目。集团智能化工厂模块化建设成效显著，广西华昇、包头铝业、文山铝业、迪庆有色和中铝瑞闽等智能工厂示范建设项目通过阶段性验收评审，广西华昇氧化铝项目实现控制室集中程度93.8%，全厂综合自动化覆盖率达90%，劳动生产率提高至1089吨/人·年。

行业领域公有云项目。集团“有色云”成功入选国务院国资委行业领域公有云项目，以建设“有色云”实现集团内资源优化、云边协同，行业内开放共享、云上服务，创新商业模式，赋能集团和有色行业高质量发展。

六、资本运作项目

（一）上市融资

推进中铝股份黄河项目。2022年，完成中铝股份非公开协议方式现金收购云南冶金所持云铝股份19%股权和集团所持平果铝业100%股权项目。黄河项目的落地实施，解决了集团层面与中铝股份的同业竞争，同时实现集团资产证券化，为总部资金融通提供支持，贡献现金流入18.92亿元。

完成中铝股份ADR退市项目。自2019年持续跟踪研判中铝股份ADR情况，及时研究国内外最新监管政策，积极参加上级部委组织的专题研讨会议，全面梳理市场案例，结合中铝股份H股及ADR相关情况，从影响分析、应对预案等方面充分论证，合理设计退市方案，有效规避相关风险，提交集团董事会决策，8月12日，中铝股份发布自美退市的公告，后续待条件成熟后完成注销注册程序。

完成中铝股份限制性股票激励计划授予工作。在多次会同财务顾问回复国务院国资委关于中铝股份《2021年限制性股票激励计划（草案）》后，2022年4月，集团控股上市公司中铝股份限制性股票激励计划最终获得国务院国资委的批复。2022年5月和12月，中铝股份共向1215名激励对象授予13980.66万股限制性股票，有效激发中铝股份管理团队的积极性，提高了经营效率。

完成云南铜业金山项目。完成云南铜业非公开发行股票募集资金用于收购云铜集团持有迪庆有色38.23%股权及偿还负债项目（代号金山项目）。项目经集团董事会审议通过，并于3月取得国务院国资委同意实施的批复，10月28日云铜非公开发行足额募集，募集资金总额为267475.78万元。

完成老挝水泥股权处置事宜。为助力集团进一步聚焦主业，对连续亏损、存在严重财务危机的控股境外上市公司老挝水泥进行股权处置，完成老挝水泥股权处置方案制定及监管沟通工作，处置方案获得国务院国资委批复同意，产权交易正式落地。

（二）并购重组

华云股权回购项目。集团现金回购包交集团持有的内蒙古华云新材料有限公司50%股权的方式，解决历史遗留问题，华云股权回购项目圆满落地。

“两资”“两非”企业治理。深化国企改革，优化集团资本结构，加大“两非”“两资”处置力度，进一步聚焦核心主业，优化国有资本结构。完成国务院国资委对集团下达的20户“两非”企业剥离任务，收窄行业门类3项，减少人工成本约1亿元，减少管理费用2450万元，减少亏损额约1.2亿元；低效无效参股权处置完成17户，超额完成年度目标任务（15户），集团整体资产质量和抗风险能力进一步提升。划入阳光保险对价股权，落实国务院国资委对金融参股权治理要求，获取现金收益20亿元，新增集团权益约16.7亿元。

撰稿/费　凡　张立眉

深化改革

2022年，中铝集团以开展国企改革三年行动为主线，不断完善中国特色现代企业制度，切实深化国有资本投资公司试点改革，积极开展各项专项改革，充分展现了中铝集团改革新风貌、发展新气象。

一、国企改革三年行动实现高质量收官

坚持每月召开1～2次改革例会，通报改革进展情况，协调解决改革难题，压实各单位责任。抓住重点攻坚克难，特别是围绕完善中国特色现代企业制度这一改革的重点难点，坚持每天召开公司治理制度建设例会，为进度滞后的战略单元“吃小灶”，确保6月底前全面完成相关制度建设。于10月底提前完成国务院国资委重点关注的12项改革任务、集团《深化国企改革三年行动实施方案》安排部署的6大方面97项具体改革措施。通过实施改革三年行动，集团的体制机制等发生深刻变化，职工的动力活力得到较大激发，经营业绩达到历史最好水平。

二、国有资本投资公司试点改革稳步推进

按照《中国铝业集团有限公司深化国有资本投资公司试点改革方案（2022—2023年）》的安排，坚持每季度对试点改革经验和不足进行梳理，查漏补缺、全面推进。在2022年6月国务院国资委的评估结果中，集团最终评估得分87.72分，在19家试点企业中排名第10，处于中游水平。

三、中国特色现代企业制度逐步健全完善

将党的领导融入公司治理，实现制度化、规范化、程序化。集团层面对“三重一大”决策事项清单进行重新修订，集团所属重要子企业全部制定印发党组织研究讨论重大经营管理事项清单，实现各治理主体议事决策流程科学规范、运转衔接顺畅有效。所属企业董事会初步实现建齐配强。加强专职董事队伍建设，集团层面建立外部董事人才库，储备人才184名，遴选27名专职外部董事。把专职董事岗位作为培养年轻干部的重要平台，相关经验做法得到国务院国资委改革办的充分肯定。健全董事会运作相关制度，集团层面制定印发《所属子企业董事会工作规则》《所属子企业董事会运行评价办法》《直接出资企业三会议案管理细则》《加强派出子企业外部董事履职支撑服务工作方案》等一系列制度文件，规范所属企业董事会运行。规范董事会授权管理，各级重要子企业均制定董事会授权管理办法，提高决策效率，实现董事会向经理层授权

制度化、规范化。

四、“科改企业”“双百企业”改革不断深化

积极落实国务院国资委关于“科改示范企业”扩围的要求，昆明锗业等4家企业新入选“科改示范企业”，集团“科改示范企业”增加到6户，是中央企业平均户数的2倍。克服疫情等不利因素，首次举办“双百行动”“科改示范行动”现场推进会，努力打造改革样板和标兵。在国务院国资委组织的2022年专项考核中，华中铜业、郑州研究院获评标杆，4家获评优秀、2家获评良好，均取得较好的考核业绩。

撰稿 / 高国平

合作交流

2022年，中铝集团围绕“排头兵、主力军、引领者”的总体战略定位，积极主动加强与同行的沟通，探索多边合作路径，凝聚合作共识，主办和参与国内外大型学术会议及展览活动，积极参加国际多边、双边高端论坛，对标世界一流，实现优势互补，助力行业实现高质量发展。

一、国内交流合作

重要签约、调研活动顺利实施。2022年集团响应国家战略，坚持合作共享共赢，加快促进战略合作的步伐，深化与行业上下游及相关单位的合作交流，全年与工商银行、昌平区政府、蔚来汽车、中检集团、中国地调局、中广核集团、迈格钠公司、中国供销集团等9个单位签署战略合作协议。集团领导出席藏博会、东盟博览会、铝工业周、第五届进口博览会等高级别会议活动5次，并在出席会议期间与有关领导、行业内专家进行会谈。集团主要领导先后到苏州、上海、青海海晏开展工作拜访、调研活动。

加强政府合作，深化高校合作。2022年，集团接待国务院国资委综合督导、国家发展改革委、两院院士、中国驻秘鲁大使等有关人员调研6次；积极与政府、高校、科研机构合作，重庆市、包头市、郑州市、运城市、无锡市、中国商飞、国家电投、中国一重、中南大学、中国地质大学、启明星辰等地方政府、中央企业、业内高校、民营企业等到集团拜访23次，推动加强相关领域的合作。

加大援助力度，体现中铝价值。中铝集团持续帮扶湖北省阳新县21年，累计派驻4名挂职干部和3名驻村第一书记，投入资金8400多万元，直接采购农产品3100万元，实施帮扶项目200个、受益群众20多万人。2022年，集团直接投入资金1044万元，包括无偿帮扶资金1000万元、额外教育资助44万元，积极协助湖北阳新县争取水产项目资金1500万元，通过“1234模式”助力产业振兴，“五步疗法”助力生态振兴，既“扶上马”又“送一程”，确保每一个帮扶项目建成建好，湖北阳新县连续3年入选中部地区县域百强县。坚持援藏援青，2022年，集团对口支援西藏察雅和卡诺1540万元、对口支援青海海晏450万元。

二、国际交流合作

积极通过“云端”“线上”开展国际交流合作。集团领导参加外事活动10余次，包括与力拓集团等会谈，以及出席第五届中国国际进口博览会、亚洲铜业周活动等大型国际会议。集团全年共审批邀请来华团组10个，实际来华41人次。

加强出访审核，严格团组闭环监管。坚持“因事定人”原则，严把审核关，坚决压缩非紧急、非必要团组。严格落实事前事中事后监督管理要求，重点检查团组申报前的公示、因公任务实际执行情况、事后公开材料与出访成果共享机制的落实情况。全年共审批办理因公出访团组 310 个、1009 人次。

撰稿 / 凡青平

人力资源开发

2022年，集团认真贯彻落实新时代党的组织路线，认真贯彻落实中组部国务院国资委相关工作部署，锚定“建设世界一流企业”战略目标，着力锻造高素质专业化干部队伍，加强专业技术人才和技能人才队伍建设，深化“三项制度”改革，发挥人力资源价值，为集团高质量发展新模式走深走实提供坚实组织和人才保障。

一、激励干部担当作为

坚持政治标准，选优配强领导班子。建设忠诚干净担当的高素质干部队伍，制定《高素质干部队伍建设工程实施方案》。全年调整使用党组管理干部60人，其中提拔7人、进一步使用3人、平级调整23人、免职8人、转任非领导职务1人。提拔3名1980年左右出生的优秀年轻处级干部为集团部门副职级。加大干部交流力度，全年交流集团党组管理干部21人，其中集团总部与经营单元之间交流3人、集团总部与实体企业之间交流2人、经营单元之间交流5人、经营单元与实体企业之间交流6人、实体企业之间交流5人。

抓好后继有人，加强年轻干部培养。组织战略单元开展年轻干部调研，初步形成2140人的优秀年轻干部储备池，其中80后干部占比63.3%、90后干部占比19.6%。加强实践历练，开展轮岗交流，提高培养实效。2022年度全集团共安排生产经营类岗位和党群类岗位之间轮岗交流667人，安排278名干部参与项目建设等重点工作，19名干部交流任专职董事，121名40岁以下职能部门年轻干部到基层一线锻炼，133名基层一线干部交流到职能部门任职，选派51名干部到海外企业工作。在符合条件的单位设总经理助理，作为培养优秀年轻干部的岗位。从财务管理、科技研发、生产经营等岗位中，拿出1231个选拔使用45岁以下年轻干部，其中用于40岁以下年轻干部岗位941个，切实让干部在实践中砥砺意志、积累经验、增长才干。

扎紧制度笼子，筑牢干部防腐拒变防线。印发《中铝集团领导干部配偶、子女及其配偶经商办企业管理规定》，组织集团部门副职级以上领导干部、全系统组织人事部门干部宣贯学习。深化开展靠企吃企问题整治，印发《关于进一步加强中铝集团干部管理工作的通知》《中铝集团党组关于加强作风建设严禁类事项》，组织各级党组织对“关键少数”监督、班子成员长期兼任下属公司“一把手”等进行自查，按照干部管理权限开展清理规范。认真组织实施2022年领导干部个人有关事项集中填报、收集整理、审核录入、汇总综合等工作，应报告440人，实际报告440人，报告率 100%。按要求开展领导干部个人有关事项随机抽查和查核验证工作。认真开展“违规获取境外身份”专项整治工作，对 4 类违规人员进行全面清理。

二、全面推进市场化改革

健全完善市场化用工机制。遵循“优化用工总量、有效盘活存量、精准调控增量”原则，持续优化人力资源配置，劳动生产率大幅提升。一是优化用工总量。2022 年，集团优化用工总量 1.33 万人，优化率 8.49%；员工市场化退出 2238 人，退出率 1.57%；管理人员退出 238 人、退出率 7.11%。二是有效盘活存量。对存量富余人员，通过转岗培训、跨企业转移安置、替换劳务派遣用工、置换外包用工等方式给岗位、找出路，盘活富余人员、提高用工效率。2022 年盘活存量用工 433 人，其中跨企业转移 193 人。三是强化调控增量。按照“市场对标、效益增长、从紧把握”原则，对企业新增用工计划进行审核，重点引进专业技术管理、新兴产业高端人才；统一组织开展高校毕业生招聘工作，全面实施公开招聘，严把入口关，保障员工素质。2022 年新招聘员工 768 人。2022 年全员劳动生产率 64.92 万元 / 人，较上年提高 14.01%。

完善薪酬激励，共享发展成果。选取“双百”“科改示范”企业西南铝、长沙院实施工资总额备案制管理，指导两户企业制定工资总额预算备案制管理办法，由企业董事会依法依规自主决定 2022 年度工资总额预算方案。优化审计中心薪酬管理机制，建立以专业能力为导向的“基本薪酬 + 业绩薪酬 + 专业技术职务薪酬”薪酬体系，激励提升“业务中心”专业能力。根据季度成本对标优化情况，及时研究制定一次性特别奖励方案。2022 年共发放奖励 4 次，累计奖励 9.10 亿元、涉及 10.58 万人、人均奖励 8596 元。

加大科技人才激励力度。依托现有“五级工程师”制度，构建“首席科学家 + 首席专家 + 卓越工程师”的核心骨干科技人才团队以及技术职务体系，建立“年度薪酬 + 价值创造分享 + 股权激励”的薪酬体系，印发《科技人才技术职务设置与薪酬激励办法（试行）》《科技成果转化收益分享及技术革新奖励办法（试行）》和《所属科技型企业股权和分红激励实施办法》，组织全级次 150 余户单位、760 余人开展政策培训，制订计划推进实施，强化激励。全面推行科技型企业分红激励，完成 2021 年度激励项目审计，安排兑现 8 户企业、13 个项目，激励 1422 万元、587 人，人均 2.42 万元；组织开展 2022 年度分红激励，遴选 11 户企业、23 个项目新纳入激励范围，指导企业制定分红激励方案，预计激励 719 万元、345 人，人均 2.08 万元。

三、加强人才队伍建设

组织集团人才工作会议。组织召开集团人才工作会，传达贯彻中央人才工作会议、国务院国资委人才工作会议精神，解读集团《关于落实中央人才工作会议精神进一步加强科技人才队伍建设的工作方案》，选取 9 家企业交流发言，总结集团人才工作成效和经验，研究部署集团新时代人才工作任务，进一步树立“人才是第一资源”理念，党对人才工作的领导得到全面加强。

构建科技人才发展体系。实施人才强企战略，建立完善制度，形成“1+8”科技管理与激励制度体系。制定《关于落实中央人才工作会议精神进一步加强科技人才队伍建设的工作方案》《科技人才“钻石计划”“明星计划”培养方案》。优化科技人才职业发展通道，出台《中铝集团科技人才技术职务设置与薪酬激励办法》，重点明晰技术职务的设置领域、职数、入选标准、主要职责、考核原则和激励措施；构建以“首席科学家 + 首席工程师 + 卓越工程师（研究员）”为核心骨干的科技人才发展体系，为进一步加强科技人才队伍建设奠定良好基础。

高质量开展科技人才选育。通过审核、答辩、党组审定等程序，遴选领军科技人才“钻石计划”培养人选 51 人、青年科技人才“明星计划”培养人选 132 人，部署经营单元、实体企业从项目、资金、平台、培训等方面，制订培训计划、落实培训措施。建立与相关高校、外部科研机构“双向合作”培养机制。围绕集团重点专业领域和关键核心技术领域，以多种合作方式实现人才、技术等优势资源共享互补。按照联合培养、一线实践、项目依托、成果导向的要求，与中南大学、武汉大学、中国地质大学、东北大学开展工程硕博士联合培养工作，首批联合培养在校研究生 14 名硕士、1 名博士，同时推荐 2 名在职人员到武汉大学攻读博士。第二批联合培养招生 36 人。

持续加快培育技能人才队伍。组织经营单元制订 2022 年度高技能人才培养及“五级技师”评聘计划，并定期跟进完成情况。2022 年新培养技师 491 人、高级技师 240 人，新评聘“五级技师”1571 人。组织完成 2022 年度集团技能大师工作室申报创建工作，新建“寸跃祖技能大师工作室”等 10 个集团技能大师工作室。

撰稿 / 伍祚明　胡　瑛

纪检监察与巡视监督

2022年，中铝集团纪检监察系统坚持以习近平新时代中国特色社会主义思想为指导，深入贯彻习近平总书记重要讲话和重要指示批示精神，坚决落实中央纪委国家监委安排部署，充分发挥监督保障执行、促进完善发展作用，督促各级党组织和党员领导干部强化管党治党政治责任，推动全面从严治党、党风廉政建设和反腐倡廉工作取得积极成效。

一、强化政治监督

聚焦“国之大者”强化监督。督促推动各级党组织迅速行动，对照党的二十大报告提出的重大战略部署，结合自身实际，梳理重点任务清单。督促各级党组织认真执行“第一议题”制度，通过查阅工作台账、听取专题汇报、提出工作建议等方式，推动完善贯彻落实习近平总书记重要指示批示精神的“全链条”机制。聚焦“三新一高”“疫情要防住、经济要稳住、发展要安全”等要求，紧盯建设世界一流企业、科技创新体系建设、国企改革三年行动、落实“碳达峰”“碳中和”行动方案、防范化解重大风险等强化政治监督，促进党中央大政方针落地见效。

聚焦落实党组部署强化监督。把贯彻落实集团党组安排的喜迎党的二十大、靠企吃企问题专项整治等作为巡视监督的重点，两轮巡视派出 11 个巡视组对 68 家党组织开展巡视，发现问题 725 个，有效发挥监督探头作用。聚焦重点问题开展专题调研和现场督导，推动落实“四大战役”、党建风险隐患排查等重点工作。加强常态化疫情防控监督，召开疫情防控监督工作专题会议，先后 3 次发出通知，严明纪律要求。

聚焦问题整改强化监督。制定《落实中央巡视整改自查评估工作实施办法》，开展中央巡视整改情况“回头看”，健全长效机制。制定《关于加强巡视整改和成果运用的实施办法》，压实各级党组织的主体责任，明确纪检监察机构以及组织人事、党群、巡视等部门的职责，集中整改期内整改完成率 93.8%。

重点领域监督更加精准。紧盯矿产资源、采购营销等重点领域以及招投标、资金支付等关键环节，动态分析问题、持续跟踪研判。聚焦化公为私、设租寻租、利益输送、境外腐败等重点问题，推动深化拓展靠企吃企问题整治，确保取得实效。强化安全生产领域监督执纪工作，紧盯承包商管理虚化弱化、安全培训走过场等问题，严肃查处失职渎职行为，推动提升本质安全水平。加强对群众身边不正之风和腐败问题的监督。

“关键少数”监督更加有力。加强政治生态分析研判，组织开展对各级领导班子成员的年度“画像”评价。强化同级监督，及时与新任领导班子成员谈心谈话，提醒增强纪律规矩意识。加强对集团部门副职级以上干部特别是“一把手”的监督，集中管理、跟踪督办“一把手”有关问题线索6件，及时开展函询约谈、提醒谈话，对15人次提出改进工作作风、加强自身建设等意见。严把政治关、廉洁关，规范审慎回复党风廉政意见200余人次。动态更新监察对象名单，明确3.2万余名重点监督对象。

体制机制建设更加完善。严格落实《纪检监察机关派驻机构工作规则》，履行监督职责、发挥协助作用，推动“四责协同”机制做实做细。制定《集团纪检监察组与党组沟通协调机制实施办法》，建立定期会商、协调沟通、重要情况通报机制，全年累计向党组传达上级精神、通报重要情况19次。制定纪律监督、监察监督、派驻监督、巡视监督统筹衔接实施办法。协助完善“大监督”体系，推动落实年度重点监督任务。制定《关于受处分人员回访教育工作暂行办法》，加强对受处分人员的关心关爱。2022年，纪检监察系统运用“四种形态”批评教育帮助和处理434人次，“四种形态”占比分别为68.7%、20.5%、6.7%、4.1%。

二、强化正风肃纪反腐

保持“不敢腐”的强大震慑。坚决削减存量、遏制增量，2022年，集团纪检监察系统受理检举控告类信访件492件，处置问题线索397件，立案94件，给予党纪政务处分121人次；办结存量111件，同比增长56.8%。紧盯2019年中央巡视移交尚未办结的14件问题线索，坚持每月分析研究，持续加大推进力度。深入推进“室组地”联合办案，联合山西、云南、贵州等省市纪委监委开展审查调查，“混编成组、发挥优势、共同研判、一体推进”的联合办案机制成效明显，4人被开除党籍、开除公职（解除劳动合同）并移送司法机关，形成有力震慑。

强化“不能腐”的制度约束。将查办案件与深化改革、完善制度、促进治理贯通起来，坚持重大典型案件“一案一建议”“一案一通报”“一案一治理”，督促案发企业查找制度漏洞，补齐监管短板，消除腐败滋生土壤。指导企业纪委强化对矿产资源、招投标、工程建设等重点领域、关键环节的监督，督促职能部门开展系统治理，完善制度体系，严格职责权限，规范工作程序，强化权力制约，着力防范化解经营风险和廉洁风险，减少腐败机会。

营造“不想腐”的浓厚氛围。制定《关于加强新时代廉洁文化建设的实施意见》。深化以案为鉴，变“案件资料”为“教育资源”，拍摄《欲望的陷阱》《迷失的人生贪欲的恶果》等警示教育片，召开党风廉政建设警示教育大会，开展“反腐倡廉宣传教育月”活动，教育引导党员干部增强纪律规矩意识，筑牢拒腐防变思想防线。加强对年轻干部的教育监督管理，及时开展任前廉洁谈话，引导扣好廉洁自律“第一粒扣子”。

持续纠治形式主义、官僚主义。坚持靶向施治，坚决纠治随意向基层派任务、层层套开会议、“指尖上的形式主义”等加重基层负担问题，重点治理不担当、不作为、装样子、摆架子以及弄虚作假、脱离实际、不求实效等突出问题。集团各级纪检监察机构累计处理形式主义、官僚主义问题26件，处理处分7人。

严肃查处享乐主义、奢靡之风。坚持严字当头，持续加固中央八项规定精神堤坝。紧盯违规购买、消费、收送高档酒水，违规收送“天价”月饼和蟹卡蟹券等节日礼品，紧盯津补贴和福利发放、费用报销、公车管理等关键领域、重点环节开展监督检查。集团各级纪检监察机构累计查处享乐主义、奢靡之风问题 8 件，处理处分 21 人并通报曝光。开展中秋、国庆节点纠“四风”树新风监督检查，强化对总部机关的从严管理。

不断推进作风建设常态化长效化。坚持把一体推进“三不腐”的理念融入纠治“四风”全过程，形成提出意见建议、分析问题原因、下达《纪检监察建议书》、紧盯整改落实的工作闭环。抓住元旦、春节等重要节点，严防“四风”反弹，先后 3 次安排部署，做出硬性规定，画出纪律红线。深化落实中央八项规定精神及其实施细则要求，督促各级党组织持续完善开会发文、规范履职待遇、制止餐饮浪费等制度，统筹安排考察调研、检查考核等工作，推动作风建设走深走实。把落实纠治“四风”情况作为领导干部查摆问题的重点，不断涵养对党忠诚、清正廉洁、艰苦奋斗、勤俭节约的政治品格。

三、强化巡视巡察

持续提升党的十九届中央巡视整改质效。构建“12234”中央巡视整改工作机制，即“1”指一个聚焦，聚焦中央巡视整改，加快推动集团高质量发展；“2”指两个锚定、两责协同，锚定整改过程、整改成效，党组的主体责任、纪检监察组的监督责任协同落实；“3”指三个突出，突出问题整改全覆盖、责任落实全链条、关键提升全要素；“4”指四个融入，将巡视整改融入日常工作、融入深化改革、融入全面从严治党、融入班子队伍建设，督促 104 项整改措施全部完成整改或阶段性整改，其中全部完成整改措施 91 项，阶段性完成或仍需要长期坚持的措施 13 项。印发《落实中央巡视整改自查评估工作实施办法》，推动中央巡视整改常态化、长效化。

发挥巡视巡察利剑作用。深入贯彻落实习近平总书记关于巡视工作的重要论述，集团党组召开 7 次专题会议听取巡视情况汇报，巡视工作领导小组召开 17 次会议统筹协调、跟踪研究巡视工作，加强统筹谋划和工作部署，通过业务培训、检查督导、工作联动等方式，推动巡视巡察贯通协作、同向发力。高质量实现一届任期内集团党组巡视“二次全覆盖”，在 2021 年提前完成一届任期内巡视“全覆盖”的基础上，再次组织开展两轮巡视，对 68 家党组织开展巡视“回头看”和专项巡视，重点围绕“喜迎二十大、建功新时代”、实施“十四五”发展规划、打好“四大战役”、深化靠企吃企问题整治、落实中央巡视和集团党组巡视整改等重要部署开展巡视监督，发现问题 724 个。深化巡视巡察上下联动，组织被巡视党委配合党组巡视组开展延伸巡察，加强基层监督，打通落实全面从严治党责任“最后一公里”，2022 年，43 家党委对所属 545 个党组织开展常规巡察或巡察“回头看”，发现问题 4792 个，整改完成率 98.3%。健全完善巡视制度体系，组织制定修订 20 余项制度，规范巡视各工作环节，促进提升工作质效。

加强巡视整改和成果运用。坚决贯彻党中央关于加强巡视整改和成果运用的要求，将落实中央巡视反馈问题整改作为集团党组践行“两个维护”的具体行动，全面梳理党的十九大以来中央巡视反馈问题整改措施的完成情况和取得成效，确保中央巡视整改常态化长效化。根据党中央关于巡视整改的要求，制定集团党组《关于加强巡视整改和成果运用的实施办法》，明确被巡视党组织、纪检监察机构、组织人事部门等单位的整改任务和整改责任，督促被巡视党组织扛起整改主体责任，提升整改质效，2022 年两轮巡视发现问题点整改完成率 93.73%。对集团总部部门和各级党组织开展巡视整改“回头看”，检验整改效果和长效机制。采取集中反馈和“一对一”现场反馈相结合的方式，增强巡视反馈的严肃性、权威性、针对性。

撰稿 / 邢苏颖　张静萱

内控管理与风险防控

2022年，中铝集团结合新一轮国企改革深化提升行动，不断优化风险研判、评估、防控和责任机制，强化风险源头治理和管控能力建设，压实内部控制与风险管理责任，不断提高治理能力现代化水平，加大风险管控措施的落实力度，全力保障重大经营风险可控在控，促进企业发展战略与风险管理有效衔接，为企业稳健经营和高质量发展提供有力保障。

一、强化审计监督

（一）持续优化审计体制

2022年，中铝集团结合国有资本投资公司试点改革，持续推动审计体制机制改革，进一步强化审计部与审计中心一体化管理，提升审计质量全流程控制水平，实施全级次差异化考核，完成审计中心人员技术职级评定、人员档案关系转移、薪酬体系套改等工作，建立集中统一、全面覆盖、权威高效的审计体制机制，实现“一盘棋”“大统筹”，审计质效实现全面提升。充分运用“1+N”模式，统筹各类审计、内控评价、审计整改回头看，结合上级监管单位的各项硬性要求，优化项目组织方式，达到“一审多项、一审多果、一果多用”的成效。

（二）持续提升审计效能

全年审计385个项目，超计划安排129项，对其中37个重大投资项目进行全过程审计，全年实现审减增效达6.56亿元，较上年增加2.31亿元，增幅达54%，创历年来项目审减效益峰值。开展全级次清仓利库审计，有效规避伦镍暴涨逼空事件、华南铝锭仓单重复质押融资事件、秦皇岛港30万吨铜精矿离奇“失踪”案3起行业重大风险事件，避免重大资金损失，专项审计经验在全国国资央企系统进行广泛宣传。

全年实施经责审计43项，超计划完成2项，推动“任中审计为主”实现常态化。检查境外机构23户、境外重点项目4个，实现主要境外机构与项目审计全覆盖，核减投资项目工程价款1亿元，降低设备采购成本0.6亿元。实现29户金融衍生业务操作主体全覆盖审计。完成对12户科技型企业激励项目的收益审计。对兴华科技等3户混合所有制企业开展审计，强化控股方的监管力度。

（三）强化内外部审计整改

全年审计发现问题到期整改率100%，促使各级企业新建或修订制度546项，清收逾期款等20.4亿元，解除土地证、安全许可证等风险39项。全力配合审计署对集团原董事长姚林的经济责任审计，并组织立行立改。持续压实整改责任，对各战略单元及所属企业2019年以来内外部审计发现问题中审计整改率低、长期未完成整改的207项问题，进行再部署、再督促、再检查，确保应改尽改；对问题多发、整改成效不明显的3户重点单位开展审计“回头看”，进一步督导整改工作。集团领导主持召开整改推进会11次，挽回“老大难”逾期款5.83亿元，解除监管风险19项。以审计联席会议为抓手，建立健全与大监督例会、各部门业务监督相贯通的全方位协作机制。针对审计发现的印章管理、存货管控等重要风险点，开展集团内上下穿透、全面覆盖的专项整治行动，回收清理印章3347枚，并在制度建设、保管使用等方面建立长效机制；组织全级次营销系统开展存货与贸易风险培训，提升各单位营销人员的制度意识、实战技能及管理效能。对于审计发现的期货操作及管理、混合所有制企业绩效考核及薪酬发放、对外合作办学等普遍性问题、屡审屡犯问题及重要审计问题，及时剖析原因，完善相关制度，采取专项行动，强化审计实效。

（四）内控评价“三年全覆盖”完美收官

将内控独立评价三年全覆盖作为2022年度A类重大事项清单，逐户明确检查实施主体，持续跟踪督办进度，实现内控评价对全级次494户企业三年全覆盖的“完美收官”，提出意见及建议1056条，发现缺陷到期整改率100%。

（五）有序开展违规经营投资责任追究工作

组织对国务院国资委移交的4个问题线索进行核查处理；督促各级机构对38件问题线索开展核查追责工作，完成核查追责33件。“以追责促整改”，推动15户企业修订完善制度81项，挽回损失1804.20万元。进一步规范违规追责工作，印发违规经营投资问题线索督办工作细则；制作违规追责工作制度宣传短片，加强对所属企业的违规追责工作指导。

二、持续推进法治中铝建设

2022年，中铝集团作为5家单位之一参与国务院国资委世界一流法治工作课题研究，收到国务院国资委政策法规局的感谢信；参加国际商会中国国家委员会境外投资专家研讨会，收到中国贸促会的感谢信。法治工作的相关信息4次被国务院国资委政策法规局公众号“国资法治”发布，法律管控体系改革完善工作相关内容被人民政协网刊登报道，并收录于人民政协报主编、出版的《典型案例库》。作为12家中央企业之一应邀在《中国政协报》发表《深入学习习近平法治思想 探索创新依法治企新模式》，并在全国两会代表委员驻地作央企法治工作海报展，获得广泛好评。

（一）强化合规文化建设

2022年，中铝集团党组中心组先后集中学习习近平总书记在中央政治局第三十五次集体学习会上的讲话精神、习近平法治思想，以及新修订的《中华人民共和国反垄断法》。11月，中铝集团制定印发《诚信合规手册（中英文版）》，公布违规举报电话和邮箱，推动集团“诚信立业、合规创效”的理念贯彻向所属境外企业和项目，延伸实现中铝集团境内、境外全面合规。对全集团法律人员和巡视组成员开展“合规管理强化年”工作要点培训；聚焦安全环保、境外投融资和民法典相关内容，对高风险岗位、合规管理人员、基层一线员工、法律人员组织开展合规管理系列培训。集团总部300余名干部员工签署《合规承诺书》，增强干部员工的合规意识。

（二）不断加强制度建设

全年制修订480余项制度，进一步梳理管理流程，建立制度附流程的工作机制，持续完善优化制度体系，并通过定期通报等方式督促落实，确保执行到位。按照国家法律法规最新要求，结合日常管理实践，制订《招投标管理监督办法》《承包商管理办法》等相关规章制度，明确各层级管理职责及管控要求，形成集团招投标三级制度体系。探索通过“互联网+”“微视频”的方式宣传规章制度，对重点规章制度录制讲解视频，同时鼓励集团所属经营单元创新形式开展制度宣贯，加大制度宣传力度，增强干部员工的合规意识，强化规章制度的贯彻执行。

（三）持续推动管控体系改革

完善区域法律中心与集团各部门的工作信息沟通机制，全年集团组织召开3次总法律顾问座谈会。研究拟订“合规管理专项工作的评价指标体系”，完成对集团所属45家单位的法治与合规管理工作督促检查。建立风险识别清单、岗位职责清单、决策流程清单、合规要求清单4组清单，全面梳理各环节风险，完善合规预警机制；研究制定工程领域、劳动用工、投资管控、知识产权等10个重点领域的专项合规指引，为保障业务合规和风险应对提供系统性指导。

持续推进案件“去存、控增”工作。2022年全年实现结案421件、涉诉金额44.79亿元，胜诉率72.75%，挽回损失13.27亿元，避免损失10.62亿元，节约律师服务费用748万元。其中，存量案件完成年度任务目标数量的170.29%；新增案件287件，同比下降25.07%。

大力推广使用合同示范文本和印章专项整治工作。完成合同示范文本库扩容增列55份合同范本，开展3次大规模培训、参加人员超过2000人，基本实现合同示范文本100%全覆盖。核查各类印章11417枚，回收清理3347枚，有效减少、控制存量印章规模；督导开展自查整改，完成5大类、88个问题的整改，完成率95.45%；全面修订《中铝集团印章管理办法》，并要求各级企业据此制订或修订各自的印章管理细则。

三、风险管理

（一）健全全面风险管控机制

按照国务院国资委要求，印发《重大风险事件报告工作规则》，明确重大经营风险事件的范围和标准，规范首报、续报、终报各阶段报告程序，进一步健全重大风险管控机制，强化重大风险事件的应对、处置、报告和跟踪，提升集团防范和化解重大风险的能力。组织开展集团《全面风险管理办法》《重大风险事件报告工作规则》宣贯，集团各级全面风险管理人员800余人参加，增强风险管理人员业务能力和制度执行力。组织开展全面风险管理制度执行情况检查，将董事会履行防风险职责、风险管理组织机构、重大决策事前风险评估等作为重点检查内容，增强全面风险管理制度的执行效果，推动各企业进一步健全完善风险管理体系。

（二）重大风险评估监测情况

持续开展风险监测、报告和应对。科学选取风险监控指标，健全重大风险事件台账，对重大风险事件实施销号管理。密切关注国内外形势变化，加强风险变化分析，及时跟踪重大风险事件的处置进展，适时开展风险预警提示，定期进行风险报告。起草《集团2022年度风险评估报告》确定年度市场变化和能源转型、安全生产和环保、改革与业务转型、合规（含金融业务与衍生品交易）和国际化经营5大风险，持续做好重大风险防控，统筹疫情防控和经营发展，守住不发生重大风险的底线。集团总部、战略单元和直管单位全年共编制风险监控月报156份，发出风险提示函20份，向国务院国资委报送风险监控季报4份。

四、信息化管控情况

集团以提高管控能效为目标，持续加强信息化建设和应用。2022年开展“三重一大”、采购管理、监督追责、境外监管、审计管理、合规管理等重要业务领域的系统建设、整合。同时，系统建设方式加快向集成共享转变，实现合规管理、审计管理等系统的快速开发，有效提高集团合规管理信息化水平，推动内部审计信息化建设与应用；启动期货和衍生品风险管理系统建设，以信息化手段防范风险。首次设置“内控流程系统覆盖率”量化指标，通过定期统计分析，推动内部控制信息化建设进程，赋能内控管理升级，逐步推动内控体系建设由“人防人控”向“技防技控”转型。资本运营、人力资源实现关键流程100%信息系统覆盖，战略投资、财务金融等内控流程系统覆盖率达到80%以上。

五、境外企业管控情况

2022年，中铝集团各境外企业均能按照当地法律要求依法合规运营，重要企业每半年进行一次自控自查，根据自查及外部审计情况，完善企业经营制度，实现问题闭环管理。2022年1月，集团修订印发《中国铝业集团有限公司境外投资管理办法》，明确集团境外投资管理由战略投资部集中统筹、各专业部署分类协作的横向管控模式，夯实集团总部、战略单元以及实体企业（项目单位）三级责任体系，突出战略引导，对境外投资项目实行分类管理，建立海外投资会跟踪机制和管理流程，优化海外并购决策流程。2022年8月，集团印发《境外项目佣金管理办法》，建立备案审核制度，进一步强化对境外项目佣金的管理，规范实施流程和执行。此外，集团制定境外风险防范化解总体工作方案，成立专项工作小组，对营商环境风险、法律风险、廉洁风险等九项境外重点风险制定针对性管控措施；制定境外安全风险评估和应急演练年度工作计划，选取典型项目开展在线评估并邀请国务院国资委境外办观摩指导；结合党的二十大等大事要情，开展专项风险排查，制定风险管控措施并保持持续跟踪；加强境外安全风险信息化建设，搭建境外应急中心系统，完成系统建设和基础功能配备并通过国务院国资委初步验收。

六、加强内控自评价、监督评价（独立评价）

以问题为导向追溯内控体系建设的“漏点”“堵点”“断点”，进一步推动内控体系完善，不断强化“强内控、防风险、促合规”目标。以“会议机制”“报告机制”“监督机制”为抓手，持续推进自查“问题清单”“整改清单”落地，压实各级主体责任，形成纵向贯通、横向协同的工作格局。发挥专项行动“穿针引线”的作用，与大监督体系紧密结合，实现“同频共振、同向发力”，持续放大监督叠加效应。以4个“量化指标”为导向，引导落实包保、督导、整改、简报4个关键事项，按月通报评价结果，用数据看成绩、找差距、纠偏差。运用系统思维，强化综合施策，将建章立制、流程优化和管理创新作为解决发展瓶颈、提升管理能力的有力抓手。截至2022年底，集团累计查摆问题3598项，整改3473项，完成率96.5%，提前完成年度整改要求。集团专项工作在国务院国资委专篇刊发简报3篇、通报表扬4次，录用率在央企排名靠前。

撰稿 / 周加贵　温　彪

文化建设

聚焦中铝集团内涵式高质量发展新模式重点任务和中心工作，充分发挥新闻舆论重要作用，完善体制机制建设，不断创新工作方式方法，构建集团新闻宣传融媒体矩阵，强化内外舆论引导能力，提升新闻宣传工作效果，对内聚人心、鼓干劲，对外展形象、树品牌，进一步加强集团新闻宣传和舆论引导和对外传播能力，为集团加快建设世界一流优秀有色金属集团做好宣传。

一、新闻与宣传

持续提升新闻宣传质量。2022 年，出版报纸 97 期，开设“喜迎二十大 建功新时代”“贯彻落实党的二十大精神”“贯彻落实习近平总书记重要指示批示精神”“落实党的二十大精神在基层”等栏目 30 余个，策划“安全生产月”“反腐倡廉宣传教育月”等特刊 20 余期，刊登文章近 4000 篇、照片近 400 幅，出动采访报道 200 余人次。《中国铝业报》在河南省新闻出版局组织的河南省第十三届报纸综合质量检测中，第三次蝉联“一级报纸”称号，多篇作品在省市级新闻奖项评选中获奖，营造了高质量的新闻宣传能力和优质的新闻宣传氛围。

科学规范推动外宣工作。不断强化新闻宣传工作沟通力度，打造融媒体宣传矩阵，与《人民日报》《光明日报》等央媒保持稳定友好关系，夯实大媒体格局。全年累计组织策划在各类媒体刊发稿件 900 余篇，累计接受媒体采访和回应各类提问 20 余次，与《人民日报》、新华社、《经济日报》等主流媒体和记者 40 余人次以多种形式开展交流。

凝聚新闻舆论工作合力。坚持贯彻落实党中央关于融媒体建设的部署，加快建设涵盖各种传播渠道和传播方式的立体融媒体矩阵，建设更加高效完备的宣传体系。继续推动中铝“中央厨房”建设，打造一报（《中国铝业报》）、一网（中铝集团官网）、二端（“今日中铝”公众号、中铝集团强国号）、一微（中铝报视频号）、一刊（《舆情参考》）六大平台构成的企业立体媒体工作矩阵，推动媒体融合向纵深发展。集团网站群上传稿件 1000 余篇，“今日中铝”公众号累计发稿 280 余篇，粉丝近 10 万人；“中铝报视频号”2022 年度发布视频 45 个，浏览量达 200 万人次；“学习强国”学习平台推送稿件 790 余篇，并因运维有方表现突出，受到中宣部宣传舆情研究中心的通报表扬和国务院国资委宣传局的高度肯定。

二、品牌建设

2022 年形成中铝企业文化精神谱系。集团党组高度重视企业文化精神谱系梳理提炼工作，抽调精干人员成立专项组，历经近 2 年时间对集团及所属企业发展历程进行挖掘，按照精神内涵、精神释义、精神案例3个部分先后开展共计6轮梳理工作，在2022年形成以“励精图治、创新求强”为核心，以中铝山东企业、东轻、西南铝为代表的“不忘初心，不怕困难，不吃老本”的“老兵工精神”；以迪庆有色为代表的“海拔高，追求更高；缺氧气，不缺志气”的“普朗精神”；以中铝几内亚为代表的“开放包容，担当尽责，拼搏奉献”的“博法精神”；以山西中润为代表的“精准对标，精细管理，争创一流”的“精标准控精神”；以耿家盛、徐鸿、刘永刚、杨红雷、徐成东、贾春成等劳模为代表的“精益求精，执着坚守，薪火相传”的“中铝工匠精神”等企业先进典型精神为代表的具有时代意义和中铝特色的中铝精神谱系。精神谱系梳理提炼工作在国务院国资委年度党建考核反馈材料中获得肯定。谱系发布后在全集团引起强烈反响，被全体员工选入集团年度“十件大事”。

2022年，集团文化品牌获上级表彰6项，获中国文化管理协会创新优秀成果1项。全年1人获全国五一劳动奖章，4个集体获全国工人先锋号，获得省部级集体荣誉9项、个人荣誉10项；荣获省级及以上先进青年集体55个、先进个人91人。

三、社会责任

2022年，中铝集团成功入选国务院国资委“央企责任管理·先锋30指数”，排名中央企业第12，有色行业第1。高标准举办主题为“喜迎二十大 绿色低碳向未来”的第六届降碳节活动，评选社会责任实践十大优秀案例、降碳十大优秀案例及优秀图片。发布集团年度社会责任报告，荣获中国企业社会责任报告评级委员会“五星佳”最高评级，实现所属上市企业ESG报告编制发布全覆盖。社会责任工作在第五届中国企业论坛上作经验交流。督导各企业列支帮扶资金1200万元用于帮助职工解决生活、医疗、子女就学等方面实际困难，帮扶职工8125人。认真开展志愿服务活动，集团581个志愿者服务组织围绕疫情防控、抢险救灾、乡村振兴等开展专业化志愿服务活动283场，总服务时长约17万小时。

四、信访工作

集团党组高度重视信访工作。6月1日，中铝集团召开党组中心组学习会，专题学习《信访工作条例》，与会领导围绕学习内容，并结合工作实际进行深入研讨交流。2次听取党的二十大信访安全保障工作和专项化解情况汇报，并多次召开专题推进会，协调、督促重点信访事项化解工作，要求各单位的“一把手”作为本单位信访工作的第一责任人，对本单位发生的信访事件承担第一责任，负责牵头处置。集团所属企业通过邀请省信访局领导宣贯、内部培训、公众号发布、组织考试、制作宣传展板、微视频、微电影、微动漫、组织参加“国务院国资委信访工作条例知识竞赛”等形式宣传贯彻《信访工作条例》，取得较好的效果。

集团信访形势总体稳定，没有发生大规模群体事件和恶性事件。

修订完善《信访工作任务清单》。集团结合《信访工作条例》的颁布实施，将信访工作内容和要求细化为27项，明确每项工作的考评分值，每半年自评一次，年度考核兑现。组织对下属经营单元和6家企业进行现场监督、预考核，检查信访工作任务清单的执行情况，增强企业做好信访工作的责任意识，并针对企业信访基础工作存在的不足，提出改进意见和建议。同时组织经营单元对所有层级企业开展年度信访工作评价，将考核结果纳入对各单位的年度绩效考核体系，进一步压实经营单元和实体企业的责任。

强化信访干部队伍建设。2022年，集团全级次企业完成信访工作机构的设立和专（兼）职人员的配备，并开展信访工作人员专题培训，保证信访工作的有序开展。

集团以强烈的政治责任感，高度重视党的二十大信访安全保障工作，通过“突出重点、细化措施、清单管理、压实责任、依靠政府、基层化解”等做法，圆满地完成党的二十大信访安全保障工作、完成党中央和国务院国资委党委交给的政治任务。

撰稿/陈一新　李　哲　蔺　建　汪献忠

2023

中国铝业集团有限公司年鉴

The Yearbook of Aluminum Corporation of China

【企业篇】

Enterprises

中国铝业股份有限公司

一、基本情况

中国铝业股份有限公司（简称中铝股份）成立于2001年9月10日，注册资本170亿元，员工总数（在岗）61140人，资产总额2123.48亿元，资产负债率58.67%。

主营业务范围：铝土矿、石灰岩的开采；铝镁矿产品、冶炼产品、加工产品的生产、销售；碳素制品及相关有色金属产品的生产、销售；材料检验分析；自动测量控制、网络、软件系统的设计、安装调试；发电。产能规模：氧化铝产能2226万吨；铝土矿产能2927万吨；电解铝产能775万吨；精细氧化铝产能189万吨；阳极产能319万吨；合金化运行产能202万吨；自有铝土矿资源保有量26.54亿吨，其中国内5.86亿吨，海外20.68亿吨。办公地址：北京市海淀区西直门北大街62号。

2022年，在集团党组的坚强领导下，中铝股份以习近平新时代中国特色社会主义思想为指导，深入学习贯彻党的二十大精神，坚定贯彻党中央“疫情要防住、经济要稳住、发展要安全”决策部署，全面落实集团打好“四大战役”工作要求，踔厉奋发、攻坚克难，高质量发展再上新台阶，圆满完成各项目标任务。全年实现营业收入2909.88亿元，实现净利润108亿元、经营性净现金流286亿元，分别超预算10%、32%。归母权益21亿元，超预算40%；净资产收益率（ROE）首次赶超标杆企业，提前实现“三年目标”；成费比93.93%，较年度目标优化2.82个百分点；资产负债率同口径完成56.16%，同比降低3.19个百分点。

二、市场分析

（一）价格走势

2022年上半年沪铝价格在地缘政治冲突、能源危机等多项事件扰动下剧烈波动，铝价一度飙升并接近2021年的高点25000元/吨附近；下半年由于基本面供需双弱的格局，铝价缺乏强势驱动力，跟随宏观、突发事件等因素开启宽幅震荡行情并且持续到年底。2022年沪铝主力合约均价为19916元/吨，较2021年上涨5.2%，伦铝年均价为2713美元/吨，较2021年上涨9.1%。

（二）市场供求

截至2022年底，中国电解铝建成产能为4430万吨/年，较年初增加105万吨/年；运行产能为4060万吨/年，较年初增加294万吨/年；2022年中国电解铝产量约为4043万吨，较2021年上涨3.9%。2022年中国电解铝进口窗口基本全年处于关闭状态，进口量同比大幅下滑，全年净进口量为

47.2万吨，较2021年下滑110万吨，降幅约70%。截至2022年底，国内电解铝社会库存约为49.3万吨，较年初下滑30.8万吨，库存处于近年低位水平。

三、生产经营

围绕年度产量目标，聚焦生产核心要素指标，精准督导企业提升生产绩效，实现企业高产运行；针对疫情期间部分企业长期封闭驻厂不利情况，及时协调各方资源，保障生产稳定。全年氧化铝产量1991万吨、电解铝731万吨、碳素288万吨、煤炭1301万吨，分别同比增长1.22%、8.78%、1.41%、39.14%。

深化全要素对标，压实企业主体责任，年初按照“六步法”“一企一策”原则指导企业制定全要素对标方案，分专业开展氧化铝7个工序、电解铝南北区域、碳素4个工序对标和能源分机组容量的工序对标，构建公司搭建平台、组长单位组织、企业分解落实的工序对标新机制，形成本部推动、分子公司发动、企业间博采众长、基层班组互动全系统穿透的对标新体系。2022年累计实现消耗降本12.28亿元，氧化铝40项对标指标整体全面优化，电解铝北方区域65项指标35项优化、南方区域30项指标17项优化。

氧化铝专业，通过“脱硫降碳科技攻关”等成果应用，创效3750万元；电解铝专业，推进28台石墨化阴极集成节能技术试验验证工作；赤泥综合利用，持续开展赤泥综合利用、赤泥解离分离方法研究以及赤泥酸法解离分离，赤泥综合利用率累计完成10.0%，较2021年提高5.5个百分点。

2022年进一步规范碳排放管理，成立碳资产经营团队，制订碳资产集中管控方案。组织碳排放管理人员73人参与人社部碳交易员培训及取证，提升碳排放管理能力。全面完成2019—2020年度生态环境部专项监督帮扶问题整改，顺利通过生态环境部门、国务院国资委督查验收。

主要经济指标一览表

表5

项目	单位	2021年	2022年	增长（%）
资产总额	亿元	2302.14	2123.48	−7.76
工业产值	亿元	1738.44	1960.22	12.76
营业收入	亿元	3114.17	2909.88	−6.56
利润总额	亿元	148.67	132.09	−11.15
净利润	亿元	120.01	108.43	−9.65
税收贡献	亿元	120.70	116.77	−3.26
全员劳动生产率	万元/人·年	71.8	73.6	2.51
资产负债率	%	59.30	58.67	减少0.63个百分点
净资产收益率	%	13.43	12.22	减少1.21个百分点
总资产报酬率	%	5.15	4.96	减少0.19个百分点
研发投入强度	%	3.1	3.89	增加0.79个百分点

四、安全环保

2022年，中铝股份深入推进职业健康安全和环境保护管理体系建设，未发生聚集性疫情，未发生较大及以上安全事故，未发生一般环境事件，中央生态环境保护督察问题整改超计划完成。

安全标准化、科技兴安助力安全水平提升。积极推进科技兴安，全面推进天车智能安全防护系统、高危岗位无人化本质安全项目、叉车安全防撞系统以及堆垛机（打包机）电子安全护栏建设和承包商全流程信息化安全管控系统建设，着力提升企业本质安全化水平。按照国务院安委会和集团统一安排，系统性开展“建（构）筑物百日清零行动”“十五条硬措施”“危化品、燃气、矿山安全生产专项整治三年行动”等系列安全隐患大排查大整治工作，根除一批安全隐患。

高质量完成中央生态环境保护督察问题整改。制定中铝股份第二轮第二批中央生态环境保护督察问题、现场抽查发现问题整改清单，将2022年督察反馈问题计划整改的11项措施细化为61个工作节点，抽查反馈8项问题制定17项措施，全部高质量完成任务。紧盯重点问题整改进度，包头铝业完成危废处置和土壤治理修复工作，并一次性通过包头市人民检察院、包头市九原区人民检察院现场验收，公益诉讼顺利结案；重庆分公司赤泥库渗漏污染损害赔偿诉讼，经过多轮反复磋商，诉讼转为政府协商，大大降低案件影响范围。

五、科技创新

2022年，中铝股份以服务国家战略、服务企业发展为中心，聚焦降本增效和竞争力提升，系统推进“科技攻坚战”。

强化关键领域技术创新顶层设计。全年承担国家级科研项目9项，地方政府科研项目4项。制订铝冶炼绿色低碳原创技术“策源地”技术图谱，凝练22个前瞻性科技攻关项目。编制氧化铝、新能源、电解铝三个专项节能降碳技术路线图，形成电解铝直流电耗12300、辅机能耗222、整流效率98.5%的全流程节能技术方案；制定《中铝股份赤泥综合利用行动方案》，“一企一策”明确各相关单位赤泥综合利用渠道和工作任务。

完善协同高效的科技创新体系。发挥专业研究院核心创新功能，深化郑州研究院“科改示范”行动，被国务院国资委评价为科改示范“标杆”企业。做实做强专业领域技术中心，新组建氧化铝、铝合金、碳素、火电4个专业领域技术中心后，中铝股份技术中心总量达到13个，实现各专业领域的全覆盖。推动科研平台提档升级，发挥中铝股份特色技术优势，打造开放型科研合作平台，联合有色金属绿色低碳“联合体”企业，共同申报工信部“双碳”管理服务平台。云铝股份入选首批“科创中国”创新基地；广西分公司、云铝股份、云铝涌鑫、云铝海鑫4家企业上榜国家知识产权局“2022年度国家知识产权优势企业”。

取得一批重点科技攻关成果。全年新立项实施重大科技研发项目26个，研发投入强度达到3.89%。开辟微量元素提取科研新方向，节能降碳技术攻关成功开发出电解铝直流电耗“12300”成套技术，赤泥综合利用完成赤泥规模化高值路用材料、几内亚赤泥“强磁预选—悬浮焙烧—弱磁选铁”技术攻关。建立铝电解“三废”资源化利用技术优势，“氧化铝炉窑协同处置二次铝灰”项目技术通过国家环科院工程评价，云铝文山“铝灰处置示范线优化”项目建成投运，建成国内首条4万吨/年铝电解“三废”资源综合利用示范生产线。

高端材料及产品自主生产技术，在工业试验线上成功研制出合格的5N高纯铝产品，开发出7N高纯镓量产工艺及装备，4N高纯铝、高纯氮化铝、13X分子筛等6类自主研发的新产品启动产业化示范。攻克一批生产技术难题，进行湿法深度氧化脱硫脱碳技术工业试验，解决几内亚铝土矿生产氧化铝有机物脱除技术难题，分布式光伏接入电解铝直流系统试验项目建成投运，国内首创实现分布式光伏发电直流接入电解铝冶炼生产案例。

六、改革发展

2022年，中铝股份以协议受让方式取得云铝股份19%股权，实现并表管理，完成中铝集团铝战略单元整合，进一步解决中铝股份与云铝股份同业竞争问题。经国务院国资委批复，在中铝集团旗下6家上市公司中第一家实施限制性股票激励计划，先后于2022年6月和12月分两次向所属二、三、四级企业共1206人授予1.4亿股限制性股票。积极推进精细氧化铝、碳素、扁锭、合金等业务高效整合，成立中铝新材料公司、中铝碳素公司。有序推进压减法人户数和参股权退出等专项工作，共压减法人户数15户，处置参股企业2户。

七、党建与企业文化

2022年，中铝股份在集团党组和直属党委的坚强领导下，以习近平新时代中国特色社会主义思想为指导，深入学习贯彻党的二十大精神，全面推进“113467”党建工作格局建设。

以政治建设为统领，全面深入抓好党的二十大精神学习贯彻，领导班子成员分别为党建、团建联系点单位和统战对象讲授专题党课，召开贯彻落实党的二十大精神暨2023年管理改革创新研讨会议。完善党组织发挥领导作用机制，完成党建入章程内容修订，组织25户重要子企业（含2户混合所有制企业）党委全面梳理修订前置研究事项清单。深化党建与业务工作双向融合，党政领导班子到基层讲授专题党课7次，所属各级党组织书记讲授专题党课1400余场次；各单位开展调研860余次，开展“我为群众办实事”活动涉及项目2400余件，组织红色教育主题党日近500次，1万余名党员完成网络培训。

全面实施党建全要素对标提升。构建党建全要素对标提升体系，制定《中国铝业股份有限公司党建全要素对标提升实施方案》《在高质量发展中加强党的建设的指导意见》《建立健全党建工作责任制实施方案》等一系列党建基本制度。压实党建工作责任，强化考核导向，首次召开年度党建工作推进会。突出党建工作特色特点，在党建工作考核方案突出“A、B、C”类差异化考核、精准化评价、“老问题”重复出现加倍扣除以及鼓励“创先争优”等特点。

深入推进基层党组织建设提质增效。严格党组织换届工作程序，做好党员队伍教育管理，扎实开展非独立法人试点单位党组织副书记试点工作，3个企业党委、27个基层党支部（党总支）分别被命名为中铝集团示范企业党委和示范党支部（党总支）。深化“两带两创”活动，2022年各级党组织设立创效、创新项目1224项。

持续加强思想政治、宣传和企业文化工作。精心打造以“CHALCO中国铝业”微信公众号、公司官网、“红中大铝”音视频号、《中铝股份党群工作》及纸质印刷品为主要内容的“五位一体”媒体矩阵，在中央媒体、主流财经媒体以及财经新媒体和主流门户网站刊发稿件130余篇。开展“提炼企业典型精神，构建精神谱系”工作，“老兵工精神”“精标准控精神”“博法精神”入选中铝首批精神谱系。充分发挥党组织的战斗堡垒作用和党员的先锋模范作用，在北京成立2个临时党支部，向青海分公司全体驻厂干部职工发去慰问信、“温暖礼包”。

充分发挥群团组织桥梁作用。召开工会一届一次会员代表大会，开展《产业工人队伍改革进展情况》《电解铝企业职工创新工作室节能降碳技术》项目调研，筹备、组织“中国铝业杯”第十五届全国有色金属行业职业技能竞赛，10个工作室被命名集团第三批职工创新工作室，5个工作室被命名集团技能大师工作室。召开第一次团代会，实施挂职团干部交流机制，启动首期“青马工程”，完善统战对象特别是党外代表人士和党外知识分子信息库，开展无党派人士认定推荐，组建“于华建言献策工作室”。

八、履行社会责任

完成《中铝股份2021年度社会责任模块运行自评报告》，发布《2021年度社会责任暨环境、社会与管治报告》，形成《中国铝业股份有限公司2021年“双碳”行动报告》。中铝股份成功入选“央企ESG·先锋50指数”、恒生可持续发展企业指数系列和上证180指数，位列2021中国ESG优秀企业500强第49位，MSCI ESG评级由CCC提升到了B级。承担集团援青援藏对口支援资金1990万元和向四川泸定地震灾区捐款400万元，向国务院国资委老干局捐赠260万元，向青海省运会捐赠100万元，向广西壮族自治区平果市红十字会疫情防控捐赠50万元。

撰稿 / 贺胜利

中铝山东有限公司

一、基本情况

中铝山东有限公司（简称中铝山东）前身为山东铝厂，始建于1949年2月13日，1954年7月1日建成投产。1993年山东铝厂更名为山东铝业公司，2001年更名为中国铝业山东分公司，2015年1月16日改制为中铝山东有限公司。截至2022年底，注册资本40.53亿元，员工总数（在岗）4133人，资产总额1.66亿元，资产负债率38.88%。

主营业务范围：铝土矿、铁矿、煤矿采掘；道路普通货物运输，氧化铝系列产品、高温氧化铝系列产品、氢氧化铝系列产品、建筑铝型材、铝锭、碳素制品、蒸压粉煤灰砖、工业水电汽、净水剂等。产能规模：氧化铝269万吨，精细氧化铝实物量249万吨。办公地址：山东省淄博市南定镇五公里路一号。

2022年，中铝山东积极融入中铝股份精细氧化铝专业化整合，落实中铝新材料“集中一贯”“四横三纵”要求，直面市场下行严峻挑战，做优“指图作战”2.0版，圆满完成国企改革三年行动任务，实现安全零事故、环保零事件，完成利润总额1.66亿元。

二、生产经营

2022年氧化铝产量269.62万吨，同比降低3.33%；精细氧化铝实物产量249.31万吨，同比升高0.80%。高品质氧化铝外销量25.81万吨，同比升高82.44%，销量创历史新高。严格遵循《中铝山东有限公司生产计划管理办法》，根据公司中长期发展规划和当前的实际情况，综合平衡产量、质量、消耗、费用等，精心编制生产作业计划。强化计划引领、专业联动，实施动态跟踪管控。通过每天的早调会、下午的平衡会，每周的提质增效会、盘存和财务预测，及时跟踪产销存动态变化，针对实际运行过程偏离计划情况，及时进行生产调整，避免库存过高或过低。

精准生产分析。将周盘、周测各项指标分别与上周盘存、上月盘存、预算和极限目标等进行比对，找出差距提出预警；针对预警问题及差距，查找原因，及时纠偏；月度盘存，摸清基础数据，进行原燃材料、在产品、产成品盈亏平衡分析并对异常情况进行专项分析；进行矿石、燃料等经济性评价，分析对比各种矿石盈利能力，组织协调生产单位寻求最佳经济效益下的矿石掺配模型；根据燃料供需，测算分析燃料性价比，及时提出调整燃料结构的合理化建议。

主要经济指标一览表

表 6

项目	单位	2021 年	2022 年	增长（%）
资产总额	亿元	85.89	81.82	−4.74
工业产值	亿元	97.80	112.7	15.23
营业收入	亿元	92.84	103.19	11.15
利润总额	亿元	5.75	1.66	−71.14
税收贡献	亿元	3.77	5.12	35.81
全员劳动生产率	万元 / 人 · 年	50.04	38.32	−23.42

三、安全环保

2022 年，中铝山东部署《安全生产隐患大排查大整治专项行动方案》，开展专项排查 24 次，排查生产区域 24 个，查出并及时整改安全隐患问题 97 项，未发现重大安全隐患。开展有毒有害气体生产、储存、使用过程安全隐患排查清检工作，对氧化铝厂石灰炉螺杆压缩机 CO 输送、新材料煤粉制备、新材料 CO 使用岗位进行排查，治理问题隐患 15 项。外聘专家对动力厂煤气站、热电厂、氧化铝厂、新材料公司进行专项安全诊断检查，共检查问题 42 项，全部整改完毕。更新重要危险源清单 44 项，并发放“源长责任清单”“履职手册”，持续加强重要危险源安全管控，实施重要危险源“源长”包保。开展事故应急演练，共有 326 人次。

坚决贯彻落实习近平生态文明思想。2 月 24 日，中央生态环境保护督察组对第二轮第二批中央环保督察问题整改情况进行回头看并顺利通过。排查生态环境风险及汛期隐患 73 项并完成整改，梳理重要环境风险点位 48 个。完成中铝山东主厂区、功能材料厂门禁与市控平台联网工作。新材料公司、第二氧化铝厂、功能材料厂分别安装 2 个一般排口在线监测设备，接入淄博市环境监测监控系统。

2022 年，东线 2# 焙烧炉进行余热利用改造，提高原液温度 5—7℃，降低蒸发器用汽量 3 吨 / 小时；更换东工 Ⅰ 组 Ⅰ 效、Ⅱ 效，东 Ⅱ 组 Ⅱ 效，西线 150t 蒸发器 Ⅱ 效加热室，减少新蒸汽使用量 2 吨 / 小时；2022 年 7 月通过山东省“两高”行业能效现场核查 2021 年拜耳法氧化铝工艺能耗为 255.1 克 / 千瓦时，优于能效限额等级 1 级 400 克 / 千瓦时；2022 年 7 月通过生态环境部发电行业 2021 年度碳核查。

四、科技创新

中铝山东全年实施中铝集团及中铝股份科技研发项目 8 项，面向产业链终端、价值链高端，全年开发新产品 6 个（气凝胶、光伏背胶微粉、4N、氮化铝干压粉等），1 个技术成果实现产业化转化（3A 分子筛）。研发投入 36273.94 万元，占比 3.52%。获得专利授权 28 项，其中发明专利 19 项、实用新型专利 9 项。

企业培养全职工作的高层次人才有：山东省泰山产业领军人才、淄博市金牌工匠、张店区英才计划高建阳、张店区英才计划王少武等。

五、改革发展

2022年，中铝山东重点实施十万吨低钠微晶新材料项目，批复总投资11903万元，控制投资额11536万元，首次采用项目部制管理模式进行项目建设。赤泥干燥关键技术研究及工业试验项目，批复总投资430万元，控制投资额414.29万元。赤泥预处理生产特性胶凝材料研究及工业试验项目，批复总投资420万元，控制投资额401.2万元。

为实现精细氧化铝集中一贯、扁平化管理，中铝山东于2022年4月将其持有的中铝新材料有限公司30%股权通过非公开协议转让方式转让给中国铝业股份有限公司；中铝山东于2022年6月将其持有的山东沂兴碳素新材料有限公司70%股权通过非公开协议转让方式转让给中铝（上海）碳素有限公司；中铝山东全资子公司环保科技通过解散方式于2022年12月完成注销环保科技工作。

六、党建与企业文化

深入学习宣传贯彻党的二十大精神。企业党委分五个专题进行学习研讨，提出建议和意见30余条，形成8项发展共识。开展党的二十大精神学习竞答、二十大金句书法展评等活动。公司领导带头到基层宣讲党的二十大精神7场次，组织专题培训、讲座20余场次，2318名党员取得“党的二十大精神竞答活动优秀个人”证书。举办主题摄影巡回展，建成中铝山东党史教育基地——光辉历程展览馆。庆祝中国共产主义青年团成立100周年系列活动，推进青年精神素养提升工程。

党史学习教育常态化。公司党委领导班子到基层讲授专题党课11次，所属各级党组织书记讲授专题党课272场次，参与党员7200余人次。组织红色教育主题党日活动29次。完成“我为群众办实事”事项656件。实施“党旗引领绿化赤泥堆场”行动，1700余名干部员工积极参加堆场绿化，累计种植各类苗木4.03万棵，撒播草籽1.2万平方米。

积极履行社会责任。先后为市、区、县提供消杀用次氯酸钠溶液。疫情防控期间，为1000多辆送货车办理通行证，保障生产稳定。加强对承包商作业和相关方安全管理，强化液碱运输、药剂管理、项目“三达”等领域的精准监督，检查发现问题224项，督促修订完善制度65项，提升管理质效。

撰稿 / 刘绪睿

中铝矿业有限公司

一、基本情况

中铝矿业有限公司（简称中铝矿业）始建于1958年，前身是第二个五年计划时期建设的郑州铝厂，1992年组建为中国长城铝业公司。2002年1月，重组长城铝业氧化铝和电解铝板块资产，成立河南分公司。2010年河南分公司托管中铝矿业。2017年12月完成中铝矿业与河南分公司资产重组，成立中铝矿业有限公司。截至2022年底，注册资本40.29亿元，员工总数（在岗）2929人，资产总额57.79亿元，资产负债率38.34%。

主营业务范围：氧化铝及多品种氧化铝、金属镓及其深加工产品。产能规模：全年铝土矿供矿230万吨，氧化铝140万吨、金属镓40吨，自发电量5.8亿千瓦时，拥有铝土矿资源保有储量约9700万吨。办公地址：河南省郑州市上街区厂前路22号。

2022年，中铝矿业在中铝集团和中铝股份的正确领导下，坚持“改革、创新、发展”总基调，以扭亏脱困和转型发展为主线，与长城铝业团结协作，共谋发展，全力打好“脱困突围攻坚战、改革图存保卫战、应急处突阻击战”，经受市场持续波动和疫情反复冲击的重重考验，守住生存底线，夯实企业发展根基。

二、生产经营

2022年，中铝矿业坚持做精主业、挖潜增效，持续深化对标提质，全年完成氧化铝商品产量140万吨，自采矿产量140.92万吨，碳素制品11万吨，自发电3.99亿千瓦时，同口径氧化铝完全成本跑赢标杆170元/吨，成本竞争力进一步提升。

矿山建设重点工作取得初步成效。郁山森林公园调出西郁山矿区范围，完成环保督察问题整改销号，为西郁山矿权获取创造条件；制定《露天采场管理办法》等6项管理制度，推动重点矿区、生产区域、矿石发运视频监控全覆盖，进一步防范资源流失与安全环保风险；强化矿山经营，实现石灰石及特种矿产品、房屋土地租赁等经营创效2630万元，矿山资源潜力得到逐步释放。

精益管控能力持续增强。氧化铝系统围绕“稳产、优产、高效”优化调整生产组织模式，提高碳碱打捞量，加大系统杂质外排，系统有机物持续降低，氧化铝一级品率同比提升15.7%；以点检制为核心，狠抓全员设备管理，创新E管清洗和标准化检修模式，低温和E管连续运行能力不断提高；坚持对标提质，制定对标一流管理工作方案，启动分工序对标，工序能力指数同比提高9.77分，4个工序排位得到优化；7N及以上金属镓成品率由38%

上升至70%，实现了质的突破。

营销采购能力不断提升。充分发挥长协煤炭、液碱战略合作优势，抢增采购进口矿26万干吨，保障三组低温生产线用矿需求；进口矿、煤炭、纯碱和天然气价格均跑赢市场，节约采购费用2.09亿元，对标跑赢标杆单位超过20%；严格备件辅材计划性采购，积极推进低价辅材经济性替代，备品备件节约采购费用505万元，多措并举压降历史积压库存3759万元；不断开发自营产品客户，多途径降低营销费用支出，实现销售增利1619万元。

主要经济指标一览表

表7

项目	单位	2021年	2022年	增长（%）
资产总额	亿元	99.59	57.79	−41.97
工业产值	亿元	48.70	49.08	0.79
营业收入	亿元	51.51	50.67	−1.63
利润总额	亿元	−5.70	−3.96	−30.53
税收贡献	亿元	3.1	2.73	−11.94
全员劳动生产率	万元/人·年	19.37	−51.97	−368.30

三、安全环保

中铝矿业坚持以“三化一提升”为抓手，积极创建安全生产标准化一级企业，176个班组通过安全标准化达标验收；争创环保绩效A级企业，获得“河南省绿色工厂”称号；推进生产系统智能化建设，实现危险作业现场和重要危险源视频监控全覆盖；开展“源长”履职检查，查改问题87项；开展矿山、易燃易爆危化品、有限空间等领域专项整治，整改问题75项；强化“两抓两查严监管”、承包商“四统一”管理，开展安全隐患排查治理8万余项，完成安全培训2.5万人次，进一步夯实安全环保基础。

四、科技创新

中铝矿业坚持科技创新激活发展动能，制定下发5项科技工作管理办法，实现科技管理工作有据可依、扁平高效。强化自主创新，全年投入研发费用1.54亿元，申请专利25项；完成“东方3号”工业试验；实现7N高纯镓产业化；赤泥综合利用实现“零”的突破，全年消纳赤泥22万吨，节约赤泥堆存费579万元；推进公司级“揭榜挂帅”项目3项，分厂级技术攻关项目9项，工序级降本增效重点项目42项，累计目标达标率93%。获得省部级优秀QC成果8项、质量信得过班组2项。2022年中铝矿业科技创新荣获中铝股份“总裁特别奖”。

五、改革发展

中铝矿业按照中铝集团、中铝股份决策部署，完成中铝矿业、长城铝业一体化管理改革，实行扁平化管理，全年氧化铝实物劳动生产率实现1430吨/人·年，管理效率得到有效提升；深化“三项制度”改革，全面建立任期制、契约化、职业经理人制，实施真考核、真兑现。全年通过问责调整、契约化调整、政策退出、竞争退出等方式，共有16名中层干部实质性退出岗位，调整后人随岗走、薪随岗变，真正做到干部能上能下、收入能升能降；以价值贡献为导向，以个体绩效承载组织绩效为抓手，开展全员个体绩效考核，结合岗位职责和工作标准，实现个体绩效量化考核全覆盖；健全公司治理体系，修订完善公司章程、“三重一大”决策制度等重要基础性管理制度；稳步推进股权结构调整，完成赤壁碳素股权转让至中铝（上海）碳素，收回全部1.51亿元股权转让协议款。

六、党建与企业文化

中铝矿业坚持党建引领，赋能中心工作。以学习宣传贯彻党的二十大精神为主线，开展专题宣讲70余次，实现学习宣传贯彻全覆盖；创新党建考核机制，推动党建与业务深度融合，开展“党建+”项目37项、“两带两创”项目279项，创效7000余万元；创新“六化”管理模式，推进标准化党组织创建，5个支部获评集团“示范党支部”，3个支部获评郑州市国资委“基层党建示范点”；开展“双创大讨论”、党员“双提升”活动，创建基层党组织“三色文化”阵地，党建引领力、凝聚力持续增强。

坚持正风肃纪，筑牢反腐防线。持续深化“大监督”，围绕重点领域开展专项监督23次；推进巡察全覆盖，整改问题1016项；严肃查处违规违纪问题，问责处理15人次、处分11人次。常态化开展警示教育，教育党员领导干部2300余人次；自编自导廉政微电影《交锋》荣获河南省“喜迎二十大、清风满中原”短视频评选大赛优秀奖。

中铝矿业聚焦生产经营24项关键指标，开展劳动竞赛，助力企业降本创效、提产增质；深入开展合理化建议活动，征集合理化建议7717条，采纳实施6298条；承办集团创新创意大赛，荣获优秀组织奖；组织开展学党史、红色观影、志愿服务等主题党日活动；举办大型红歌赛、书画摄影展等活动，为党的二十大的胜利召开营造浓厚氛围；开展迎“三八”活动、秋季登山比赛、篮球赛、软排赛等文体活动，丰富职工文化生活，营造健康文明、昂扬向上、全员参与的企业文化氛围。

中铝矿业积极履行社会责任，扎实推进绿色矿山建设，累计完成生态修复1419亩，2个社会责任案例分别荣获集团实践类及降碳类十大优秀案例。深化温暖工程，不遗余力为职工办实事。装修改造公司公寓，延长大学生工资保底年限，调动青年人才的工作积极性；为职工续办“普惠重疾”互助保险，争取补充医保福利政策，实现职工理赔765万元，减轻职工患病负担；实施精准帮扶，累计救助困难职工117人次，发放各类救助款26万元，节日期间为困难职工家庭和生产一线岗位送去组织的关怀，实现困难职工帮扶与常态化送温暖有效衔接，彰显央企担当。

撰稿 / 车淑娜

中铝山西新材料有限公司

一、基本情况

中铝山西新材料有限公司（简称山西新材料）由中国铝业股份有限公司山西分公司和山西华泽铝电有限公司于2017年8月合并重组。截至2022年底，注册资本42.796亿元，员工总数（在岗）4845人，资产总额94.05亿元，资产负债率83%。

主营业务范围：常用有色金属冶炼；有色金属合金制造；有色金属压延加工；有色金属合金销售；金属材料制造；金属链条及其他金属制品制造；高性能有色金属及合金材料销售；矿物洗选加工；金属矿石销售；非金属矿及其制品销售；石墨及碳素制品制造；石墨及碳素制品销售；货物进出口；技术进出口；热力生产和供应；固体废物治理；再生资源回收（除生产性废旧金属）；再生资源销售；生产性废旧金属回收；石灰和石膏制造；石灰和石膏销售等。

产能规模：氧化铝251万吨、电解铝42万吨、铝合金21万吨，并配备2台300兆瓦燃煤自备发电机组。办公地址：山西省河津市清涧街道办事处铝都大道263号。

2022年，山西新材料聚力价值创造，深化改革创新，统筹疫情防控和生产经营，如期完成电解铝14万吨复产、氧化铝生产方式调整、“一体化”管理改革等重点任务，成本竞争力不断增强，盈利能力逐步提升，在消化历史遗留问题的同时保持持续盈利。山西新材料资产负债率由78.03%下降为74.81%（剔除固定资产、存货减值后），全年实现经营性利润3.09亿元，经营性现金流16.71亿元。

二、生产经营

2022年山西新材料矿山系统克服资源禀赋下降和地方政策制约，千方百计保供、提质、降本、创收，全年供矿245万吨，综合供矿成本372元/吨，同比降低2元/吨；氧化铝优化生产方式，从“3+4”调整为“3+2”，拜耳法生产线独立运行，下半年完全成本实现2579元/吨，比下降145元/吨，月度成本排名最好前进到中铝第6名（前进5位）；电解铝抢抓市场机遇实现满产高产，完成172台电解槽复产和达产达标，采用节能降碳新技术，全年生产铝液42.23万吨，同比增产13.23万吨，综合交流电耗同比降低41千瓦时/吨铝，实现利润5.10亿元；精细氧化铝积极响应市场需求，完成生产线提产改造，全年完成产量3.47万吨，产销率100%；铝加工优化工艺指标，天然气单耗、烧损分别同比降低 13 标准立方米 / 吨、4.2‰；全年完成铝合金产量 12.66 万吨，捕捉市场机会消化库存，产销率完成 97%；实现合金利润 2188 万元，超预算 88 万元。

主要经济指标一览表

表 8

项目	单位	2021 年	2022 年	增长（%）
资产总额	亿元	104.57	94.05	−10
工业产值	亿元	103.18	117.22	14
营业收入	亿元	104.36	124.32	19
利润总额	亿元	−6.37	−0.73	89
税收贡献	亿元	4.88	3.84	−21
全员劳动生产率	万元 / 人 · 年	14.30	28.93	102

三、安全环保

2022 年，山西新材料安全生产工作以“防风险、保安全、喜迎二十大”为主线，主动压实全员安全责任，精准实施安全环保专项整治行动，积极开展“标准化班组创建”“绿色工厂创建”，有效防范安全环保风险、堵塞管理漏洞，安全环保形势持续稳定。

安全风险防控体系进一步优化。巩固提升安全标准化一级企业成果，建立健全“一岗一清单”“一岗一考核”全员安全生产责任制履职考评体系；深入开展安全生产标准化班组创建，达标率 92.9%；严格落实安全生产“十五条硬措施”，全级次 1099 项隐患全部整改清零；集中开展 11 个隐患整治专项行动，“安全生产专项整治三年行动”圆满收官；突出承包商管控，完善作业活动备案制，实现全流程、全天候精准风险管控；开展网络安全专项行动，冬奥会、党的二十大等重要时点 24 小时值守应急响应，处置网络安全威胁终端 84 起；持续加强常态化疫情防控，最大限度保障职工身体健康和生产有序稳定。

环保管控能力进一步升级。如期完成电解二系列净化脱硫改造、熟料窑脱硝、铝土矿堆场封闭项目，获得污染防治政府奖补资金 925 万元，氧化铝区域废油库、电解大修渣暂存库得到规范化整治，进一步提升本质环保水平；全面启动“绿色工厂创建”，完成两轮次 325 项问题现场整治，补齐能源管理体系、碳足迹核查短板，绿色工厂申报进入工业和信息化部审批环节；全年各级生态环保督察系列问题整改完成率 96%，交口铁金村铝矿与保护区重叠问题按期销号；聚焦循环利用培育绿色产业，开展二次铝灰工业化试验，通过专家验收认定，取得二次铝灰危废经营资质，助力企业绿色转型，打造电解铝危废处置基地迈出关键一步。

四、科技创新

2022 年山西新材料持续加强研发投入，全年总计研发投入 40338.07 万元，营收占比 3.2%，同比增长 27.09%。技术人才聘用方面，2022 年山西新材料聘任 5 名主任工程师，22 名主管工程师，33 名区域工程师和 28 名支持工程师；成功实施以“五级技师”制度为核心的技能人才队伍建设，聘用五级技师 505 名。

2022 年山西新材料开展中铝重大专项 4 项，企业自主研发项目 22 项，运城市揭榜挂帅项目 1 项，山西新材料被确定为“山西省重点产业链铝镁精深加工产业链”“运城市铝精深加工产业链“链主”企业，通过山西省铝合金新材料技术创新中心、铝合金新材料运城市重点实验室认定，一批科技创新成果推广应用，拜耳法赤泥后加灰脱碱产业化项目加速实施，投产后综合碱耗可降低90千克/吨铝以上；“FHEST+全石墨质阴极+磷铁浇铸”铝电解节能技术在4台电解槽应用，直流电耗最低降至12359千瓦时/吨铝，较同期大修槽降低256千瓦时/吨铝；加快推广应用无炭渣阳极生产技术，预焙阳极电解使用周期稳定在36天以上。终端产品不断优化，完成商用车锻造棒料质量提升及高强合金棒料推广项目的技术开发和产业化示范线升级，生产中高端铝合金材料8700吨；高强6×××系合金圆锭制备技术开发项目7月转入生产，累计生产6×××系合金棒2748吨，实现利润192万元。

2022年度获得国家知识产权局授权9项，截至2022年底，山西新材料拥有有效专利103项，其中发明专利25项。2022年参与1项团体标准制定并发布实施，参与4项行业标准的制定。

五、改革发展

一是扎实推进“一体化”管理整合，提升组织效能。坚持“协同发展、主辅并重、主辅共赢”的原则，对山西新材料、山西铝业重复交叉业务实行“合并同类项”，管理职能部门由17个精简至8个，二级单位及子公司由38个精简至30个，有效解决山西新材料、山西铝业业务重合、职能交叉、机构平行等问题，增强资源的统筹性和政策的一致性，提高协调效率和组织效能。二是辅业单位分离搞活，市场化机制不断完善。发挥山西新材料、山西铝业工业服务、后勤服务两个业务单元一体化整合优势，统一管理、资源共享、协同发展，坚持内部市场化结算、外部市场化创效，大力推进工业服务、产品制造、现代服务三大板块转型升级和市场开拓。主体生产单位“买服务”理念不断深化；辅业单位“服务”价值化，从以前的“靠主体吃皇粮”转变为“走出去养自己”。三是坚持聚焦“三能”改革，活力动力得到激发。持续开展劳动用工对标，实行竞争择优上岗，分流安置富余人员，清退短期合同工和长协外包人员，用工总量全年压减9.5%；树牢价值创造理念，建立差异化薪酬分配机制，突出岗位价值、业绩贡献导向，不断强化业绩升、薪酬升，业绩降、薪酬降，真正实现员工薪酬差异化。

六、党建与企业文化

全面学习宣传贯彻党的二十大精神，山西新材料领导带头撰写学习体会、讲授党课，营造浓厚的学贯氛围。推进党建与业务工作“双向融合”，创新开展“党员价值创造”主题实践活动，持续激发全员创新创效热情。强化党风廉政建设，推进“大监督”体系落实落地，注重廉洁文化宣传和警示教育，发挥巡察利剑作用，加大执纪问责力度，营造风清气正的政治生态。

关心关爱职工生产生活，“金秋助学”“冬送温暖”“夏送清凉”贴心走心，9个文化体育协会授牌成立；关注青年精神素养提升，举办“我与父辈比奋斗”青春分享活动，引导团员青年与企业同呼吸共命运的使命担当更加坚定。编印《厂志》引导员工从企业厚重历史中汲取奋进动力；每季编印《劲旅》刊物，大力宣传贯彻中铝集团精神谱系，更新120余块宣传版面，营造浓厚的企业文化氛围。积极履行社会责任，配合地方政府疫情防控，筑牢疫情防控坚固防线，守护员工群众生命健康；组织千余名党员干部参加赤泥库区、厂区绿化植树与环境整治活动，以实际行动践行“绿水青山就是金山银山”的理念；聚焦电信诈骗热点，邀请禹门分局干警举办4场专题反诈骗讲座，编印反诈骗宣传册8000余份，组织“千名党员进万家”、反诈宣传承诺活动，避免职工群众财产损失。

撰稿/李　祥

中国铝业广西分公司

一、基本情况

中国铝业广西分公司（简称广西分公司）成立于1987年，前身为平果铝业公司。2022年中国铝业上市，将平果铝生产经营性资产分离出来组建中国铝业广西分公司。截至2022年底，广西分公司员工总人数（在岗）2104人，资产总额187.10亿元，资产负债率23.56%。

主要业务范围：铝土矿、氢氧化铝、氧化铝、铁精矿及有关金属产品的生产与销售。产能规模：铝土矿600万吨、氧化铝250万吨、铁精矿80万吨、金属镓80吨。办公地址：广西壮族自治区百色市平果市城西。

2022年，广西分公司坚定落实中铝集团“四大战役”和中铝股份“七个紧盯、七个抓好”重要要求，坚持以价值创造为导向，以全要素对标为抓手，从百年党史学习中积聚力量，沉着应对新冠疫情、市场跌宕起伏等困难挑战，克服矿石品位下降、运距变远、设备老化、原辅材料价格上涨等生产经营压力，较好地完成中铝集团下达的各项目标任务。全年实现工业总产值81.36亿元，销售收入80.87亿元，利润13.26亿元，上缴税费9.00亿元。

二、生产经营

2022年生产铝土矿551.70万吨，同比增长16.53%；生产氧化铝247.79万吨，同比增长2.95%；生产金属镓58.00吨，同比增长19.10%；生产铁精矿70.24万吨，同比增长4.05%。

对标降本成效显著。以价值创造为导向，以“六步法”（立标杆、找差距、找原因、定目标、定措施、定落实）推进全要素对标、氧化铝“七工序”（原料、溶出、沉降、分解、蒸发、焙烧、煤气）对标，积极应用“三化一提升”（标准化、生态化、智能化、提升企业竞争力）管理模式，构建“2W3H”全要素对标体系，优化对标举措，科学制定实施降本增效方案、超额降本激励方案，精准从降低矿石、蒸汽、碱耗、电耗、制造费用等全方位、多角度推进改善降本，取得显著成效。2022年，广西分公司氧化铝完全成本继续保持中铝最低，其中降低碱耗成本4710.19万元、降低用电成本4195.66万元、降低财务费用4376万元、压降外包费用3628.56万元、营销增利2147.6万元。

生产技术指标持续优化。全流程加强指标管控，定期召开矿山、氧化铝、供汽、电解铝、发电等专题会，及时研究解决指标异常波动问题，保障指标持续稳定。全年同比优化生产技术指标34项，

21 项排名中铝前列，氧化铝循环效率、高压溶出运转率、一级品率等 15 项指标位居中铝第一。

现场管理保持中铝一流。持续从生产、服务、管理三大类别开展现场管理优化提升工作，着力推进 44 个车间科室级标准化项目建设，打造 16 个现场“标杆示范点”，擦亮公司现场管理名片。

质量管理成效突出。持续推进卓越绩效模式，深入开展质量对标改善行动，实现质量指标持续向好。中铝股份管控的 2 项质量指标全部优于目标值，氧化铝一级品率 100%，荣获中铝股份上半年劳动竞赛优胜奖第一名。

设备管理成效突出。坚持“设备非停是可以消除且必须消除”的理念，深入推进“跑冒滴漏”综合治理和消灭设备“非停”工作，持续提升设备稳定运行周期，“跑冒滴漏”综合治理率达到 99.9%；氧化铝溶出机组运转率达到 98.29%，同比提升 0.05%。

主要经济指标一览表

表 9

项目	单位	2021 年	2022 年	增长（%）
资产总额	亿元	174.70	187.10	7.1
工业产值	亿元	73.3272	81.36	10.96
营业收入	亿元	75.15	80.87	7.61
利润总额	亿元	18.02	13.26	−26.42
税收贡献	亿元	10.42	9.00	−13.63
全员劳动生产率	万元 / 人·年	294.13	391.35	33.05

三、安全环保

广西分公司党委高度重视安全环保管理，定期召开党委会扩大会议专题研究部署安全环保工作，成立安全环保专项巡察组开展专项巡察。全面落实安全生产“十五条硬措施”，全层级压实“一岗双责”责任。着力推进安全生产标准化建设，安全生产标准化班组达标率 100%，CAHS、CAE 体系健康运行。扎实开展安全生产精细化管理提升行动，强化重点区域、重要危险源、相关方安全管理，重点关注特殊时段特殊作业风险，着力补齐安全管理短板。

以中央生态环境保护督察问题为导向，提升环保管理水平，加强污染防治，主要污染物实现达标排放。全年突发环境事件为零，未收到有关环保投诉和环保行政处罚。

四、科技创新

坚持在科技创新上持续发力，瞄准企业发展关键领域、瓶颈问题全面攻坚，取得突破性成效，增强科技创新引领力。全年推进在研项目 61 项，研发费用投入强度达到 3.25%，结题项目中 18 个项目达到预期目标；赤泥综合利用攻克部分行业关键难题，“平果赤泥规模化高值路用材料研究”完成 1500 米试验路段施工试验、“赤泥综合利用产业政策分析研究”完成立项，全年消纳赤泥 88 万吨。开展新材料、新设备试验（试用）项目 17 项，申请专利获得受理 14 项、获得专利授权 11 项，被认定为国家知识产权优势企业。“氧化铝赤泥深度选铁技术研究及应用”项目荣获广西科技进步奖二等奖。

五、改革发展

加强完善企业治理体系。组织修订“三重一大”决策实施细则、董事会管理办法、公司章程等基本制度。有序推进机构改革，配合中铝集团、中铝股份完成平果铝业股权划转工作；配合中铝股份推进碳素专业化整合，将广西分公司碳素厂成建制划入中铝（上海）碳素有限公司。深入推进优化员工配置提高劳动生产率改革，氧化铝实物劳动生产率提升至1833吨/人·年，超额完成目标任务，创投产以来历史新高。持续优化机制管理，以“成本效益优先”为导向，优化绩效考核体系、完善收入分配机制，有力保障各项生产经营目标全面完成。

狠抓项目聚力谋发展。全体建设者挂图作战，全力全速完成重大项目建设任务，2021年8月开工建设教美矿项目，2022年6月提前54天建成投产，工程优良率达到88%以上，优化项目投资达到41%，夯实企业持续健康发展的资源保障。2022年5月开工建设镓回收提产项目，10月提前2天建成投产，项目工程优良率达到95%以上，优化项目投资达到18.8%，镓年产能提升到80吨，打造了新的利润增长点，金属镓产能占全国镓产能的10%、占全球产能的8%。广西分公司荣获中铝股份2022年度总裁特别奖（项目建设奖）。

六、党建与企业文化

加强思想政治建设。公司领导班子成员和各级党组织书记到联系点、所在党支部开展党课宣讲105场次，推动党的二十大精神深入车间、走进班组。严格执行公司党委议事规则，确保企业重要事项按规定、按程序通过党委会研究审议。严格落实“第一议题”“三会一课”“民主生活会”等制度。召开党建思想政治暨党风廉政建设工作会议，层层签订党建工作目标责任书，建立年度党建重点工作任务清单共65条，督促各级党组织扛起主责、抓好主业。

加强作风建设。召开专题研讨会、深入基层调研204场次，完成“我为群众办实事”事项136件、“我为平果铝作贡献”事项125件。扎实开展为基层减负专项行动，梳理出检查考核、工作流程、台账记录等5个方面39条意见，研究制定58条改进措施，实打实为基层减压减负。督办早调度会部署工作938项，完成率97.23%，推动各项工作落地落实。

夯实基层组织建设。全面推进标准化党支部建设，星级党支部达标率100%；严格落实“四同步、四对接”，完成8个二级党委、50个党支部的换届选举；召开第五次党代会，选举产生第五届委员会和第五届纪律检查委员会。建立“1510+N”（“1”即严守防范返贫这条底线，“5”即实施乡村振兴“五大提升行动”，“10”即推进“十大工程”重点工作，十大工程“N”即创新打造乡村振兴系列“宣城样板”）的“双融”合模式，创新“党建+”“+党建”实践载体，各党支部实施“两带两创”项目287项；全面推进党建对标，各级党组织形成对标清单89份，制定提升措施450条，对标改进成为提升党建质量的新“引擎”。

筑牢党风廉政建设防线。层层签订党风廉政建设责任书，组织各单位深入开展廉洁风险再排查。加强对疫情防控各项措施执行情况的监督检查，两级纪委累计开展监督检查61轮次，提出意见建议10条。开展清理整治“小金库”专项工作，完善廉洁风险防控网络，认真建设廉洁平果铝。

组织开展建团100周年、学习贯彻党的二十大精神等系列活动，引导激励广大团员青年积极建功立业，广西分公司团委荣获“中铝集团五四红旗团委”称号。

开展职工维权、送温暖、送清凉、职工医疗互助、济困帮扶等关爱员工办实事活动，促进生产经营和职工生活稳定。加强辖区保卫、矿山护矿、道路交通管制，定点帮扶百色三个贫困村助力乡村振兴，聚焦企地和谐的绿色发展，坚持“生态保护优先”，完成矿山采场复绿3103亩。

撰稿／阳　洁

中铝中州铝业有限公司

一、基本情况

中铝中州铝业有限公司（简称中州铝业）前身为中州铝厂，2001年底，根据中国铝业境外上市需要，改制分为中州分公司和中州铝厂。2015年3月29日，中州分公司完成“分转子工作”，正式成立中铝中州铝业有限公司。截至2022年底，中国铝业注册资本50.71亿元，员工总数（在岗）3201人，资产总额93.63亿元，资产负债率41.24%。

主营业务范围：常用有色金属冶炼；采选矿；热力生产和供应；机械设备研发；工程和技术研究和试验发展；以及土地、区域及设备设施租赁服务等。产能规模：氧化铝年生产能力265万吨。办公地址：河南省焦作市修武县中铝中州铝业有限公司。

2022年，中州铝业坚持稳中求进、落实工作总基调，“七个紧盯、七个抓好”“七个坚持”“集中一贯”等各项工作部署，扎实推进党建提升、降本增效、管理改革、全要素对标、“三化一提升”等重点工作，实现营业收入77亿元。资产负债率41.24%，货款回笼率完成98%，资金集中度达到92%。

二、生产经营

2022年，中州铝业高标准落实“三化一提升”管理，氧化铝产量完成251万吨，超额完成目标任务。精细氧化铝、非冶金级氧化铝实物总量完成115.9万吨，其中精细产品（折氧）占比30.4%，同比提高6.5%；氧化铝一级品率完成94%；溶出机组7月份总进料量达2760立方米/小时，再创历史新高；拜耳法系统常态化开展指标攻关，6个工序27项对标指标中，优化率达到81.5%。累计矿、碱、综合能耗均完成预算目标。

全年完成石灰石销售135万吨，实现销售收入7000万元，利润3870万元。加强废旧物资堆场管理，全年实现销售收入1514万元，利润1050万元。大力推进自主作业改革，强化自主检修力量，全年累计完成自主作业量2400余万元。自主承揽石灰石矿破碎业务，直接减少业务外包费用70余万元。几内亚矿使用比例一度提高至80%。7#熟料窑烧成带运行周期达到318天、分解带耐火砖运行周期600天，创历史新高。中州铝业大力推进辅助生产和清理业务自主作业，业务外包费用降至9158万元，超额完成压减目标。持续推进配煤掺烧、余热利用等工作，实现配烧收益2230万元。

2022 年主要经济指标一览表

表 10

项目	单位	2021 年	2022 年	增长（%）
资产总额	亿元	99.66	93.63	−6.05
工业产值	亿元	71.33	75.57	2.37
营业收入	亿元	75.38	76.61	1.63
利润总额	亿元	1.96	−2.03	−203.57
税收贡献	亿元	4.16	3.09	−25.72
全员劳动生产率	吨 / 人 · 年	1203	1249	3.83

三、安全环保

2022 年，中州铝业牢固树立不安全不生产思想，切实让安全成为生产经营的前提和基础。完善制度建设，对安全管理体系 97 项规章制度进行重新修订完善；全年共查出问题 17557 项，整改率 100%。聚焦矿山安全生产，组织安全环保健康部等部门对中州矿业进行 7 次帮扶督导，发现问题 349 项，整改 330 项。开展全员安全生产法知识竞赛、“一月一主题”专项排查整治等活动；制定承包商安全管理标准化体系运行实施方案，严格落实承包商人员的培训考试和准入，督促发包单位落实“七步法”“五必须”“八不准”。在汛期来临前完成灾后重建项目，加强相关物资储备，疏通治理厂区低洼点、积水点，完善防汛应急预案，保证汛期生产安全稳定。

中州铝业始终贯彻落实“绿水青山就是金山银山”理念，认真履行央企生态环境保护责任。抓实中央生态环境保护督察组反馈问题整改。对照反馈问题及中铝股份“举一反三 32 条整改措施”，加快生态环境保护问题治理落地见效。全面加强在线设施运行维护，超标预警，及时调控，有效控制有组织排放；常态化开展余热利用、老旧设备淘汰以及节能设备应用工作，提高能效利用水平；完成煤气站退出；完成新排污许可证申报工作，确保持证排污、合法排污。全年累计投入 380 余万元，对办公楼前广场、1# 路进行整治，建设文化长廊、铺设彩色人行道、种植绿篱，营造优美的工作环境，得到广大职工的一致好评。

四、科技创新

中州铝业加快实施创新驱动发展战略，推动转型升级。坚持把科技创新作为公司转型发展的第一驱动力，党委会定期听取研究科技创新、人才培养等工作汇报，全年科技人员薪酬兑现 2700 余万元；申报专利 34 项，授权 17 项，其中发明专利 1 项，实用新型专利 16 项；5 项科技成果通过有色行业评价，2 项达到国际领先、2 项达到国际先进、1 项为国内领先，为建厂以来历史最好水平。有效发挥科技创新对转型升级的带动作用，成功开发出高酸溶率氢氧化铝、无定型氢氧化铝、勃姆石等新产品，全年精细氧化铝、非铝实物产量突破 110 万吨。赤泥综合利用开创新局面，成功拓展制砖、水泥、净水剂、回填应用、烧结法配铁等多个行业使用，累计消纳赤泥 30.5 万吨，利用率达到 10.78%。

五、改革发展

中州铝业不断凝聚改革发展共识，提升管理效率。大力推行扁平化管理，实现管理层级再优化、工作效率再提升。推进国企改革三年行动，劳动生产率从年初的每人每年 1203 吨，提高至每人每年 1249 吨。坚持“以事择人、以岗选人、人岗相适”选人用人，不断优化干部队伍建设，充分调动各年龄段干部的积极性，中州企业中层干部较 2021 年精减 31.48%，80 后干部占比 24.32%；基层管理人员较2021年精减9.5%，80后干部占比30.94%、90后干部占比10.5%。持续优化薪酬分配机制，鼓励职工通过自主作业多劳多得，让职工共享企业改革发展的红利，其中，自主作业承担清理检修、矿石倒运、进口矿晾晒等原外委业务，兑现奖励500余万元。

六、党建与企业文化

中州铝业聚焦政治建设，贯彻落实“第一议题”制度，党委班子带头，全年组织集中学习24次，及时学习习近平总书记最新重要讲话、重要指示批示精神，持续用习近平新时代中国特色社会主义思想武装头脑、指导实践。完善党建工作制度体系，生效制度增加至30项；开展喜迎党的二十大“七个一”系列活动，组织红色教育主题党日和“党建赋能双向融合”经验交流等7项活动，全年对外宣传稿件160余篇，在各类平台发布专题作品40余部。落实健全党建带团建制度，推动“党团联学”“党团共建”。丰富“党建+”活动载体，创新开展党建赋能“卓越行动”，尤其是在防疫工作中，各级党组织带头融入、务实担当，最大限度保障职工身心健康，最大限度减轻疫情对生产经营的影响，彰显中州人敢于担当、勇于攻坚的底色。

撰稿/左金枝

中国铝业重庆分公司

一、基本情况

中国铝业重庆分公司（简称重庆分公司）成立于2006年7月7日，截至2022年底，员工总数（在岗）19人，资产总额5.47亿元，资产负债率88.47%。

主营业务范围：铝土矿开采、冶炼、加工、销售铝矿产品及其相关技术开发、技术服务，机械设备制造、备件，非标准件的制造、安装及维修；工程机械维修；电讯通信、测控仪器的安装、维修、检定和销售；自动测量控制系统的设计、安装调试。产能规模：氧化铝80万吨。办公地址：重庆市南川区水江镇南陵大道水江镇政府东侧。

2022年重庆分公司深入学习贯彻党的二十大精神，全面落实中铝股份“七盯七抓”“七个坚持”工作要求，以高质量党建引领企业改革发展，在党的建设、经营管理、合资合作、安全环保、矿山治理等重点工作均取得成效，全面高质量完成2022年度经营目标任务。

二、生产经营

重庆分公司以规范推进合资合作为重点，加强与地方政府、合作方的沟通，认真履行日常监管督查，协调推进租赁合作各项事宜，全年共收取租金约1.88亿元。

主要经济指标一览表

表11

项目	单位	2021年	2022年	增长（%）
资产总额	亿元	20.49	5.47	−73.30
工业产值	亿元	—	—	—
营业收入	亿元	1.63	1.57	−3.68
利润总额	亿元	−4.15	−9.38	−126.02
税收贡献	亿元	0.14	0.13	−7.14
全员劳动生产率	万元/人·年	—	—	—

三、安全环保

全面落实安全环保责任制，定期组织召开安委会，把上级部署要求转化为强化安全环保监管的各项措施，把安全环保监管的重心放在一线作业现场，着力强化与地方政府的安全环保联动机制，规范实施好周、月、季、年的四级监督检查65次，认真开展易燃易爆有毒有害危险化学品、放射源管理及“有色8条”“铝7条”“粉6条”“百日清零行动”等专项检查，印发检查通报18期，累计检查整改各类问题与隐患280项。严格落实矿山资产看护值班，做好各采区的巡逻检查，对用电线路及变配电室进行防雨防雷检查消缺，落实重点危险点源源长制，组织防洪防汛应急演练和矿山地质灾害应急演练。严格执行承包商安全管控“七步法”要求，完成矿山大佛岩1120危岩崩塌险情治理。

巩固中央环保督察反馈问题整改成效，按要求完成尾矿库渗漏等2项问题的验收销号，对新反馈的2项问题专题研究部署，制定整改措施和整改方案，完成赤泥尾矿库的现状调查评估，督促完成危废暂存间和废机油过滤回收间的环保提升改造。全力化解赤泥尾矿库渗漏污染生态公益诉讼风险，积极开展生态损害赔偿磋商，通过主动开展区域内生态环境修复治理，达成生态环境损害赔偿协议。编制完成矿山地质环境保护与土地复垦方案，并通过专家评审，完成矿山生态修复治理工程立项工作。

四、改革发展

严格按照协议约定稳步推进合作终止各项事宜。加强风险分析研判，研究制定协议终止后的资产接收方案、资产维护保全方案及安全环保应急预案，完成资产摸底盘点和接收。编制和优化资产保全方案，协调山西新材料等单位员工充实资产维保专业力量，保障资产看护、赤泥尾矿库、供水供电、废水处理等重点岗位正常运行。研究制定资产盘活相关方案。落实房产税、土地使用税政策返还约95万元。挖掘闲置资产盘活价值，实现创效收入约43万元。

五、党建与企业文化

重庆分公司以政治理论学习为根本，严格落实“第一议题”制度，推进党史学习教育常态化，组织开展集中学习29次，主题党日活动5次，深入学习贯彻习近平新时代中国特色社会主义思想、《习近平谈治国理政》第四卷，扎实抓好党的二十大精神专题学习，不断提高政治判断力、政治领悟力、政治执行力。切实发挥党支部总揽全局、协调各方的作用，抓实抓牢“勇做排头兵、建强主力军、当好引领者，献礼二十大”主题实践活动，开展“我为群众办实事”工作，解决群众急、盼、难问题3件，开展支持政策争取等4项“两带两创”活动，实现创效90余万元。

认真履行管党治党主体责任，抓好党风廉政建设和反腐倡廉宣传教育，增强干部队伍纪律意识、规矩意识，强化对节假日等关键时点的廉洁监督，精准运用监督执纪“四种形态”，及时发现和纠正苗头性倾向性问题，推进作风建设常态化长效化，维护企业求真务实、风清气正的良好环境。

组织多种形式的群团活动，认真开展思想动态调研，规范发放职工节日慰问福利，组织开展职工年度体检，生日发放蛋糕等活动，切实增强职工群众的获得感。切实保障广大职工的身体健康，针对持续极端高温天气，深入基层开展夏季送清凉活动，关爱员工身体健康。

撰稿／王　震

山西华兴铝业有限公司

一、基本情况

山西华兴铝业有限公司（简称山西华兴）成立于2010年7月，截至2022年底，注册资本18.5亿元，员工总数（在岗）1120人，资产总额59.85亿元，资产负债率55.12%。

主营业务范围：铝及相关矿产品、冶炼产品、加工产品、碳素产品及相关有色金属的生产、销售；机械设备制造；相关技术开发、技术服务。产能规模：年产180万吨冶金级氧化铝。办公地址：山西省吕梁市兴县瓦塘镇。

2022年，山西华兴落实资源获取，开展全要素对标，优化价值创造模式，高质量发展迈上新台阶。供矿任务全面完成，探索确立精益管控生产的组织模型，非计划停车减少，主要消耗指标同比优化，绿色发展实现突破，内涵式高质量发展迈上新台阶。全年实现利润4.34亿元，经营净现金流10.37亿元，出厂氧化铝一级品率100%，氧化铝综合能耗同比降低6.64千克标准煤。

二、生产经营

聚焦全年目标任务，统筹推进生产经营各项工作，全年累计完成供矿573万吨，其中自采矿完成177万吨，国内外购矿98万吨，进口矿298万吨，生产商品氧化铝208.92万吨，同比增加31.35%，创历史新高。全要素对标取得成效，生产质量持续优化。持续健全设备管理制度，定期更新设备台账记录，扩展、充实、完善台账信息，全过程管控设备状态，落实“调整、紧固、润滑、防腐、清洁”设备管理十字方针，全年溶出机组运转率达到96.18%，同比提高25.33%，焙烧系统运转率达90.3%，同比提高21.37%。煤气炉全年运转率达到85.14%，刷新长周期运行记录。坚定推行“大宗直供+战略合作”模式，长协煤供应累计占比达80.55%。金属镓回收利用项目投产，赤泥选铁生产线复产，全年累计生产铁精粉5808吨，减少赤泥排放的同时收到了经济效益。启动了靶区铝土矿资源获取前期工作。优惠政策应享尽享，企业所得税汇算清缴退税1981万元。焙烧炉超低排放改造，争取到大气扶持资金449万元。

主要经济指标一览表

表12

项目	单位	2021年	2022年度	增长（%）
资产总额	亿元	57.74	59.85	3.65
工业产值	亿元	47.99	58.06	20.98
营业收入	亿元	46.01	58.71	27.6
利润总额	亿元	9.6	4.34	−54.79
税收贡献	亿元	4.23	5.09	20.33
全员劳动生产率	万元/人·年	128.47	121.72	−5.25

三、安全环保

加强承包商管理，应用信息化工具，赋二维码管理，提高管理效能，每日早调会实时跟进高危作业，有效防范事故发生。开展“百日攻坚”“危险化学品及燃气安全风险隐患”专项排查整治，着力消除事故隐患。制定安全生产标准化班组创建方案，班组达标率100%，安全管理水平全面提升。加强安全培训管理，编制安全生产法练习考试题库，运用“考试云”APP，考试、阅卷电子化，为基层减负的同时，提升了培训工作的质量和效率。组织开展员工职业健康体检，做到了应检尽检。原矿堆场封闭项目按计划推进实施。加强大气污染物排放管理，氧化铝单位产品氮氧化物、颗粒物排放量同比分别降低29.69%和27.7%。

四、科技创新

科技创新为高质量发展注入新动能，成功入选高新技术企业备案名单（证书编号：GR202214000027）。山西华兴与中国矿业大学合作，持续开展《煤与共伴生战略性金属矿产协调开采理论与技术》课题研究，中铝山西吕梁矿业有限公司与中煤集团山西有限公司完成合作框架协议签订。与郑州研究院合作实施的几内亚赤泥全量化利用和井下充填开采两项技术研究开始工业化试验。实施智能工厂建设项目，持续提升生产线自动化水平。开展检斤系统升级改造，利用“智能物流”云平台，实现自主预约进厂。利用车牌识别技术，检斤时间减少1分钟。利用二维码技术，减少员工与物流司机接触，降低疫情输入风险。利用数据采集技术，实现自动混样、化验结果自动上传，取样、制样、送样、化验、质量全流程信息化水平进一步提升。

五、改革发展

推进国企改革三年行动圆满收官，建立外部董事履职台账，落实外部董事履职支撑服务，加强沟通联络，董事会“定战略、做决策、防风险”职能有效发挥。制定修订一批基本管理制度，补充完善董事会运行配套制度，权责法定、权责透明、协调运转、有效制衡的公司治理体制机制更加健全。深入推进“三项制度”改革，坚持正确选人用人导向，推动干部队伍年轻化，完成基层管理人员和技术岗位人员选聘，开展青云计划、青苗计划推荐选拔。实施任期制和契约化管理，推动干部主动作为。探索建立“一岗一责一表一薪”的全员全级次绩效考核模式，精准指导绩效二次分配，初步实现公平公正、多劳多得，有效激发干事创业活力动力。

六、党建与企业文化

突出抓好思想政治建设，深入学习习近平新时代中国特色社会主义思想，开展“建功新时代 喜迎二十大”习近平总书记重要指示批示精神再学习再落实再提升主题活动，把牢企业高质量发展政治方向。召开党建、党风廉政建设和反腐败工作会议，层层签订《党建工作目标责任书》，压实党建工作责任，凝聚攻坚克难合力，以高质量党建引领保障企业高质量发展。全年完成3个直属党支部、3个党总支和12个基层党支部的换届选举，发展新党员12名。加强新时代廉洁文化建设，推进“清廉国企”建设，健全完善并高质量运行“大监督”体系，精准开展专项监督，涵养政治生态，营造风清气正的干事创业环境。弘扬劳模精神，围绕生产经营开展形式多样的劳动竞赛活动。

撰稿 / 孟晓峰

广西华昇新材料有限公司

一、基本情况

广西华昇新材料有限公司（简称广西华昇）成立于2017年6月29日，截至2022年底，注册资本17.42亿元，员工总数（在岗）601人，资产总额54.68亿元，资产负债率42.00%。

主营业务范围：铝矿产品、石灰石及相关产品的生产、销售；氢氧化铝、氧化铝、铝水等铝冶炼产品、铝合金、铝加工产品的生产及销售；热电联产、碳素产品及其他有色金属产品的生产及销售；码头生产和经营及港口贸易；工业用水、电、汽的生产及销售；煤灰渣、赤泥及综合利用产品的生产及销售；从赤泥中回收有价金属；煤炭脱硫副产品的生产及销售；机械设备、备件、非标设备的制造、安装及修理；勘察设计；普通货物道路运输；氢氧化铝、氧化铝、电解铝、铝合金、铝加工等冶炼工艺技术咨询及技术培训；相关技术开发、技术服务；工业和科研所需的原辅材料及备件的生产及销售；本企业产生的废旧物资销售。产能规模：氧化铝产能200万吨。办公地址：广西防城港市港口区企沙镇云约江路100号。

2022年，广西华昇实产氧化铝216.75万吨，商产氧化铝217.15万吨，发电量5.07亿千瓦时，分别超出考核任务3.21%、3.40%、9.03%；销售氧化铝产品217.16万吨，货款回收率100%。

二、生产经营

广西华昇经过不懈努力，实现利润超10亿元；吨氧化铝汽耗1.70吨，同比下降1.7%；吨氧化铝电耗190千瓦时，同比下降2%。

主要经济指标一览表

表13

项目	单位	2021年	2022年	增长（%）
资产总额	亿元	59.95	54.68	−8.79
工业产值	亿元	51.76	55.49	7.21
营业收入	亿元	51.81	55.48	7.08
利润总额	亿元	13.76	10.22	−25.73
税收贡献	亿元	1.54	4.87	216.23
全员劳动生产率	万元/人·年	825.03	923.11	11.89

三、安全环保

广西华昇高度重视安全环保工作，始终坚持“12345”安全管理思路（即树牢安全第一的理念，抓实强化责任抓安全、防微杜渐保平安“两个抓手”，贯彻执行“三道防线”“三不落地”安全管理方法，做到不伤害自己、不伤害他人、不被他人伤害、保护他人不被伤害“四不伤害”，实现机械化、电气化、自动化、信息化、智能化“五化”管理入脑入心），一同部署、一同落实、一同检查考核，实现“安全零事故、环保零事件、维稳工作零舆情、大型设备零非停”的风险防控目标。

四、科技创新

全年实施科技研发项目31个，其中承担中铝集团及中铝股份科技研发项目5个，实施企业自主研发项目26个。一是通过开展节汽、节电、节煤等能耗攻关项目的实施，吨氧化铝平均综合能耗272.8千克标准煤，环比降低6.1千克；二是通过突出问题导向，坚持抓现场、消缺陷、提标准、控费用、强服务，扎实开展设备运行保驾工作，实现溶出运转率99.0%、蒸发器运转率98.1%、锅炉运转率95.4%、汽机运转率96.8%、单位产品设备维修费19.9元，持续优化；三是通过加强设备管理、提升检修质效、减少机组波动，热电锅炉、溶出系统、焙烧炉连续运行分别达到320天、241天、239天，再创新高；四是通过自主实施几内亚铝土矿生产氧化铝有机物脱除工业试验，累计产销草酸盐5338吨，创效1907万元，矿石资源综合效益大幅提高；五是通过强化赤泥应用领域拓展，客户涵盖水泥、制砖等行业，销售面覆盖广西80%的水泥企业，并且打通广东水泥市场，累计销售赤泥61万吨，减排率22%，创效773万元，循环经济示范基地建设初具雏形。

五、改革发展

实施全员、全过程、全方位精益管理，成立提产增效、设备保障、结算监督等7个先锋队，推行全员节约和杜绝浪费行动，深挖潜力、极限降本，全年氧化铝完全成本2066.7元/吨，还原年初价格为1625元/吨，较年初预算降低25元/吨，成本控制力进一步增强，可控费用持续优化。一是加强“政治+专业+管理”三项学习，推动全员深度思考、提升认知、勇于行动，政治理论水平和业务能力全面提升；二是结合智能工厂建设，推动员工塑造与智能制造的双向契合、深度融合、迭代升级，培养数字指挥官、数据分析师，不断提高数字化生产运行能力；三是全面推进“业务跨界融合、人员跨界培养”，通过岗位职责合并、实施兼职制度等模式，加快员工轮岗速率、破除专业隔阂，加强生产集中管控、淡化工序设置，加速点检维修融合、推行集中检修，推进一专多能的全能值班员、全能检修员、全能化验员队伍塑造，为效率提升注入强大动能，劳动生产率超过3700吨/人·年；四是加大干部竞争性选拔力度，公平、公正地组织高级主管、综合业务、安全环保等24个岗位的竞争上岗，102名员工参加竞聘，占全体员工的比例达17.1%，为优秀人才脱颖而出营造良好氛围。

六、党建与企业文化建设

广西华昇党委在中铝集团党组、中铝股份党委的领导下，坚持以习近平新时代中国特色社会主义思想为指导，深入学习贯彻党的十九届六中全会和党的二十大精神，持续推动党史学习教育常态化，紧紧围绕生产经营工作，聚焦党建引领、双向融合、创新求实、创造价值，全面实施“14811”党建工作思路，深入开展“勇做排头兵、建强主力军、当好引领者、献礼二十大”主题实践活动，强化广西华昇党建“夯实+提升”年各项举措，开展党建全要素对标提升，扎实基础、丰富载体、推进创新、鲜明特色，持续提升党建工作质效，努力实现以高质量党建引领保障建设世界一流企业。

实现党支部100%结对共建，构建亲清政企关系、促进政企良性互动，加强政策研判、细化政策分析，确保政策争取不缺项、不漏项，全年累计落地5743万元，其中增值税附加税费退税3186万元，企业所得税退税817万元，“桂惠贷”利差补贴500万元，工业互联网平台建设项目补助200万元，广西智能工厂示范企业奖励100万元，做到政府补贴应收尽收、税收优惠应享尽享。

始终坚持守正创新，在以“励精图治、创新求强”为核心的中铝精神谱系基础上，形成“追求卓越、争创一流”的华昇卓越精神，形成“把不可控变成可控、把可控做到极致、把极致固化成流程”的工作方针，形成“三高一严”（高标准、高质量、高效率，严格要求）的工作作风，确保全体员工信仰一致、目标一致、方向一致、行动一致，更加坚定地践行初心、担当使命，更加自觉地持续精进、创新发展。

撰稿 / 陈家作

中国铝业贵州分公司

一、基本情况

中国铝业贵州分公司（简称贵州分公司）始建于1958年，1972年更名为贵州铝厂。2002年4月，原贵州铝厂正式分离为上市公司和存续企业两个单位，上市公司为中国铝业贵州分公司，截至2022年底，员工总数（在岗）1659人，资产总额49.28亿元，资产负债率99.70%。

主营业务范围：铝土矿、石灰石矿的勘探、开采；铝、镁矿产品、冶炼产品加工产品、碳素制品及相关有色金属产品的生产、销售；机械设备制造。产能规模：铝土矿年产能225万吨；合金化年产能34.8万吨。办公地址：贵州省贵阳市白云区同心东路2号。

2022年，贵州分公司经营盈利10588万元，全年剔除消化历史包袱21456万元和新增关联交易19286万元等因素后，亏损49351万元。全口径两金39066万元，均完成总部下达目标。矿业公司克服贵州煤矿事故停产、疫情防控、重大活动特殊管控等影响实现利润11392万元，连续五年突破亿元利润目标。合金化事业部协同消纳废铝1.24万吨，废铝置换创效104万元，事业部因铝液减量和市场下行，全年亏损848万元。

二、生产经营

2022年贵州分公司主要产品为铝土矿开采及铝合金生产加工，其中铝土矿开采能力165万吨，2022年实际完成铝土矿开采185.03万吨，同比降低5.73%，主要是受安全环保管控和贵州省煤矿事故影响，加大对现场安全生产的限制，导致产量下降。销售铝土矿202.21万吨，同比增长0.25%。铝合金设计产能34.8万吨，由于华仁新材料公司政策性限产导致原料铝水供应不足，2022年实际完成铝合金产品产量24.49万吨，同比减少14.00%；销售24.49万吨，同比减少14.40%。

矿业公司所属猫场铝矿成为贵阳市非煤矿山典范，在清镇煤矿事故整顿中首家获准复工复产，5月采矿量首次突破10万吨。高品位矿石分级分类销售14.95万吨，创效4865.32万元，吨矿利润提升303元。9月5日中铝股份批复“复杂再生铝综合回收利用产业化示范项目”立项，项目总经费2198万元。项目9月22日开工建设，12月8日实现点火烘炉。再生铝项目为公司未来绿色低碳高质量发展打下坚实基础。贵州分公司结合生产经营特点做好资金平衡，全年利息支出同比降低254万元。加大政策争取，获得政府补助金641.42万元，获得税收优惠671.23万元。

主要经济指标一览表

表 14

项目	单位	2021 年	2022 年	增长（%）
资产总额	亿元	51.54	49.28	−4.38
工业产值	亿元	57.99	54.26	−6.42
营业收入	亿元	58.97	55.04	−6.66
利润总额	亿元	−5.83	−4.94	15.27
税收贡献	亿元	1.43	1.34	−6.29
全员劳动生产率	万元 / 人·年	334.61	323.01	−3.47

三、安全环保

安全标准化建设见成效。班组安全标准化达标率为 93.7%，实现安全零重伤、环保零事件、职业健康零职业病的目标，疫情防控工作处于良好可控状态。高质量完成督导问题整改，中央环保督察所发现的“坛罐窑林地占用问题”等全部完成整改。持续开展重要危险源风险管控，认真落实重要危险源“源长责任清单”，开展隐患排查治理与风险分级管控，建立监测监控体系，完善控制措施，确保重要危险源持续受控。贵州分公司合金化事业部获评国家级“绿色工厂”。

四、科技创新

全年实施 10 个科研项目，科研经费投入 12392.8 万元，研发投入强度 2.25%。“岩溶区沉积型铝土矿条带式充填协同开采及地表沉陷控制技术”成果获 2022 年度中国有色金属工业科学技术奖三等奖。

全年新申请 4 件实用新型专利，新增 5 件授权专利，其中授权发明专利 1 件。截至 2022 年底，贵州分公司共拥有有效专利 89 件，其中发明专利 79 件，实用新型专利 10 件。

加快推进数智化建设，实现办公网络提速升级。加强网络安全建设，确保二十大期间网络及信息系统安全。升级公司视频会议系统平台建设，为公司内部信息交流、会议举办提供快捷、高效的信息化手段。

五、改革发展

围绕“再造再创”新目标，形成 2022—2024 年本质脱困方案，明确“培育发展主业、协同稳固辅业、清理清退包袱”三个主攻方向。6 月，本质脱困方案分别报送中铝股份、中铝资产，得到总部认可。

编制人力资源“十四五”规划，全年贵州分公司累计分流员工 368 人，完成考核目标。45 位中层管理人员全部签订任期制和契约化管理“一议两书”。

六、党建与企业文化

落实党委“第一议题”制度，修订完善党委议事规则等基本制度。全年共召开党委会、总经理办公会各 43 次。16 个直属党组织签订《目标责任书》，87 个“两带两创”项目彰显党组织和党员先进性。“书记话党建”党务培训创新案例在中央组织部共产党员网及公众号刊登。以“喜迎二十大，踔厉奋发、勇立新功”为主题开展“七个一”活动，全年在外部媒体上发表稿件 190 篇。

落实“三期一评”机制，强化对“一把手”和班子成员的监督。制定主管层以上干部权力清单和责任清单 285 份，组织签订党风廉政建设责任清单 369 份。积极推进政治巡察、专项核查和“大监督”体系运行，开展“融入式”“跟进式”监督。积极开展作风建设专项督察和靠企吃企、利益输送等专项整治。13 个专项核查项目增加经济效益

315.4 万元，避免经济损失 92.37 万元。全年开展常态化约谈 706 人次，受理问题线索 7 件。

实施 14 个劳动竞赛项目助推生产经营。欧涛创新工作室、杨光勇创新工作室获得集团命名。贵州华仁荣获“贵州省五一劳动奖状”、合金化事业部连铸连轧班荣获“贵州省工人先锋号”。全年帮扶慰问职工 1449 人次。开展“喜迎二十大 奉献在岗位”系列文体活动、“我与父辈比奋斗”大讨论，唱响“请党放心，强国有我”的青春篇章。5 条合理化建议获得中铝股份“金点子”“银点子”奖，其中 3 条推荐为集团“银点子”合理化建议。

落实信访维稳领导包保责任，全年共受理信访事项 86 起，接待来访群众 131 批次 298 人次。开展经常性保密、国安宣传，营造和谐稳定的企业发展环境。

撰稿 / 阳文鸿

中国铝业青海分公司

一、基本情况

中国铝业青海分公司（简称青海分公司）成立于2002年4月4日，截至2022年底，注册资本7.68亿元，员工总数（在岗）2152人，资产总额63.26亿元，资产负债率87.87%。

主要业务范围：铝冶炼产品、加工产品、碳素制品及相关有色金属产品的生产、销售；机械设备制造；及相关技术开发、服务。产能规模：原铝40万吨；铝合金扁锭10万吨；铸轧卷10万吨；阴极2.3万吨。办公地址：青海省西宁市宁张公路28公里处。

2022年，青海分公司认真贯彻落实中铝集团党组和中铝股份党委各项决策部署，全体干部员工团结一致、砥砺奋进，积极应对各类风险挑战，克服市场波动、疫情反复带来的不利影响，圆满完成各项工作任务。全年累计生产铝产品40.21万吨，阴极碳素1.46万吨；利润再次突破10亿元，达到12亿元；总资产收益率达到20.64%。

二、生产经营

2022年，青海分公司保持战略定力，继续贯彻“算着干、干着算”的成本控制理念，打造低成本竞争优势，保持经营业绩持续向好的良好势头。全年销售铝产品40.28万吨，其中外销铝液26.37万吨，较去年同期增加10.46万吨。实现主营业务收入75.80亿元，比去年同期增加3.23亿元。

完全成本低于标杆企业。紧盯生产管理全过程，深入开展全要素对标，努力降低生产成本，全年完全成本完成14400元/吨，较标杆企业降低43元/吨。主要产品盈利能力提升。原铝Al99.85槽占比达到80.22%，全年共销售绿色85铝3.1万吨，多创利41万元；销售铝棒、铸轧等合金10.74万吨，实现利润3613万元。政策争取助力经营增效。积极参与绿电年度交易，到户电价较省内同电压等级用户低4厘/千瓦时，全年节约资金2200万元。抗疫保产取得重大成效。全年累计驻厂105天，在保证生产安全平稳的同时，化解人员流动带来的疫情传播风险，交出“零感染”的优异答卷，得到中铝集团党组和中铝股份党委的充分肯定。

主要经济指标一览表

表 15

项目	单位	2021 年	2022 年	增长（%）
资产总额	亿元	54.21	63.26	16.69
工业产值	亿元	72.48	75.81	4.59
营业收入	亿元	73.16	78.71	7.58
利润总额	亿元	17.41	12	−31.02
税收贡献	亿元	3.43	3.49	1.74
全员劳动生产率	万元 / 人 · 年	106.2	83.56	−21.32

三、安全环保

全年共修订安全管理制度 20 项，修订完善安全操作规程 209 项、检修操作规程 273 项，做到安全管理合法依规。两次组织全员开展风险辨识，及时更新风险清单和风险数据库。持续开展“安全生产标准化班组”达标验收工作，113 个班组通过验收，达标率 98.3%，安全实现零伤害。

雨水收集处理系统稳定运行，大狼沟渣场地下水风险管控项目开工建设，中央生态环境督察问题整改措施均按时间节点顺利完成并销项。认真落实减排措施，完成地方政府下达的全年总量任务，获得环境保护税减免 110 万元。积极治理环境隐患，依法合规管理危险废物，实现环保零处罚、零事件。

四、科技创新

全年申请专利 4 件，其中发明专利 1 件，获得科技奖励 2.55 万元。开展石墨化阴极实验项目、开槽阳极相关实验，取得明显降耗效果。黑料库翻车机项目建成投运，消除粉尘污染及安全隐患，每月节约劳务费 10 万元。无人值守检斤和能源自动计量项目进入试运行阶段，提高工作效率。创新微视频、“培训 + 竞赛”方式，培训 2.4 万余人次。成功研发 3105T、3105B 防锈合金新产品，攻克冷轧薄料轧制技术，开发 3003 合金 1.0 毫米厚度产品，得到客户认可，提升产品竞争力。

五、改革发展

绿色能源获取取得突破。完成 5 年绿电交易框架协商，签订绿电 31 亿千瓦时，成为中铝集团和省内第一家拥有绿证的用电企业。与大通县政府、中国电力国际发展有限公司签订《建设 500MW 光伏电站并配置 150MW/600MWh 储能项目》三方协议，厂区建设分布式光伏项目正在加快推进。

全石墨化阴极项目实现通电。克服疫情影响，全石墨化阴极项目人员加班加点，积极推进项目建设进度，并实现通电投产，为今后阴极事业部抢占市场赢得先机。

600 千安“上大压小”项目通过立项。立足于企业长远发展，积极解决槽型濒临淘汰的难题，在中铝集团党组和中铝股份党委的大力支持下，600 千安电解槽产能置换升级项目于 12 月 30 日正式立项。

经营管理服务彰显央企担当。全年累计向桥头铝电、西部水电两企业供应原辅料 176 万吨，销售两企业铝产品 72 万吨，实现收入 123 亿元，实现经营活动现金流 17.75 亿元，中铝集团在青海省的影响力、引领力进一步增强。

六、党建与企业文化

2022 年，青海分公司党委始终坚持以习近平新时代中国特色社会主义思想为指导，深入学习贯彻党的二十大精神，按照中铝集团党组、中铝股份党委对新形势下加强党建工作的部署要求，全面实施“113467”党建工作格局战略，深化拓展党史学习教育、推动全面从严治党，坚持党建融入促进中心，党的建设、队伍建设、盈利能力显著增强。

坚持政治引领，迅速贯彻党的二十大精神。组织公司党员群众观看党的二十大开幕会，并在第一时间以干部领学、专家讲座等形式，学习宣贯党的二十大精神。以“勇做排头兵、建强主力军、当好引领者，献礼二十大”主题实践活动为主线，编发《党史学习教育》《党的二十大学习》简报，组织书记讲党课 120 余人次，推动学习贯彻党的二十大精神走实走深。

强化“三基”建设，构建党建工作体系。落实应换尽换要求，党组织 100% 完成换届。开展“结对联建”，建立对子 22 对，取得“1+1>2”良好效果。探索党建对标新模式，建立选标、对标、创标工作机制。青海分公司党委获中铝集团“示范党委”称号。

加快品牌建设，努力提升党建质量。积极推进“一支部一品牌”建设工程，80% 以上的基层党支部都有成熟的党建品牌。“青铝在线”公众号、“指间青铝”抖音号围绕中心工作，精心策划采编，讲好青铝人自己的故事，作品点击量不断攀升。

全面从严治党，营造风清气正氛围。一体推进“三不腐”机制建设，全层级签订《党风廉政建设工作目标责任书》。积极推进集团巡视反馈问题整改，明确整改措施 47 项，整改率达到 94%。制定党委五年巡察工作规划，对 2 家党组织开展政治体检，助力企业提升经营管理水平。

搭建桥梁纽带，群团工作有声有色。工会组织开展“提高 16h 电流分布合格率”“优胜机列”“熔炼炉一次配料合格率”等竞赛，全年完成技术攻关 61 项，成果转化 17 项。将青年工作融入生产经营，策划制作“微信表情包”“十条禁令宣传动画”等，承办中铝集团第三届新媒体技能比武。

坚持以员工为中心的发展思想，积极发挥企业文化软实力。组织开展“战疫保产”职工软式排球赛、全员趣味运动会、包饺子大赛等特色活动，投入 100 余万元用于职工遗属救助、突发意外抚恤等，为全员发放米面油等福利 817 万元，在企业持续保持盈利的同时，员工收入实现“七连涨”。

撰稿 / 马军民

包头铝业有限公司

一、基本情况

包头铝业有限公司（简称包头铝业）成立于2008年5月22日，截至2022年底，注册资本22.55亿元。与内蒙古华云新材料有限公司（简称内蒙古华云）实行合署办公，员工总数（在岗）5126人，资产总额184.4亿元，资产负债率38.07%。

主营业务范围：铝、铝合金及其加工产品的生产、销售；高纯元素及化合物销售；再生资源销售；发电业务；热力生产和供应。产能规模：电解铝产能130万吨，高纯铝产能6万吨，铝基合金产能19万吨。办公地址：内蒙古自治区包头市东河区铝业大道2号。

2022年，包头铝业建立月度滚动预算绩效考核新体系，营造增产降耗创效氛围，实现生产管控良性循环，电解系列生产类指标均高于确保值，实现铝产品产量132.5万吨，产能利用率达101.67%，首次实现1320台电解槽全系列稳定运行的历史性突破。结合经营实际，提出“七提七降”工作方案和“100项赶超标杆”措施，减少环节损耗、突出价值创造，吨铝成本较标杆同比缩小2005元/吨；持续推行点检为中心的设备预知维修管理模式，抓好无泄漏治理，实现整体设备管理水平稳步提升，荣获中国设备管理协会“设备管理与创新标杆”和“年度设备管理标准化标杆”称号，自治区“节水标杆企业”称号，连续三年获得“包头市节能先进单位称号”；持续做强高纯铝“红旗产业”，产品继出口销往加拿大、日本、西班牙等海外市场后，成功开拓美国市场。

二、生产经营

2022年铝产品产量132.5万吨，同比增长3.91%，其中高精铝7.31万吨，同比增长16.4%；原铝产量129.35万吨，超产1.68万吨；发电量123.03亿千瓦时，同比增长3.77%；上缴税费10.74亿元，同比增长2.2%。

主要经济指标一览表

表16

项目	单位	2021年	2022年	增长（%）
资产总额	亿元	179.7	184.4	2.62
工业产值	亿元	210.85	236.58	12.2
营业收入	亿元	224.84	254.88	13.4
利润总额	亿元	37.61	30.97	−17.6
税收贡献	亿元	10.55	10.74	1.8
全员劳动生产率	万元/人·年	328	384	17.1

三、安全环保

安全工作方面，修订安全生产管理制度3项，标准化班组达标率达92.7%，包头铝业CAHS标准化落地考评80.97分。抓好风险辨识等专项工作，排查整改有限空间等安全隐患问题1945项，新辨识作业步骤600余项，20万工时损工率6.19，风险总值降至227856，同比降低14.47%。

环保工作方面，实现排污许可证“点对点”共享文档录入和审核全覆盖，工业废水、噪声、固废和废气日排放达标率100%；配合三级四院专案组召开“检、政、企”案件磋商会，将环保诉讼案件办案方向由追责处罚变为督促整改，完成危险废物处置和土壤治理修复及效果评估，实现全国首例由中央直接移交最高检办理的公益诉讼案件在诉中顺利调解结案，并转化为典型推介案例，环保整改工作完成率达100%。通过中国质量认证中心对重熔用精铝锭“碳足迹”复审认证。

四、科技创新

建设以电解铝节能降碳和高纯铝为核心层，以电解铝智能制造和铝合金技术分中心为紧密层的“2+5”领域技术中心。电解铝节能降碳技术中心完成直流电耗“12300”目标，具备行业推广条件，铝电解集成工业试验项目被评为“包头市节能低碳示范项目”；高纯铝技术中心成功试验产出5N高纯铝产品1.22吨，突破长达16年技术瓶颈；电解铝智能制造技术分中心完成天车等四项专项研发，智能工厂1.0版使用率达到96%，入选包头市工业和信息化领域“十佳数字化工厂”榜单，被工业和信息化部列入年度智能制造示范试点项目，2.0版已立项；清洁能源耦合利用技术分中心首批厂区2.12兆瓦分布式光伏项目建成并投运，2022年累计发电117万千瓦时；铝合金技术分中心高品质4043铝合金焊丝圆杆和铸造铝合金锭连续化生产技术开发等项目都获得突破；煤电技术分中心煤炭发热量等4项盲样测量获中国合格评定国家认可委员会（CNAS）“满意”结果证书，检测准确度具备国际互认要求。《电解铝和氧化铝单位产品能源消耗限额》被国家市场监督管理总局等部门联合印发，获“全国有色金属标准化技术标准”三等奖，《开发X射线荧光光谱仪分析载氟氧化铝中氟含量方法》《炭碗积水在线自动化清理装置》获中国有色金属工业协会质量管理活动一等奖、优秀发表和制作奖，“一种铝电解保温料破碎及自动除铁配置结构”等13项专利获国家知识产权局授权，《自制真空吸料器》获评中铝集团“金点子”。

五、改革发展

围绕国企改革三年行动收官之战，形成26项收尾方案，明确责任和完成时限，所有任务按时办结。经与地方政府几十轮次会谈，3月，中铝资产以4.17亿元回购包头铝业（集团）有限公司20%股权；8月，中铝集团以7亿元价款回购内蒙古华云50%股权。包铝碳素厂和包铝持有森都碳素30%股权一并划转中铝碳素，资产、人员平稳交接。以“充分授权+风险抵押”模式、设置刚性挑战性指标等举措，深化高纯铝、合金事业部管理改革，高纯铝事业部年利润8756万元，合金事业部减亏52万元。建立市场化、契约化机制，三级机构压减23%，基层干部优化15.51%，压减用工757人。按照“剥离辅业、精干主业”原则，将原碳素组装车间归并华云电解一厂，确保生产有序衔接；将归属包铝集团政工系统的50名员工转入包头铝业，解决归口边界模糊的历史遗留问题。组建新能源项目部、华云轻合金项目部、信息化中心。交流中层干部7人，储备年轻干部192人，到政府挂职锻炼15人，提任中层及以上干部16人（其中80后干部7人），退出领导岗位16人，3名基层干部因履职不力予以免职。置换冗员36人，转岗安置49人，办理协解34人。推进绩效管理改革，建立专项目标与生产经营任务相结合的绩效目标管理模式，强化月度考核和季度动态调整机制，2022年工资总额专项增量7300万元，在岗职工年收入达11.75万元，同比增长19%。利用对标月度例会和指尖包铝等平台，加强内外专项对标经验交流，2022年与山东信发、山西中润等行业和内部先进企业开展专项对标和交流79次，形成最佳实践案例20个，其中《焙烧炉火道插板结构创新与应用实践案例》《华云一厂提高原铝质量实践案例》收录《中铝集团全要素对标最佳实践案例》进行推广。

六、党建与企业文化

完善“卓越党建”和“至善文化”双引擎工作体系，上线运行“智慧党建”信息管理系统，形成包铝“云上党建”新亮点。出台《企业文化理念体系2.0版》，提炼形成8个“包铝精神谱系”。公司党委荣获中铝集团“示范企业党委”称号，包铝品牌故事斩获第十届全国品牌故事大赛一等奖，BTL品牌连续5次荣获“内蒙古百强品牌”，品牌价值148.76亿元，跻身自治区品牌价值前十，获得“内蒙古品牌建设标杆企业”称号，华云电解一厂于浩获“北疆工匠”称号。

持续推进“三不腐”和正风肃纪专项工作，推进整治“靠岗吃岗、公权私用”不正之风专项行动，将监督执纪问责成果纳入廉洁风险地图管理，在OA系统关键操作中增设廉洁风险提示，公司廉洁风险总值同比降低7%，敏感环节、窗口岗位廉洁风险值降低280分。

撰稿 / 陈腾飞

兰州铝业有限公司

一、基本情况

兰州铝业有限公司（简称兰州铝业）始建于1958年，截至2022年底，注册资本15.94亿元，员工总数（在岗）1863人，资产总额66.43亿元，资产负债率52.81%。

主要业务范围：铝冶炼；铝制品、铝加工产品、碳素制品的生产、销售；道路运输经营；建筑安装；相关技术服务；发电、向电网销售电量、发电输电相关技术咨询服务；房屋、机械设备租赁；建筑工程机械与设备租赁、计算机及通信设备租赁；对外投资控（参）股经营；水、电、汽及工业用气的生产、销售；粉煤灰、炉渣、石膏、电解质等的生产和销售；环保监测服务。产能规模：电解铝产能43万吨；发电装机90万千瓦；碳素制品23万吨；合金产能39万吨。办公地址：甘肃省兰州市红古区平安镇河湾村。

2022年，兰州铝业面对市场跌宕起伏和多轮疫情冲击的复杂局面，转型升级取得重大突破，连城分公司500千安电解系列顺利复产。本部铝产品完全成本累计较标杆降低105元/吨，实现成本竞争力晋位升级；连城分公司铝产品成本完成13821元/吨，较动态预算目标降低52元/吨。本部电解铝电流效率完成92.33%，综合交流电耗完成13597千瓦时/吨；连城分公司200千安系列综合交流电耗完成13432千瓦时/吨。两公司营业收入达到136亿元，兰州铝业被甘肃省委、省政府授予“甘肃省先进企业贡献奖”；两公司获得中铝集团总经理特别奖两项和中铝股份总裁特别奖两项。

二、生产经营

2022年，兰州铝业生产铝产品42.85万吨，同比增加3.20%；实现营业收入81.28亿元，利润8.67亿元，生产运营净现金流12.59亿元。连城分公司生产铝产品29.24万吨，实现营业收入54.47亿元；利润2.6亿元，生产运营净现金流3.89亿元。

主要经济指标一览表

表17

项目	单位	2021年	2022年	增长（%）
资产总额	亿元	67.85	66.43	−2.09
工业产值	亿元	71.17	78.00	9.59
营业收入	亿元	71.68	81.28	13.39
利润总额	亿元	12.84	8.67	−32.48
税收贡献	亿元	7.55	4.00	−47.02
全员劳动生产率	万元/人·年	85.49	78.49	−8.19

三、安全环保

兰州铝业持续开展“安全生产专项整治三年行动”专项整治工作，圆满完成“安全生产专项整治三年行动”收官工作。持续做好疫情防控，制定有针对性的应急预案，积极落实“地企”联动机制，切实保证安全生产平稳运行。2022 年未发生安全生产工亡事故，未发生较大及以上生产安全事故；危险作业审批率达到 100%；全员安全生产责任书签订率 100%；全员培训持证上岗率 100%；接触职业危害因素作业员工职业健康体检实检率 98.45%。

兰州铝业加强环境风险防控体系建设，完成初期雨水收集池建设，提升对厂区废水的收集能力。完成在线监测设施全系统校准改造工作，为在线监测数据质量提供硬件支持。加大危险废物外委处置，危险废物外委处置量较 2021 年度增加 217.85%，极大地降低危险废物库存量问题带来的环境风险，通过甘肃省、兰州市和红古区三级环保主管部门的危险废物考核。2022 年度未发生突发环境事件，污染物排放满足排放标准限值和总量控制指标要求。

兰州铝业积极践行“双碳”行动部署，持续开展节能减排降本增效工作，通过工艺优化、改造推动产业升级，开展置换发电交易等措施，在绿色低碳发展方面做出了不懈的努力。加强用能管理，开展生产辅助系统节电、现场跑冒滴漏治理等专项工作，推进节能降耗工作持续有效开展。累计开展新能源替代发电 50 亿千瓦时，减少标煤消耗 165 万吨。坚持电解生产节电和优化辅助系统用电并重，辅助系统年节约用电 1018 万千瓦时。

四、科技创新

兰州铝业围绕科技兴企、技术创新、质量提升、优化服务目标，通过新设计、新材料、新技术、新设备的研究与应用，实现铝电解生产系列的节能降耗。用足用好科技创新政策，积极争取省、市、区科技项目立项。了解地方科技动态，研究科技项目支持领域指南。推动“三化”改造，结合产业发展要求和现有生产线装备设施的实际情况，落实电解铝行动规划要求，推进智能工厂建设。“一卡通”系统创建与应用，通过人脸识别技术，开发应用以人脸识别通道、考勤、消费、访客、通勤车等管理为一体的信息系统。2022 年实现科技创新投入 29531.5 万元，取得授权专利 3 件，科技人员占比达到 18.15%。

五、改革发展

兰州铝业坚持把推进管理改革作为根本动力，积极稳妥实施组织机构调整，开展各级管理技术人员公开竞聘、择优选聘，制定下发《兰州铝业推进管理整合深化三项制度改革实施方案》及配套方案，指导托管企业推进改革，完成组织机构调整、干部选聘和人员优化工作。企业二级组织机构、管理人员职数分别压减 30%、33%，管理人员职数由 722 人压减到 486 人。

兰州铝业推广运用“石墨化阴极 + 磷铁浇铸”“天然气焙烧和阳极开槽技术”，组织抗氧化涂层工业试验；“400 千安系列净化供料系统改造”等 9 个补短板项目如期完成改造投运。积极推进标准化配电室建设，139 个配电室通过现场验收。连城分公司大力推进“铝电解节能技术集成工业试验”“铝电解槽余热利用工业试验”等项目。围绕难点、痛点、堵点实施“揭榜挂帅”和“摘牌攻关”，本部组装破碎生产线维修改造项目和连城分公司 500 千安工控系统远程集中控制改造项目如期投运。

六、党建与企业文化

兰州铝业党委深入学习贯彻习近平新时代中国特色社会主义思想、党的十九届历次全会精神和党的二十大精神，认真落实中铝集团党组、中铝股份党委工作部署，严格落实“第一议题”制度，完善党建工作机制，做精做实“双百分”考核，层层压实党建责任。召开第一次党代会，坚持抓好基本组织、基本队伍、基本制度，夯实党建工作基础。围绕中心工作，扎实推进“双创”大讨论活动和献礼二十大主题实践活动，积极开展“一单位一品牌”“双提升”，实施“两带两创”项目 89 个，推进党建与生产经营工作双向融合。围绕服务生产、美化厂区开展义务劳动。

深化落实党风廉政建设“两个责任”，加强廉洁警示教育和廉洁风险排查，推进靠企吃企专项整治，持续推动巡视整改，抓好内部巡察，推进职能监督，充分发挥纪检监督、业务监督、其他职能监督贯通的整体效能和纪检部门在安全履职、疫情防控、项目建设等重点领域、关键环节的监督专责。

开展节日慰问、困难帮扶、夏送清凉、金秋助学活动，及时安排修缮更新职工浴池，筹措经费为基层班组配置设施，关心关爱防疫驻厂职工；坚持举办职工技能培训、技能大赛，3 名班组长在中铝集团班组长培训比武中包揽前三；推进群众性创新创效活动，3 个项目获得中铝集团“金、银点子”合理化建议，2 项 QC 成果荣获甘肃省质量协会一等奖。

认真传承“励精图治 创新求强”中铝精神，两家企业在求同存异中赓续传承优良传统，共建“大家庭”，走好“一盘棋”。积极探索企业文化建设新模式，培育、升华企业核心价值观，引领全体职工将个人追求与组织目标有机结合。

切实履行社会责任，坚持安全发展、绿色发展、低碳发展、创新发展理念，积极谋求企地合作共赢发展新局面。坚持企地联防联控，精准筑牢抗疫防线。高度重视乡村振兴工作，积极响应党中央和甘肃省委、省政府“巩固拓展脱贫攻坚成果同乡村振兴有效衔接”的号召，认真践行央企社会责任。坚持深入开展乡村振兴调研，掌握帮扶村的产业发展需求，了解帮扶村党建和农业发展问题，因地制宜做好各项帮扶工作。

撰稿 / 于姝雅

山西华圣铝业有限公司

一、基本情况

山西华圣铝业有限公司（简称山西华圣）成立于 2006 年 3 月 7 日，截至 2022 年底，注册资本 10 亿元，员工总数（在岗）268 人，资产总额 8.99 亿元，资产负债率 26.68%。

主要业务范围：电解铝、铝合金、碳素产品及电力的生产与销售；上述产品相关技术开发、技术服务；机电设备安装与维修；水电暖安装；钢结构工程施工；非标件、铝制品制作与销售；中水、蒸汽销售；污水处理；氧化铝、电解铝原辅材料销售；废旧物资回收及销售；货物装卸、运输。产能规模：碳素焙烧产能 10 万吨。办公地址：山西省永济市中山东街 26 号。

2022 年，山西华圣深入贯彻中铝集团和中铝股份的部署要求，围绕年度工作总目标，细化责任狠抓落实，千方百计解决资金难题，持续推动企业转型升级，实现碳素 4 万吨生产达产达标，6 万吨焙烧系统如期启动，机械厂平稳运行，完成各项生产经营任务。全年安全环保事故均为零。

二、生产经营

2022 年，山西华圣实现焙烧块产量 28368 吨。实现营业收入 15734 万元，利润总额 −9400 万元；全年生产运营净现金流为 −1028 万元，完成 −2800 万元预算目标；“两金”年末实际占有 11128 万元，完成总部 12000 万元的考核目标。

主要经济指标一览表

表 18

项目	单位	2021 年	2022 年	增长（%）
资产总额	亿元	9.32	8.99	−3.54
工业产值	亿元	0.31	1.52	390.32
营业收入	亿元	0.56	1.57	180.36
利润总额	亿元	−0.79	−0.94	−18.99
税收贡献	亿元	0.66	0.07	−89.39
全员劳动生产率	万元 / 人 · 年	527.58	650.49	23.30

三、安全环保

一是压实责任，实现全年无生产安全事故。重新梳理岗位安全责任，与各单位签订安全环保目标责任书和员工“一岗双责”责任清单；修订完善安全管理制度 3 个和各岗位安全操作规程；强化日常检查，共发现问题 311 项并全部整改完成；按期完成职业健康现状评价及 147 名接触有害健康岗位员工的体检工作。

二是强化环保合规治理，全年无环保事故。完成公司排污许可证的变更和延续，4 万吨碳素产能被列入排污许可证；完成新增燃气蒸汽锅炉项目环境影响报告表，上年改造项目及6万吨焙烧净化系统升级改造的环境影响登记表，为新设施的建设和投运创造条件；启动碳素焙烧在线监测设施改造，推进在线设施合法运行。

三是细化能源管控，促进节能降耗。强化供水管理，2022年用水量同比减少50958吨，降幅达39.84%，为公司节约水费11.72万元；细化用电措施，协调完成外部10千伏供电线路改造，解决公司电解停产后负荷不足问题，与售电公司合作通过风电打捆，节约电费300万元；与运城中海商贸有限公司商谈压缩天然气（CNG）使用相关事宜，并达成合作意向，在保障供应的基础上降低气价。

四、科技创新

山西华圣充分发挥园区企业资源，实施焙烧炉烟气脱硫改造，创新性利用附近企业废碱液作为脱硫剂使用，是目前碳素行业唯一一家利用废碱液处理烟气中的硫分的企业，有利于园区企业的综合效益提高：一是减少企业采购脱硫剂的费用；二是减少协作企业废水处理时加酸中和的费用；三是通过废水的再利用，提高水资源的利用效率，减少浪费；四是降低企业环保税支出。

五、改革发展

2022年，山西华圣在中铝股份的关心协调和中铝物资、山西新材料的支持帮助下，克服重重困难，实现4万吨系统复产。3月30日，4万吨焙烧系统按期点火启动；5月11日，首批预焙阳极炭块出炉；6月实现4万吨碳素系统达产达标。碳素厂全年生产生块38102吨、焙烧块28368吨，焙烧块产量超年度目标13.5%，阳极综合合格率99.6%，高出目标1.1个百分点。全年销售阳极30643吨(含生块4031吨)、再生阳极589吨，实现利润85.11万元。机械厂生产销售钢爪等各类产品实现盈利14万元。

六、党建与企业文化

落实管党治党责任，政治引领作用更加突出。严格落实党建责任制，与各级党组织层层签订党建目标责任书，细化分解年度目标任务，逐级压实党建责任。

抓实党史学习教育，以行践学成效更加显现。把党史学习教育作为各级党组织中心组学习、干部教育培训、党员学习教育的“必修课”，组织开展15次专题党课。进一步增强广大党员的党性观念和党员责任，增强立足岗位、尽职尽责、践行初心的使命感。

加强政治理论学习，推进生产经营更加有力。抓好党委理论学习中心组学习制度化、规范化，认真落实“第一议题”制度，及时跟进学习习近平总书记最新重要讲话和重要指示批示精神，全年开展两级班子中心组集体学习研讨12次，把理论武装的成效内化为增强“四个意识”、坚定“四个自信”、做到“两个维护”的政治担当，把党建工作成效转化为促进生产经营工作的最大抓手。

深化全面从严治党，执纪问责更加有力。制定下发《关于集中整治形式主义、官僚主义的实施方案》，从强化督办工作、改进学风文风会风和认真履职尽责三方面开展自查，进一步把基层干事创业的手脚从形式主义、官僚主义的束缚中解脱出来。提升纪检人员的专项业务素质，推进监督执纪精准化，有效提升党员干部廉政意识，营造风清气正的干事创业环境。

激发群团工作活力，桥梁纽带作用更加强化。为职工发放春节、元宵福利，为每位女职工建立健康档案，依法保障女工合法权益，为生产一线职工送清凉、送温暖，组织在岗在册职工加入大病医疗互助保险 183 人。

加强宣传和文化建设，企业形象更加彰显。全年共编印《华圣信息》22 期，对外报送稿件 20 余篇，《中国铝业报》《中铝股份党史简报》等采用稿件 7 篇。

撰稿 / 景瑞娜

抚顺铝业有限公司

一、基本情况

抚顺铝业有限公司（简称抚顺铝业）成立于2006年1月，由原抚顺铝厂资产重组而成。截至2022年底，注册资本22.74亿元，员工总数（在岗）742人，资产总额20.18亿元，资产负债率101.59%。

主要业务范围：碳素阳极产品和铝合金产品。产能规模：53万吨预焙阳极。办公地址：辽宁省抚顺市望花区鞍山路东段6号。

2022年，抚顺铝业紧紧围绕中铝集团“四大战役”和中铝股份“七盯七抓”“七个坚持”工作要求，借助中铝碳素专业化整合优势，以“夯实基础奋力创标”为中心，以“五个全力抓实”为着力点，以“三精一获取”为抓手，全体干部员工齐心协力，攻坚克难，奋力拼搏，克服复杂严峻的疫情和市场大幅波动带来的巨大影响，实现企业综合竞争力、管理改革创新和多元创效能力、风险防控能力等方面的稳步提升，圆满完成各项目标任务。

二、生产经营

2022年，抚顺铝业生产煅后焦29.5万吨，同比增长6.45%；生块35.1万吨；商品阳极33.51万吨，同比增长1.11%，上缴利税6626万元。

主要经济指标一览表

表19

项目	单位	2021年	2022年	增长（%）
资产总额	亿元	23.37	20.18	−13.65
工业产值	亿元	13.53	19.56	44.57
营业收入	亿元	19.37	26.84	38.56
利润总额	亿元	−2.80	−1.85	33.92
纳税贡献	亿元	0.39	0.66	69.23
全员劳动生产率	万元/人·年	428	533	24.53

三、安全环保

2022年，抚顺铝业深入贯彻落实全国安全生产电视电话会议精神，开展环保设施、建（构）筑物、危险化学品专项隐患排查，完成隐患整改3项；开展安全环保风险和重要危险源辨识工作，提升全员防范风险能力；开展安全生产标准化建设，完成85个岗位安全操作规程修订；规范现场安全警示标识、管道及设备设施安全警示色；开展标准化配电室创建、无泄漏工厂创建等工作；开展安全生产标准化班组创建，38个班组全部通过评审；开展安全生产标准化二级企业创建，通过辽宁省应急厅现场评审；完成原抚钛遗留的废泥和电解大修渣处置工作，历史遗留问题得到解决；通过改进脱硫浆液氧化风管路、湿电除尘器，优化脱硫塔运行方式，优化脱硫浆液管路、修补烟道漏点，改进除雾器、湿电清理方式，提高环保设施运行稳定性，保障碳素生产线达标排放。

四、科技创新

2022年，抚顺铝业科技创新投入90.43万元，新增1项实用新型专利授权“碳素煅烧炉自动加料系统”。“铝合金AlSi20成分标准样品（块状）”项目获得有色金属标准样品鉴定会审定验收通过。“铝合金356Z.1成分系列标准样品（块状）”项目通过专家组答辩，作为国家标准样品项目立项。实施研发项目3项，即“铝合金356Z.1标样研发”“煅烧炉单罐智能称重系统研发”、与郑州有色金属研究院合作开展的“助力企业节能降耗、提质增效”项目。

五、改革发展

2022年，公司持续巩固改革成果，优化整合动力能源部脱硫维修、锅炉给水系统，划归到煅烧部；整合成型部和焙烧部成立阳极部，工序间协同效应、运行效率全面提升；持续对标行业先进，严控和动态管理“管理、技术、生产操作”三类人员结构占比，构建简约、高效的管理体系和管控机制，完成实物劳动生产率533吨/人·年，同比提高59吨；持续规范和压减外包业务，生产领域外包商数量压减至24户，压减比例达到30%；持续抓牢创效增利点，拓展再生铝贸易和增碳剂销售，实现营业收入5.6亿元。

六、党建与企业文化

2022年，抚顺铝业党委坚持落实“第一议题”制度，全年召开党委理论学习中心组学习12次；研究讨论公司决策重大经营管理事项32项；落实“四同步、四对接”，动态调整及成立阳极部、煅烧部等党组织，为完成公司任务目标提供强有力的组织保障；发挥党建品牌作用，聚焦生产经营难点和“卡脖子”问题，全年组织创新创效16项，揭榜挂帅项目3项，创效8000余万元；扎实开展喜迎、学习宣传贯彻党的二十大精神系列活动，各级党组织书记讲授专题党课12次，解决员工群众急难愁盼问题31项，推进“党旗在基层一线高高飘扬——我为中铝做贡献”专项活动12项；累计在《中国铝业报》《中国有色金属报》和中铝股份视频号等平台刊发稿件20篇次。

抚顺铝业工会开展全员创新创效活动，评选合理化建议29项，1项获得国家实用新型专利，4项获得抚顺市“三优五小”项目奖，共发放奖励11.9万元；开展劳动竞赛、技能竞赛活动，发放劳动竞赛奖励13.5万元。参加抚顺市第十二届职工技能大赛，共有31名选手参加煅烧调温工的比赛，获得“抚顺市技术状元”“抚顺市技术明星”“抚顺市优秀选手”等10项荣誉。加强班组建设，完善休息室基础设施，配备会议桌、微波炉、电水壶、洗衣机等，改善了职工的工作和本县条件。

2022年开展送温暖活动，走访慰问困难、患病职工、跨企业转移及外地大学生、金秋助学等101人次，发放送温暖慰问金14.69万元，发放节日福利64.29万元。

撰稿/田　野

遵义铝业股份有限公司

一、基本情况

遵义铝业股份有限公司（以下简称遵义铝业）始建于1985年，前身为遵义铝厂。2018年6月30日，遵义铝业与原中国铝业遵义氧化铝有限公司整合成为遵义铝业股份有限公司，注册资本32.05亿元，员工总数（在岗）1951人，资产总额61.92亿元，资产负债率37.19%。

主营业务范围：普通铝锭、合金铝锭、铝型材及铝制品、氧化铝、碳素材料、氟化盐、氢氧化铝、金属镓以及其他自产自销的附属产品及衍生产品。产能规模：氧化铝产能100万吨；电解铝产能36万吨。办公地址：遵义市播州区影山湖街道火车站社区。

2022年，遵义铝业全年生产氧化铝成品110.10万吨，对外销售氧化铝31.92万吨，电解铝产品41.45万吨；产销率与货款回笼率均达到100%；营业收入94.81亿元（含税），缴纳税金4.38亿元。

二、生产经营

2022年，在克服疫情影响下，总资产报酬率（ROA）、净资产收益率（ROE）提升至19.93%、37.25%，成费比降至83.02%，总资产报酬率（ROA）9.71%、净资产收益率（ROE）15.73%，成费比88.63%；完成生产经营性净现金流15.03亿元，实现全年15亿元目标任务；资产负债率37.19%，较2022年初的39.46%，降低2.27个百分点。

主要经济指标一览表

表20

项 目	单位	2021年	2022年	增长（%）
资产总额	亿元	56.75	61.92	9.11
工业产值	亿元	83.08	82.71	−0.44
营业收入	亿元	74.77	83.90	12.21
利润总额	亿元	9.84	6.77	−31.20
税收贡献	亿元	6.21	4.52	−27.21
全员劳动生产率	万元/人·年	102.59	87.08	−15.12

三、安全环保

2022年，遵义铝业持续推进“两抓两查严监管”，从严抓好安全生产专项行动，加大生态环保治理力度，全年无重伤以上安全事故，没有发生环境污染事件和负面舆情事件，牢牢守住企业生产经营风险底线。

遵义铝业统筹推进安全专项整治三年行动、“有色8条”“铝7条”“粉6条”百日清零行动、打非治违等专项工作，全力推动安全生产“十五条硬措施”落地。全面开展作业危害辨识和风险评估，制定岗位安全风险清单，实行动态管理。各单位组织完成三大规程全面修订，实施全员三大规程培训考试；全年累计对违章考核102.5万元，其中对1例违反十条禁令的行为考核20万元，营造“不敢违”的浓厚氛围，切实保障全体员工的生命安全。

遵义铝业认真贯彻落实习近平生态文明思想，认真组织开展环保监督管理，确保环保设备设施运行正常，达标排放。全年未发生超标排放等环境违法事件。积极寻求政策减免措施，全年环保税共计减免400余万元。积极推进绿色矿山建设，矿山复垦计划完成率100%。

四、科技创新

2022年，遵义铝业坚持把科技创新作为发展的第一动力，在体制机制建设、项目成果转化、科技人才培育等多方面取得进步。召开第二届科技大会，表彰奖励33个科技创新成果，安排部署未来两年科技创新重点工作任务。科技人才队伍日益壮大，现有五级工程师29人、五级技师162人。全年开展科技项目50项，研发强度3.36%。一批重点科技项目取得突破，“湿法深度氧化脱硫脱碳技术产业化示范”第一阶段的工业试验达到预期目标，第二阶段计划2023年2月份投用，为企业进一步降低氧化铝生产成本、拓宽高硫矿使用范围奠定技术基础。遵义铝业参与共同完成的“有色冶金工业炉窑节能技术开发与应用”项目获得中国有色金属工业科技进步奖一等奖。企业全年取得授权发明专利1件，实用新型专利10件，软件著作权1件，参与行业标准编制2项。

五、改革发展

2022年，遵义铝业与乌江公司签署《清洁能源战略合作框架协议》，在优化公司电力能源结构方面迈出新步伐，为完成“双碳”目标任务创造有利条件。持续完善选人用人机制，加大年轻干部储备和使用力度，选优配强“关键少数”。积极探索市场化运营管理体制，全面推行任期制和契约化管理，建立完善末等调整和不胜任退出机制，推进干部能上能下，营造干事创业的良好环境。持续优化绩效分配制度改革，健全完善预算考核机制，推进全员价值分配，实现收入能增能降。

六、党建与企业文化

2022年，遵义铝业学习宣传贯彻党的二十大精神，切实把学习成效转化为推动公司高质量发展的具体举措。深入学习贯彻习近平新时代中国特色社会主义思想，落实“第一议题”制度，进一步提高政治站位。坚持党的领导加强党的建设，构建“一方案、一清单、四规则”治理体系，进一步理清事项范围、明确权责边界，推动党的建设与生产经营双向融合，党委把方向、管大局、保落实作用充分发挥；坚持主题实践与降本2.0相结合，与“双创”大讨论一体推进，创新创效融入改革攻坚，持续释放党建“1+N”动能和品牌贡献值；优化党建责任体系，提炼形成专职副书记试点“四步法”“三个一”工作法；坚持正风肃纪，加强“两个责任”监督，发挥“大监督”体系协同作用，开展整治形式主义回头看；深化巡视巡察整改，以巡促改有效防控风险隐患。

在企业文化建设方面，健全“一体四翼”文化服务体系，以特色遵铝文化为主体，构建宣传文化润物体系、和谐文化多彩体系、青年文化活力体系、社会责任温暖体系。提炼选树遵铝典型精神，编印《企业文化手册》。全体干部员工勠力同心、团结抗疫，实现全员零感染目标，诠释了央企员工的责任和担当。

为全力推进乡村振兴工作，遵义铝业投入128万元帮扶资金助力乡村振兴，14个党支部与两个定点帮扶村（遵义市道真县桃源乡桃源社区、清溪村）困难学生结成助学帮扶对，累计捐赠爱心助学款5万元，遵义铝业领导班子成员到帮扶村调研指导工作实现全覆盖，承接遵义市播州区三合镇刀靶社区红色美丽村庄试点建设结对帮扶工作，用实际行动塑造良好的央企形象。

撰稿 / 欧阳银坤

甘肃华鹭铝业有限公司

一、基本情况

甘肃华鹭铝业有限公司（简称甘肃华鹭）成立于2006年7月17日，截至2022年底，注册资本5.29亿元，员工总数（在岗）451人，资产总额13.81亿元，资产负债率113.32%。

主营业务范围：金属材料加工，碳素产品生产销售。产能规模：碳素制品15万吨。办公地址：甘肃省白银市靖远县刘川工业集中区。

2022年，甘肃华鹭紧紧围绕重点工作任务和生产经营目标，加强设备运维管理，不断提高设备运转率，优化生产工艺管控，努力提高各工序产品质量，大力整治生产现场，全力改善作业环境，确保生产平稳运行，安全形势稳定，无职业伤害事故和环保事件。

二、生产经营

2022年，煅后焦产量103711.17吨，生阳极块产量111195.329吨，焙烧块产量100005.335吨。实现营业收入6.55亿元，实现工业总产值5.94亿元，实现税收200万元；亏损7464万元。石油焦采购量125895.992吨，采购高硫焦31365吨，采购配比25%，4#焦结算29693.596吨，实施高硫焦掺配节约采购成本6095.6万元。石油焦综合运费117.63元/吨，较2021年降低29.77元/吨。吨产品销售费用102.64元。积极争取税收政策，全年争取土地房产税减免1035.82万元，增值税留抵退税1072.57万元，其他税收优惠174.19万元，完成倒贷29笔，总金额11.51亿元。全年争取稳岗补贴资金46.5万元，留工培训补助45.1万元，理赔工伤保险和团体意外伤害保险112万元。

主要经济指标一览表

表21

项目	单位	2021年	2022年	增长（%）
资产总额	亿元	13.09	13.81	5.51
工业产值	亿元	4.00	5.94	48.50
营业收入	亿元	4.16	6.59	58.72
利润总额	亿元	−1.01	−0.76	24.69
税收贡献	亿元	−0.18	0.03	116.67
全员劳动生产率	万元/人·年	94.34	149.39	58.35

三、安全环保

树牢红线意识和底线思维，推进本质安全型企业建设，提高生态环境保护水平，安全环保形势稳定。学习全国安全生产电视电话会议精神和中铝集团、中铝股份安全生产会议精神，开展全员新规程的理论与实际操作培训并进行理论考试和实操考核，共考核培训 4115 人次。组织开展车间级岗位规程培训考试，共培训 382 人次，组织培训 28 场次，考核 382 人，合格人数 382 人。以“安全卫士”“葡萄图”等安全管理工具为抓手，全力推进“两抓两查严监管”工作落地见效，组织开展安全隐患排查治理工作，共排查隐患 1122 项，整改完成 1122 项。完成大修渣转移处置和危废库地面整修，并组织有序转移大修渣 17814.62 吨，老厂区焙烧厂房所有大修渣处置完毕，完成老厂区危废暂存库 3960 平方米地面修复工作。组织开展演练 6 次，参加人数 221 人次。

四、改革发展

2022 年，甘肃华鹭根据中铝股份和中铝碳素关于压减法人户数的工作要求，及时启动工服公司注销工作。积极推行绩效工资与考核指标挂钩的考核体系，制定《公司 2022 年绩效考核办法》及《公司扭亏脱困员工激励实施方案》，组织各部门签订关键业绩指标合同书，据实评价各级管理（生产）组织和各岗位职工的工作业绩，充分调动职工的工作积极性。做好退休人员社会化管理移交工作。完成 69 名职工退休手续的办理和档案整理，在职人数同比 2021 年底减少 40.65%，完成阶段性安置任务。

五、党建与企业文化

认真学习习近平总书记重要讲话和重要指示批示精神，及时传达学习中铝集团、中铝股份和中铝碳素相关会议精神，发挥好党委把方向、管大局、保落实作用，严格落实“三会一课”、主题党日等组织生活。抓好“两带两创”和党员示范岗、党员责任区创建活动，全年“两带两创”活动立项 14 个，组织开展“勇做排头兵、建强主力军、当好引领者，献礼二十大”主题实践系列活动，强化宣传引导，编发“走进华鹭”微信公众号 84 期，编发信息 506 条。发挥党员先锋模范作用，组织机关党员干部参与生产现场整治、阳极清理、带废糊料和定期抽排厂区潜水等工作，为确保生产经营顺利进行提供保障。工会组织坚持开展困难职工帮扶，全年发放困难补助和各类慰问金 12 万余元，补助慰问职工 105 人次，坚持为在岗的 451 名职工送生日蛋糕和生日贺卡；开展夏季“送清凉”活动，为高温艰苦岗位职工安装空调发放解暑饮料及药品价值 2.7 万元。积极承担社会责任，开展结对帮扶，多方联系帮助村民销售枸杞 410 千克，炕枣 5000 千克，中药材 320 千克。

撰稿 / 乔亚峰

中国铝业连城分公司

一、基本情况

中国铝业连城分公司（简称连城分公司）成立于1967年1月15日，截至2022年底，员工总数（在岗）816人，资产总额27.13亿元，资产负债率99.8%。

主营业务范围：铝冶炼、加工、销售；碳素制品及相关有色金属产品、工业水电汽的生产和销售；从事勘察设计、建筑安装；机械设备制造、备件、非标设备的制造、安装及检修；电讯通信、测控仪器的安装、维修、检定和销售；自动测量控制、网络、软件系统的设计、安装调试；经营办公自动化、仪器仪表；相关技术开发、技术服务。产能规模：电解铝产能53.8万吨，合金铸锭产能25万吨，铝用碳素阳极产能35万吨［2022年10月碳素资产整体划转中铝（上海）碳素有限公司连城分公司］。办公地址：甘肃省永登县河桥镇建设坪。

2022年，中铝股份连城分公司认真贯彻落实中铝集团、中铝股份安排部署，按照“状态更好、机制更新、工作更实、指标更优”的要求，坚持党建引领、坚持全要素对标，坚持机制创新、坚持科技创新，生产经营各项工作稳步推进，圆满完成500千安电解及辅助系统生产线复产启动、组织机构改革调整、碳素资产整体划转等重点工作。

二、生产经营

2022年，全年生产铝产品29.24万吨，其中重熔用铝锭14.90万吨，合金锭0.66万吨，外销原铝液13.68万吨；实现营业收入54.47亿元，实现生产运营净现金流3.89亿元。200千安系列铝液综合交流电耗完成13433千瓦时/吨，较计划降低17千瓦时/吨；氧化铝单耗完成1913千克/吨，较计划降低2千克/吨；阳极炭块毛耗完成456千克/吨，较计划降低12千克/吨；氟化铝单耗完成15.2千克/吨，较计划降低1.8千克/吨，指标处于中铝股份电解铝同类槽型生产线前列。500千安系列2022年3月13日得到中铝股份批复实施复产启动，至2022年9月3日全系列288台电解槽全部启动完成。启动后全系列运行平稳，各项指标快速优化提升。

主要经济指标一览表

表 22

项目	单位	2021 年	2022 年	增长（%）
资产总额	亿元	28.23	27.13	−3.9
工业产值	亿元	27.98	51.56	84.27
营业收入	亿元	29.14	54.47	86.93
利润总额	亿元	1.86	−5.26	−382.8
税收贡献	亿元	1.59	0.92	−42.14
全员劳动生产率	万元 / 人 · 年	174.77	424.01	142.61

三、安全环保

围绕生产经营、改革发展、500 千安复产等中心任务，以体系运行为抓手，推进安全生产标准化和环保工作提质提效，开展隐患整治，实现安全零事故、环境零事件、安全环保零罚款的目标。在 500 千安复产启动中，建立“四方会签”机制，全过程巡回式和旁站式管理。推进中央环保督察问题整改，炭渣、大修渣、铝灰依法合规转移处置，极大降低环保风险。

四、科技创新

推进多项铝工业实验项目，其中：铝电解节能技术集成工业试验项目，实现原铝液直流电耗低于 12300 千瓦时 / 吨的目标。铝电解槽余热利用工业试验项目，实现铝电解槽余热回收系统的安全性、稳定性、高效性的工业应用。无炭渣阳极铝电解生产技术示范项目，提升预焙阳极防氧化效果，阳极换极周期延长 0.5 天。

推进科技成果转化与技术创新。完成铝电解综合节能技术的推广、降低阳极毛耗综合技术推广及组装中频炉控制系统升级三个项目的科技成果转化应用，其中“铝电解综合节能技术推广”项目，开发出降低电解质体系锂含量的技术路线，电解槽运行稳定性大幅提高，原铝液直流电耗降低 88 千瓦时 / 吨；坚持技术创新，自主解决 500 千安复产中电解槽槽壳裂纹、电解槽上部结构母线升降系统风险等多项技术难题。

连城分公司 500 千安电解系统复产采用 500 千安节能型预焙阳极电解槽及其配套技术、植入阴极母线自平衡网络、新式内衬结构、磷生铁浇铸、全石墨化阴极、全截面焊接型钢钢爪、数字化智能槽控系统、智能工厂集中控制等 13 项新技术。对输料净化、铸造、阳极组装、动力系统、电解多功能机组等工序或单体设备进行自动化升级、智能化改造，生产线整体装备水平、智能化程度大幅提高。500 千安电解系列启动后，全口径铝液综合交流电耗将低于 13000 千瓦时 / 吨铝，实物劳动生产率达到 1050 吨 / 人 · 年，处于行业领先水平，为连城分公司实现高质量发展奠定坚实的基础。

五、改革发展

中铝股份 2022 年 3 月 13 日批复连城分公司 500 千安电解及辅助生产线复产，根据批复连城分公司从管理机构、制度建设、设计优化、施工组织、材料保供、生产准备等方面精心准备，制定详细的复产计划，于 3 月 18 日正式复产启动。4 月

10日动力辅助系统完成供电调试，4月14日电解槽内衬砌筑铺底开始施工，4月15日阴极炭块磷铁浇铸开始施工，5月20日完成整流机组空载试验，5月27日完成500千安电解母线全电流短路试验，6月5日1.6万余件500千安阳极导杆加工完成，8月16日288台电解槽筑炉全部完成，8月30日288台电解槽全部通电，9月3日288台电解槽全部启动完成，全过程历时170天。

连城分公司500千安电解系统复产严格按照项目建设管理要求，坚持业主负责制。自主承担完成动力、碳素、电解及配套系统的设备检维修、上部结构制作、全石墨阴极组装磷铁浇铸、电解槽内衬施工。面对槽壳裂纹的行业新问题，充分发挥技术创新，联合兰州理工大学和兰州兰石检测有限公司，通过科学、细致、严谨地分析研究，完成裂纹槽壳99台、139处裂纹的修复工作，实现了行业首次。完全自主制定将三段式结构改为一段式结构的技术方案，消除原电解槽上部结构三段母线的设计缺陷。围绕复产过程中积累的经验，形成电解、碳素、动力、熔铸、智能工厂和复产管理等六个专篇。

2022年，连城分公司结合中铝股份对甘肃电解铝的管理整合，进行组织机构和干部结构优化，建立高效扁平化运行模式。其中二级组织机构由17个精简为10个，减幅41.17%。推行管理及工程技术人员竞争性上岗，管理和技术人员较整合前减少117人，减幅38.74%。中层管理干部80后占比达到12.5%，基层管理干部40岁以下占比达到43.33%。推行任期制契约化管理，中层管理人员契约化管理覆盖率100%，工程技术人员带项目覆盖率100%。采用“月度跟踪、季度警示、全年考评”的办法，对各层级管理和工程技术人员进行综合考评。

六、党建与文化建设

连城分公司党委落实全面从严治党责任，推进“双创”大讨论和“勇做排头兵、建强主力军、当好引领者，献礼二十大”主题实践活动，以高质量党建引领企业高质量发展。

严格执行“第一议题”制度，围绕喜迎学习贯彻落实党的二十大主线，以“学习＋研讨、调研＋交流”等模式，确保学习实效，强化理论武装。完成全级次党组织换届选举工作，做到应建尽建，应换尽换，机构完善，支委健全。加强“三基”建设，标准化党支部达标率100%。全面压实党建责任，层层签订年度党建工作目标责任书，优化完善党建工作考核量化实施方案，全面落实党建“双百分”考核机制。推进爱岗教育、主题党日、志愿者服务队、党员突击队等活动促进双向融合。积极提升党建价值创造成果，全年组织开展“两带两创”项目37个，创效3000余万元。深入推进“我为群众办实事”主题实践活动，开展春节和“七一”前老党员困难党员职工慰问、疫情期间驻厂员工生活保障慰问、工会会员生日慰问，丰富职工小家建设等82项活动。学习宣传弘扬中铝精神谱系，提炼复产精神，编印《感谢有你　复产有我》复产故事集，丰富拓展连铝精神。完成工会、团委全级次换届选举，深入开展“八送”温暖、专项劳动竞赛、标杆班组评比等各类活动，有效发挥群团桥梁纽带作用，营造同心氛围。

撰稿 / 王冬生

山西中铝华润有限公司

一、基本情况

山西中铝华润有限公司（简称山西中润）成立于2015年11月，截至2022年，注册资本164175万元，员工总数（在岗）762人，资产总额43.04亿元，资产负债率41.09%。

主营业务范围：电力、热力项目建设和运营；局域电网建设和运营；铁路专用线建设和运营；粉煤灰综合利用项目建设和运营；生产和销售铝、铝合金、炭素相关制品；加工和销售煤炭；销售仪器仪表、机械设备及零配件；从事技术进出口业务。产能规模：年产50万吨电解铝。办公地址：山西省吕梁市兴县瓦塘镇。

2022年，山西中润开展全要素对标，深化管理改革，推进绿色转型，再造竞争优势，实践内涵式高质量发展走深走实。通过标准化执行“五标一控”模式，全部电解槽平稳健康运行，全年电流效率完成92.28%，优于计划0.78%，全年电价0.51元/千瓦时，实现利润6.59亿元，经营净现金流10.79亿元，铝液99.85以上槽次率完成98.2%，电解铝综合能耗同比降低4千克标煤。

二、生产经营

2022年，山西中润严格落实业主方职责，深度介入电解槽大修，严把进厂原材料质量关，骨干队伍驻守现场旁站式监造，建立大修槽档案，克服疫情影响，39台电解槽顺利完成检修投运，恢复电解全系列运行，全年生产铝锭、铝液48.7万吨，同比增加1%。拓展优化“五标一控”模式，细化换极标准，实时视频记录，换极质量明显提升，应用阳极防氧化技术，铝液阳极毛耗完成460千克/吨，比计划降低9千克/吨，同比降低4千克/吨。全要素对标扎实开展，主要消耗指标优于计划指标，全年铝液综合交流电耗完成13398千瓦时/吨，提前达到国家要求的2023年13450千瓦时/吨阶梯电价目标。全年再生铝消纳1.2万吨，超额完成1万吨消纳任务。政策争取成果丰硕，企业所得税汇算清缴退税1077万元。电解烟气脱硫改造项目，争取到大气扶持资金897万元。

主要经济指标一览表

表23

项目	单位	2021年	2022年	增长（%）
资产总额	亿元	41.46	43.04	3.81
工业产值	亿元	79.65	84.5	6.09
营业收入	亿元	80.29	85.72	6.76
利润总额	亿元	14.58	6.59	−54.8
税收贡献	亿元	2.11	2.75	30.33
全员劳动生产率	万元/人·年	187	127	−32.08

三、安全环保

将季度安全大检查与专项排查整治相结合，着力消除事故隐患。开展安全隐患“大排查、大整治”专项行动，一批隐患问题得到整治。制定安全生产标准化班组创建方案，班组达标率100%，安全管理水平全面提升。加强特种设备管理，“一机一档”完善技术档案，及时更新设备台账，管理人员和操作人员全部持证上岗。铸造工序自主制作安装快速切断阀、紧急排放阀和铝液应急储存箱，提升了突发事故情况的应急能力。深入推进污染防治工作，修订环境保护管理制度，完善了自我约束、自我完善、持续改进的工作机制。阳极组临时周转系统完成主体施工。山西中润与山西新材料签订铝灰处置合同，共计处置铝灰2853吨，有效缓解了存储空间紧张。加强大气污染物排放管理，电解铝单位产品二氧化硫和氟化物排放量同比分别下降9.54%和3.37%。

四、科技创新

坚持以科技创新驱动高质量发展，围绕技术改造与科技创新成果亮点，开展专利申报工作，提高了高质量发展科技含量。实施智能电解打壳气缸改造，节能效果良好。厂区分布式光伏发电项目完成初设评审。实施智能工厂建设项目，持续提升生产线自动化水平。电解“多功能天车检修人员防撞技术研究项目”完成1台天车的试验，“科技兴安”取得阶段性进展。选择部分电解槽，实施“槽控系统优化研究项目”，在系统稳定性控制方面做出有益探索。实施电解“脱硫10千伏配电室计量系统集中抄表项目”，显著降低劳动强度。

五、改革发展

完善现代化法人治理制度体系，落实2022年度规章制度“废改立”计划，制定修订一批基本管理制度，补充完善董事会运行配套制度，建立外部董事履职台账，落实外部董事履职支撑服务，公司治理体制机制不断健全。坚持正确选人用人导向，完成基层管理人员和技术岗位人员选聘，组织基层管理人员参加中铝党校“青木计划”培训。开展职称评审和五级技师选聘工作，营造学技术、重人才的向上氛围，在推动高质量发展的实践中，干部员工队伍素质整体提升。探索建立“一岗一责一表一薪”全员全级次绩效考核模式，量化业绩指标，简化考核条款，发挥绩效考核导向作用，保证了全年各项目标任务的全面完成。

六、党建与企业文化

开展“勇做排头兵、再造新优势、对标创一流，献礼二十大”主题实践活动，充分利用媒体平台，开展党的二十大精神学习宣贯活动，推动党的二十大精神在企业基层落地生根。开展庆祝建团100周年系列活动，实施青年精神素养提升工程，发挥了新时代团组织功能。优化企业管理，“五标一控”模式在中铝股份电解铝企业持续推广，以“五标一控”模式为基础的“精标准控”精神，成为中铝精神谱系的重要组成部分。倾听员工诉求，推动和谐企业建设，完善困难帮扶救助机制，增强了员工的归属感和企业的凝聚力。举办“喜迎二十大 奋进新征程”职工篮球赛和第四届职工羽毛球、乒乓球比赛，丰富了职工精神文化生活，开展创新创意大赛，征集合理化建议，引导职工融入企业高质量发展新征程，促进了主责主业的高效落实。

撰稿 / 孟晓峰

广西华磊新材料有限公司

一、基本情况

广西华磊新材料有限公司（简称广西华磊）成立于2015年12月30日，截至2022年底，注册资本24.80亿元，员工总数（在岗）837人，资产总额60.46亿元，资产负债率52.56%。

主营业务范围：有色金属冶炼；发电业务、输电业务、供（配）电业务；金属材料制造；金属材料销售；有色金属压延加工；煤炭开采；煤制活性炭及其他煤炭加工；业务培训；技术服务、技术开发、技术咨询、技术交流、技术转让、技术推广；再生资源回收；再生资源加工。产能规模：年产电解铝40万吨，发电72亿千瓦时，蒸汽500万吨。办公地址：广西百色市平果市平果铝三号路。

2022年，广西华磊在中铝集团党组、中铝股份党委的坚强领导下，围绕年度目标任务，扎实开展稳增长、防风险、控成本、强党建等工作，取得良好成效。全年实现工业总产值82.43亿元，同比增长7.96%；实现利润3.15亿元；生产经营净现金流4.63亿元。

二、生产经营

2022年，广西华磊坚持抓好生产稳定运行，不断提高生产管理水平。深入贯彻落实“五标一控”管理模式，优化电解槽管理，电解槽破损风险明显降低；加强发电设备维护，发电机组运行周期大幅提升（最长运行220天）；加强精细化管理，实现平均整流效率98.60%，保持行业领先。全年完成电解铝产量38.86万吨，同比增长0.91%，完成自发电量62.26亿千瓦时，同比降低9.57%，完成供蒸汽量424万吨，同比增长7.32%。

主要经济指标一览表

表24

项目	单位	2021年	2022年	增长（%）
资产总额	亿元	67.71	60.46	−10.71
工业产值	亿元	76.35	82.43	7.96
营业收入	亿元	77.05	83.30	8.11
利润总额	亿元	10.35	3.15	−69.57
税收贡献	亿元	1.78	1.53	−14.04
全员劳动生产率	万元/人·年	787.93	827.77	5.1

三、安全环保

严抓安全环保管理。2022年实现安全环保“零事故”。未发生轻伤及以上生产安全事故，未发生环保事故及投诉事件，无职业病例。无信息网络安全事件，无企业稳定事件。

认真抓好节能减排。2022年，广西华磊坚持抓好能源管理工作，经中质协质量认证中心认证审核，荣获“能源管理体系认证证书”。电解铝液交流电耗为12744.46千瓦时/吨，电解铝液综合交流电耗13080.63千瓦时/吨，铝锭综合交流电耗13160.20千瓦时/吨，铝锭综合能耗1629.66千克标准煤/吨，均达到国家能耗限额标准要求。广西华磊发电部分二氧化碳排放量6395560吨，同比下降11.13%。

四、科技创新

2022年实施科技研发项目13个，其中承担中铝集团及中铝股份科技研发项目1个，实施企业自主研发项目12个。5个科研项目进行结题，其中5个项目达到预期目标。科技研发投入5079万元，研发投入强度0.66%。全年申报5项实用新型专利，均获得受理。

推广50%石墨质阴极+磷生铁浇铸电解槽和纳米陶瓷阳极保护涂层技术。实施产业化示范项目50%石墨质阴极+磷生铁浇铸电解槽（技术首次应用）1个，科技成果推广项目纳米陶瓷阳极保护涂层技术（示范成功后推广）1个；纳米陶瓷基抗氧化涂层开发及应用项目应用广西华磊自主研发技术，进行产业化示范，推广三个区，实现经济效益27.5元/吨铝，年化效益397万元；应用50%石墨质阴极+磷生铁浇铸电解槽技术，对40万吨电解铝生产线进行改造升级，降低电耗300千瓦时/吨铝，实现经济效益114元/吨铝，年化效益439万元。

五、改革发展

纵深推进任期制和契约化管理。一是结合公司领导分工情况，修订领导人员任职和年度经营业绩考核指标；二是制定中层管理人员任期制和契约化实施办法，引导中层管理人员树立正确业绩观、践行忠诚干净担当，推动公司持续健康发展。

六、党建与企业文化

全面从严治党。坚持和加强党的全面领导，修订、完善“党委前置研究讨论事项”和“三重一大”决策事项范围，充分发挥党委把方向、管大局、保落实的领导作用。层层压实党建工作责任，逐级签订党建工作目标责任书，通过月度分解任务、季度检查考核，督促各级党组织扛起主责、抓好主业。严格落实党组织书记抓基层党建述职评议、“三会一课”、民主生活会和组织生活会等制度，把从严治党要求传递到每一个支部、每一名党员。

理论武装不断深化。深入学习贯彻习近平新时代中国特色社会主义思想，坚持党委会“第一议题”制度、党委中心组、党支部“三会一课”集中学，举办网络专题培训线上学、党员运用“学习强国”自主学；组织开展专题学习、主题研讨、党课宣讲等，推动党的二十大精神深入车间、走进班组，引导广大党员深刻领悟“两个确立”的决定性意义，增强“四个意识”、坚定“四个自信”、做到“两个维护”。

基层组织活力焕发。全面推进标准化党支部建设，星级党支部达标率100%；严格落实“四同步、四对接”，做到党组织“应建尽建”“应换必换”，完成所属党组织换届选举工作。建立“1510+N”的“双融合”模式，拓展党建融合平台，创新“党建+”实践载体，党组织和党员在强化管理、提质增效中作用凸显。全面推进党建对标提升，各级党组织形成对标清单，制定提升措施，对标改进成为提升党建质量的新引擎。

严格落实党风廉政建设责任制和“一岗双责”，层层签订党风廉政建设责任书，巩固和维护企业风清气正的良好环境。充分发挥监督作用，加强对“关键少数”、重点领域、关键环节的监督检查，开展清理整治“小金库”专项工作、巡视巡察发现问题及整改工作“回头看”，进一步完善廉洁风险防控网络，持续提升企业治理效能。

群团工作凝心聚力。坚持党建带群团，充分发挥工会和共青团团结凝聚群众、服务生产经营的优势和作用。大力实施关爱员工办实事工作方案，积极开展送温暖、员工医疗互助、济困帮扶、员工疗休养健康体检等活动，温暖人心，凝聚力量。大力弘扬劳模精神、劳动精神、工匠精神，积极开展劳动竞赛和技术比武，引导激励广大干部职工岗位建功立业。

积极弘扬“励精图治、创新求强”的中铝精神，围绕绿色发展、科技创新、一流管理等主题，开展特色品牌文化建设，公司荣获“全国设备管理优秀单位”“推动中小城市高质量发展特别贡献企业”“第六届自治区主席质量奖提名奖”等。加强与地方党委政府沟通交流，召开平果市铝周边工作协调会，稳妥解决铝周边协调事项，企地关系更加融洽和谐。积极参与乡村振兴，彰显央企责任担当。

撰稿 / 黄臣富

云南铝业股份有限公司

一、基本情况

云南铝业股份有限公司（云铝股份）前身为云南铝厂，始建于1970年3月20日，2018年底，按照云南省和中铝集团签署的战略合作协议，经国务院国资委批准，云铝股份整体进入中铝集团，截至2022年底，云铝股份注册资本34.68亿元，员工总数（在岗）10477人，资产总额390.59亿元，资产负债率35.29%。

主营业务范围：重熔用铝锭及铝加工制品、碳素及碳素制品、氧化铝的加工及销售；建筑材料、装饰材料、金属材料，家具，普通机械、汽车配件、五金交电、化工产品（不含管理产品），陶瓷制品，矿产品，日用百货的批发、零售、代购、代销；硫酸铵化肥生产；摩托车配件、化工原料、铝门窗制作安装、室内装饰装修工程施工；货物进出口、普通货运，物流服务，物流方案设计及策划；货物仓储、包装、搬运装卸；境外期货套期保值业务；钢结构工程专业承包；炉窑工程专业承包。产能规模：铝土矿264万吨，氧化铝140万吨，碳素82万吨，电解铝305万吨，铝合金及其加工品175万吨。办公地址：云南省昆明市呈贡区七甸街道。

2022年，云铝股份围绕“当高质量发展排头兵、树绿色低碳发展第一品牌、做铝基新材料引领者”目标，以“强基础、降成本、优结构、提质效”为工作主题，全面从严治党、全面深化改革创新、全面对标提质增效，突出科技创新价值创造，圆满完成全年目标任务，推动公司高质量发展。

二、生产经营

主要经济指标一览表

表25

项目	单位	2021年	2022年	增长（%）
资产总额	亿元	378.37	390.59	3.23
工业产值	亿元	518.42	515.66	−0.53
营业收入	亿元	416.69	484.63	16.30
利润总额	亿元	46.88	59.07	26.00
税收贡献	亿元	20.94	25.52	21.87
全员劳动生产率	万元/人·年	82.98	106.98	28.92

2022年，云铝股份全面推进改革创新，深化对标提质增效，突出价值创造，完成自产铝土矿166万吨，同比增长15%；产销氧化铝140万吨，同比增长3%；预焙阳极82万吨，同比增长5%；电解铝260万吨，同比增长13%；铝合金及加工产品140万吨，同比增长12%，合金化率达到54%。工业总产值612亿元，同比增长20%，工业增加

值115亿元，同比增长16%；营业收入485亿元，同比增长16%；经营活动现金流净额69亿元，总资产回报率（ROA）16%，净资产收益率（ROE）23%，利润总额59亿元，同比增长26%。经营业绩实现“四连增”，创历史新高。

三、安全环保

云铝股份始终将疫情防控放在重要位置，压紧压实疫情防控责任，保障生产经营平稳运行，最大程度守护职工及家属身体健康和生命安全。全面开展安全生产专项整治“百日清零行动”，深入查摆问题，整改安全隐患18555项。利用数字化、信息化技术改进设备，努力从根本上防止安全事故发生。云铝文山、海鑫二期通过二级安全生产标准化现场考评。狠抓生态环境安全隐患排查与治理，整改环保隐患1175项。持续加大危废处置新技术的开发力度，开展危废“点对点”定向利用，铝灰、大修渣、炭渣及赤泥等资源化利用水平不断提升。获得南方区域“绿色电力消费凭证”和“绿色电力”证书，主要产品获得碳足迹认证，云铝股份入选国家第一批“工业产品生态（绿色）设计示范企业”。

四、科技创新

投入科技研发费用20亿元，研发投入强度4%，获得政府专项补助资金2808万元。持续推进在研科技项目62项，结题验收20项，申请专利96项，其中发明专利34项，获得授权专利80项。完成云南省绿色铝基材料重点实验室、“科创中国”绿色铝基新材料创新基地、中铝铝合金领域技术中心与企业科协联合会试点等科技创新平台批复建设；完成云铝文山、云铝润鑫、云铝海鑫、云铝涌鑫4家高新技术企业复审，云铝股份、云铝涌鑫、云铝海鑫3家单位获国家知识产权优势企业称号，云铝海鑫获得云南省专精特新“小巨人”企业称号及省级企业技术中心。赵加平获“云南省有突出贡献优秀专业技术人才”三等奖，邱哲生获“云南省技术创新人才”称号，邹学通入选“云南省技术创新人才”培养对象，朱杨昆获文山州首届“十大最美科技工作者”称号，杨国荣入选红河州“创业创新人才”，王征获2022年曲靖市“珠源最美科技人”称号。云铝海鑫“阳极炭块仓储与转运无人化关键技术研究及应用”项目获2022年中国有色金属工业科技进步一等奖；云铝文山“基于TRIZ理论的两段法铝灰资源化综合利用新工艺”获2022中国创新方法大赛云南赛区决赛一等奖、全国总决赛三等奖；云铝本部科技创新中心“基于TRIZ理论的降低铝电解阳极炭块氧化消耗”获2022中国创新方法大赛云南赛区决赛一等奖、全国总决赛优胜奖。

五、改革发展

国企改革三年行动任务圆满收官，106项改革任务高效完成。压减两级机构48个，压减率达29%；开展基层干部全员竞聘，聘任基层干部517名，降级降职112名，免职80名；绩效工资提升至68%，实施专项考核及风险抵押方案25个。云铝涌鑫成立环保布袋、电子事业部，转岗分流107人；云铝绿源拓展铝电解阳极钢爪和铝制家具业务，累计创效3200余万元；云铝文山智能制造示范工厂投入使用，劳动生产率提升10%。

重点建设项目助推绿色发展。深入贯彻中铝集团“量力而行、尽力而为”投资理念，积极推进重点项目建设。5月建成云铝浩鑫3.5万吨新能源动力电池用铝箔项目，7月建成云铝文山15万吨汽车轻量化及轨道交通用高端铝合金材料项目、云铝阳宗海 4 万吨高性能铝合金线材项目，新增下游合金产能 23 万吨；9 月建成云铝源鑫 2 万吨 / 年绿色铝石墨化新材料项目，新增石墨化阴极产能 2 万吨；10 月建成云铝润鑫 4 万吨 / 年铝电解固废资源综合利用示范项目，新增电解固废综合处理能力 4 万吨；10 月建成云铝文山麻栗坡县铁厂铝土矿采矿工程项目及歪山头铝土矿采矿工程项目，新增铝土矿净矿产能 70 万吨。加强与国电投云南国际、华能新能源的深度合作，分别在云铝阳宗海、溢鑫开展分布式光伏发电项目建设，全年并网装机 63 兆瓦，发电 5280 万千瓦时。

增资中铝高端，解决铝板带箔业务的同业竞争问题。将所持有原全资子公司云铝浩鑫 100% 股权以及租赁给云铝浩鑫使用的实物资产、无形资产合计 13 亿元向中铝高端进行增资，增资后公司持有中铝高端 7% 股份，解决云铝股份与中铝高端在铝板带箔业务的同业竞争问题。

六、党建与企业文化

深入学习贯彻党的二十大精神，开展“学习二十大，奋进新征程”知识竞赛、主题党日、书记擂台赛等，实现线上线下学习全覆盖。制定《2022 年组织和宣传思想工作要点》和党建目标分解清单，积极落实党建“五级责任清单”和双联系点制度。开展“党旗飘扬践初心、投产攻坚我先行”等主题活动，彰显党员的责任与担当。

强化宣传思想文化引导。开展“喜迎二十大 踔厉奋发 勇立新功”主题宣传教育“六个一”活动，对先进个人和集体进行大力宣传。实施文明创建“十大工程”，打造文明创建“八大品牌”，深入开展文明单位创建。参加南博会“绿色铝”主题展，开展“绿色云铝”主题宣传，不断增强“绿色铝·在云铝”品牌影响力。

全面从严治党履行主体责任，开展监督谈话 51 人次；组织完成 10 家企业业务外包专项巡察和 7 家企业巡察“回头看”，围绕重点领域、关键环节开展专项检查 125 场次，深入关键部门开展廉洁提醒教育 1000 余人次，对 969 名党员干部及关键岗位人员违规经商办企业进行排查整治。

加强先进典型选树。评选表彰公司“劳动模范”“三八红旗手”等，开展劳模宣讲，用先进事迹激励员工。看望慰问困难职工 211 人次，帮助 816 名生病职工申请医疗互助金 84 万元。持续开展“六好”职工食堂创建活动和职工意见建议征集处置，回复职工意见建议 555 条。组织开展职业技能大赛、“金点子、银点子”合理化建议评选、安全标准化班组创建活动。实施青年精神素养提升工程，开展主题实践活动 100 余场次，举办创新创意大赛“青铝杯”新媒体技能比武。

撰稿 / 赵贵娥

中铝郑州有色金属研究院有限公司

一、基本情况

中铝郑州有色金属研究院有限公司（简称郑州研究院）前身为始建于1965年的郑州轻金属研究所，1988年与中国有色金属工业铝冶炼技术开发中心合并，更名为郑州轻金属研究院。1992年并入中国长城铝业公司，1999年进入中国铝业集团公司。2001年3月进入中国铝业公司，12月主体随着中国铝业上市，成立中国铝业股份有限公司郑州研究院。2015年1月21日，上市部分由分公司体制改为子公司体制，更名为中国铝业郑州有色金属研究院有限公司。2019年更名为中铝郑州有色金属研究院有限公司。截至2022年，注册资本21485.8万元，员工总数（在岗）516人，资产总额6.72亿元，资产负债率54.58%。

主营业务范围：有色金属、碳素产品的设计、研制、开发及相关技术服务；轻金属材料质量监督检验、化学分析。产能规模：精细氧化铝3.7万吨/年；防渗料3万吨/年。办公地址：郑州市上街区济源路82号。

2022年，郑州研究院深入学习贯彻中铝集团和中铝股份工作会议、科技大会精神，坚持“服务国家战略、引领行业发展、对内服务降本、对外创收增效”功能定位，高质量谋划和实施科技创新、多机制推动并加快成果转化，成功获批国家重大科技项目（平台）5项，获批省市级平台3个，涉及国拨经费近2亿元，是科改前的40倍。全年新承担公司重点项目11项，获批立项国家、行业等各类标准46项，发布国家标准1项；授权专利62件，其中发明专利48件；先后荣获省部级科技进步奖5项，其中一等奖2项；4项科技成果通过有色协会组织的专家评审，2项达到国际领先水平，2项达到国际先进水平。形成可产业化应用技术4项，18项科技成果在公司内外推广应用，累计为公司创效2亿元以上。2022年省部级以上科技成果奖、制修订标准、授权发明专利数量较科改前分别增长60%、78%、56%，科技创新要素实现新跃升。

二、生产经营

2022年实现营业收入5.77亿元，实现利润2193万元，全面完成各项任务目标。其中，研发板块全年实现收入2亿元，同比增长26%；考核利润3715万元，同比增长85%；产业板块主营产品收入3.1亿元，实现利润2188万元；工程板块实现收入0.7亿元，实现内部考核利润1418万元。主导产品精细氧化铝产量37520吨，同比提升5%；销售37148吨。

主要经济指标一览表

表 26

项目	单位	2021 年	2022 年	增长（%）
资产总额	亿元	7.06	6.72	−4.82
工业产值	亿元	4.01	4.35	8.48
营业收入	亿元	5.09	5.77	13.36
利润总额	亿元	0.21	0.22	4.76
税收贡献	亿元	0.25	0.25	0
全员劳动生产率	万元 / 人・年	32.31	36.08	11.67

三、安全环保

夯实安全环保质量基础，深入推进“两抓两查严监管”，全面推行应用葡萄图和 CARC 表安全管理工具，覆盖率 100%。质量管理成效显著，共实施 9 项 QC 项目，实现收益 49 万元，其中“锂电池隔膜涂覆用氧化铝”荣获中铝集团产品质量奖，“降低勃姆石产品喷雾干燥天然气单耗”获中铝股份第四届 QC 成果发表赛二等奖。

四、科技创新

加快重点项目研发。国家项目黄河流域中原城市群重点行业固废协同利用集成示范项目通过中期评估，赤泥土壤化生态修复示范工程按计划推进，开发铝土矿采选固废协同制备石油压裂支撑剂及免烧砖技术，发布团体标准 1 项，制定行业标准 1 项；东方 3 号项目工业试验获得成功，有价元素提取取得重大进展，即将进入产业化示范阶段；铝电解节能集成技术项目在包头铝业、连城分公司、云铝泽鑫等企业开展工业试验，平均直流电耗达到 12200 千瓦时 / 吨铝；“铝电解 CO_2 捕集技术”项目研究开发 3 种大容量二氧化碳捕集剂，捕集容量达到 0.96 摩尔—二氧化碳 / 摩尔，超目标值 20%；“几内亚铝土矿赤泥选铁综合利用技术项目”开发出“强磁预选—悬浮焙烧—弱磁选铁”技术路线，铁精矿产率 34.41%，全铁含量 56.40%，形成可产业化技术原型；铝电解槽余热利用工业试验项目形成整套装备技术，系统吨铝节电 317 千瓦时，热回收效率 99.71%，达到预期目标；“铝土矿中有害杂质源头阻断技术”开发项目，完成实验室研究，实现铝精矿铝硅比较原矿提高 1.5 以上，尾矿铝硅比小于 1.2 的实验目标；“氧化铝生产过程钒高效脱除及回收技术研究”项目完成实验室研究，广西华昇开展扩大试验，实现钒渣的规模化销售；大修渣和废阴极资源化高值化利用项目形成大修渣和富余电解质中锂盐最佳溶出工艺，制备的碳酸锂纯度达到 98.9%，解决尾渣的危废属性和有价元素的高值化利用。

加强成熟技术推广应用。在氧化铝领域，为中州铝业完成蒸发十组节能技术改造，实现蒸水量提高 8% 以上、汽水比下降 6% 以上；在中铝矿业开展降低水解损失、产品粒度控制等技术服务，赤泥水解损失同比降低 50%，出厂氧化铝产品 −45 微米含量年平均小于 16%，氧化铝一级品率提升 16 个百分点，成本降低 15 元 / 吨；在兴华科技、遵义铝业推广应用氧化铝流程腐殖质脱除技术，吸光度分别降低 20%、40% 以上，保障氧化铝生产稳定运行。在电解铝领域，在云铝股份、山西新材料等多家企业开展 FHEST1.0 技术推广和技术服务，平均节电 400 千瓦时 / 吨铝；完成连城分公司、兰州铝业、包头铝业等 12 家电解铝企业能效对标综合测试，提出节能潜力和改进建议 100 余项；无炭渣预焙阳极技术在赤壁碳素、山西新材料、遵义铝业等多家企业应用，吨铝阳极毛耗、直流电耗、炭渣量较实施前分别平均降低 8 千克、57 千瓦时、7 千克；持续为兰州铝业大修渣处置提供技术支持，开展包头铝业、兰州铝业大修渣无害化处置线资源化升级改造工作；提高阳极抗氧化技术在广西分公司等多家企业推广应用，二氧化碳和空气反应残余率均达到90%以上。在环保领域，与四川、重庆、安徽等地8家企业签订二次铝灰资源化利用技术推广合同，涉及产能68万吨；烟气脱硝综合治理技术在中州铝业、山西华兴、广西分公司、赤壁长城碳素应用，均达到超低排放标准；在遵义铝业开展赤泥坝边坡原位土壤化生态修复技术推广，修复面积约8000平方米，累计完成37000平方米，植物长势良好，植被覆盖率大于95%。

加强人才队伍建设，完善郑州研究院党委联系青年博士结对子工作的常态化机制；10名科研人员入选中铝集团“钻石计划”，占中铝股份“钻石计划”总人数的76.9%，18名优秀青年科研人员入选中铝集团“明星计划”，占中铝股份“明星计划”总人数的52.9%。实施自主研发项目和揭榜挂帅项目30项，通过项目锻炼人才、培育人才。

五、改革发展

强力推进“科改示范行动”各项举措落实落地，实现高质量收官。董事会运行更加规范，“两会一层”权责边界和运行机制更加完善。健全市场化选人用人机制，优化组织结构，职能部门由7个压减为4个，中层管理人员压减45%，职能部门人员压减42%。

全面推进精准管理，全年制修订制度70项，以“6S”管理为抓手，实验室全面完成标准化建设。深入开展综合治理专项行动，排查出合规经营、会计信息、债务风险、金融业务、依法纳税和股权管理等问题34项，整改完成率100%。深入推进“合规管理强化年”工作，集团标准合同文本使用率100%，法律纠纷案件“零”发生。

六、党建与企业文化建设

坚持“第一议题”制度，认真学习贯彻党的二十大精神，深入贯彻落实习近平总书记重要讲话和重要指示批示精神。加强基层党组织建设，完成基层党组织换届选举工作，深入开展“勇做排头兵、建强主力军、当好引领者，献礼二十大”主题实践活动。建立“我为群众办实事”长效机制，66项关系员工切身利益的问题得到解决。促进党建与中心工作互促互进，通过开展28个“两带两创”项目，创造效益4000多万元。正风肃纪强化党风廉政建设，抓实监督责任，强化领导干部“一岗双责”。强化常态化党风廉政教育学习，筑牢不想腐的自觉。强化重点领域关键环节专项监督，先后开展制度流程执行、科技创新专项巡察，共发现27项问题。突出执纪问责，共问责17人次，形成风清气正、积极向上的良好氛围。

以喜迎党的二十大为契机，推出4个企业文化案例，拍摄制作荣获集团和中铝股份“两带两创”优秀成果和微党课的4个视频，以及体现“我身边的中铝精神”的视频与音频。举办“创新奋斗”主题摄影展，开展“崇尚先进、学习先进、争当先进”活动，利用宣传栏、《员工故事》等积极报道先进典型，营造比学赶帮超的浓厚氛围。认真履行社会责任，“红色赤泥披绿装”“绿色低碳炭阳极生产技术，成为降碳小能手”2个案例分别荣获中铝集团社会责任实践十大优秀案例和十大优秀降碳案例。

撰稿/涂　键

中铝（上海）碳素有限公司

一、基本情况

中铝（上海）碳素有限公司（简称中铝碳素）成立于2022年6月15日，注册资本10亿元，员工总数（在岗）6152人，资产总额150亿元，资产负债率68.88%。

主营业务范围：石墨及碳素制品销售；金属材料销售；机械设备销售；机械设备租赁；机械设备研发；环境保护专用设备销售；仪器仪表修理；软件开发；货物进出口；技术进出口；工业工程设计服务；通用设备修理；特种设备安装改造修理；技术服务、技术开发、技术转让、技术推广；发电业务、输电业务、供（配）电业务等。产能规模：预焙阳极产能325万吨，阴极产能4万吨，产能规模居全球第一。办公地址：上海市浦东新区南汇新城镇临港数字大厦11层。

2022年，在中铝集团党组、中铝股份党委的坚强领导下，中铝碳素按照“集中优势，精准一贯，重点突破，源头抓起”的工作思路，努力克服市场波动、疫情、原材料价格大幅波动、供应紧张等影响，扎实推进碳素专业化整合，全面推行市场化运营机制，对标先进，攻坚克难，实现利润12.50亿元，完成年度预算的123%，其中，源鑫碳素实现利润2.73亿元；抚顺铝业、赤壁碳素、兰州分公司、广西分公司、山西新材料碳素等企业实现利润总额过亿元大关，经营创效能力显著增强；单位碳素产品利润438元/吨；生产阳极产品301.12万吨，产销率100.21%；生产商品煅后焦35.73万吨，产能稳步得到提升，整合优势逐步体现。

二、生产经营

经济技术指标持续优化。坚持成本领先理念，以问题为导向，通过极限降本、对标追标、精准控温、降低物料烧损等措施，主要经济技术指标得到优化和提升。截至2022年底，煅后焦实收率、焙烧成品率与整合前一季度相比，分别提高0.11、0.46个百分点，创效6054万元；全年产能利用率完成93%（整合前一季度产能利用率仅为87.19%，三季度产能利用率达到95.5%），同比提高10.4个百分点。

价值创造能力明显增强。坚持全面预算管理，制定《中铝碳素全面预算管理办法》，有效组织和协调企业生产经营活动。推动ERP系统建设，9月底实现ERP上线。大力开展专项治理，沂兴碳素2022年底实现盈利，摘掉长期亏损的帽子；赤壁碳素通过开拓外部市场、强化成本控制等措施，超额完成资产负债率70%以下的目标；抚顺铝业制定本质脱困方案，积极协调股份实现减值 2.06 亿元。

主要经济指标一览表

表 27

项 目	单位	2021 年	2022 年	增长（%）
资产总额	亿元	143	150	4.90
工业产值	亿元	109	181	66.06
营业收入	亿元	118	190	61.02
利润总额	亿元	6.28	12.50	99.05
净利润	亿元	4.71	9.38	99.15
税收贡献	亿元	1.19	3.70	211.82
全员劳动生产率	万元 / 人・年	—	581.00	15.71

三、安全环保质量

2022 年，牢固树立“以人为本”的安全工作理念，完善安全生产管理体系。持续开展隐患排查治理，以周为频次共安排各企业专项周检查 12 次，排查安全环保职业健康隐患 750 项，整改完成率 100%。开展创建班组安全生产标准化工作，公司 94.4% 的班组达到标准化班组要求。推进承包商管理，共培训企业员工 2368 人，承包商管理人员 415 人。针对发生的工亡事件，痛定思痛，各企业再一次梳理风险点，切实落实“两抓、两查、严监管”工作；强化安全环保事故警示教育，真正使全员入脑入心。强化质量指标管控，碳素单元创效能力、产能利用率和产品质量得到较大提升。统筹推进低碳减排，践行绿色低碳生产方式，助力实现碳达峰、碳中和目标。

四、科技创新

完善科技研发管理制度。制定中铝碳素科技研发项目管理办法、研发投入计划管理规定等管理制度，通过制度建设，进一步完善科技创新管理工作架构，从科技研发、人事、财务、成本费用、监督考核等各个方面，基本构建各环节有效衔接、相互支撑、资源高效配置的科技研发管理体系。

科技研发成效显著。强化科技创新和技术攻关，构建产学研融合发展生态，郑州研究院与积极推进中铝股份高品质铝用碳素技术中心共建工作，实现产销研深度融合贯通，推动碳素企业走到行业前列、走向技术前沿。2022 年，公司突破关键核心技术，“无炭渣预焙阳极技术开发及产业化应用”项目荣获中国有色金属工业科学技术一等奖，项目整体技术达到国际领先水平，其中授权专利 4 件，中铝集团企业标准 1 项，论文 13 篇。实施科技研发项目 2 项，科技研发投入 648 万元，其中，包头铝业无炭渣阳极生产新技术工业试验、连城分公司焙烧多功能天车远程遥控技术均进入结题阶段。广西分公司“一种大型预焙阳极生产方法”获得发明专利证书；赤壁碳素“一种移动式预焙阳极取样小车”获得实用新型专利证书。开展 QC 小组活动，实现多层级 27 项成果获奖，其中，广西分公司“减少 500T 残极破碎机故障时间”项目荣获中国质量协会“全国 QC 成果发表赛全国专业奖”。

五、改革发展

按照“快速介入、突出重点、积极稳妥、平稳有序、注重实效”的专业化整合要求，中铝碳素集中优势，统筹协调，开展多轮次碳素产业梳理调研，启动“2023—2025”三年发展规划研究，对产业发展进行统筹管理和整体布局。6 月 30 日，完成第一批资产整合协议签订；8 月 31 日，完成 12 家企业人员划转工作；9 月 30 日，完成兰州、连城、青海、包头、广西 5 家配套企业的资产整合工作；11月2日，所属5家分公司、3家子公司合并报表报出，标志着第一批资产整合工作圆满完成。

截至2022年底，中铝碳素所属企业14家，其中包括兰州分公司、连城分公司、青海分公司、包头分公司、广西分公司、山西新材料碳素6家分公司；抚顺铝业、赤壁碳素、山东沂兴、云南源鑫、甘肃华鹭、山西华圣6家子公司；参股公司2家。现有职工6152人，其中在岗员工5102人，离岗保留劳动关系人员1050人。

深入推进市场化改革。深改三年行动任务基本完成，建立任期制契约化管理、职业经理人制度、领导人员末位淘汰等不胜任退出机制等，市场化管理的体制机制基本形成。厘清股份、碳素以及各企业的管理界面、管理关系，明确职责权限，实现边界清晰、权责对等、管理高效。加快构建公司治理体系，完善公司决策体系。建立公司董事会，2022年召开2次董事会，外部董事先后到抚顺铝业、山西华圣碳素等企业进行现场调研；结合职业经理人体制改革要求和公司实际，经营班子不等不靠，高效抓好生产经营各项工作。

企业管控不断加强。加强营销管理，积极应对极限挑战，全面调控保供促销；狠抓采购降本，实现四季度采购降本1.5%、物流降本1%等核心任务，2022年下半年，实现降低采购成本1480万元。加强劳动用工管理，对在岗劳动合同员工、劳务派遣、生产线上的业务外包人员按照产品产量要求一体化管控，截至2022年底，实现劳动生产率581吨/人·年，同比提高15.71%。加强建章立制，完成公司《全面预算管理办法》《物资采购管理办法》等管理制度103项。

六、党建与企业文化

党建工作扎实推进。认真落实党建工作“四同步、四对接”，在开展公司筹建与日常运营的同时，快速搭建公司党建工作体系。深入学习贯彻党的二十大精神，通过组织召开理论学习会、“学习二十大、奋进新征程”专题研讨学习会等活动，深入思考公司发展路径，把学习党的二十大精神转化为推动公司改革发展举措的强大动力。所属企业党组织积极开展“党建+”、党史学习教育、国企党建会精神贯彻落实情况“回头看”等活动，推动111个“两带两创”项目实施结项，促进党建与业务工作深度融合。加强宣传工作，开通“中铝碳素”微信公众号。

推进全面从严治党。强化政治监督，围绕落实公司重大任务加强监督检查，确保公司重大决策和目标任务落到实处。加强党风廉政建设，建立完善纪检、全面风险管理、法律合规、巡察监督等工作联络制度。开展廉洁教育3600余人次，警示教育1500余人次。全面梳理所属企业法律合规审核业务归属情况，厘清法律合规审核程序，确保依法合规经营。

撰稿/任丹莉

中铝宁夏能源集团有限公司

一、基本情况

中铝宁夏能源集团有限公司（简称宁夏能源）成立于2003年2月，注册资本50.26亿元，员工总数（在岗）6068人，资产总额281.72亿元，资产负债率64.04%。

主营业务范围：从事火电、铝、风电、太阳能发电、供热及其相关产业的建设与运营管理，从事煤炭、铁路、机械制造及其相关产业的投资。产能规模：煤炭产能1660万吨/年；火电拥有3个控股电厂和3个参股电厂，控股总装机容量264万千瓦，总权益装机容量486万千瓦；供热面积达1666万平方米；新能源建成13个风电场和10个光伏电站，并网装机容量182万千瓦（风力发电161万千瓦、光伏发电21万千瓦），在建光伏发电项目25万千瓦。办公地址：宁夏银川市西夏区黄河西路520号。

2022年，宁夏能源坚决贯彻“疫情要防住、经济要稳住、发展要安全”的总要求，落实中铝集团党组、中铝股份党委各项决策部署，围绕“夯基础、保安全、增效益”工作主线，抓住机遇，凝心聚力，攻坚克难，实现营业收入90.64亿元，同比增加14亿元，增长18.17%，实现利润21.5亿元，煤炭产量、发电量、营业收入、利润均创历史最好成绩。

二、生产经营

全年煤炭产量1301万吨，同比增加366万吨，增长39.14%。煤炭销量1075万吨，同比增加249万吨，增长30.14%。煤炭完全成本291.77元/吨，同比下降42.71元/吨。银星一井14采区10月底建成投产，首采141206工作面11月6日成功试生产。王洼二矿10月19日获得国家矿山安全监察局核定生产能力的复函，煤炭产能由300万吨/年核增至360万吨/年。

全年发电量167.28亿千瓦时，同比增长12.58%。火电平均供电煤耗同比下降2.96克/千瓦时。“两个细则”奖励同比增加973万元，辅助服务补贴同比增加5184万元，争取自治区保供补贴8005万元，取得浙江、宁夏两省超低排放和电价差补贴3783万元。新能源故障损失电量同比下降9012万千瓦时，限电率同比下降4.12个百分点。

截至2022年底，宁夏能源资产负债率降至64.04%，同比下降7.12个百分点。净资产收益率19.65%，同比增长21.36个百分点。成费比75.65%，同比下降13.99个百分点。带息负债较2021年同期降低30亿元，加权融资成本由2021

年末的4.22%降至3.74%，财务费用同比下降2.1亿元。

主要经济指标一览表

表28

项目	单位	2021年	2022年	增长（%）
资产总额	亿元	286.16	281.72	-1.55
工业产值	亿元	82.43	109.76	33.16
营业收入	亿元	76.7	90.39	17.84
利润总额	亿元	0.47	21.5	4474.47
税收贡献	亿元	6.08	20.02	229.42
全员劳动生产率	万元/人·年	58.74	103.92	76.92

三、安全环保

疫情防控科学施策，因时因势优化调整防控措施，牢牢把握疫情防控主动权，统筹疫情防控和安全生产，确保煤炭稳产稳供、电力应发尽发、供热保质保量，高质量履行能源保供责任。

扎实开展安全生产专项整治三年行动和安全隐患大排查大整治，认真抓好安全环保检查问题整改。持续加大安全生产投入，足额提取和使用煤炭安维费，同比分别提高31.7%、56.5%。加强承包商安全管理，落实“三统一”一体化管理体系。“守规程、保安全”百日安全活动、“三违”专项整治行动取得实效。加强班组安全生产标准化建设，190个班组完成标准化创建自评，抽查达标率90.2%。实施四对矿井水害区域治理和超前治理，有效防范重大风险。落实达标排放杜绝环保事件，全年环保投入30938万元，同比提高15.2%。

火电企业积极拓展工业供汽市场，提升设备治理成效，优化机组运行方式，节能减排成效明显。2022年三家火电企业平均供电煤耗304.79克/千瓦时，同比下降3.74克/千瓦时。

编制印发《中铝宁夏能源有限公司碳资产管理办法》《中铝宁夏能源集团有限公司碳达峰行动方案》，明确碳排放目标和绿色低碳发展战略路径。2022年中铝宁夏能源所属马莲台发电分公司、六盘山热电厂、银星发电公司碳排放量分别为295.48万吨、324.77万吨和530.00万吨，配额盈余80万吨。

四、科技创新

2022年实施两批次、26个自主科技项目，技改投入8159万元。王洼二矿完成智慧矿山设计，建成210505首个智能工作面并投入生产，完成综合自动化平台改造和主煤流智能化改造。王洼煤业、银星煤业煤泥干化项目建成，六盘山热电引风机改造和马莲台发电化水增容改造等部分“短平快”项目通过中铝股份审议。2022年公司获得2项省级科技成果证书，取得发明专利1项、实用新型专利6项、外观专利1项。

五、改革发展

扎实推进国企改革三年行动，建立“1123”改革任务落实机制，扎实推动79大项145小项改革任务落实落地，全面完成国务院国资委重点关注12项改革任务。完成所属企业及职能部门任期制契约化管理改革，95名领导班子成员和28名公司本部中层管理人员签订“一议二书”，实现“一岗一责一单一薪”管理模式。创新实施职位和职级资格分设的聘任制干部使用模式，加快优秀年轻干部培养选拔，年内选拔、调整干部55人次，80后中层干部占比提升至19%，干部队伍结构明显优化。修订完善“三重一大”决策制度实施细则、董事会授权管理办法、党委前置研究事项清单等基本制度，公司治理结构持续完善。启动银星能源现金收购阿拉善左旗贺兰山200兆瓦风电项目相关资产及负债和银星能源非公开发行股票工作。压减法人户数1户（振发寺口公司），银星能源组件公司破产申请材料提交至银川市中院。

2022年新开工建设的项目三项，项目总投资89711万元。分别是：宁东250兆瓦光伏复合发电项目，总投资83626万元；银星一井矿井水综合利用工程，总投资5582万元；银星一井封闭式储煤场项目，总投资503万元。

六、党建与企业文化

2022年宁夏能源党委始终坚持党对国有企业领导这一重大政治原则，严格落实“第一议题”制度，召开党委会22次，前置研究“三重一大”事项110余项。全面开展党委中心组学习质量提升专项行动，两级党委开展中心组学习114次，专题研讨89次。利用中铝大学网络资源，组织开展党的十九届六中全会、党的二十大等网络培训班6期。加强基层党支部“六化”建设，77个基层党支部通过验收，命名标杆党支部3个、示范党支部6个、五星级党支部17个，王洼煤业王洼二矿通防队党支部等3个党支部荣获中铝集团示范党支部称号。开展“汲取伟力创价值，对标争先创一流”大讨论和“勇做排头兵、建强主力军、当好引领者，献礼二十大”主题实践活动，组织开展“党旗在基层一线高高飘扬——我为中铝做贡献”活动21次。持续深化“我为群众办实事”实践活动，年内立项63项，重点完成“两堂一舍”改造、“井下一餐热饭”问题。深化“两带两创”活动，新建项目107项，实现创效5500余万元。常态化开展“党员身边无违章、党员安全示范岗”党建品牌活动，促进保障安全生产。

不断深化政治监督，压实“两个责任”，层层推动“四责协同”机制落实见效；突出监督重点，把监督融入生产经营全过程，以监督实效助力生产经营，积极配合做好中铝集团党组巡视“回头看”和“靠企吃企”专项巡视工作。强化正风肃纪，坚决纠治“四风”问题反弹回潮，不断巩固作风建设成效；深化标本兼治，一体推进“三不腐”，坚持严的基调不动摇，“减存量、遏增量”工作更加有力有效。

通过《中铝宁夏能源信息》《中国铝业报》《宁夏日报》等媒体，讲好宁能故事，传播宁能声音。履行国企社会责任，拨付乡村振兴帮扶资金130万元，《绿色低碳向未来》等6幅作品荣获中铝集团2022年度降碳优秀图片。

撰稿／李　元

中铝国际贸易集团有限公司

一、基本情况

中铝国际贸易集团有限公司（简称中铝国贸）成立于2018年12月18日，截至2022年底，注册资本37.29亿元，员工总数（在岗）232人，资产总额139.76亿元，资产负债率59.32%。

主营业务范围：金属材料及制品、煤炭、建筑材料、电子设备、空调设备、汽车配件、五金交电、日用百货、针纺织品、木材、钢材、电子产品、通信设备、化工原料、汽车的销售，从事货物及技术的进出口业务，经济信息咨询服务、企业管理咨询。办公地址：上海市浦东新区长清北路51号中铝大厦。

2022年，面对国际环境和风险迭起的市场环境，中铝国贸学习贯彻党的二十大精神，全面贯彻新发展理念，深入落实集团和中铝股份的部署，坚持对内服务中铝营销大局、对外提升市场引领能力，全力以赴稳增长、抗疫情、保安全。全年完成营业收入1512亿元，报表利润总额14.72亿元，净资产收益率17.03%。

二、生产经营

氧化铝单元。加大现货采购和换货操作，动态优化南北资源流向，保障经营单元生产安全，引领行业市场稳增长。2022年销售氧化铝1145万吨，同比增长3.2%。

电解铝单元。合理规划采购节奏，加大清仓利库和严格把控供应商准入程序，保障自身在国内铝贸易圈出现风险事件情况下的持续盈利。2022年销售电解铝及合金395万吨。

能源单元。成功续签TT煤矿东区包销协议，落实中蒙大闭环公路跨境运输方案，实施口岸海关监管堆场和焦煤焦炭集团交割库项目。推进TT焦煤、内贸煤和海运煤“三位一体”业务布局，2022年进口蒙古焦煤208万吨，同比增长23.8%；焦煤焦炭自营89万吨，海运进口焦煤15.6万吨。

国际单元。积极应对博法矿产运力不足及印尼矿政策不确定性等严峻挑战，全年进口矿完成3007万吨。发挥境外渠道优势，构建多元化品种格局，累计销售电解铜20万吨，铜精矿20万吨，铝锭及铝材2.3万吨。

财务指标持续大幅改善。全面完成“两金”、现金流、资产负债率、净资产收益率等关键指标，并有效利用银承贴息差，为中铝股份降本增效做出显著贡献。同时，通过精打细算、合法优税，共争取到政府财税扶持1.5亿元。

主要经济指标一览表

表 29

项目	单位	2021 年	2022 年	增长（%）
资产总额	亿元	135.67	139.76	3.01
营业收入	亿元	1771	1512	−14.62
利润总额	亿元	8.15	14.72	80.61
税收贡献	亿元	7.14	6.07	−14.99
全员劳动生产率	万元 / 人 · 年	424.24	740.84	74.63

三、安全环保

加强安全环保管理。严格落实国务院安委会“十五条硬措施”，深入开展建筑物安全、燃气安全、电动车安全“九严禁”等专项治理，持续推行和完善“安全检查总控表”。开展安全月、消防月等主题宣传活动，强化特殊时段监督检查，确保重大活动期间的楼宇安全、现场作业平稳有序、用火作业合规安全。全年共组织开展现场安全检查 21 次，发现和整改隐患 65 起。

四、改革发展

强化公司治理。落实“三重一大”决策管理制度，动态完善党委前置研究重大经营事项清单。健全董事会制度，完成全级次公司章程修订，制定经理层成员考核评价及薪酬分配管理办法，保障经理层依法行权履职。成立综合治理、提质增效、三年降本行动专项领导小组，落实领导包保制度和周推进机制。

完善业务布局。贯彻中铝集团、中铝股份战略规划，切实转变公司战略，对内服务中铝营销大局，对外提升市场引领能力。氧化铝业务以保供稳价为抓手，强化中铝集团内外资源配置；电解铝业务以华东华南为基础，加快进军中原市场；能源业务以稀缺资源获取为目标，推进实施“三位一体”战略布局；国际业务瞄准全球铝产业上游资源，加紧构建境内外一体化保供渠道。

优化经营机制。调整优化任期制和契约化管理、职业经理人改革考核指标体系，与领导班子副职、子公司班子成员签订岗位协议与业绩责任书，建立中层管理人员末位淘汰机制。制定公司工资总额管理办法、内部绩效考核实施方案以及职业经理人薪酬激励工作指导意见，提升市场化经营水平。

加快数智化转型。开展业务运营系统立项、选型及需求调研工作，完成 43 个子模块的设计开发任务，初步形成 SAP、财务共享、OA 三大系统衔接方案。

深化业财融合。贯彻中铝集团《财务管理转型规划》，围绕“一体两翼”和“融好资、算好账、管好钱、缴好税”十二个字，加快完善价值管理体系和预算、资产、资金、报表、税务“五大”财务业务体系，建设复合型数智化财务管理队伍，实现财务共享数据质量与效率双提升、资金管理效率与效益双提升。

强化合规管理。配合法律体系改革，进一步优化公司合规风控职能，确保年度内不发生重大经营风险。

五、党建与企业文化

聚焦政治建设，增强政治引领。贯彻落实习近平总书记重要指示批示精神和党中央决策部署，全面落实党的二十大精神，推进全面从严治党，落实“第一议题”制度。2022 年党委中心组集体学习 12 次，党委会集体学习“第一议题”30 次。

聚焦思想建设，强化理论武装。坚定不移用习近平新时代中国特色社会主义思想凝心铸魂，推动学思践悟、融会贯通。第一时间收听收看党的二十大报告，第一时间开展专题研讨。推进党史学习教育常态化。组织参加学习贯彻六中全会精神、党的二十大精神网络培训班。2022 年开展专题党课 15 次、专题调研 14 次，专题学习研讨 22 次、红色主题党日 2 次，形成成果材料 23 篇。

聚焦队伍建设，加大干部培养。修订党委管理领导人员及派出董事管理办法等制度，加快建立市场导向、有效制衡、能上能下的干部管理监督机制。建立优秀年轻干部选拔培养机制，制定干部年龄结构优化方案，开展“锋刃”、“飞跃”人才考察推荐，完成中铝股份优秀年轻干部人选测评考察任务。

聚焦组织建设，夯实战斗堡垒。完成党组织属地化、“两委”委员增补。组织完成上海经信委系统党的二十大代表、中铝集团直属党委第三次党代会代表等选举工作。落实党建带工建、团建，成立工会、团总支。

聚焦双向融合，推进成果转化。统筹安排全年党群工作 25 项任务 59 条举措。制定双向融合 10 方面 30 条措施。开展 7 个党组织带党员创效项目、11 个党员带群众创新项目。

聚焦文化建设，引领团结奋进。落实意识形态工作制，全年共发表内部稿件 705 篇、外部稿件 84 篇。深化文化育企，实施精神文明建设项目 2 个，在佛山国贸、内蒙古国贸开展企业文化示范基地建设。推进“青马工程”，召开青年员工座谈会，组织开展“看上海”活动，参加新媒体技能比武大赛、“世博杯”皮划艇大赛。在“2022 年上海市有色金属现货交易员职业技能竞赛”中，国际业务中心的韩苇苇、金属业务中心的伯乐包揽冠亚军。

聚焦从严治党，强化政治监督。完善 2022 年全面从严治党责任清单。全年制定修订 10 余项党风廉政建设类制度。持续加强大监督体系建设，推进落实年度监督检查计划。组织对历史遗留问题开展再梳理、再整改。开展“反腐倡廉宣传教育月”“七个一”活动。开展专项巡视、专项整治及“回头看”工作。发挥巡察利剑作用，对大中台建设专项巡察整改开展督导，组织开展能源业务专项巡察。持之以恒落实中央八项规定精神，驰而不息纠治“四风”，力戒形式主义官僚主义，通过节日提醒、工作提示及案例警示，引导干部员工转变作风、守牢防线。

撰稿 / 盖志云　白　娇　吕彩霞

中铝能源有限公司

一、基本情况

中铝能源有限公司（简称中铝能源）成立于2011年7月，截至2022年底，注册资本13.84亿元，是中铝股份在宁夏以外地区能源产业的主要投资、管理、运营平台和利润中心，员工总数（在岗）58人，中铝能源（含甘肃华阳）总资产为18.81亿元，总负债9.05亿元，净资产9.76亿元，资产负债率48.13%。

主营业务范围：煤炭销售（不在北京地区开展实物煤交易、储运活动）；热力供应；投资及投资管理；电力能源和清洁能源技术开发、技术咨询、技术培训；销售自行研发产品；货物进出口；代理进出口；电力供应。产能规模：中铝能源所属涉煤企业和受中铝股份委托管理的涉煤企业8个，控股煤炭资源量4.6亿吨，设计产能300万吨/年，参股煤炭产能1345万吨/年。售电业务签约电力用户56家，代理电量3.28亿千瓦时。办公地址位于北京市西直门北大街62号中铝大厦15层。

2022年，中铝能源扎实推进公司各项工作，超额完成年度考核目标。全年实现营业收入2.84亿元，利润1.75亿元，远超年度考核利润指标，完成“两金”压降目标，清收历史陈欠及分红款1.45亿元（其中收回现金6611.78万元），超考核目标8498万元。

二、生产经营

2022年，中铝能源所属涉煤企业和受中铝股份委托管理的涉煤企业8个。其中，控股煤矿项目1个，属于项目前期，控股煤炭资源量4.6亿吨，设计产能300万吨/年；参股企业7个，设计产能1345万吨/年，2022年参股煤矿实际产量1041万吨。

2022年，中铝能源积极开拓电力用户和开发售电渠道，增加已有合作方和电力用户的黏性，实现业绩增长持续上台阶。全年签约电力用户56家，代理电量3.28亿度电，售电收入达到579万元，比2021年度分别增加155%、249%和375%，从2022年4月开始，以中铝能源本部的售电资格开展电力直接交易。充分发挥自身专业优势，以最大限度服务保障中铝股份内部企业用煤、用矿为出发点，积极开展煤炭、铝土矿等产品贸易，进一步降低能源、矿石成本，提高主业竞争力，同时达到创收目标，全年实现贸易收入 2.56 亿元。

主要经济指标一览表

表 30

项目	单位	2021 年	2022 年	增长（%）
资产总额	亿元	10.06	11.44	13.72
工业产值	亿元	2.45	2.84	15.92
营业收入	亿元	2.45	2.84	15.92
利润总额	亿元	−1.44	1.16	180.55
税收贡献	亿元	0.08	0.06	−25
全员劳动生产率	万元 / 人・年	−190.48	227.87	29.63

三、安全环保

中铝能源树立底线思维，狠抓安全管理工作。传达贯彻中铝股份安全警示教育大会会议精神，深刻吸取事故教训，排查安全隐患，强化安全培训，规范员工行为，杜绝类似事故发生。积极组织本部及所属企业全员参加全国“安全生产月”和全国应急管理普法知识竞赛等活动，营造良好的安全生产知识学习氛围，提高员工的安全生产意识和安全生产能力。

四、改革发展

全力推进深化改革相关工作。一是认真开展深化改革三年行动公司治理相关工作完成情况“回头看”工作，全面梳理中铝能源本部及所属（托管）企业公司治理相关制度文件，并进行修订完善。二是对照集团“三项制度”重点任务检查督导要点及备查资料清单，建立完善相关制度文件，认真梳理检查改革过程中存在的问题，按时完成“三项制度”改革暨任期制契约化管理改革有关整改、验收、评估等工作。三是督促所属企业持续优化岗位设置和内部收入分配制度，山西华禹通过继续对部分岗位进行调整，本部分流 3 人到参股煤矿工作。四是进一步加强绩效考核工作，严格落实刚性兑现刚性退出，对于利润指标超进度完成、人工成本利润率、人事费用率等考核指标完成好的单位及时进行奖励，充分调动广大员工的工作积极性。

坚持精准管理原则，加大对重点参股企业生产经营管理力度。每周收集整理各参股煤炭企业安全生产和市场变化情况，认真分析企业存在的问题，及时研判市场价格走向，提出工作建议并督促执行。充分利用煤炭市场处于高位的有利因素，指导所属企业通过“三会”等方式加大分红力度。山西华禹发挥绩效激励约束作用，压实各方责任，充分调动各级管理人员的积极性和创造性。全年山西华禹累计清收及分红 6000 万元，其中薛虎沟矿 3500 万元，万杰矿 2500 万元，提前 2 个月超额完成现金回收目标。

坚持多措并举，推动历史问题稳妥处置。在鑫峪沟煤业法律维权方面，中铝能源通过以物抵债程序执行回南窑头煤业部分核心资产 7886.91 万元，取得 5 亿元委贷案件执行实质性成果，同时还启动路鑫集团焦化厂、得一化工等抵押资产拍卖程序。中铝能源采取以诉促谈策略，企业领导克服疫情影响，先后 2 次到鑫峪沟煤业现场，与控股方沟通还款事宜。在贵州矿业历史问题处置方面，一是加强与中铝恒泰合破产管理人的沟通，督促破产管理人抓住目前煤炭行业市场好的契机，依法开展中铝恒泰合债权清收工作，2022 年 2 月完成第一次破产财产分配受偿工作，收回受偿资金 469.07 万元；二是在老洞河煤矿关闭后续工作中，充分利用国家对小微企业的退税政策，积极与所在地税务局沟通协调，实现退税 36.45 万元，完成老洞河煤矿产能指标交易全部退税工作。在甘肃华阳罗川东矿权办理方面，坚持全方位、多途径的“5+N”工作法，实现矿权历史遗留问题取得实质性突破，甘肃省政府将罗川东矿权列为省重点历史遗留问题之一着力解决，提出公开挂牌出让矿业权的解决意见，同时将罗川煤矿项目纳入甘肃省“十四五”规划并列入“全省重大前期项目清单”，为项目尽快落地创造良好条件。在新疆铝电清算注销方面，安排专人加强与新疆维吾尔自治区、吐鲁番市、鄯善县三级税务部门的沟通协调和督促，针对鄯善县税务局要求补缴项目土地税的规定，通过据理力争和反复沟通解释，最终得到自治区税务局理解支持，获得零税款办理清税手续的承诺。在12月初派人前往坐催督办，12月14日完成清税工作，实现零税款办理。

坚持规范管理，以“三会”管理为抓手，切实发挥公司治理的制衡作用。加强“三会”议案审批，严格表决事项授权，督导董监高正确履职。全年共审议101个。中铝能源敢于直面涉煤参股企业风险事件，加大对青海能发、鑫峪沟煤业等参股企业三会议案沟通审核力度，在关键问题上不回避，坚持底线原则，在公司章程、合作协议和有关“三会”决议的框架下，切实维护企业权益。

牵头组建中铝股份“碳达峰”“碳中和”政策研究专班。2022年3月完成《关于双碳、双控、电力对全国电解铝产业布局影响》研究报告，随后又先后对云南、贵州、内蒙古、青海、山西、广西等重点区域进行专题研究，形成区域电解铝产业发展前景分析报告，为中铝股份优化铝产业布局、推动高质量发展提供相关建议，完成再生铝行业发展及政策研究工作。每月编撰1期《双碳政策研究》简报，累计提交政策简报12期，共整理和解读双碳、能耗、电力等政策349项。

五、党建与企业文化

2022年，中铝能源以习近平新时代中国特色社会主义思想为指引，深入贯彻落实党的二十大精神，不折不扣贯彻落实中铝集团党组、中铝股份党委决策部署，坚持两个“一以贯之”，着力把党的领导融入公司治理各环节，发挥党建政治引领作用，促进党建与经营双向融合、相互促进。全年党委中心组组织集中学习12次，研讨6次，做到理论指导实践。组织开展“勇做排头兵、建强主力军、当好引领者、献礼二十大”主题实践活动、“汲取伟力创价值 对标争先创一流大讨论”等活动，通过开展专题学习、专题培训、专题党课、调查研究、专题研讨、专项行动等系列活动，不断提升党建引领水平。持续抓好“两带两创”、党员“双提升”活动，以党建带发展、以党建促业务，促进经营取得新的突破。切实履行管党治党主体责任，加强纪律作风建设，深化整治“四风”问题，稳步推进“三不”体制机制建设，以强有力的政治监督，确保企业各项目标任务落到实处。

撰稿／刘　青

中国铝业香港有限公司

一、基本情况

中国铝业香港有限公司（简称中铝香港）成立于2005年3月9日，截至2022年底，注册资本67.79亿元，员工总数（在岗）1764人，资产总额151.78亿元，资产负债率55.30%。

主营业务范围：铝土矿贸易结算、海外投融资。办公地址：北京市海淀区西直门北大街62号中国铝业大厦。

2022年中铝香港经营形势持续向好，盈利能力稳步增强。通过几内亚博法项目投资与悉心经营自有铝土矿结算业务，中铝香港获得稳定的投资回报。2022年报表盈利5.37亿元，销售收入45.18亿元，较去年同期增加3.30%；经营性现金流同比增加107.6%；资产负债率同比降低3.87%；项目融资规模在2021年末基础上压降20%，压降幅度达38%，资金成本大幅下降。

二、生产经营

2022年，中铝香港统筹安排博法矿石的各个环节结算工作，确保贸易链条顺畅，分别与中铝几内亚结算矿石款，与中铝物流结算海运费，与中铝几内亚港口结算驳运费及装船服务费，与韦立结算部分驳运费，与青岛国贸、新加坡国贸结算货款，保障对广西华昇、中铝矿业、中铝中州、兴华科技等企业的矿石供应。

几内亚政变后，为避免产生因单船出险后续大幅提升保费，甚至承保机构拒绝投保的事件发生，中铝香港积极与中铝保险经纪沟通，委托中铝保险经纪针对年度投保开展工作，年度保险覆盖2022年11月至2023年10月，保险费率维持0.8‰不变，降低后续保费大幅提升的风险。

2022年，面对几内亚当前局势和社会环境持续恶化，中铝香港生产组织面临举步维艰的局面，生产和外运矿供应得不到保障。在因堵路阻工影响矿山及港口全系统生产作业64天的情况下，几内亚博法矿完成矿山采剥总量1629万吨，其中外运铝土矿产量1355万吨；完成皮带运输量1485万吨，港口装驳量1511万吨，海船发运回国矿量1503.78万吨（74船），平均氧化铝含量43.49%。

主要经济指标一览表

表31

项目	单位	2021年	2022年	增长（%）
资产总额	亿元	147.55	151.78	2.87
工业产值	亿元	46.66	48.58	4.13
营业收入	亿元	43.82	45.26	3.30
利润总额	亿元	3.85	5.37	39.33
税收贡献	亿元	—	—	—
全员劳动生产率	万元/人·年	0.02	0.02	0

三、安全环保

2022年，中铝香港进一步强化安全环保管理，全年未发生安全生产和环保事故，保证矿山生产的顺利运行。强化日常整体培训学习及检查，通过典型案例检查通报举一反三，促进现场安全管理。从班组方面抓起生产运营，安全管控进一步加强。全面加强旱季扬尘和雨季污泥水治理，保证项目实现真正的环境友好和可持续发展。

2022年，埃博拉、疟疾、拉沙热等各种传染病持续暴发且来势汹汹，严重威胁广大员工的生命健康。中铝香港坚持思想不松、要求不变、力度不减、标准不降的原则，将各种传染性疾病列入同等防护级别，对防控漏洞再排查、防控重点再加固、防控要求再落实。对营区、矿山、港区封闭管理和营地公共区域常态化消毒的，确保不发生大规模感染。不仅有效保护员工身体健康，也最大限度减少对生产的影响。

四、改革发展

2022年，中铝香港面对新冠疫情和几内亚政变后的动荡环境，克服重重困难，继续全面对标世界先进矿山，深挖潜力，在补充的稳产设备到位后，稳步提高生产量。围绕创建世界一流矿山企业目标，对生产组织、物资管理、考核培训、劳动纪律、资金管理等各个层面的制度进行修改完善和补充，为全面提升管理打好制度基础；同时，按照“业务全流程，成本全要素”的思路，全面梳理各部门业务，精细分析、分解和考核成本指标和产运销指标，完成总部年度考核任务。

2022年，中铝香港根据企业生产和发展需要，委托长沙院开展新增破碎工艺流程项目研究，开展全面的研究和探索；同时为继续提高产能保障供矿，委托长沙院开展博法南接续采场（27号区块）建设项目和博法北资源开发项目预可行性研究，为企业未来发展奠定坚实的基础。

五、党建与企业文化

2022年，中铝香港党总支在中铝集团党组和中铝股份党委坚强领导下，对标习近平总书记重要讲话、重要指示批示精神和集团党组、中铝股份党委安排部署，结合境内外实际，全面准确学习宣传贯彻党的二十大精神，引导全体干部职工把思想和行动统一到党的二十大精神上来。扎实开展主题实践活动和“双创”活动，强化政治引领培根铸魂，持续推进党建与业务双向融合，推动党建全要素对标全面开展，聚焦工会职能定位，不断创新活动载体，党建引领有新提高，改革发展取得新突破。

中铝香港党总支狠抓党风廉政建设和反腐败工作，全面履行政治监督主体责任，压实“一岗双责”。坚定不移推进全面从严治党战略部署，强化政治监督，聚焦日常监督，坚决遏制违反中央八项规定精神行为发生，确保拒腐防线强度不降，为公司高质量发展提供坚强监督保障。

2022年，中铝香港制订《2022年社区服务与公益扶助规划》以指导和规范社区发展与扶助行为，积极履行企业社会责任，帮扶当地社区建设与发展，使社区发展扶助项目的规划和实施与当地的需求相符。全年为当地捐建道路约5公里、足球场1个、水井4口，多次协助救火，清垃圾，恢复供电，多次慰问及捐赠物资等，共计约23亿几内亚法郎；缴纳2021年度当地社区发展基金25.3万美元；缴纳2022年度矿权面积费93612美元。努力做好对外公关与宣传，在当地媒体发布企业社会贡献6篇宣传稿；与博法当地广播电台Fatala Radio合作发布8篇通稿。

撰稿／张亚婕

中铝物资有限公司

一、基本情况

中铝物资有限公司（简称中铝物资）成立于2018年6月26日，截至2022年底，注册资本10亿元，员工总数（在岗）132人，资产总额53.41亿元，资产负债率77.32%。

主营业务范围：烧碱、纯碱、氟化盐、石油焦、煤沥青、碳素制品等大宗原料，煤炭、油料等能源产品，钢材、耐火材料、化工等辅助材料，以及各类备品备件、公务车的集中采购，第三方自营业务以及相关产品的套期保值业务，互联网采购平台的建设、运维和优化升级等业务。办公地址：北京市海淀区复兴路乙12号10层。

2022年，中铝物资坚持稳中求进工作总基调，秉匠心强管理、战疫情保供给、搏市场防风险、稳增长创价值、谋创新促发展、盯目标解难题、强党建聚合力，超额完成年度经营目标，取得高质量发展新成效，创造好于预期且历史最优的经营业绩。

二、生产经营

2022年，中铝物资实现营业收入519.81亿元，同比增长58%；利润2.02亿元，同比增长47%；完成现金流2.81亿元，超考核目标1.7亿余元；采购降本25.37亿元，同比增长81%；采购降本率7.98%，跑赢标杆目标2.98个百分点。年化净资产收益率（ROE）12.95%，同比提升2.65%；客户满意度98%，“铝约益采”线上采购率99.86%；外销利润占比52.88%，同比提升4.09%。

主要经济指标一览表

表32

项目	单位	2021年	2022年	增长（%）
资产总额	亿元	40.60	53.41	31.55
工业产值	亿元	2.44	3.76	54.10
营业收入	亿元	329.16	519.81	57.92
利润总额	亿元	1.37	2.02	47.22
税收贡献	亿元	1.13	1.62	43.36
全员劳动①生产率	万元/人·年	215.93	302.97	40.31

说明：中铝物资为贸易企业，按劳动生产总值填列

统筹地区差异、产业布局、市场变化和企业需求等要素，做实资源供给、常备库存、物流调配和应急采购等保供体系，稳链固链保产增产。全年签订煤炭长协资源950万吨，同比增加20%，占中铝用煤总量的48%。全年供给大宗物资2782万吨，同比增长182万吨；其中煤碱焦供给量同比分别增长3.9%、3.21%和33.83%；9类大宗物资计划执行率达99.66%。

坚持“极限降本”导向，将成本“五化”闭环管理模式、“三年降本行动2.0”以及“刚性降本1%”等措施，充分融入采购链供应链全过程，实现从B端到C端全域降本。全年煤炭降本13.97亿元。石油焦实现采购降本2.32亿元，累计降本率5%，且连续8个月跑赢市场低位价5%目标，创造历史最好水平。

加强对宏观经济、国际市场、区域市场研判，全面提升把握和驾驭市场的能力。2022年，公司实现外部业务收入181.38亿元，占总销售收入的34.89%；外销业务利润占比52.88%，同比提升4.09个百分点。

三、安全环保

压实安全生产责任。形成一级抓一级、层层抓落实的工作格局；加强危险化学品经营全链条安全管理，从严审核危险化学品生产、经营、运输、仓储资质；开展应急预案桌面演练，应急能力进一步提升；编印《中铝物资有限公司安全手册》，健全安全文化体系；加强员工健康管理，员工体检实检率95%。

持续推进采购降碳。建立“物资+技术服务”的新型绿色采购模式，优化采购物流方案，减少运输过程中的碳排放，持续推进采购降碳。着力提升再生铝资源保障能力，全年再生铝业务覆盖集团企业10余户，消纳量2.45万吨，为相关企业降耗减排、提质增效保驾护航。

四、科技创新

数字网链升级提质。拓展“铝约益采”高速成长、强大渗透，丰富生态和转型推动等特性，服务集团内部企业368家，交易额超42亿元，线上采购率达到99.86%。开通“铝约益采+闲置物资”专区，推进集团内部企业闲置资源统筹配置，降低企业库存压力与“两金”占用，全年撮合4家企业盘活3.2万元闲置物资。

成功开发运营大宗物资线上采购寻源模块，完成煤炭、阳极等品种线上询比价，线上交易额突破20亿元，标志着中铝物资数智化运营取得新的里程碑。

五、改革发展

落实集团“深化改革主动战”部署，聚焦国企改革三年行动持续发力，改革任务全面完成，实现高质量收官。

治理体系持续优化。坚持推动党的领导融入公司治理制度化、规范化、程序化，进一步梳理完善权责边界、决策程序和议事规则，制定完善治理类制度10余项。持续提升董事会运行质量，建立董事会授权动态调整、经理层向董事会定期报告机制，外部董事、专职董事认真履职，企业治理效能持续增强。全年召开董事会6次，审议议案17项，充分发挥定战略、作决策、防风险的职能作用。

市场机制健全完善。深化“三项制度”改革，推行任期制契约化管理，健全完善员工竞争上岗、薪酬管理、末位调整、轮岗交流等制度近10项。领导班子和中层管理人员经营业绩实现精准考核、刚性兑现，建立优秀年轻干部选拔培养与中层管理人员末位调整和不胜任退出的工作机制。

区域整合实质进展。集采业务专业化整合有序推进，完成河南、山东等4户区域企业集采业务、采销人员、采购流程等全要素整合。河南分公司全年实现销售收入9.08亿元、创效622万元。广西分公司全年实现销售收入7.5亿元，创效1266

万元。

运营智库保障有力。重构供应商动态评价机制，建立形成四维一体供应商管理体系，健全经营创新、管理规范的运管模式。整合内外部资源，集中优势力量打造商情分析联合舰队。全方位加强授信管理，建立强风控、防风险、促合规长效机制，为采购业务合规创效提供有力保障。

六、党建与企业文化

党建引领向心聚力。严格落实“第一议题”制度，集体学习研讨习近平总书记参加广西代表团讨论重要讲话精神等内容19项。全面学习领会党的二十大精神，围绕“学习贯彻党的二十大精神，推进集中采购向纵深拓展”主题开展研讨，党委班子成员深入一线宣讲，推动学习宣贯走深走实。压实巡视整改责任，制定整改措施25条，全面推进整改落实，截至2022年底，整改完成19条，完成率76%。坚持“两个一以贯之”，细化党委前置研究讨论重大经营管理十三大类75个具体事项，确保党的领导贯穿公司治理全过程。

从严治党落实落细。持续巩固“四责协同”管党治党责任机制，加快构建齐抓共管“大监督”格局，一体推进“三不腐”机制建设，坚定不移全面从严治党。聚焦物资保供、供应商管理、信用管理等重点环节，紧盯重点岗位开展“大监督”，及时通报总结，做到闭环管理；完善巡视巡察上下联动机制，开展巡察“回头看”，确保整改落实到位；加强新时代廉洁文化建设，征集廉洁文章50篇，分享“悦享物资”好故事20期，“清风物资”廉洁文化为公司高质量发展营造良好氛围。

社会责任持续推进。践行人本管理理念，保障员工权益，分类分层开展员工培训，促进员工发展，增进员工价值，绩效奖励向价值创造者倾斜，突出正向激励。积极构建公正透明的采购体系，建设电商采购平台，建立健全招标、非招标采购监督与管理体系，持续推动阳光采购。积极履行社会责任，疫情期间累计向实体企业供给生活物资10055件、医疗防疫物资36555件、生产急需物资300吨，向平果市政府捐赠防护服1000套、口罩10万个、无烟炭2吨。加强绿色供应链体系建设，加快数字网链升级，实行采购绿色、安全、健康，运输低碳排放，帮助企业再生铝消纳，促进回收循环利用，为客户提供绿色原材料、产品和高效优质服务。

撰稿 / 吴若蒙

中铝物流集团有限公司

一、基本情况

中铝物流集团有限公司（简称中铝物流）成立于2002年11月14日，截至2022年底，注册资本9.64亿元，员工总数（在岗）2952人，资产总额26.48亿元，资产负债率44.94%。

主营业务范围：承办海运、空运、陆运进出口货物的国际运输代理业务；仓储服务；出租商业用房；汽车租赁；技术开发、技术转让、技术咨询；经济贸易咨询；交通运输咨询；货物进出口、技术进出口、代理进出口；运输代理服务；普通货运；国际船舶运输；国际道路运输；无船承运。产能规模：年物流作业量达到1.3亿吨。办公地址：北京市海淀区复兴路乙12号1219号。

2022年，中铝物流以高质量发展为统领，以专项工作为抓手，生产经营、改革发展和安全稳定都取得较好成绩。面对疫情反复及特殊时期环保管控等严峻考验，建立健全“一企一策”常态化防疫保运机制，保障中铝集团内部企业正常生产经营，被中铝集团授予“抗疫稳产”总经理特别奖。以全力保障进口铝土矿海运畅通高效为己任，积极应对风云变幻的国际航运形势，科学策划海船运力，努力提升港口运营质量，促进“两海战略”的稳步实施。全年实现营业收入112.89亿元，同比上升15.6%，其中外部收入达到42.1亿元，占比提升到37.3%；全年实现盈利1.51亿元，同口径增长19%，其中外部利润5724万元，占比达到38%，创历史最好水平；累计为实体企业物流降本2.54亿元，超计划目标6810万元。

二、生产经营

2022年，中铝物流完成物流作业量1.3084亿吨，同比增长9%；累计完成大宗海运租船1636.3万吨，同比增长22.9%；几内亚内河驳运1510.3万吨，同比增长19.9%；国内港口货代2316.8万吨，同比增长5%；EPC项目国际货代5780计费吨，同比上年增长381.6%。

主要经济指标一览表

表33

项目	单位	2021年	2022年	增长（%）
资产总额	亿元	27.64	26.48	-4.21
工业产值	亿元	—	—	—
营业收入	亿元	97.63	112.89	15.63
利润总额	亿元	1.70	1.51	-11.71
税收贡献	亿元	1.23	1.48	20.33
全员劳动生产率	万元/人·年	27	30.63	13.4

三、安全环保

强化安全标准化体系落地。150个班组全部通过安全生产标准化班组验收，3家单位取得三级或二级安全生产标准化企业证书，安全生产态势总体保持稳定，全年未出现重伤及工亡事故。加强安全生产标准化建设，完善安全环保规章制度4项，识别法律法规410项，梳理各层级制度270个，优化记录台账148项，统一记录标准38项，培训教育员工8461人次，排查整治各类问题隐患2805项。

四、科技创新

加大新技术新装备应用推广力度，建立公司新技术新装备新工艺组织管理体系，分级立项，稳步推进主要项目进展。公司首座电动重卡换电站在中铝驻黔企业建成投用；首批20台电动重卡正式上线运行，迈出电动重卡规模化推广应用的新步伐，每年可节约运输成本370余万元、减少二氧化碳排放3000余吨；与航天云网合作的氧化铝无人包装项目可研报告通过专题会审议，在中州物流开始试验；在与京东物流等单位现场调研和多轮交流的基础上，智能仓试点建设项目在广西华昇开始实施；数字化报表管理系统建设加快推进，应用简道云软件技术，实现供应链业务出入库数据及单据线上审批，推动物流业务报表智能化填报和数据筛选，大幅提升运营管控的效率和质量。

五、改革发展

聚焦十大专项、48个子项改革任务，以专项工作为抓手，采取“清单式管理”和“每月一主题”汇报等措施，强化督导，统筹推进，各项工作取得显著成效。落实国企改革三年行动方案，加快现代公司治理体系建设，完成董事会管理流程和制度的制定完善；推进“前、中、后台”职能分立，完成公司本部机构改革优化，形成“4+3+3”新型管理架构；推进任期制契约化管理，完成“两级”领导班子成员全覆盖，构建起以价值创造为导向的业绩考核新体系；完成甘肃物流和连城物流一体化管理整合、中州物流对新疆物流的市场化托管、重庆物流等4家单位的扁平化改革，基层运营管理效率大幅提升；围绕连城铝业500千安培项目复产保运，组织甘肃物流和中部陆港异地转岗30人。2022年，公司全员劳动生产率同比提高13.4%，在岗职工平均工资增长达到13.5%。

六、党建与企业文化

深入学习贯彻党的二十大精神，组织开展读书班、集中轮训、物流大讲堂以及书法摄影和知识竞赛等宣贯活动，凝聚广大干部员工奋进新征程的磅礴力量。坚持高质量党建引领高质量发展，通过党建课题立项，推进党建和业务深度融合，形成14项研究成果，其中1项入选2022年度“国企党建创新优秀案例”，并在《国企》杂志发表。积极推进党建对标和结对共建活动，通过与中物联和广西分公司党委对标共建，提升了党建工作质量。加强群众性技术创新，两项成果分别荣获中铝股份“金点子”和“银点子”。

按照《中铝物流企业文化体系建设项目的实施方案》计划，以中铝集团文化为指导，充分突出中铝物流党建领航优、员工队伍稳、资源禀赋好、品牌信誉佳、央企管理规范等优势，紧紧抓住物流保供、降本增效、为客户创造价值等物流特点，先后开展全员问卷调查，准确掌握中铝物流企业文化现状、积淀的优秀文化基因，形成《中铝物流企业文化体系初稿》，为企业文化体系构建奠定坚实基础。

撰稿／陈新彦

贵州华锦铝业有限公司

一、基本情况

贵州华锦铝业有限公司（简称贵州华锦）成立于 2014 年 7 月 18 日，是中国铝业股份有限公司与杭州锦江集团有限公司合作成立的股份公司，截至 2022 年底，注册资本 10 亿元，员工总数（在岗）793 人，资产总额 34.92 亿元，资产负债率 33.31%。

主营业务范围：铝土矿产品，铝冶炼产品及相关金属，铝加工产品销售，碳素制品销售，铝工业废弃物（赤泥、粉煤灰）销售，相关技术开发、技术服务。产能规模：160 万吨氧化铝。办公地址：贵州省贵阳市清镇市王庄乡政府办公楼。

2022 年，贵州华锦全面贯彻党的二十大精神，在中铝股份和杭州锦江集团的领导下，认真贯彻落实各项安排部署，紧紧围绕“坚守安全环保底线、坚持高质量发展、增强价值创造能力、再创成本竞争优势”的管理思路，全面推进全要素对标提质增效工作，坚持以效益为中心、以结果为导向，较好地完成全年生产经营任务。全年实现工业总产值 42.13 亿元；实现利润 5.037 亿元；缴税 2.22 亿元；实现运营现金流 9.44 亿元。

二、生产经营

2022 年生产商品氧化铝 163.11 万吨；完成工业总产值 274.46 亿元；实现利润 49.64 亿元；缴税 18.88 亿元。2022 年，贵州华锦大力实施物资采购降本，成立矿石工作组，攻克矿石紧缺难题；争取政策支持降本，争取政策资金 7000 余万元；深挖内潜降本，大力实施“外委内干”“修旧利废”，全年有效节约费用 521.65 万元。

主要经济指标一览表

表 34

项目	单位	2021 年	2022 年	增长（%）
资产总额	亿元	34.92	36.70	5.11
工业产值	亿元	39.74	42.13	6.01
营业收入	亿元	39.78	42.34	6.45
利润总额	亿元	7.35	5.04	−31.49
税收贡献	亿元	3.28	2.22	−32.41
全员劳动生产率	万元 / 人 · 年	155.35	110.20	−29.06

三、安全环保

2022 年，贵州华锦从严抓实抓细安全环保管理，全年无重伤及以上生产安全事故，无突发环境事件，污染物达标排放，固废处置合规率 100%，安全环保隐患整改率 100%，接触职业危害因素作业员工职业健康体检率 100%，全员安全培训上岗率 100%，危险作业审批率 100%，“安全标准化班组”创建率 100%。

深入开展安全环保隐患排查与整改，查出环保隐患 140 余项；安全隐患 4900 余项，全部督促完成整改；加大检查考核力度，全年开具安全环保处罚通知书 111 人次，处罚人民币 181500 元；加大安全生产专项费用投入，2022 年安全生产专项费用支出 1900 万余元；落实生态环境风险防控及处置，公司 39 个生态环境风险点全部达标排放，连续四年组织开展环保开放日活动，直面群众和环保部门的监督，进一步增进企地和谐和厂群关系。

四、科技创新

大力实施科技创新，2022 年获得授权专利 22 件，其中授权发明专利 1 项，实用新型专利 21 项。脱碳研究取得突破，有效降低系统碳碱比，入磨矿石的碳含量提高到 0.55%；自主研发新型脱硫剂，并不断研究摸索新型脱硫剂最佳使用效果，入磨矿石含硫均值可达到 0.54%，全年使用高硫矿 93.68 万吨，累计节约费用 1532.60 万元；赤泥用于道路铺设的消纳量达到 1828 吨，赤泥综合利用实现零的突破。

五、改革发展

2022 年，贵州华锦结合企业实际情况，根据《中华人民共和国公司法》《公司章程》相关规定，制定《股东会议事规则》《董事会议事规则》《董事会授权管理办法》《经营班子成员考核评价及薪酬分配管理办法》等 8 项公司治理类制度，并进一步对《公司章程》修订，建立符合现代企业制度和发展要求相统一的三会管理体系，明确董事会、经营层之间的职责边界和权限划分，充分发挥董事会的决策作用和经营层的管理作用，形成权责法定、权责透明、协调运转、有效制衡的公司治理机制。

六、党建与企业文化

2022 年，贵州华锦党委在中铝集团党组及上级党委的正确领导下，以迎接党的二十大胜利召开和宣传党的二十大精神为首要政治任务，大力弘扬伟大建党精神，进一步巩固拓展党史学习教育成果，提升党建对标、党建引领和党建价值创造能力，推进党建与中心工作双向融合。一是强化政治建设，压实政治责任，充分发挥党委“把方向、管大局、保落实”作用，党的领导更加坚强有力。二是强化理论武装，把牢政治方向，培养一支忠诚干净担当的党员队伍。三是夯实基层基础，建强战斗堡垒，基层党组织的组织力、战斗力显著提升。四是深化双向融合赋能，正向引领降本增效成效显著。五是强化党风廉政建设，推进全面从严治党，筑牢拒腐防变的防线。六是创建“党建 +”特色品牌，促进党建质量提升。七是坚持“党建带群建”深化群团建设，增强职工群众的满意度与归属感。八是着力人才培养，服务青年职工成长发展，涌现出一批优秀人才。

撰稿 / 吴宏樟

中铝集团山西交口兴华科技股份有限公司

一、基本情况

中铝集团山西交口兴华科技股份有限公司（简称兴华科技）成立于2011年11月4日，截至2022年底，注册资本5.8818亿元，员工总数（在岗）484人，资产总额21.53亿元，资产负债率69.86%。

主营业务范围：冶金级氧化铝、氢氧化铝。办公地址：山西省吕梁市交口县温泉乡工业园区。

产能规模：80万吨。办公地址：山西省吕梁市交口县温泉乡工业园区。

2022年，兴华科技主营收入同比增长7%，实现两连增。全要素对标再精准实现新提高，在中铝系统分工序对标综合能力指数同比提升6位。综合能耗同比降幅10.1%、年碳排放量同比降幅19.7%。年财务费用同比降低35.88%，资产负债率同比优化4.67%，首次控制在70%以下。推进“三年降本工作方案”，生产工艺补链强链，高有机物返流程提质，高效能装备改造投用，创效2073.31万元。

二、生产经营

2022年，兴华科技实产产量完成83.97万吨，同比降低12.18万吨；商品产量完成83.77万吨，同比降低11.87%。10月进入弹性生产，生产组织方式进行调整。

分工序对标工作取得成效。3月开展分工序对标工作，提高车间和班组指标控制意识，分工序对标综合能力指数由2021年第11名，提高到第5名。

有机物处理保产降耗。通过对除杂工序工艺参数跟踪控制，提高有机物处理量，11、12月全用高有机物澳矿和所罗门矿生产，并将所罗门矿用量比例提高到25%～30%，从而降低生产成本300元～500元/吨。

重点生产流程技改。技改溶出末级闪蒸乏汽加热脱硅套管、脱硅槽、洗水加热器、强滤液槽，提高乏汽利用率，实现溶出洗水加热器不冒汽，同时低压汽耗降低0.1吨/吨氧化铝；蒸发冷却塔采用新型填料及补水方式，提高蒸发冷却塔换热效率，降低循环水温度，减少飞水损失，改造后，汽水比降低0.03，低压汽耗降低0.1吨/吨氧化铝；二步分解槽中间降温由浸没板式改为宽通道板式换热器，二步分解末槽温度降低7℃，分解率提高6%。

主要经济指标一览表

表 35

项目	单位	2021 年	2022 年	增长（%）
资产总额	亿元	25.08	21.53	−14.15
工业产值	亿元	23.67	21.39	−9.63
营业收入	亿元	21.63	23.14	7.01
利润总额	亿元	0.86	0.19	−77.43
税收贡献	亿元	0.64	0.80	23.65
资产负债率	%	74.53	69.86	减少 4.67 个百分点
全员劳动生产率	万元 / 人·年	0.19	0.17	−10.52

三、安全环保

兴华科技始终坚持“安全第一、预防为主、综合治理”的安全生产方针和“一切风险皆可控制，一切事故皆可预防”的安全理念，已连续七年未发生安全生产事故，被评为安全标准化二级企业。多次荣获中铝股份“安全生产零事故奖”。截至 2022 年 12 月底，实现安全生产无事故 2528 天。在职业健康方面，坚持宣传贯彻相关法律法规，提高员工的防范意识，坚持每年给接尘人员进行健康体检，保护从业人员的身心健康。

兴华科技生产过程中主要生产原料有铝土矿、煤和石灰等，全厂大气污染物排放共有 22 个排污口，其中主要排放口 4 个，一般排放口 18 个。企业环保设施运行与吕梁市电力监管系统联网，大气排放 4 个主要排放口装有在线监测，在线设施由具备相关资质的第三方负责运营。主要固废有赤泥、脱硫石膏和粉煤灰等，均按排污许可证要求堆存在赤泥堆场。危废建有符合规范标准的危废仓库，危废均按环保要求由第三方进行转移。建有生活污水一体化处理设施，全厂废水零外排。

四、科技创新

2022 年，兴华科技开展 9 项研究开发项目，其中政府项目 3 项。科技研发投入强度 3.64%。重点开展“高有机物进口矿关键技术优化研究及工业试验”共排出有机物滤饼 8170 吨，排出有机碳 640 吨，通过对系统有机物进行处理，稳定进口矿用量，进口矿用量比例占 87.3%，其中高有机物澳矿用量占 8.3%，所罗门矿用量占 3.1%，较 2021 年分别提高 4.8% 和 3%。兴华科技拥有“山西省低钠系列铝基新材料工程技术研究中心”和“山西省省级企业技术中心”两个省级技术创新平台，2020 年引进杨会宾博士与中心等单位联合开发的“拜耳法生产过程含碳杂质控制技术开发及应用”和 2021 年引进于海燕博士的“高浓度工业铝酸钠溶液深度脱硅脱铁技术研究”以及张以河院士的“赤泥全组分利用产业化关键技术可行性研究”课题进展顺利。截至 2022 年底，申报专利 27 项，其中发明专利 9 项，8 项在实质审查阶段，累计授权实用新型专利 18 项，2022 年授权 3 项。

五、党建与企业文化

兴华科技深入学习贯彻党的二十大精神，坚持系统观念，坚持问题导向，坚持目标引领，坚持结果导向，多渠道多方式传递“我是谁，干什么，怎么干”角色定位，把广大干部员工的思想统一到生产经营大目标上来；以融入中心创造价值为引擎，以党建 + 科技为统揽，以党委主要成员深入重点领域开展专项调研为载体，实现 3 件知识产权（实用新型专利）公开、7 个“两带两创”项目启动、7 个优秀合理化建议项目获奖、职工创新工作室建成落地、两名挂职技术干部走上基层管理工作岗位、3 名优秀业务骨干加入党组织，党的政治功能和组织功能进一步夯实。2022 年公司获吕梁市五一劳动奖章、山西省功勋企业称号。

兴华科技纪检监察室查处并妥善处理原煤取制样作弊、铝矿石样品调包等案件，有效整治大宗原材料采购质量管理的歪风邪气；积极配合区域法律中心妥善处理各种经济纠纷和诉案近 30 起、涉案金额达 2 亿多元，避免直接经济损失 1000 万元以上，使整体诉讼风险处于可控之中，出色地完成内外部审计及发现问题整改等各项工作。

撰稿 / 贾迎春

贵州华仁新材料有限公司

一、基本情况

贵州华仁新材料有限公司（简称贵州华仁）成立于2017年4月27日，截至2022年底，注册资本12亿元，员工总数（在岗）781人，资产总额38.64亿元，资产负债率34.91%。

主营业务范围：铝冶炼产品及相关金属、铝锭生产及销售、铝加工产品销售、碳素制品的生产及销售。产能规模：电解铝40万吨。办公地址：贵州省贵阳市清镇市王庄布依族苗族乡。

2022年，面对新冠疫情、限电降负荷等困难形势，贵州华仁坚决贯彻"疫情要防住、经济要稳住、发展要安全"的总要求，持续推进精细化管理，抓实抓细全要素对标和极限降本增效工作，圆满完成全年生产经营任务。全年实现利润总额6.61亿元，净利润5.63亿元；经营性现金流净流入11.39亿元。

二、生产经营

2022年，贵州华仁克服2月份限电停槽143台等困难，认真贯彻落实"五标一控"管理思路，遵循"稳中求进"的管控思路，科学建立电解槽数学管控模型，开展电解槽运行健康度评价，融入对标管理、推广优秀成果，与全要素对标有机结合，紧紧围绕成本竞争力，构建立体对标模式，制定多维度降本增效目标措施，持续提升价值创造能力，生产原铝39.76万吨，完全成本15815元/吨（含税17871元/吨），原铝直流电耗12771千瓦时/吨铝，阳极毛耗454千瓦时/吨铝，氟化盐单耗17千瓦时/吨铝，氧化铝单耗1894千瓦时/吨铝。紧紧围绕生产经营目标、任务和短板开展各项质量管理工作，组织质量管理体系成熟度评价，推进管理成熟度提升，持续优化质量管理体系运行，荣获"2022年推进全面质量管理优秀企业"称号。

主要经济指标一览表

表36

项目	单位	2021	2022	增长（%）
资产总额	亿元	44.85	38.64	−13.85
工业产值	亿元	72.03	69.2	−3.93
营业收入	亿元	72.85	70.55	−3.16
利润总额	亿元	15.03	6.61	−56.02
税收贡献	亿元	4.32	2.44	−43.52
全员劳动生产率	万元/人·年	214.45	163.25	−23.88

三、安全环保

2022年以来，贵州华仁坚持以强化管理体系运行为主线，以"两抓两查严监管"和安全标准化为抓手，全面推行“葡萄图”“CARC表”管理工具，持续强化全员累进激励，落实作业前风险辨识与管控，多频次全覆盖开展专项隐患排查治理，实施天车、叉车、运输工艺车安防设施改造，深入推进安全生产标准化建设，不断提升公司安全管理绩效，实现全年无重伤及以上事故目标，全员20万工时损工率较去年下降40%，安全绩效创历史最好水平。

2022年职业健康管理通过贵阳市级“健康企业”验收；环保方面通过中铝股份“无废工厂”验收；CAHS\CAE体系运行有效，在保持第三方ISO管理体系资质认证基础上，自评审核得分较上一年度持续提升。坚持固体废物全过程跟踪，实现全年无环境污染事件和危险废物100%依法合规处置。

四、科技创新

2022年，贵州华仁科技投入21509万元，研发投入强度约为3.101%。全年申请专利7项，其中发明专利2项、实用新型专利5项，获得授权专利7项、受理专利5项。持续开展技术研发应用和工艺技术改进，取得一定成效。在30台电解槽上开展槽内衬结构优化技术研究，吨铝综合交流电耗从原来的13509千瓦时/吨铝降到13244千瓦时/吨铝；“降低电解槽停槽压降技术研究”项目采取电解槽上、下部短接方式，停槽单槽平均降低压降50毫伏；“阳极喷涂技术研究”及38天换极周期验证成功，进入有序推广，吨铝阳极消耗降低16.5千克，同时减少对电解槽的干扰，提高电解槽运行稳定性；“基于热电转换技术的电解铝烟气余热发电技术研究”，试验取得阶段性成果。降低停槽压降技术研究项目，获得清镇市科技局40万元资金支持。开展“多功能天车在线检测及数据采集系统研究”项目，提高设备运转效率，保障电解生产需要。成功研发“一种多材质复合型节能阳极钢爪结构”，实现降低阳极钢爪压降约17毫伏。

五、改革发展

2022年，贵州华仁强化投资项目管理，紧盯全年重点任务完成。项目团队以“等不得”的紧迫感、“慢不得”的危机感，精心谋划全年项目管理工作，并逐一加以落实落地。克服大修材料因疫情未按时进场，电解大面积停电等影响，精心组织，在保障安全的前提下，保质保量超额完成全年电解槽大修计划任务。同时，多部门通力合作全力推进10万吨产能指标相关前期评价工作。根据中铝股份批复文件，完成推进碳素阳极工程项目终止及其项目前期费用核销工作。持续强化现场稽查、内控体系建设、内控管理和工程造价管理工作，及时有效堵塞漏洞，据理力争挽回损失。贵州轻合金新材料退城进园项目（电解铝部分）通过中铝股份组织的项目竣工验收。按照中铝公司批复的内容完成建设程序规范，手续完备。围绕购置10万吨电解铝产能指标（贵州华仁新材料有限公司电解铝扩能项目）开展工作部署，为产能依法合规运行启动编制可研、安评、能评、环评等前期专项专篇。全年完成电解槽大修83台，为全面扩能提产奠定坚实的基础。

六、党建与企业文化

2022年，贵州华仁党委坚持以习近平新时代中国特色社会主义思想为指导，以迎接党的二十大胜利召开及学习宣传贯彻党的二十大精神为主线，认真学习贯彻习近平总书记系列重要讲话精神，教育引导广大党员干部忠诚拥护“两个确立”，坚决做到“两个维护”。召开党委会25次，党委中心组学习13次，认真落实“第一议题”制度。同时，充分利用中铝党校网络培训平台及上级党委组织的培训，通过线上学习培训平台、线下集中学习、庆“七一”知识竞答活动等不同形式，广泛开展学习教育，督促和引导广大党员提高学习意识。

2022年，贵州华仁党委制定前置研究讨论重大经营管理事项清单，修订党委议事规则、“三重一大”决策制度实施细则，进一步厘清职责边界，规范决策程序，充分发挥党委“把、管、保”的作用，始终把党的领导贯穿生产经营发展全过程。制定加强标准化党支部建设检查考核办法、党员“提升素质、提升业绩”积分制管理办法等，修订完善《党支部委员会议事制度》《三会一课制度》《党员责任区制度》等10项工作制度，不断加强党的领导和基层党组织建设。党委班子成员和各党支部委员分别签订党建责任清单和“一岗双责”清单。紧紧围绕季度党建检查反馈的问题点，召开专题会逐条梳理，制定整改措施，不断提升党建工作质量。同时，抓实信访维稳，认真开展排查梳理，制定维稳应急预案，强化统筹安排，压实责任。

2022年，贵州华仁党委把从严治党和从严治企结合起来，积极构建大监督体系，明确各职能部门职责，把党内监督和业务监督有机衔接。抓常态化约谈，结合元旦春节等节假日，以及省内安全事故、疫情防控等情况，针对后勤保障、工程管理商务营销等关键岗位人员开展约谈，切实做到事前提醒、防微杜渐。通过组织学习《中铝贵州企业纪检监察信息简报》中的通报案例、贵阳市通报违反中央八项规定精神典型案例，集中观看警示教育片《迷失的人生》等，以案明纪，不断提升大家的廉洁自律意识。组织广大党员和各级管理人员学习全国保密工作会议精神、保密案例，按照网络安全管理要求，进一步对广大员工宣传教育，强化保密和网络安全意识。持续开展“影子公司”“影子股东”问题专项整治工作，严防利益输送、靠企吃企问题发生。认真落实中铝集团第二巡视组巡视反馈问题“回头看”和第五巡视组巡视反馈问题整改，针对对待上级审计、检查、巡察等配合不力，存在重视生产经营、弱化党建工作现象等问题，制定措施，抓实整改工作。

2022年，贵州华仁认真履行企业社会责任，贵州华仁是清镇市第一纳税企业。为支持疫情防控，积极为地方政府提供后勤保障和人员支持。贵州华仁积极为企业驻地提供就业岗位，帮助退伍军人以及残疾人就业。

撰稿 / 周　涛

中铝新材料有限公司

一、基本情况

中铝新材料有限公司（简称中铝新材料）成立于2010年1月8日，截至2022年底，注册资本60.74亿元，员工总数（在岗）7697人，资产总额178.06亿元，资产负债率65.89%。

主营业务范围：精细氧化铝、氧化铝、氢氧化铝产品的生产、销售、研发；技术研发、技术服务、技术咨询、技术交流、技术转让、技术推广。产能规模：精细氧化铝399万吨，冶金级氧化铝271万吨。办公地址：无锡市滨湖区建筑西路777号A10幢17层。

2022年，中铝新材料以习近平总书记“加快建设一批产品卓越、品牌卓著、创新领先、治理现代的世界一流企业”为遵循，提出实施“提质、升级、领先、探路”四大工程，制定完善高纯超纯发展规划以及实现路径，明确“十四五”末精细氧化铝初步实现高质量发展、精细氧化铝产能全球占比由24%提升至36%、国内占比由52%提升至接近70%、初步成长为具有全球竞争力的世界一流精细氧化铝资源供应商和集成服务商的目标。截至2022年底，总资产178.06亿元，净资产59亿元，年营业收入185亿元。精细产品年产量378万吨，占中铝股份精细产量比重88%。精细利润占比同比提升14个百分点，精细化净资产收益率（ROE）提升4个百分点，高于冶金级氧化铝单位利润的产品数量占比提升20个百分点。

二、生产经营

2022年，中铝新材料冶金级氧化铝实物产量270.51万吨，精细氧化铝实物产量356.94万吨，其中，煅烧α氧化铝、高白氢氧化铝、沸石分子筛、拟薄水铝石产销量全球第一；对中铝山东、中州铝业两家企业原178款精细产品牌号名称进行分类统一，合并形成162款中铝新材料公司精细产品牌号。

2022年，中铝新材料以中铝股份各业务单位对标工作方案为指导，以行业领先、历史最优为标杆，围绕提质、升级、领先三大工程，重新分解降本指标，形成39个降本子项，并建立各业务单元全要素对标体系，单耗降本完成16399万元，较目标超出1763万元；产量影响减利5720万元，合计降本10678万元。

主要经济指标一览表

表 37

项目	单位	2021 年	2022 年	增长（%）
资产总额	亿元	188	178.06	−5.28
工业产值	亿元	162.20	186.04	15
营业收入	亿元	171.8	185	7.68
利润总额	亿元	7.94	0.15	−98.11
税收贡献	万元	7.7	8.59	11.56
全员劳动生产率	万元 / 人・年	201.34	250.76	25

三、安全环保

中铝新材料认真贯彻落实中铝集团、中铝股份关于安全环保工作的各项部署要求，组织各单位以“三大体系”高质量运行为抓手，压实各单位安全生产主体责任，督促“一岗双责”责任落地，确保安全环保工作绩效的顺利完成，全年未发生工亡事故及一般及以上环境事件，接触职业危害因素作业员工职业健康体检实检率 98% 以上、全员安全持证上岗率 100%、全员安全生产责任书签订率 100%。

2022 年，中铝新材料共用新水 14480956 吨，同比降低 3.76%，重复用水率平均 97.505%；转移废催化剂、离子交换树脂、废润滑油、废矿物油桶、废油漆桶 92.5204 吨。中铝山东综合能耗完成 277.13 千克标煤 / 吨氧化铝，较年度目标降低 0.87 千克标煤 / 吨氧化铝；中州铝业综合能耗完成 318.14 千克标煤 / 吨氧化铝，较年度目标降低 26.86 千克标煤 / 吨氧化铝。中铝山东保持熟料窑、焙烧炉窑烟气超低排放，赤泥综合利用率达到 16%；中州铝业赤泥综合利用率达到 5%。推广应用先进 SNCR+SCR 脱硝、湿法脱硫工艺、复合式电袋除尘器处理工艺，进一步提升污染防治水平，建设智能化环保预警系统，实现治理工艺与排放指标连锁精准控制，达到氧化铝行业超低排放标准。

四、科技创新

2022 年，中铝新材料科技研发投入 66665.16 万元，营业收入占比 3.60%；其中，研发费用 65509.14 万元，营业收入占比 3.54%。所属企业中州铝业争取研发费用省补助、专利补助、焦作市高层次人才等科技支持资金 96.5 万元；中铝山东争取国家部委项目、淄博市企业技术改造设备（软件）购置补助、政府工业转型发展专项、泰山人才项目等科技支持资金 1988 万元。

2022 年，中铝新材料开展中铝股份重点科技项目 8 项，其中科技成果产业化项目 6 项，预计投资 33438.5 万元，实施后创效 7867.88 万元；承担国家部委项目 3 项。5 项科技成果通过中国有色金属工业协会评级，其中 2 项国际先进，2 项国际领先，1 项国内领先。负责建设的精细氧化铝领域中心在中铝集团 22 家领域中心评价中排名第一。

2022 年，中铝新材料申请专利 60 件（发明专利 29 件），授权专利 46 件（发明专利 20 件），截至 2022 年底，累计有效专利 332 件（发明专利 191 件）。

五、改革发展

2022年，中铝新材料通过股权转让的方式，整合中铝山东、中州铝业、郑州研究院（精细氧化铝部分）的资产和人员，完成精细氧化铝专业化管理整合，转变为集团三级企业，负责精细氧化铝业务集中统一管理、专业化运营。完成本部7个部门、营销中心、研发中心2个中心、中铝山东、中州铝业、郑州分公司3个分子公司的设置；按照“集中一贯，扁平化管理”理念，优化调整中铝山东、中州铝业“四部一中心”机构设置，压减2个管理部门，对财务资产部派驻机构、投资管理派驻人员进行垂直管理。

2022年，中铝新材料推动“三项制度”改革，进一步提升企业活力和竞争力。全面推行任期制契约化管理，建立“红黄牌”退出机制，完善领导班子成员解聘、退出通道；开展半年及年度民主评议工作，对不称职、不胜任的干部予以调整或退出，2022年中层管理人员退出9人。在政策范围内实施工伤退出岗位、病伤停工医疗、短期停工放假、清理清退违规违纪人员、对不胜任工作或改革富余人员依法支付经济补偿金后解除劳动合同、划转、退休等措施减少在岗人员，2022年在岗人员减少532人（其中市场化退出减员179人），内部劳务输出上岗200余人次，新项目用工内部招聘转移上岗70人。以战略目标为导向，构建价值创造、价值评价、价值诊断、价值提升、价值分配的价值管理体系，对“销研产投”进行分类考核；以价值创造为核心，树立“挣工资”理念，“以奋斗者为本，向高业绩倾斜”，刚性考核兑现，实现营销中心一线销售人员最高收入是最低收入的3倍以上。

2022年，中铝新材料拓展思路、精准投资，立项科技产业化项目6项，总投资额33438.5万元，实施后预计创效7867.88万元；保质保量按期建成投用固定资产投资项目2个，总投资13577万元。中铝山东十万吨低钠微晶新材料项目（一期工程）以“高端化、短流程、智控化、近终端”为核心思路，于2022年12月27日建成投产，项目达产达标后年平均利润总额达2500余万元。

2022年，中铝新材料组织派驻财务部完成山东高速环保建材有限公司股权参股方案编写，为提升赤泥综合利用率，盘活堆场库容，延长堆场使用寿命奠定基础。与中国石化催化剂有限公司加快推进3万吨级拟薄水铝石生产线建设事宜，共同拟定合资公司推进方案，编制主要工作节点流程，形成全面的规划安排。与中铝碳素签订股权转让协议，完成沂兴碳素股权转让；完成山东环保科技注销；推进华北矿业注销事宜。

六、党建与企业文化

自专业化整合以来，组织全体中层管理人员开展“强化学习力、提升组织力”学理论谈体会活动，每月一个学习主题，每月一次体会展评，将学习力转化为组织力；在本部深入开展“三个转变”大讨论，推动工作身份、职能定位、工作思维转变；创新“3+N”集体学习模式，开展“强学习促执行、重实干开新局”学习教育活动；班子成员先后集体学习研讨6次，明确“品种翻番、利润翻番”的战略目标。组织170余人集中收听收看党的二十大开幕会，研究部署“六个一”学习宣传贯彻党的二十大精神重要工作。形成“无创新不工作”“一切工作高标准”“无人负责我负责、有人负责我配合”“说干就干、干就干成”等工作理念，凝聚起团结奋进的思想共识和强大的内生动力。

打造一刊（《中铝新材料周刊》）、一屏（智慧屏）、一库（飞书知识库）、一论坛（强“新”论坛）宣传文化阵地，组建通联队伍，编辑图文为主体的周刊，进行线上线下协同传播；利用智慧屏，动态展示企业动态、主题活动、文化理念、通知公告等，成为员工工间小憩“打卡点”；飞书技术加成，建立“规章制度、周刊、学习资料”等知识库，打造云上活动阵地；每周组织强“新”论坛主题分享，及时将工作中典型、可复制的案例进行总结交流。

持续推进公司反腐倡廉制度体系建设。切实筑牢思想道德防线，通过现场培训和飞书视频同步培训相结合的方式，召开廉政主题教育3次，参与培训人员共计360余人次，开展廉政谈话共计85人次。配合开展谈话40余人次，出具廉洁意见回复19人次。组织开展药剂管理、溢短装、保密管理、合规建设、销售价格等专项监督检查，对检查中发现的33个问题及时向被检查单位反馈并督促整改，完善制度7项，制订整改措施74条，均在规定时限内完成整改。严肃执纪问责，保持长效震慑，给予问责3人次、行政处分1人次，避免经济损失102万元，挽回经济损失9.5万余元，营造风清气正的政治生态和干事创业的良好氛围。

撰稿／张华军

中国铜业有限公司

一、基本情况

中国铜业有限公司（简称中国铜业）成立于2008年8月，截至2022年底，注册资本428.27亿元，员工总数（在岗）29222人，资产总额1734.14亿元，资产负债率61.23%。

主营业务范围：铜、铅锌及其他有色金属行业的投资、经营管理等。产能规模：铜精矿产量33万吨/年、铜冶炼产能130万吨/年，铅锌精矿产量60万吨/年、铅锌冶炼产能约80万吨/年。办公地址：北京市西直门北大街62号；云南省昆明市盘龙区华云路1号。

2022年，中国铜业认真贯彻党中央决策部署和集团党组工作要求，聚焦集团“四大战役”，坚持“深改革、深对标、强作风、创价值”工作主线，以接受集团党组专项巡视、审计署进驻审计为契机，抢抓发展机遇，持续砥砺前行，全面从严治党，加快改革步伐，内涵式高质量发展取得新成效。

二、市场分析

2022年，LME三月期铜最高10600美元/吨，最低7104美元/吨，均价8786.1美元/吨，同比下降5%；SHFE主力合约铜最高77370元/吨，最低54350元/吨，均价66873元/吨，同比下降2%。年底，铜价迎来强势反弹。国内锌现货均价25198元/吨，较2021年全年均价22432元/吨，上涨2766元/吨，涨幅12.33%，全年价格仍维持相对高位运行。国内铅现货均价15167元/吨，较2021年均价15165元/吨，上涨2元/吨，涨幅0.01%。

受粗铜、废铜等供应紧张，限电、疫情等因素影响，全年精铜产量增量低于预期；消费方面，受疫情、限电、出口订单向东南亚转移等因素影响，消费大幅弱于预期。从基本面来看，2022年锌矿供需两弱，加工费呈现前低后高走势，锌锭低产出加剧低库存，支撑锌现货高升水。从新增需求及替换需求来看，铅的消费已经过高峰期。需求端，产销受冲击较大，整体表现先抑后扬。库存来看，LME库存处于历史低位水平，两市库存年末显著走低。

三、生产经营

2022年，完成工业总产值1794.99亿元，同比增长2.56%；主要产品产量253.91万吨，超年度目标21.41万吨。其中，阴极铜、电铅、电锌、铜加工材分别完成134.92万吨、14.29万吨、63.49万吨、41.21万吨，超年度目标5.4%、42.88%、13.37%、7.05%；副产品产量稳定增长，硫酸完成620.47万吨，同比增长3.96%；精矿含铜、精矿含锌分别完成33.12万吨、35.81万吨，超年度目标3.62%、4.49%。

2022年，中国铜业实现营业收入1683.85亿元、利润总额61.25亿元，均创历史新高；净利润46.87亿元、归母权益贡献44.29亿元；成费比94%，较年度目标降低2.5个百分点；经营现金流165.92亿元，超年度目标31.42亿元；资产负债率61.83%，较年度目标降低8.81个百分点；资金集中度69.08%，超年度目标9.08个百分点；“两金”月均净额158.5亿元，较年度奋斗目标减少3.5亿元。

2022年主要经济指标一览表

表38

项目	单位	2021年	2022年	增长（%）
资产总额	亿元	1625.57	1734.14	6.68
工业产值	亿元	1750.13	1794.99	2.56
营业收入	亿元	1585.16	1683.85	6.23
利润总额	亿元	46.15	61.25	32.72
净利润	亿元	16.57	46.87	182.86
税收贡献	亿元	44.66	50.87	13.91
全员劳动生产率	万元/人·年	63.76	80.68	26.54
资产负债率	%	70.64	61.83	减少8.81个百分点
净资产收益率	%	3.50	6.95	增加3.45个百分点
总资产报酬率	%	4.85	5.47	增加0.62个百分点
研发投入强度	%	2.36	2.57	增加0.21个百分点

四、安全环保

2022年，中国铜业贯彻落实企业防风险主体责任，防与治协同，有力防范化解安全、环保等风险。扎实推进“44322”安全生产举措落地见效，规范运行集团安全生产标准化体系，安全生产标准化班组达标率94%，发生1起承包商生产安全责任事故，1人工亡，工亡人数同比下降87.5%，未发生较大及以上生产安全责任事故；推进生产领域承包商三年专项整治实施方案，承包商户数、结算金额分别较考核基数压降41.47%、2.29亿元，均完成任务目标。深入打好污染防治攻坚战，中央生态环境保护督察反馈问题整改63条，整体完成率94%，主要工业污染物100%达标排放。万元综合能耗（可比价）累计完成0.1022吨标煤/万元，同比下降0.58%，铜、铅、锌（有渣）冶炼综合能耗完成186、90、895千克标准煤/吨，同比分别下降0.96%、16.65%、5.94%；全年碳排放量570万吨，碳排放量增幅小于主产品产量增幅。

五、科技创新

2022年，中国铜业成功重组全国重点实验室，累计研发投入43.19亿元，研发投入强度2.57%，超集团考核目标2.3%，新承担政府科技项目28项，获得科技经费0.93亿元，各类资金到位1.09亿元，科技创效4.9亿元，获中国有色金属工业协会科技进步奖一等奖3项。

全年组织实施应用研发、战略性研发等重点项目71项，特别是9大科技重大专项取得积极进展。其中，“绿色再生铜资源高效回收及生产技术研究”项目完成云南省重大专项立项；光纤级超高纯四氯化锗产出合格样品，5N高纯镉生产工艺贯通并产出合格样品，5N高纯锌全线完成调试；成功制备出国际最大规格Φ650mm铜镍合金无缝管材，LY32系列带材实现进口替代。易门铜业完成智能感知等系统初步设计，迪庆有色完成超融合平台搭建部署；中铜工业侧互联网平台、工业侧大数据平台、双数据中心、网络安全运营中心建设方案已报集团审批，“数说中铜”完成原型设计，阳光采购平台上线率达到98.96%。

集团穿透管理4项质量指标全部达标，未发生C类以上质量事件。其中，铜线材综合成品率超进度目标2.02个百分点，铜加工质量退换货率下降至0.4%。质量事件同比下降14.6%，损失金额同比下降10.78%，质量收益达1.2亿元。主导制、修订国家标准3项、行业标准11项，行业话语权和影响力得到提升。

六、改革发展

中国铜业国企改革三年行动218项目标和国务院国资委考核的12个事项全部完成。现代企业制度逐步建立完善。全级次企业实现党建进章程，完成“三重一大”决策制度实施办法和议事清单修订，开展规范党委会议事项决策范围和程序专项整治等，33户企业在董事会应建尽建、董事会向经理层授权、外部董事占多数方面实现100%，19户集团改革重要子企业（含本部）董事会职权得到落实。

2022年，中国铜业深入开展市场化改革，对全级次53户企业任期制契约化管理存在问题进行整改并组织开展改革首年考核兑现；本部设立企业管理部，撤销矿山、冶炼两个部门，在两家上市公司分别设置矿山、冶炼事业部，深化营销一体化等，不断推进集中一贯、扁平化管理。建立本部“净利润价值树”，实行“末等调整和不胜任退出”等，全面推进用工市场化。华中铜业通过深化职业经理人制度改革，全年盈利0.27亿元，扭转连续11年亏损局面；昆明冶研院、驰宏锗业入选“科改示范企业”名单，在完善公司治理、加强党的建设等方面取得积极进展。全年正常经营亏损企业减至7户、亏损金额降至7.9亿元。完成剥离21户，参股权处置6户。云铜集团收到香格里拉洪鑫破产分配资金1.45亿元；老挝水泥成功挂牌转让；斗南锰业处置取得重大成果，全面战略性退出硅钛锰产业；非经营房地产闲置率降至8%，创收4.99亿元，创效3.32亿元。

中国铜业第一轮三年找矿行动完美收官，累计投入资金6.2亿元，分别探获铜、铅锌金属资源量44万吨、243万吨。34个重点矿权延续或新立，特别是兰坪铅锌矿采矿权价款历史遗留问题得到妥善解决，成功办理2年有效期采矿权证。全年开展地质勘查项目30个，开工率97%，分别新增铜、铅锌金属资源量20万吨、80万吨。

七、党建与企业文化

2022年，中国铜业坚决贯彻集团党组和中国铜业党委决策部署，坚持党建引领，加快推进党建与生产经营深度融合。

中国铜业坚持将迎接党的二十大和宣贯党的二十大精神同常态化长效化推进党史学习教育紧密结合，认真执行“第一议题”制度，高质量组织中心组学习和党员教育培训。认真落实“两个一以贯之”要求，修订完善党委会议事规则、党委前置讨论事项清单，召开党委常委会32次，前置审议率100%；认真配合集团党组第一巡视组做好对公司党委的专项巡视和巡视整改“回头看”；高质量做好“后半篇”文章，围绕反馈的36个问题制定整改措施225条，集中整改期内完成整改97.78%，制定办法制度103项，系统强化管党治党基础和意识。

中国铜业细化“1+3”党建工作考核细则，扎实推进党内基础管理质效“大监督”专题，抓实党建考核督促整改，推动基层党建责任链条拧紧压实。聚焦大事要事广泛开展“党建+”活动，将1117个“两带两创”项目内嵌各环节，加强党组织副书记试点工作。创新“四比四看”活动，开展“双创”大讨论，打造党建“三微”品牌，制作党建基础管理微视频15个、党建微党课6堂，开展党建微课实务培训19讲，1万余人次参加培训，政治引领和凝聚作用有效发挥。

中国铜业强化政治监督、日常监督和专题监督，一体推进“三不腐”体制机制，有序推进两轮巡察和巡察整改“回头看”、后评估工作，有力推进“4·11”“6·30”等重大职务违法犯罪案件查办，“接地气、再监督”发现问题2539个，整改完成率97%。公司及所属企业全级次受理问题线索178件，给予党政纪处分106人次、批评教育类处理319人次，第一种形态占75.06%。

中国铜业企业文化“五位一体”管理模式入选集团管理模式创建计划，总结提炼形成“中铜精神谱系”，发扬工匠精神，开展第二届“最美中铜人”评选等活动，成功承办“中国铜业杯”全国有色金属行业技能竞赛，刷新历届获奖纪录；首获全国安康杯竞赛优胜单位，获全国和省级工团组织奖励15项。

八、履行社会责任

2022年，中国铜业扎实推动“我为群众办实事”实践活动，着力改善员工劳动环境和生活设施，全年在岗员工人均工资增长10%，推荐省部级及以上高层次人才及专家人选184人，新培养高级技师69名、技师149名，4238人获技能等级认定。

中国铜业发布中国铜业《2021社会责任报告》《2021绿色可持续报告》，微电影《第二个家》获第十六届全国党员教育电视片三等奖（纪录片类）及第五届中央企业优秀故事一等奖。为国内中小企业减免房租0.47亿元，累计上缴税费53.95亿元。中国铜业再次荣获“责任金牛奖”“金蜜蜂·长青一星奖”等。

中国铜业从各单位派出驻村队员48名，全年累计投入乡村振兴挂联点资金584.75万元，在滇投入消费扶贫资金1131万元。向中铝集团定点帮扶和对口支援的湖北阳新县、青海海晏、西藏察雅、卡若捐赠1760万元；向四川省捐赠抗震救灾资金400万元。

撰稿／卢中华

云南铜业股份有限公司

一、基本情况

云南铜业股份有限公司（简称云南铜业）成立于1998年5月15日，截至2022年底，注册资本20.03亿元，员工总数（在岗）11006人，资产总额399.65亿元，资产负债率59.84%。

主要营业范围：有色金属、贵金属的生产、加工、销售及生产工艺的设计、施工、科研等。产能规模：阴极铜130万吨/年、黄金17吨/年、白银1175吨/年、工业硫酸500万吨/年。办公地址：云南省昆明市盘龙区华云路1号。

2022年，云南铜业紧扣"改革创新图强"主线，以清单管理为抓手，统筹推进疫情防控和生产经营，聚焦价值创造、深化提质增效，圆满完成全年各项目标任务，实现营业收入1349.15亿元，利润总额32.46亿元，净利润26.56亿元。

二、生产经营

2022年，云南铜业生产阴极铜134.92万吨，连续三年突破130万吨；全年生产黄金17.51吨、白银646.13吨，精矿含铜6.28万吨，均实现稳产高产。矿山精矿含铜单位完全成本同口径同比下降659元/吨；冶炼阴极铜单位完全加工成本同比下降98元/吨。管理费用、财务费用和物流成本同比分别下降17.29%、20.28%和3.9%。选矿回收率较年度计划提高0.7个百分点，多回收精矿含铜666吨；渣选尾矿含铜较年度目标优化6.41%，减少铜金属损失3.35万吨，达到行业领先水平。矿山"三率"，铜冶炼总回收率，矿产铜、金、银回收率等指标稳中有升，营业收入连续两年突破1000亿元，净利润同比增长105%。

主要经济指标一览表

表39

项目	单位	2021年	2022年	增长（%）
资产总额	亿元	391.24	399.65	2.15
工业产值	亿元	1324.75	1302.1	−1.71
营业收入	亿元	1270.58	1349.15	6.18
利润总额	亿元	16.55	32.46	96.15
净利润	亿元	12.96	26.56	105
税收贡献	亿元	18.63	24.19	29.84
全员劳动生产率	万元/人·年	1141.90	1198.04	4.92

三、安全环保

2022年，云南铜业持续开展安全攻坚专项行动，完成中铝集团、中国铜业及云南铜业级重要危险源检查评估92个，覆盖率100%，累计投入整改资金1.17亿元，问题整改完成率99.31%；完成安全本质化提升"四个一批"项目50项，超进度计划2项；加大顶板整治力度，矿山服务年限超过三年的巷道工程已完成支护45310米、支护率75%；开展承包商安全能力评估，查找出问题79项，100%完成闭环整改。

2022年，云南铜业高标准推进中央环保督察反馈问题整改，14项问题整改达到序时进度要求，举一反三形成长效机制20项。完成滇中有色环集烟气脱硫项目、迪庆矿业东线隧道、楚雄矿冶环保设施完善项目，冶炼企业烟气除汞设施建设完成。编制完成云南铜业“双碳”工作实施方案，全年未发生突发环境事件，主要污染物100%达标排放，环保态势总体平稳。

四、科技创新

2022年，云南铜业严格落实中铝集团加强科技创新工作20条意见，累计投入研发费用25.12亿元，争取各级科技政策资金1887万元，获得专利授权127件，其中发明专利授权17件。“一种卧式侧吹转炉的水冷活动烟罩”获德国实用新型专利授权，实现国际专利“零”的突破，58个创效项目实现创效1.73亿元。全力推进重大科技项目，中铝重大科技专项“铜共伴生有价元素高效综合利用”项目10个子课题全部完成立项，其中5N高纯金和5N高纯银2个子项顺利完成。“绿色再生铜资源高效回收及生产技术研究”项目被列为2022年度云南省重大科技专项，迪庆有色、易门铜业智能工厂立项通过审核。

五、改革发展

2022年，云南铜业全面落实国企改革三年行动，涉及国务院国资委10项重点考核指标全部完成，国企改革三年行动清单6大类67项主要改革任务均已全部落实。持续提升规范治理水平，符合设立董事会的企业实现应建尽建、外部董事占多数，完成董事会建设相关制度的修（制）订工作。全级次22家企业111名领导班子成员规范完成《岗位聘任（管理）协议》《经营（业绩）责任书》签订工作，完成任期制首年刚性考核兑现工作。持续推进以劳动力市场对标为基础的用工总量管控目标管理，劳动用工较上年末精减优化682人，完成年度目标；稳妥完成狮子山矿341名、迪庆矿业518名职工优化配置，妥善解决楚雄矿冶劳动用工历史遗留问题。加大考核激励分配力度，矿山、冶炼劳动生产率分别完成年度目标的101.2%、104.5%。完成云南铜业本部矿山事业部、冶炼事业部的设立和正式切换运行，所属10家矿山、冶炼企业同步完成事业部改革。完成玉溪矿业采矿权证办理，可确保玉溪矿业合法生产12.9年；普朗铜矿尾矿库三期林地顺利获得国家林草局批复同意使用，可确保迪庆有色持续稳定生产20年。

云南铜业深入开展“两非”治理，相继完成保定云铜解散清算、香格里拉洪鑫破产重整、狮子山矿工商注销及资产处置、楚雄思远和景谷矿冶破产终结，香格里拉洪鑫破产重整收回债权1.51亿元。实施资本运作“金山项目”，满额募集资金26.75亿元，资本结构进一步优化，截至2022年底，资产负债率下降至59.84%。

云南铜业有序推进重点项目，红泥坡铜矿采选工程项目累计完成竖井802.6米，西南铜业异地新建项目提前11天实现场地平整开工。新增铜金属资源量24.27万吨，完成G项目建议书和刚果（金）1万吨湿法项目可行性研究报告的编制。实施资本运作“金山项目”，满额募集资金26.75亿元。

六、党建与企业文化

2022年，云南铜业坚定不移贯彻落实“两个一以贯之”，严格执行“第一议题”制度，深刻领悟“两个确立”的决定性意义，增强思想自觉、政治自觉、行动自觉。组织党委理论学习中心组集体学习7次，建立落实习近平总书记重要指示、批示精神台账49项重点工作，完成对照制定的95个落实措施，完成率100%。深入学习宣传贯彻党的二十大精神，持续巩固拓展党史学习教育成果。

云南铜业加强党建工作制度建设，规范完善现代企业治理，召开党委会26次，审议研究议题277个，建立党委会议决策督办机制推动决策事项落实落地。组织选拔干部10名，80后处级干部占比达到32%，招聘引进矿山、冶炼紧缺专业人才34人。开展季度流动红旗竞赛、“两带两创”“党员身边无事故”等活动，充分发挥支部战斗堡垒作用和党员先锋模范作用。

云南铜业全面落实意识形态工作责任制，围绕举旗帜、聚民心、育新人、兴文化、展形象使命任务，及时、深入、广泛宣传喜迎党的二十大，学习宣传贯彻党的二十大精神的具体做法。发挥纪检监察监督执纪问责作用和提升监督效能，毫不松懈纠治“四风”，公司级会议、发文同比上年分别下降18.39%、22.61%。

2022年，云南铜业深入贯彻落实“以人民为中心”的思想，保障员工权益，与员工共创共享，投入安全费用5.4亿元、员工培训费用1236.51万元，打赢疫情防控“阻击战”，职业病人数无新增，员工收入实现“9连增”；承担定点帮扶羊拉村、茂顶村等6个村的乡村振兴工作，制定乡村振兴5年行动计划方案，向乡村振兴定点帮扶点投入帮扶资金413.28万元，向对口支援点昌都市卡若区、湖北省阳新县捐资630万元，累计志愿服务时长达9042.5小时。云南铜业再次入选“央企ESG先锋50指数”，排名提升至第7位，获评ESG金牛奖—“治理先锋”。

撰稿／靳记涛

中铝秘鲁矿业公司

一、基本情况

中铝秘鲁矿业公司（简称秘鲁矿业）成立于2003年5月20日，截至2022年底，注册资本6.285亿美元，员工总数（在岗）1571人，资产总额58.87亿美元，资产负债率73.51%。

主要营业范围：铜金属生产。产能规模：生产铜精矿110万吨/年，精矿含铜24.42万吨。办公地址：秘鲁利马圣伊西德罗区圣达科鲁兹180号。

2022年，秘鲁矿业面临全球供应链紊乱、通货膨胀持续上升、原材料价格上涨，疫情延续、各类冲突和罢工事件层出不穷等前所未有的风险和挑战，公司全体干部员工坚守初心、迎难而上，砥砺奋进，通过全面实施精益管理、不断加强生产全流程管控、深入开展降本增效、持续推进安全环保和社区维稳、加快应用科研成果、稳步推进项目建设等措施，实现企业生产经营正常有序运转，全面完成各项年度考核目标。

二、生产经营

全年累计生产铜精矿116.06万吨，精矿含铜24.42万吨，超额完成总部考核指标（23.5万吨）；铜精矿品位21.04%。累计铜回收率83.00%，铜金属产出率155.44吨/(人·年)，均创历史最高水平。

全年销售铜精矿117.89万吨，实现销售收入19.78亿美元，税前利润5.1亿美元，净资产收益率（ROE）为23.1%，经营性净现金流8.66亿美元。压降负债3.6亿美元，2022年末负债率为73.51%（合并），同比降低4.62个百分点。

主要经济指标一览表

表40

项目	单位	2021年	2022年	增长（%）
资产总额	亿元	59.42	58.87	−0.93
营业收入	亿元	21.33	18.68	−12.43
利润总额	亿元	8.31	5.13	−38.26
净利润	亿元	4.92	3.60	−26.83
全员劳动生产率	万元/人·年	136.05	118.68	−12.76

三、安全环保

全面贯彻落实安全“零伤害”管理，100%完成安全强制性培训，以现场交班首讲必讲安全和5S管理，加强和固化基层一线安全操作和管理意识，同时将安全指标纳入全员绩效考核体系，提高全体员工的主动安全意识和参与安全管理的积极性。全年工亡数为零，职业病数量均在年度目标范围之内，未发生较大以上环保事件，未发生聚集性疫情感染。

四、科技创新

2022年，针对选矿处理量、铜回收率、钼回收和节能降耗等问题，布局短期技术改造和中、长期的科技研究，全年共完成科技研究项目26项。重点科研项目取得阶段性成果，在特罗莫克铜矿历史上首次实现对选矿处理量和矿石爆破粒度定量的预测，依据试验结果有针对性地完善和改进选矿操作策略；在采场开展数字孪生的工业测试；完成分采分选预可研、钼湿法厂重启可行性评估、混精尾矿回收钼试验室试验、无人卡车、远程控制中心概念性研究等。

五、改革发展

为提高运矿卡车的维修工作质量和工作效率，不断提升生产运转的保障力度，于2021年7月26日重启运矿卡车维修车间项目建设。2022年7月15日，卡车维修车间主体完成施工，预调试和负荷试车顺利通过后移交维修部门投入使用。

尾矿坝原设计尾矿输送浓度69%，尾矿沉积干滩面平均坡度5%。在生产实际中，输送浓度只有达到58%～60%，干滩坡度0.5%，造成尾砂可堆存体积大幅减少，可储存尾矿量大幅降低，按照现有输送浓度和堆存坡度计算，尾矿库仅可容纳5.5亿吨尾砂，尾矿库服务年限降至14年。为保证生产持续进行，公司按照四个方向（中试试验论证干堆方案；提升浓密机的底流浓度，增加尾矿库堆存容量；提高现有尾矿库储存能力和服务年限；寻找新的尾矿库）推动尾矿系统改进项目建设。截至2022年底，完成尾矿压滤方案半工业试验详细设计、尾矿坝7期预可研报告、新尾矿坝概念设计研究，尾矿浓密机底流浓度提升的概念研究进度为42%。

六、党建与企业文化

深入学习党的二十大精神，学习传达中铝集团党的二十大精神宣讲报告会。充分利用网络学习资源，创新学习方式、丰富学习载体，开展联学共建，落实好中心组学习、开好民主生活会，及时学习传达党中央、国务院国资委、大使馆、中铝集团及中铜总部有关指示精神，推动党史学习教育常态化长效化。

完善党的组织和制度建设。一是完成第二党支部书记的换届选举工作；二是根据总部新的制度规定及巡视整改要求，对《中铝秘鲁矿业公司三重一大决策制度实施办法》《中共中铝秘鲁矿业公司工作委员会会议议事规则》等制度进行修订，制定并印发《中铝秘鲁矿业公司“三重一大”决策事项清单》《中铝秘鲁矿业公司党工委前置研究讨论重大经营管理事项清单》。召开党工委会议27次，审议涉及企业改革发展稳定、重大经营管理事项、疫情防控和职工切身利益项目投资、资金使用、人事任命等重大问题的议题45项，切实发挥党工委在公司生产经营管理中“把方向、管大局、保落实”的作用。

2022年，秘鲁地区共发生近百次与采矿活动有关的社会冲突，大型矿业公司不时因社区堵路等冲突等造成停产。为维护好内外部稳定工作，保证生产的持续进行，秘鲁矿业持续与工会保持良好的沟通协调机制，聆听工会诉求，及时化解冲突矛盾。通过圆桌会议、上门访谈等良性沟通模式，关注周边社区动态发展，提前制定各类应急预案，保持与周边社区的良好关系，确保公司生产、生活稳定。

撰稿／陈丽丽

中铝洛阳铜业有限公司

一、基本情况

中铝洛阳铜业有限公司（简称洛阳铜业）成立于1954年，截至2022年底，注册资本14.06亿元，员工总数（在岗）59人，资产总额18.57亿元，资产负债率192.91%。

主营业务范围：铜、镍、钛、铝、镁及其合金铸造及加工产品；不锈钢加工产品；冶炼产品；铜、铝制品、铜冶炼副产品、仪器仪表、金属工艺品的生产等。办公地址：河南省洛阳市涧西区建设路50号。

2022年，洛阳铜业积极贯彻落实中铝集团党组、中国铜业党委工作要求，不断深化提升“四大工程”，坚持“稳中有进、负重有为、改革创新、苦干实干、降本增效、价值创造”的主基调，以全要素对标为抓手，以创造价值为导向，全力推进降本增效、维护稳定、资产盘活、债务化解等重点工作，实现企业党建和经营工作高质量收官。

二、经营情况

2022年，洛阳铜业全年累计利润较年度考核目标减亏1985万元。洛阳铜加工实现报表盈利9011万元，超年度目标211万元，同比增利3453万元，利润总额创历史新高。非经营性房产出租面积60499.2平方米，未出租面积4796平方米，闲置率为7.35%，完成非经营性房产闲置率不高于8%考核目标。

主要经济指标一览表

表41

项目	单位	2021年	2022年	增长（%）
工业产值	亿元	—	—	—
销售收入	亿元	1.89	0.61	−67.72
利润	亿元	−1.57	−1.18	24.84
纳税额	亿元	0.11	0.12	9.09

三、安全环保

2022年，洛阳铜业深入贯彻中铝集团、中国铜业安全环保系列工作部署和要求，积极落实常态化疫情防控措施，进一步落实各级人员“一岗双责”责任清单，深入开展风险辨识和隐患排查整治，组织开展形式多样的安全生态环保宣传教育培训活动，不断强化安全管理，提升安全风险管控能力，有效遏制安全生态环保事故发生，确保全年安全生态环保形势平稳可控。

2022年，洛阳铜业制定《生态环境保护责任制》等4项制度，落实安全环保检查，整改完成率100%；邀请从事消防宣传教育的专业机构，对东部园区39名租赁商户进行消防安全培训，进一步提高园区租户整改安全隐患和处置安全风险自救能力。

针对国内新冠疫情，洛阳铜业严格落实常态化疫情防控措施，做到疫情防控常态化、系统化、不“真空”、不衰减，确保防控措施落到实处，保证各项工作正常运行。

四、改革发展

2022年，洛阳铜业坚定不移推进降本增效，人工成本控制再显成效。截至2022年12月底，较2021年末减员169人。其中，办理退休人员151人（其中病退5人），协商解除14人，解除1人，自然减员3人。全年人工成本实际发生3530万元，比预算指标3559万元降低29万元，降幅0.8%。离退休管理费用（扣除统筹外、离休医药费不可控因素）对比2020年162.74万元同期减少77.47万元，压降率48%。认真贯彻“减亏降本也是实现价值创造”和“节约一分钱就是赚一分钱”的理念，以精准化管理为手段，将管理费用细化考核至各部门，重点加强对公务接待、公务用车及办公物品采购等费用的控制和管理，实施阳光采购控制成本，严控各类费用支出，有效降低各项管理费用。在中国铜业的资金支持下，保证内外部48亿元到期贷款安全接续，避免贷款违约引起系统风险。全年共办理20.14亿元到期银行贷款和6亿元永续债的安全接续，替换高成本融资2.88亿元，累计财务费用21356万元，较2021年同期减少480万元。同时积极研究国家相关税收优惠政策，抓住国家支持制造业发展的政策机遇，上半年缓缴增值税及附加税约18万元。

2022年，洛阳铜业多措并举，盘活低效无效闲置资产，积极探寻优化房屋租赁新路径，结合园区实际，在通过网络渠道进行招租同时，对拟租赁商户进行摸底分类，有针对性地制定“一房一策”灵活的租赁方案，依法合规加大房屋租赁资产盘活力度，在稳定老租户完成到期租户续租的前提下，积极寻求优质租赁方，对东区闲置土地实行短期租赁，全年新增租户15户，全年租金收入3624万元，闲置率为7.35%，完成非经营性房产闲置率不高于8%考核目标；积极落实国务院国资委、中铝集团和中国铜业关于减免服务业小微企业和个体工商户房租减免政策，坚持“合规减免、应免尽免”原则，减免34家租户约185.51万元租金，同时成立专项工作小组对转租、分租的中间承租户，加大工作力度，确保减租政策有效传导至实际承租人；在洛阳铜业党委的领导下，想办法查找相关证据，有效运用法律等手段，破解部分房产被洛铜集团长期无偿占用的历史遗留难题，依法收回被四方公司长期占用的土地和房产；加快存货盘活处置步伐，采取内部领用消化和对外处置相结合的办法。及时满足铜加工主业领用需求，降低存货资金占用，对梳理出存货轴承、电机等领用较低的备件，努力拓宽处置渠道，眼睛向外寻求需求方，通过内外处置相结合的方式，超额完成存货压降考核目标。全年累计处置报废设备92台套，实现处置利润750万元。

五、党建与企业文化

2022年，洛阳铜业紧紧围绕习近平新时代中国特色社会主义思想、党的十九届历次全会和二十大精神，坚决落实“第一议题”制度，持续推进理论学习常态化、长效化，把理论学习与奋进洛铜新征程、攻坚克难打好生产经营攻坚战、振兴洛铜事业紧密结合起来，先后组织“学习贯彻党的二十大精神”“以安全为专题”的中心组学习研讨，学习贯彻党的十九届六中全会精神专题读书班、党的二十大精神宣贯读书班等富有特色的学习活动，真正在学思践悟中凝聚起推动企业高质量发展的奋进力量。不断强化监督“质”“效”，提升一体推进“三不腐”体制机制建设的能力和水平。深入开展大监督工作，发现问题 14 项，整改完成率 100%。纪检干部接地气监督检查发现问题 3 个，制定整改措施 3 条，开展警示性约谈 1 人次，整改完成率 100%。强化警示教育，健全完善制度，注重文化熏陶，标本兼治一体推进不敢腐、不能腐、不想腐，汇编整理收集制度规定 104 个。做好“喜迎二十大 建功新时代”活动和党的二十大精神宣传学习工作的同时，注重企业文化宣传，全年对外发稿 55 篇，新闻宣传实现历史性突破。

2022 年，洛阳铜业认真履行社会责任，助力定点帮扶村——洛阳市汝阳县三屯镇杜沟村乡村振兴。开展“2022 年互联网 + 促销售，助消费，情浓端午”专项活动，根据杜沟村实际情况和困难，采购价值 5000 元拖把，促进脱贫群众增收，引导群众在脱贫新起点上，向着乡村振兴建设幸福家园努力奋进。

撰稿 / 汪恒玉

中铜（上海）铜业有限公司

一、基本情况

中铜（上海）铜业有限公司（简称上海铜业）成立于2006年8月28日，截至2022年底，注册资本15.23亿元，员工总数（在岗）80人，资产总额10.11亿元，资产负债率159.94%。

主营业务范围：实业投资，投资管理，资产经营管理，物业管理，房屋租赁等。办公地址：上海市静安区长安路1001号长安大厦1号楼11层。

2022年，上海铜业坚持以习近平新时代中国特色社会主义思想为指导，聚焦关键指标和疫情防控，履行央企责任，奋力推进土地资产盘活，全力落实9大专项工作，解决历时8年的股东纷争，各项工作均取得明显成效。

二、生产经营

2022年，上海铜业营业收入4900万元，同比下降9.26%，利润总额−12400万元，控制在年度预算范围，精准管理管控有色经贸经营风险，主动盘活土地资源。

主要经济指标一览表

表42

项目	单位	2021年	2022年	增长（%）
资产总额	亿元	9.06	10.11	11.59
营业收入	亿元	0.54	0.49	−9.26
利润总额	亿元	−1.40	−1.24	11.43
净利润	亿元	−1.40	−1.24	11.43
税收贡献	亿元	0.05	0.05	0
资产负债率	%	154.07	159.94	增加5.87个百分点
总资产报酬率	%	−9.12	−5.85	增加3.27个百分点

三、安全环保

2022年，上海铜业贯彻落实“四个维度”安全生产责任，即落实实体企业主要负责人安全生产责任制、落实管业务必须管安全责任、落实领导干部安全履职责任、落实安全包保责任。加强安全宣贯，组织学习上级公司安全环保会议精神及相关制度。开展安全隐患排查整治、安全生产标准化班组建设、建（构）筑物安全专项排查整治等工作，增强安全意识，强化安全管理。组织开展安全警示教育，举一反三排查和消除安全隐患。汲取滇中有色承包商“3·6”物体打击等安全事故教训，强化承包商基础管理。组织全体员工线上观看《事故警示教育片》，切实加强安全排查工作。开展出租场所安全检查，监督租赁方落实好安全环保工作。开展吴淞雨排水站4#、6#泵的委外修理排查，确保防汛安全。开展35千伏高压配电站、电气开关配电室和设备基坑排查，确保用电安全。持续做好环保工作，重点进行垃圾分类、污水排放监管等。

四、改革发展

2022年，上海铜业根据中国铜业对有色经贸清算事项的批复，及时完成股东会决策程序，成立有色经贸清算工作专项工作组，制定工作计划。后因有色经贸税务稽查没有结果，经申请批准，有色经贸压减完成时间延后至2023年。

五、党建与企业文化

2022年，上海铜业党委学习宣传贯彻党的二十大精神，紧紧围绕“转型发展”中心工作，融入中心抓党建，持续推进党建与业务工作双向融合。通过做优“两带两创”品牌，做精“双百分”考核品牌，做深“大监督”品牌，做出“四比四看”品牌，做好“职工关爱服务”品牌等党建品牌，不断擦亮“中国铜业”大党建品牌。一是贯彻落实“第一议题”制度，始终坚持把学习贯彻习近平总书记重要指示批示精神和习近平总书记系列重要讲话精神作为首要政治任务。把党史学习教育纳入党委理论学习中心组学习内容，融入“喜迎二十大，建功新时代”主题活动，把党史学习教育成效转化为干事创业的动力、举措和成效，不断开创转型发展新局面。组织召开党史学习教育专题民主生活会和年度基层党组织组织生活会。二是聚焦重点组织开展“双创”大讨论。着力强弱项、补短板、破难题，梳理汇总建立“双创”大讨论八个方面问题清单。将“双创”大讨论中形成的共识提出思路，并制定措施形成成果转化清单，推动细化落实各项工作。三是多措并举持续夯实党建基层基础，邀请上海航天、中国移动、国网电力、中国红十字会援外物资供应站的基层党支部到上海铜业本部党支部进行现场学评，互学互访、双向融合，共同提高党建工作水平。四是扎实开展党的建设风险隐患自查整改工作，进一步完善党的基层基础建设。开展巩固提升党内基础管理质量、效果“大监督”专题工作，按照“边查边改+集中整改”要求，着力强化党建与业务工作双向融合质量。五是双向融合，助力转型发展。将党建工作与业务工作、专项工作、重点工作有机融合、创新开展，为党建工作注入新活力。六是强化宣传思想政治工作。深入学习宣传弘扬中铝精神谱系，上海铜业党委发挥“头雁”效应，对标先进典型推动公司转型发展新局面。

做好保密和国家安全工作，一是制定2022年国家安全人民防线建设工作要点，建立突发事件网络舆情处置工作应急预案，提高网络舆情监测和危机化解能力，严格执行零报告制度。二是面对上海新冠疫情，第一时间组织动员全体党员落实“双报到、双报告”制度，开展属地志愿服务。三是上海铜业积极落实中铝集团《关于做好减免服务业小微企业和个体工商户房租减免工作的通知》精神和中国铜业对此项工作要求，对符合条件的6家小微企业租户，直接落实减免2022年4月至9月租金的政策，合计减免租金1388万元。2022年，帮扶生活困难职工177人次，慰问金20余万元。为在档困难职工落实疫情帮扶56人次5.1万元。

撰稿 / 黄政义

中铜华中铜业有限公司

一、基本情况

中铜华中铜业有限公司（简称华中铜业）成立于 2005 年 9 月，截至 2022 年底，注册资本 17.93 亿元，员工总数（在岗）647 人，资产总额 262685 万元，资产负债率 87.68%。

主营业务范围：生产、销售铜及铜合金高精度板材、冷轧带坯及铜箔产品；公司生产所需的机器设备、产品、原辅材料的进出口业务；有色金属矿产品及废旧料的采购销售；仓储服务及与经营相关的技术服务。办公地址：湖北省黄石市下陆区铜鑫路特 1 号。

2022 年，华中铜业在中铝集团、中国铜业的坚强领导下，克服常态化疫情防控、经济下行压力增大、市场需求增速放缓、能源成本增加等不利因素影响，狠抓思想再解放、改革再深化、管理再精细、经营再提升、党建深融合 5 项重点工作，实现盈利 2782 万元，同比增加 27%，在下行经济下保持盈利，完成全年生产经营目标。

二、生产经营

2022 年全国铜板带加工材产销量保持稳中有升，消费电子、通信半导体、家用电器、建筑家装等行业需求收缩，但新能源领域铜消费持续增长，全年国内产销量同比增加 0.4%。

华中铜业主要产品为引线框架材料、极耳材料、IGBT 铜底板、复合带铜材、软连接铜材等。其中，因三季度集成电路、手机和计算机需求下降，订单萎缩 50%，引线框架材料产品全年产销量同比下降超 20%；因新能源市场需求持续增长，铜板带连接器需求旺盛，极耳材料、IGBT 铜底板、复合带铜材、软连接铜材销量分别同比增长 81%、409%、93%、43%，高端 C19400、铜箔坯料、软连接、IGBT 4 个产品市场占有率超过 80%。

针对三季度开始国内铜板带行业整体下行，铜价下降，华中铜业传统主打产品需求萎缩情形，领导坚持高频次带队走访市场争抢订单，感受市场第一手温度，快速优化营销策略，围绕客户需求制定各项保障措施，保障优势品种价格保持稳定，全年产品单位加工费 6150 元 / 吨，与 2021 年基本持平，较 2020 年增加 15.4%。

主要经济指标一览表

表43

项目	单位	2021年	2022年	增长（%）
资产总额	亿元	26.99	26.27	-2.67
工业产值	亿元	49.53	5.21	-89.48
营业收入	亿元	74.06	58.88	-20.5
利润总额	亿元	0.22	0.12	-45.5
净利润	亿元	0.22	0.11	-50
税收贡献	亿元	0.13	0.39	200
全员劳动生产率	万元/人·年	27.39	32.74	19.53

三、安全环保

2022年，华中铜业成立重要危险源本质化专家组，定期对危险源进行排查治理，持续提升重要危险源设备设施的安全保障能力，降低消防和事故风险。邀请外部安全领域专家、培训机构对各级管理人员开展重要危险源安全管控、事故警示教育等专题培训，持续提升各级人员安全履职能力，全年未发生轻伤及以上人身伤害事故。深化运用信息化技术，强化“互联网+”远程检测技术在环保领域运用，建立完善主要污染物排放内控指标实时监测系统，实现全时段污染物监测预警，全年未发生一般环境污染事件。坚持探索节能降耗减污绿色可持续发展，将传统的“末端治理”污染控制策略转变为“源头控制”，荣获湖北省“绿色工厂”称号。面对突如其来的新冠疫情，周密部署、精准防控，最大限度地保护员工生命健康安全，未发生因重要人员离岗造成的安全事故。

四、科技创新

2022年科技投入28700万元，占营业收入4.8%，同比增加1.6个百分点，开展中国铜业重点科技项目2项，陶瓷覆铜板用铜产品完成项目研发，实现小批量供货，磁控溅射镀膜用超低氧含量纯铜厚板完成试制，通过下游客户审核；自主开展的引线框架蚀刻用高性能铜合金研究项目通过2022年湖北省中央引导地方科技发展专项项目认定；主导完成的“新能源汽车用高表面质量铜及铜合金板带材关键技术研究”科技成果通过湖北省技术交易所组织的专家评价，整体技术达到国际先进水平。

五、改革发展

持续深化市场化改革。全面加强董事会建设，建立战略与投资、薪酬与考核、提名和风险管理四个董事会专门委员会，保障董事会履职行权，实现董事会应建尽建、配齐建强。修订公司章程和股东会、党委会、董事会、监事会和总经理办公会议事规则，完善“三重一大”事项决策制度，制定各专业委员会管理细则、外部董事履职保障规定等，厘清各治理主体权责边界，入选国有企业治理示范企业。全面深化市场化用人用工机制改革，完善市场化激励约束机制，激发干部员工干事创业的活力、动力，推动公司生产经营效益不断提升。

六、党建与企业文化

华中铜业党委坚持“211425”思路不动摇，聚焦“推动改革、增强能力、全面从严”主线不偏移，为高质量发展掌舵领航。系统性总结分析党建领航改革的“同”与“不同”，工作经验在《国企》杂志刊发。改革经验在《人民日报》报道，“党建 +N”经验在国务院国资委官网报道。

华中铜业党委、各党支部围绕强化体系思维、做活激励机制等方面开展“双创”大讨论，形成工作清单 9 项，领导班子成员专项调研征集意见和建议 42 条。调整党支部设置 3 个，调整党支部书记、委员 22 人次。各党支部党建工作责任制考核平均分 99.83 分，基础工作“二过”问题同比下降 78%。以“命题 + 自选”立项方式，做实“两带两创”项目。34 个项目中“命题”项目占 47%，参与党员 290 人次，群众 81 人次。开展创先争优“明星党员”“周明星”“星青年”等“星品牌”创建活动，评选“明星党员”85 名、周明星 421 个、月度 MVP 145 个、“星青年”37 名。将“五小”活动与员工价值分享制度化推进，建立“日收集、周反馈、月跟踪、季评选”机制，评选出优秀“五小”项目 74 项，周泽等 8 人荣获“价值贡献员工”荣誉称号，杨成龙等 26 人荣获“无限潜力员工”荣誉称号。

华中铜业积极履行社会责任。践行绿色发展理念，建立能源消耗智能化管理系统，实现主要能源（电、天然气）消耗的实施动态监测、控制和优化，加强能源的分析、预测与考核手段，实现系统性节能降耗管理，年节约用电约 880 千瓦·时，减少碳排放量约 4572 吨。扎实开展“我为群众办实事”活动，办成厂区路灯“照明工程”、改革员工用餐模式、铺设现场自动售货机、职工羽毛球场升级改造等实事好事。帮助湖北省阳新县三溪镇柏树村发展特色产业，定点采购扶贫物资 60 万元。

撰稿 / 王梓旭

中铝洛阳铜加工有限公司

一、基本情况

中铝洛阳铜加工有限公司（简称洛阳铜加工）成立于2016年7月29日，截至2022年底，注册资本12亿元，员工总数（在岗）1571人，资产总额30.59亿元，资产负债率65.68%。

主营业务范围：铜及铜合金加工、铝镁材加工等。产能规模：13.8万吨。办公地址：河南省洛阳市涧西区建设路50号。

2022年，洛阳铜加工紧紧围绕年度经营目标，坚定实施“1+2+N”举措，持续深化“三转”，持续增强“三感”，生产经营呈现稳中提质、稳定向好的良好态势。产销量规模、利润指标再创历史新高，超额完成职业经理人改革第二年经营目标。

二、生产经营

全年完成产量11.82万吨，同比增幅2.7%。全年完成销量11.73万吨，同比增幅1.6%。实现报表盈利9011万元，超年度目标211万元，同比增利3453万元，利润总额创历史新高。经营现金流1.15亿元，完成现金流为正目标；净资产收益率（ROE）8.93%，较上年提升2.99个百分点。

主要经济指标一览表

表44

项目	单位	2021年	2022年	增长（%）
资产总额	亿元	28.24	30.59	8.32
工业产值	亿元	72.30	71.59	−0.99
营业收入	亿元	89.57	85.93	−4.07
利润总额	亿元	0.56	0.90	60.71
净利润	亿元	0.56	0.90	60.71
税收贡献	亿元	0.31	0.66	112.75
全员劳动生产率	万元/人·年	65.70	69.34	5.54

三、安全环保

2022年，洛阳铜加工组织开展重要危险源安全管理专项检查，共查出问题12项，按计划落实整改12项，补充完善企业级重要危险源1个，中铝集团督导排查的6项问题全部完成整改。开展安全隐患大排查大整治活动，排查隐患129项，整改完成率100%；推进安全标准化班组创建，66个班组创建达标，完成90%达标目标；加大CARC表、葡萄图安全工具应用，第二轮长周期班组创建有50个班组清零。开展危险废物专项排查及危险化学品生态环保风险排查，排查出问题7项，全部完成整改；对5#炉、6#7#9#炉、8#炉废气污染源进一步深度治理，通过洛阳市生态环保部门清洁生产审核。全年重伤以上事故为零，轻伤事故3起，未发生新增职业病病例，未发生重大消防事故和环境污染事件，安全环保绩效达到铂金级别。

四、科技创新

持续加大技术研发和攻关力度，“铜及铜合金板带产品系列国家标准研制”获中国有色金属工业科学技术奖二等奖，“电子铜板带性能协调控制技术及应用”通过河南省科技厅评审，中强高导铜合金新品获“2022年汽车材料创新应用奖”；亮相中国铜加工产业大会，代表近千家铜加工企业作主题报告。

聚焦国家重大战略需求，推进JG、科研项目实施，重要产品实现销量4953吨，同比增幅10%，创历史新高。牵头组织，承担科研项目共16项，其中国家JG、科研项目6项，国务院国资委专项1项，省科研专项3项，洛阳市科技专项1项，中铜项目5项。国家重点工程专项“特种铜合金材料及构件研制”通过用户装机评审；“超大口径耐蚀铜合金管材工业化制造成套技术研究”获科技部正式立项；管路材料制备关键技术取得突破，成功制备出国际最大规格铜镍合金无缝管材；蚀刻框架材料获批国务院国资委二期专项工程项目；历时3年的“结构—功能一体化铜合金新材料制备关键技术研究及产业化”项目，顺利通过科技部、河南省评价验收，整体技术达到国际先进水平。

洛阳铜加工高性能铜合金创新团队被科技部认定为国家重点领域创新团队，成为中铝集团首支国家级创新团队。通过国家级企业技术中心评价认定，被认定为河南省创新龙头企业。牵头高性能铜及铜合金领域技术中心，在中铝集团22个领域技术中心综合评价第二名，位列中国铜业第一。申请专利12项，获得授权9项，获批国家级博士后科研工作站。

五、改革发展

洛阳铜加工持续优化“一厂一策、一线一法”管控，充分激活各经营主体的内生动力和价值创造能力。板带厂完成产销量50943吨，同比增幅13%；电子带厂紫铜和高附加值产品增幅分别达到36%、81%；管棒事业部完成产销量11285吨，同比增幅26%，实现考核利润1184.11万元，同比增幅4.5%；铝镁事业部产销量同比增长91%，实现净利润563万元，同比增长34%，镁材轧制板在国防领域的市场占有率提升到70%；洛铜检测完成检测项目19万项，实现外部收入340.3万元，同比增加8.08%。

大力推进任期制契约化管理、职业经理人和“三项制度”改革，按绩效考核协议，刚性兑现管理团队和骨干员工超额利润奖励；全年提拔中层干部3人，岗位调整2人，退出中层序列2人，中层正职80后年轻干部比例由12.5%提高至22.2%；畅通职工退出通道，完善不胜任岗位退出制度，全年合计减员35人，员工优化率2.38%。

以“做活开发、做优品种、做强后台”为主线，进一步优化职责清晰、协同高效、支撑有力的营销业务流程，搭建统一的客户分级、人员分级、产品分线的营销管理模式；强化损益指标落实执行，打造“看业绩比收入，看贡献比高低”的分配机制。

完成投资3348万元，计划完成率100%。着力实施铜合金气垫式连续热处理生产线项目，推动建设生产现场监控集中管理中心提升改造、综合水处理项目，按计划节点有序推进“短平快”“零固”等项目建设。主体设备综合停机时间374.38小时/

月，较目标下降 20 个百分点。

六、党建与企业文化

政治引领更加有力。以迎接和宣贯党的二十大精神为主线，推动党史学习教育常态化制度化，落实“两个一以贯之”，严格执行“第一议题”制度，坚定捍卫“两个确立”、坚决做到“两个维护”。完善党的领导融入公司治理机制，严格落实“三重一大”制度，100% 执行党委会前置审议程序；支持保障董事会、经理层依法履职，公司治理健全完备、运转高效。

党建基础更加牢固。持续深化党建对标，推动深度“双向融合”，完善月度“双百分”考核兑现机制，动态跟踪落实，实现党建责任闭环管理。扎实开展“双创”大讨论，形成问题清单 16 项，全部完成整改；创新开展“四比四看”主题活动，实施“两带两创”项目 44 个，创效 780 余万元。建立 42 个党员责任区、12 个党员创新攻关组、56 个党员示范岗，打造“党建 +”平台 41 个，“红色影响”全覆盖。总结推广 4 个基层党组织副书记试点成果，电子带厂精轧工区党支部、熔铸厂三工区党支部获评中铝集团“百十一”示范党支部。

纪律作风更加过硬。组织“大监督”专项监督检查 6 次，共反馈检查问题 27 项，出具检查建议书 6 份，发现问题 70 个，整改完成率 100%；纪检干部参与“接地气、再监督”工作 161 人次，共发现问题 136 个，制定整改措施 139 条，整改完成率 100%。深入推进“转作风提升执行力”专项整治工作，查摆问题 116 个，全部落实整改。精准运用“四种形态”，批评教育类处理 6 人次。

履行社会责任 2022 年，洛阳铜加工坚决贯彻落实疫情防控倡议，配合、执行各项防控工作，从 10 月 24 日起，自主实施驻厂保产措施，在驻厂保产的 60 天里，保证生产经营安全平稳运行。

深入推进 175 项“我为群众办实事”事项落实；开展现场环境整治，职工工作及生活环境明显改善。大力开展困难帮扶等送温暖活动，发放慰问金 210 万元。举办第五届职工技能大赛，开展“对标先进，降本增效”劳动竞赛项目 12 个，实施劳模创新工作室项目 9 个；采纳实施合理化建议 182 项，推动全员创新创效。

撰稿 / 乔　帅

中铜国际贸易集团有限公司

一、基本情况

中铜国际贸易集团有限公司（简称中铜国贸）成立于2018年12月，截至2022年底，注册资本6亿元，员工总数（在岗）176人，资产总额662058.49万元，资产负债率88.21%。

主营业务范围：精矿、铅锌矿等矿产品以及阴极铜、锌锭、铅锭、白银、黄金等有色金属产品。办公地址：中国（上海）自由贸易试验区长清北路53号南楼12A层。

2022年，中铜国贸统筹疫情防控和企业生产经营，坚守平台公司定位，时刻把握发展规律，规模效益实现增长，业务模式布局有效优化，功能使命多层次彰显，综合运营能力全方位提升，圆满完成各项考核指标，在实现高质量发展上迈出有力步伐。

二、生产经营

2022年，中铜国贸实现营业收入1773亿元，同比基本持平。净利润实现6793万元，同比增长164%。全年采购铜精矿100.45万吨，销售高纯阴极铜171万吨、银锭1027吨。统销工业硫酸184万吨，集采燃辅材料等物资金额5.5亿元，完成物流运量248.12万吨。

主要经济指标一览表

表45

项目	单位	2021年	2022年	增长（%）
资产总额	亿元	49.85	66.21	32.82
营业收入	亿元	1776.42	1773.11	−0.19
利润总额	亿元	0.33	0.8	142.42
净利润	亿元	0.26	0.68	161.54
税收贡献	亿元	0.77	1.86	141.56
全员劳动生产率	万元/人·年	94.09	301.66	220.61

三、安全环保

中铜国贸深入学习贯彻习近平总书记关于安全环保的重要论述，贯彻落实中铝集团安全理论与方针，推动业务工作与安全环保健康工作同部署。修订完善中铜国贸相应制度并定期召开HSE委员会会议，加强港口现场安全管理，制定应急预案，防御港口台风等极端天气的影响；按照规范和标准严控原料采购环节杂质及有害元素，从源头上控制有毒、有害元素向下游冶炼厂扩散。

四、改革发展

2022年，中铜国贸修订完善公司章程、“三重一大”决策制度、董事会授权管理办法等12项制度，进一步厘清党组织与其他治理主体之间的权责边界。董事会按章程和外部董事占多数的规定要求建齐配强，外部董事占比 60%；年内召开董事会会议 11 次，审议议案 40 个，听取报告事项 3 项，40 个审议议案全票表决通过，董事会“定战略、作决策、防风险”作用充分发挥。领导班子成员经营业绩实现精准考核、刚性兑现，绝大多数基层一线职工的收入得到提高，实现发展成果由员工共享。全面落实主要负责人履行推进法治建设第一责任人职责要求，在工作中融入法治教育；企业规章制度、经济合同和重要决策的法律审核率全面实现 100%；完成《2022 年度风险评估报告》《2022 年前十大风险应对方案》，设置 22 个监控预警指标进行重点监控；“开展境外业务风险排查”“贸易业务及第三方仓储风险排查”等专项工作；积极推进“9+3”综合专项工作，持续完善制度体系建设、成立董事会风险管理委员会，健全三道风险防控体制、机制，刚性管控“资金、货权和定价流程机制”核心风险，有效规避仓单重复质押等风险事件。

五、党建与企业文化

加强政治思想建设。严格落实“第一议题”制度，及时学习习近平总书记重要讲话、重要指示批示精神，深入学习贯彻党的十九大及十九届历次全会精神和党的二十大精神，强化党章和党史学习。修订公司章程、完善党委会议事规则和前置讨论事项清单，切实把党的领导融入公司治理。

加强组织建设。落实党建业务清单化管理要求，推进“月、季、年”工作机制落地，压实党建责任，提升党内基础管理质效。深化“双向融合”。11 个“两带两创”项目内嵌业务工作各环节，实现项目 100% 结项，创造直接经济效益 1100 万元。开展党员“双提升”“四比四看”活动和“汲取伟力创价值 对标争先创一流”大讨论；深化党建对标，基层党支部与驰宏实业党支部，浦东新区税务局第十六税务所等支部进行对标共建；参加世博党建联盟，加强企地融合。

加强宣传思想文化工作。落实意识形态工作责任制，全年在各类宣传平台刊登稿件 150 余篇。总结提炼思想政治工作创新案例 2 个、开展 6 个党建政研课题研究。提炼大党建品牌经验文章 6 篇，推进“一支部一品牌”工作。落实“四统一”要求，提炼形成中铜国贸企业文化核心要素，明确企业愿景和企业使命，提出两步走战略目标，领导班子成员带头宣讲中铝、中铜文化和形势任务，引导职工与企业共同成长。

加强队伍建设。全年提拔使用中层干部 3 人，进一步使用干部 3 人，调整任命 10 名党支部书记，中干 80 后占比达 50%；建立优秀年轻干部人才库，加强业务骨干培养使用，年内任命 8 名部门经理，激活双通道人才培养效能。坚持价值创造导向，构建促进绩效提升的岗位职级体系，完善考核评价、绩效分配激励机制，实行差异化分配和精准激励，完善对内与岗位价值相匹配、对外具有竞争力的薪酬体系。

加强作风建设。持续整治靠企吃企、影子公司、影子股东等行为；强化政治监督，督促推动职能部门落实 7 个专题的“大监督”专项检查，督促问题整改。紧盯违反中央八项规定精神和廉洁从业规定、“四风”、疫情防控等问题；开展明察暗访 7 次，抽查值班带班情况 35 人次，广泛收集问题线索，持续强化日常监督。持续完善“不能腐”制度体系，完成《2022 年度规章制度制定、修订计划》的 37 项制度全部印发，以主题教育延伸培训方式，对 20 项制度开展集中宣贯培训，对 14 项制度执行情况进行监督检查。

抓实群团工作。建立和完善职代会和厂务公开制度，开展年度工资集体协商。通过浦东新区职代会达标企业创建和劳动关系和谐企业申报。落实会员普惠制，购买医疗互助保险，办理会员服务保障卡，组织心理健康咨询，集中采购防疫物资和必需生活用品，传递组织温暖。开展“喜迎二十大、永远跟党走、奋进新征程”、庆祝建团百年、青年精神素养提升工程、“青年大学习”主题团课等系列活动。

履行社会责任。2022 年，面对各地疫情，中铜国贸发挥国内销售网络作用，实时调整物流运输方式，采取跨区调配确保产品按期交货，维护金属产品市场价格稳定，确保原料到港及时提货和发运。加大与其他海外矿山的谈判力度，利用平台优化整合资源，通过增加授信、人民币跨境结算、资源互换、扩大内陆运输渠道等措施及机制的落地，为中国铜业长期稳定获取原料打牢根基；推动再生铜业务的开展，为冶炼厂原料的多元化拓展保供渠道，打造“原生 + 再生”双轮驱动发展的新局面。

撰稿 / 吴雪亮

中铜东南铜业有限公司

一、基本情况

中铜东南铜业有限公司（简称东南铜业）成立于2015年12月31日，截至2022年底，注册资本19.6亿元，员工总数（在岗）898人，资产总额68.60亿元，资产负债率60.48%。

主营业务范围：常用有色金属冶炼；新材料技术研发；普通货物仓储服务；危险化学品经营；海关监管货物仓储服务；货物进出口；技术进出口；进出口代理。产能规模：年产阴极铜40万吨、硫酸（折合100%硫酸）146万吨。办公地址：福建省宁德市蕉城区漳湾镇闽海路89号。

2022年，东南铜业以习近平新时代中国特色社会主义思想为指导，深入学习贯彻党的二十大精神，坚定贯彻中央“疫情要防住、经济要稳住、发展要安全”决策部署，全面落实“党建引领、基础夯实、价值创造、协同共赢”的总体思路，踔厉奋发、攻坚克难，超额完成年度目标任务。

二、生产经营

全年实现稳产高产。强化基础管理，持续推进全员生产安全管理；抓实生产管理体系运行，提高关键工艺指标价值化水平，以精准精益推动稳产高产。在完成铜酸系统大修的基础上，完成阴极铜产量40.1万吨，同比减少3.37%；硫酸144.78万吨，同比减少1.38%，按计划完成年度目标任务。熔炼炉和吹炼炉作业率分别达95.81%和96.69%；尾矿渣含铜降低至0.186%，总铜回收率达到98.83%；阴极铜优质品率由2021年的99.68%提升至99.74%。铜酸系统年修周期突破2.5年，阳极炉炉寿和吹炼炉第一炉炉期达50个月，进入行业先进水平行列。

价值创造能力显著提升。加强全要素对标，全面落实各项降本增效措施。全年完成利润总额7.82亿元，同比分别提升257%；净利润5.87亿元，同比分别提升232%；净资产收益率（ROE）达23.91%，同比提升15.13个百分点；经营性现金流量净额实现8.9亿元，同比提高1.6亿元；资产负债率60.48%。托管企业中矿宁德盈利160余万元。实现完全成本1851.06元/吨、阴极铜加工成本2541.35元/吨，折百硫酸加工成本127.55元/吨，扣除动力能源单价大幅上涨因素及年修影响，完成上级确定的考核目标。财务费用比预算节支额超6000万元。全年销售硫酸143.3万吨，创利5.27亿元。争取国家政策支持，全年累计8858万元，同比增加93.78%。荣获中铝集团2022年度总经理特别奖。

主要经济指标一览表

表 46

项目	单位	2021 年	2022 年	增长（%）
资产总额	亿元	77.60	68.60	−11.60
工业产值	亿元	238.46	276.50	−2.04
营业收入	亿元	280.00	273.45	−2.34
利润总额	亿元	2.19	7.82	257
净利润	亿元	1.77	5.87	232
税收贡献	亿元	32.29	29.72	−7.96
全员劳动生产率	万元 / 人・年	75.56	145.70	92.83

三、安全环保

坚持一手抓本质安全硬件的提升，一手抓 CAHSE 管理体系落地。全年重伤、工亡为零，职业病为零；突发环境事件为零；排污许可合规率 100%；职业健康安全环保行政处罚为零；年末上级 CAHS 及 CAE 考评，职业健康安全得分 81.33 分，生态环境保护 83.44 分。铜冶炼综合能耗实现 208.03 千克标准煤 / 吨，天然气单耗同比下降 11%。

四、科技创新

持续优化科技创新管理，建立科技项目和科技人才奖励机制，推进重点领域科技攻关。“旋浮吹炼系统控制和炉窑本质化安全的研究与应用”“创新实现制酸系统降碳增产双优化”项目产生良好的经济效益；“双向平行流高电流密度铜电解工艺和专用装置研发及应用”获得江西省科技进步奖二等奖。全年累计投入研发费用 4.69 亿元，科技创效 6335 万元，申请专利 17 件。统筹推进人才培养与科技创新。在厦门大学举办 2 期干部综合能力提升专题培训班；选拔任用 11 名优秀年轻干部；开展 150 名职工技能认定和取证、工程师评聘及五级技师换届选聘，在聘五级技师人数达到 104 人。争取到福建省、宁德市人才政策奖励 18 人，争取的政府人才政策补贴金额超过 180 余万元。

五、改革发展

完成组织机构和管理优化改革。按时完成“国企改革三年行动 2022 年考核任务分解落实表”全部 26 项任务，健全以《公司章程》为核心的“1+17”制度体系。

六、党建与企业文化

开展“建功新时代、喜迎二十大”“喜迎二十大，踔厉奋发、勇立新功”等主题宣传活动。严格落实“第一议题”制度。坚持深化党建与业务双向融合，85 个“两带两创”项目创效 8700 余万元。扎实开展“我为群众办实事”活动，37 个项目 100% 完成。党委一体推进“三不”机制，开展常规性约谈 392 人次，警示性约谈 11 人次，任前廉洁谈话 30 余人次；加大问责力度，运用第一种形态批评教育处理 13 人次。团委组织开展庆祝建团 100 周年系列活动，推进青年精神素养提升工程各项工作，1 人获第 21 届“全国青年岗位能手”称号，1 人获福建省“金牌工匠”称号，1 人获云南铜业第二届“十大杰出青年”称号，1 人获宁德市青年五四奖章。东南铜业被评为中国有色金属宣传工作先进单位。东南铜业党委和火法厂党支部分别获得“最美中铜人”“中铝集团示范党支部”称号。“宁德创业精神”入选中国铜业精神谱系。积极履行社会责任，着力打造绿色电力，降低能耗，2022 年总发电量同比提高 35.6%。

维护职工权益，积极开展困难职工帮扶、金秋助学、职工健康体检等活动。

撰稿 / 田茂良

中铜矿产资源有限公司

一、基本情况

中铜矿产资源有限公司（简称中铜资源）成立于2010年4月16日，截至2022年底，注册资本5.9506亿元，员工总数（在岗）306人，资产总额13.14亿元，资产负债率73.31%。

主营业务范围：地球物理勘查；地球化学勘查；地质勘查工程施工；工程地质勘查、地质测绘与工程测量；地质勘查技术咨询与服务；矿业咨询与技术服务。办公地址：北京市海淀区西直门北大街62号9层。

2022年，中铜资源以习近平新时代中国特色社会主义思想为指导，深入学习领会党的十九大、十九届历次全会及二十大精神，全面贯彻落实中铝集团、中国铜业2022年工作会精神，全面深化改革、加强内部管理，紧盯国内外资源获取、抓紧金龙项目推进，抢抓市场拓展机遇，在技术创新、安全管理、政策争取等方面取得较好的成绩。

二、生产经营

2022年，中铜资源钻探施工完成138578.48米，达成年初计划的116.54%，特别是在普朗、澜沧项目部工程量减少情况下，积极拓展业务，全年工程量完成超计划16.54%。钻探机台效率达402.7米/台月，目标达成率112%，远超目标值，并且连续两年稳步增长，较历史最优指标提升8.83个百分点；机台作业率79.53%；压缩现场交接班时间12%，平均辅助总时间较年初下降8%；成功立项中铝集团科技重大专项子项“高地压、大涌水复杂条件下钻探施工工艺研究”，立项经费900万元；完成“厄瓜多尔瓦林萨铜矿”项目、刚果（金）深海铜矿项目2项推荐项目，并获中铜立项；完成刚果（金）G项目的技术审查，推进“湿法冶炼和资源”项目的整体立项工作。全年完成新增推断级别及以上铜、铅锌金属资源量39.49万吨、71.41万吨，分别超额完成年度考核目标163.27%、19.02%。

主要经济指标一览表

表47

项目	单位	2021年	2022年	增长（%）
资产总额	亿元	13.86	13.14	−5.19
工业产值	亿元	0.27	0.52	92.59
营业收入	亿元	1.26	1.49	18.25
利润总额	亿元	−0.66	−0.50	24.24
净利润	亿元	−0.66	−0.50	24.24
税收贡献	亿元	0.11	0.07	−36.36
全员劳动生产率	万元/人·年	8.39	17.02	102.86

三、安全环保

2022年，中铜资源体系考评安全提升至80.05分，环保提升至80.07分，较2021年有较大提升。12个生产项目部先后投入钻机63台套（含承包商）参与施工，实现全年轻伤及以上安全生产事故为“零”。率先在钻探作业场所全覆盖安装视频监控，各项目部保有监控设备60余套，全年开展监控视频抽查回看400余次，发现并补报违章行为28起，其他问题或隐患上百起，违章行为呈现下降趋势。19个班组通过企业安全生产标准化考评验收，达标率100%，其中纳入创建考评的8个承包商班组全部通过达标考评。实施设备本质安全，先后对会泽、彝良井下施工的钻塔进行改造升级，引进直立液压升降钻塔，极大地降低设备拆卸和安装的时间，较之前相比减少25%的时间，同时降低钻塔高度，减少高处作业频次近80%。

四、科技创新

2022年，中铜资源申请国家重点研发计划项目1项，完成中铝集团重大专项子项3项，完成中铜重点科技计划项目“多龙矿集区重要钻孔岩心三维模型构建及虚拟岩心库研发”任务书及实施方案编制提交工作，获取授权实用新型专利10项，发表科技核心期刊论文6篇。积极探索物探集成技术的创新与应用研究，针对矿山深边部找矿及安全生产等方面遇到的复杂地质问题，积极引进等值反磁通瞬变电磁技术，充分为已有坑道工程进行找矿预测以及超前地质预报，探测坑道周边盲矿体，超前预测生产掘进工程提供重要的技术支撑。与昆明理工大学签署战略合作协议，双方聚焦科研生产联合攻关，共同组建人才培训基地，资源共享、开展学术交流，共同申报科研项目或科研基地等。

中铜资源所属会泽项目部研发的“一种适用于井下钻探的免吊装式钻塔”成功运用于会泽矿区、毛坪矿区，有效避免高空作业、吊装作业，得到专利受理。自主研发的“一种跟管回转地质岩心钻探方法”完成2100米钻探任务；研发的“矿体顶底板隔水层性能修复技术”得到业主方的认可。普朗项目部通过技术改造钻塔，在无钻窝硐室的情况下，满足井下深孔缓倾角钻孔施工，有效避免高空作业，降低顶板管理风险。通过特制钻头，因岩施钻，延长钻头使用寿命，缩短上下管辅助时间，尤其对深孔施工效果较为明显。冲击钻进工艺已证实普朗矿区硬质地层适用该工艺。昭通项目部在钻探施工过程中，配合彝良驰宏有效克服深部勘查平台匮乏、钻孔施工难度大等不利因素，最终圈定毛坪铅锌矿区新的厚富Ⅵ号矿体，铅+锌平均品位达31.07%，全年实现铅锌金属增储40.2万吨。截至2022年12月末，Ⅵ号矿带详查项目已累计实现铅锌金属增储逾70.3万吨。下属企业云冶资源通过高新技术企业再认定，获“昆明市知识产权优势企业”称号；云铜勘查通过高新技术企业首次认定，获“云南省级技术型中小企业”称号。

五、改革发展

中铜资源克服多重影响，制定横向到边、纵向到底的责任体系，严格按照探转采作战指挥图，先后完成金龙项目拿若矿区野外地质勘查工作，多龙矿集区开发规划和铁格隆南铜多金属矿详查报告、勘探报告获得西藏自然资源厅评审通过，组织编制可行性研究报告、水资源勘查及论证、电力方案论证等探转采所需报告。积极推进五宗矿权过户等工作，组织完成铁格隆南预可研报告编写并通过评审。12月23日，西藏金龙铜矿一期采选工程项目获得中铝集团董事长专题会立项审查通过。中铜资源与云南铜业联合成立的非洲项目部与国内联合推进ERG深海项目，完成深海项目的综合分析评价报告，配合完成非约束性报价，完成刚果（金）G项目的综合分析，获得中国铜业领导专题会立项通过。

建立以价值贡献取薪为核心的员工绩效考核分配方案，通过“薪酬能升能降，且升降明显”的薪酬考核机制，以项目的利润为考核依据，制定阿米巴经营会计报表，以绩效倒逼员工主动闯市场，以市场倒逼挖潜力、降成本。2022年，市场拓展中心签订合同14项，金额1317.05万元，实现经营利润98.68万元，并对超额完成利润目标的项目部，按超额部分的15%给予兑现。

六、党建与企业文化

强化党的二十大精神学习宣贯，党委会、中心组学习扩大会、党建工作会学习研讨5次，班子成员进部门（中心）、项目部讲授专题党课8场次，同时以微信平台权威解读、组织专题网络培训班等深入推进党的二十大精神学习进一步走深走实。组织开展“学党史 重走革命路”井冈山精神主题教育，通过现场沉浸式教学，进一步坚定理想信念。两级党组织与地质勘查院、彝良驰宏等单位党建共建、对标提升，形成促进党建管理提升举措10余项；各支部聚焦“安全+”“技术+”等方向，拟定支部品牌创建方案10项，逐步搭建起党支部双融合系统载体。

把巡察整改工作作为一项重大政治任务，建立整改工作分析、督导、评价、反馈工作机制，快速推进巡察整改工作，巡察反馈问题34个，完成整改33项，整改完成率97%，通过中铜党委巡察领导小组验收并得到充分肯定。结合“大监督”到所属企业开展“蹲点式”监督检查，重点检查9个专项工作落实、贯彻落实重大决策部署、领导干部履职待遇执行等6个方面的情况，发现51个问题，反馈所属企业制定66条措施并完成问题整改。

中铜资源所属西藏金龙矿业在疫情防控关键时刻，向西藏改则县捐赠抗疫资金9.5万元助力疫情防控工作。西藏金龙矿业通过强化社区协调和安全生态环保管理，助力矿区农牧民增收脱贫和协助做好所在地疫情防控等工作，得到企业所在地社会各界的肯定。

撰稿／段庆慰

云南铜业股份有限公司西南铜业分公司

一、基本情况

云南铜业股份有限公司西南铜业分公司（简称西南铜业），成立于2017年5月5日，截至2022年底，员工总数（在岗）1506人，资产总额44.13亿元，资产负债率55.1%。

主营业务范围：铜冶炼、加工、销售，与之相关的副产品的生产、销售等。产能规模：高纯阴极铜53万吨/年、工业硫酸70万吨/年、金10吨/年、白银700吨/年。办公地址：云南省昆明市五华区王家桥路59号。

2022年，西南铜业坚决贯彻落实中国铜业、云南铜业各项决策部署，以“深改革、深对标、强作风、多盈利”为主线，围绕各项工作安排，全面从严治党，坚持稳中提质，推动改革发展，圆满完成全年目标任务，经营业绩再创新高。实现利润10.08亿元，完成率113%，历史最优。

二、生产经营

西南铜业产品产量平稳增长。阴极铜产量51.73万吨；黄金17吨，完成率170.37%；白银465吨，完成率110.92%；硫酸71.5万吨，完成率100.76%；钯302千克，完成率151.05%；混合矿处理量94.08万吨；全产品综合回收创效1700万元。

西南铜业技术经济指标稳健优化。深入开展全要素对标，形成考核清单，全年创效2800万元。公司级指标完成率90%，指标领跑率66.7%；工序级指标历史最优完成率86%；矿铜、金、银回收率分别完成97.9%、97.5%、97.1%；铜冶炼综合能耗205.5千克标准煤/吨，在历史最优基础上下降2.5%。

主要经济指标一览表

表48

项目	单位	2021年	2022年	增长（%）
资产总额	亿元	41.75	44.13	5.7
工业产值	亿元	407.1	402.52	−1.10
营业收入	亿元	321.93	313.04	−2.76
利润总额	亿元	8.21	10.08	22.78
净利润	亿元	8.21	10.08	22.78
税收贡献	亿元	2.49	3.13	25.70
全员劳动生产率	万元/人·年	127.26	106.41	−16.38

三、安全环保

西南铜业实现突发环境事件为零、新增职业病为零目标，中央生态环境保护督察整改率、主要污染物排放达标率、隐患整改完成率、全员持证上岗率、固废处置合规率、接触有害岗位员工职业健康体检率均实现100%；同口径风险总值下降11.05%。中铝集团年度CAHS、CAE考评分别获得84.17分、85.14分；以93.9分的中铝集团首批最高分通过应急管理部“安全生产标准化一级企业”评定。

四、科技创新

西南铜业形成一批专有技术并实现国际专利零的突破，专利数量大幅增长，授权专利26件，其中发明3件；受理专利50件，其中发明专利28件，创历史新高；科技成果“多炉窑协同智能绿色铜冶炼技术及应用”成果评价为整体技术达到国际先进水平；“四炉全流程非线性智能化冶炼关键技术”达到国际领先水平。

五、改革发展

市场化改革稳步推进。国有企业三年改革行动方案相关指标提前完成，在册职工精减69人，在岗职工精减41人，辅助生产业务外包用工下降7%，减员目标完成率105.75%；公司所属二级单位按照“公司—厂（中心）—班组”三级管理架构设置，组织机构优化15%。

搬迁取得实质进展。围绕中铝集团投资优化要求，组织签订投资优化承诺书，提出100余项优化措施；竭力推进项目行政审批工作，完成17项行政审批工作；2022年10月26日搬迁可研取得中铝集团批复，12月26日初步设计取得中国铜业批复。普吉渣场原位风险管控治理项目2021年11月26日正式动工，2022年12月完成主体工程。

六、党建与企业文化

深刻领悟党的十九大、二十大精神实质，坚持全面从严治党，扎实推进巡察整改，党建基础更加扎实、党风企风更加清朗。一是抓政治建设。坚定不移贯彻落实两个“一以贯之”，严格执行“第一议题”制度，坚持民主集中制原则，完善“三重一大”决策程序，召开党委会33次，审议事项439项，前置审议事项76项，前置落实率100%。二是抓组织建设。推行党政“一肩挑”及副书记试点工作，坚持标准严格程序，选拔任用干部13人，干部交流51人。三是抓作风建设。围绕中央环保督察问题整改、原料验收、疫情防控、安全环保等重点工作开展专项监督，强化监督质效；创新运用岗位廉洁风险评价工具，精准辨识全岗位廉洁风险，实施分级管控，廉洁风险总值同比下降5%。四是抓群团建设，营造和谐氛围。组织开展困难帮扶、节日慰问，以及职工体检、疗养等活动，提升员工幸福感、获得感；策划组织劳动竞赛和技能比武46项，开展共产主义青年团100周年系列活动。

撰稿 / 刘　敏

云南迪庆有色金属有限责任公司

一、基本情况

云南迪庆有色金属有限责任公司（简称迪庆有色）成立于2004年6月8日，截至2022年底，注册资本19.48亿元，员工总数（在岗）734人，资产总额50.95亿元，资产负债率33.24%。

主营业务范围：普朗铜矿矿产资源采选及其产品销售、矿业开发项目管理、矿山工程项目承建、矿山生产经营综合管理、科技研发、技术咨询；普朗铜矿的地质勘查、矿产资源勘查、矿产品的购销；原材料采购、销售及土地、房屋的租赁、机械设备租赁。产能规模：设计年处理矿石1250万吨，平均年产精矿含铜4.4万吨。办公地址：云南省迪庆藏族自治州香格里拉市格咱乡格咱村普朗铜矿。

2022年，迪庆有色紧扣稳中求进工作总基调，聚焦高质量发展主题，筑牢管理提升基石，坚持创新驱动发展，以优异成绩向党的二十大胜利召开献礼。全年完成采矿1068.21万吨，处理原矿1070.75万吨，生产精矿含铜36370吨，钼精矿含钼534吨，铜精矿含金698千克，铜精矿含银7708千克，实现净利润7.18亿元。

二、生产经营

2022年，迪庆有色聚焦上级考核目标、年度重点工作、全要素对标等，统筹部署，精心组织，生产精矿含铜36370.43吨，完成年度计划的106.53%；钼精矿含钼533.51吨，完成年度计划的149.05%，实现销售收入1.54亿元，同比增长0.94亿元；实现净利润7.18亿元，超0.27亿元完成JS项目首年业绩承诺目标。

主要经济指标一览表

表49

项目	单位	2021年	2022年	增长（%）
资产总额	亿元	49.45	50.95	3.03
工业产值	亿元	28.42	23.9	−15.9
营业收入	亿元	28.26	24.83	−12.14
利润总额	亿元	11.27	8.13	−27.86
净利润	亿元	9.6	7.18	−25.21
税收贡献	亿元	6.01	4.72	−21.46
全员劳动生产率	万元/人·年	294.81	214.43	−27.27

三、安全环保

2022年，迪庆有色职业健康安全环保实现“七为零”目标。一是投入安全生产费用2.65亿元，完成井下泥石流地质灾害治理、井下支护工程等项目。二是环保投入3265万元，在保证环保设施正常运行前提下，推进颗粒物超低排放。三是获得非煤矿山安全生产标准化二级企业证书；CAHS、CAE 体系审核首次实现“双 80”。四是开展“三大规程”、安全生产法、CAHS、CAE 体系应用等专题培训及考试，培训达 4770 人次。五是开展各类安全检查，整改隐患 3379 条；完成中央生态环境保护督察期间关注事项的整改销号。

四、科技创新

2022 年，迪庆有色以科技创新赋能生产经营显成效。一是实施科技项目 40 项，参与国家级重点项目 1 项，牵头省部级重点项目 1 项，研发总投入 13007.08 万元，争取各类科技奖励、优惠政策到位 1040.09 万元，科技成果转化创效 5000 万元。二是取得专利授权 23 项（其中发明专利 4 项），获得软件著作权 4 项，发表论文 25 篇（其中中文核心 4 篇）。三是申请并通过国家高新技术企业、省级企业技术中心，成功申报云南省第十五批工程研究中心，建立云南省孙伟专家工作站，“低品位厚大矿体自然崩落法连续高效开采技术”被自然资源部《矿产资源节约和综合利用先进适用技术目录（2022）》收录。

五、改革发展

2022 年，迪庆有色按照国企改革三年行动要求，全面深化改革促发展。一是健全并规范执行股东会、董事会、监事会、总经理工作规则等公司治理制度。二是完成事业部改革，改革后组织架构为 5 个部门、3 个中心、3 个厂，管理层级由原来的四级管理调整为三级管理。三是开展一般管理人员及骨干员工竞聘，新聘业务经理 19 人、业务主管 53 人、骨干员工 141 人。四是依据国家法规政策和迪庆矿业人员优化实际，分步实施艰苦边远地区人员交流和退出。五是实施机关和基层人员轮岗交流机制，中层干部交流任职 5 人，其他骨干轮岗交流 18 人。

六、党建与企业文化建设

2022 年，迪庆有色党委认真落实“1234”党建工作思路，不断凝聚高质量发展合力。一是履行党组织在决策、执行、监督各个环节的权责，聚焦中心任务，形成 28 个事项的“党建工作责任清单”，“党员身边无事故”整改隐患 1856 条；“两带两创”立项 34 个，创效 18733 万元。二是深化“我为群众办实事”实践活动，完成动态清单 21 项，投入资金 469 万元。三是狠抓党风廉政建设，严格落实各项准则、制度和条例，营造风清气正的氛围。四是利用新媒介、板报等形式开展多维度宣传；启动《普朗铜矿志》编纂、文化展厅建设，普朗精神荣膺中铝精神谱系。五是发挥工团组织作用，全面开展技能比武、劳动竞赛、文体活动及“青字号”等工作。

2022 年，迪庆有色在抓好生产经营的同时，履行好国企社会责任。一是实现工业总产值 23.9 亿元，为地方贡献税收 4.72 亿元，为迪庆州工业经济发展做出贡献。二是推行本土化用工带动本地就业，接收迪庆矿业本地籍职工 147 人；按中铝集团要求接收西藏籍大学毕业生 7 人到矿实习。三是累计向格咱乡、洛吉乡捐赠资金共计 65 万元，用于实施民生项目助力乡村振兴；累计向格咱村、尼汝村支付综合补偿款 562 万元；间接向当地运输驾驶员支付运输费 5409 万元。四是选派 1 名驻村工作人员支援格咱村的乡村振兴工作。

撰稿 / 彭燕青

云南金鼎锌业有限公司

一、基本情况

云南金鼎锌业有限公司（简称金鼎锌业）成立于1998年12月9日，截至2022年底，注册资本9.73亿元，员工总数（在岗）4514人，资产总额39亿元，资产负债率63.65%。

主营业务范围：矿产资源开采；电气安装服务，危险化学品生产；建设工程施工；选矿，常用有色金属冶炼；金属矿石销售；金属材料销售，机械零件、零部件加工；机械零件、零部件销售；汽车零配件零售；建筑用石加工；建筑材料销售；普通机械设备安装服务等。产能规模：采矿240万吨、选矿220万吨、冶炼12万吨、硫酸6万吨。办公地址：云南省怒江州兰坪县金顶街道锌业大厦。

2022年，金鼎锌业认真贯彻上级工作要求，坚持“深改革、精管控、严落实、增效益”工作主题，紧扣生产经营、改革发展、项目建设、科技创新、历史遗留问题等重点工作，推动金鼎锌业党建与生产经营业绩全面提升。

二、生产经营

氧化金属湿法直收率从年初的47.1%提升至65.48%，创造经济效益8000余万元。冶炼厂同比减亏1亿元，实现控亏年度目标，冶炼扭亏脱困取得成效。取得老姆井尾矿库一期工程项目农业用地转建设用地批复，属于全省首例，取得兰坪铅锌矿采矿许可证，采矿规模由89.1万吨/年提升至260万吨/年。

主要经济指标一览表

表50

项目	单位	2021年	2022年	增长（%）
资产总额	亿元	36.43	38.60	5.96
工业产值	亿元	23.81	26.43	11.00
营业收入	亿元	20.68	26.42	27.76
利润总额	亿元	0.67	4.76	610.45
净利润	亿元	0.55	4.21	665.45
税收贡献	亿元	3.13	4.34	38.66
全员劳动生产率	万元/人·年	51.4	58.5	13.81

三、安全环保

金鼎锌业深入贯彻落实《中华人民共和国安全生产法》，按中国铜业“44322”安全管理要求、“1+7”环保工作部署和驰宏锌锗具体安排开展职业健康安全环保工作。健全责任体系，推进风险分级管控，规范开展班组建设，强化安全教培管理，健全应急预案体系，健全职业病防治体系，落实危害因素控制工程。全面推行新版生态环境保护体系（CAE）运行，项目环保“三同时”手续办理进展顺利。坚持走节能减排、低碳发展、生态环保的发展道路，在重点污染源治理、资源高效开采、日常保护管理等方面。促进生产方式绿色转型，积极参与“碳达峰”“碳中和”行动。

四、科技创新

金鼎锌业坚持“开放合作、以我为主”理念，引入“赛马机制”，先后与云南科力、昆明理工大学、中国恩菲、昆明冶研院等院所开展实验室研究，初步确定“选矿富集＋火法＋湿法冶炼的氧化矿工艺路线”。开展17个研发项目，归集研发费用9410万元，取得授权专利19项，科技厅揭榜制项目获得补助资金920万元。获得中铜项目经费补助40万元。

五、改革发展

金鼎锌业采矿实物劳动生产率同比提升51吨/（人·年），冶炼实物劳动生产率同比提升14吨/（人·年）。优化员工282人。打破高水平大锅饭，实施精准激励，职工人均工资11万元，比上年同期增长18%。不断规范劳动用工，短期合同制员工970名转为长期制，实现同工同酬。北厂—架崖山矿段300万吨/年露天采矿技改扩建工程已8月得到中铝集团立项批复，项目初设级可研完成驰宏、金鼎两级联审；冶炼厂产能恢复暨提质增效技改项目确定了工艺技术路线，于12月完成立项，项目初设级可研完成金鼎锌业内部审查；南大沟二次扩容排土场于4月完成立项，初设级可研上报至中国铜业。

六、党建与企业文化

一是金鼎锌业党委以习近平新时代中国特色社会主义思想为指导，学习宣传党的二十大精神，组织“喜迎二十大”主题系列活动。结合实际深化“双向融合”“两带两创”，党员“双提升”“四比四看”党支部特色品牌工作有效落地，做到“一支部一品牌”。二是坚持和加强党要管党、全面从严治党要求，健全完善从严治党责任体系。统筹开展“大监督”专项效能督查，发现4项共性问题，24项个性问题，整改完成100%。三是金鼎锌业工会全面落实产业工人队伍建设改革，承办中国铜业湿法冶炼（浸出工）技术技能大赛；发放“四节两项目”普惠性福利共770万元，慰问、帮扶和助学合计894人次115万元，职工健康体检实现体检套餐个性化服务。四是共青团发挥“生力军”作用，以“青安岗”活动为载体，开展安全技能大赛，为团员青年打造比学赶超的擂台。五是构建“大宣传”格局，充分利用新媒体优势，创设企业微信“金鼎门户”、制作先进典型宣传资料、提炼先进典型精神等。参加全国有色行业班组长网上练兵，4人获得一等奖，获中国铜业“五四红旗团支部”1个、“青年岗位能手”1人，中国铜业湿法冶炼（浸出工）技术状元1人，驰宏劳模1人，选树“十星级”员工29人等，在集团内各级媒体共发表稿件193篇。六是金鼎锌业认真落实中国铜业乡村振兴的各项工作要求，因地制宜督促“包乡”，制定目标实现增收。投入47万余元为全县4741户三类人员购买返贫保险。向兰坪县教育发展基金会捐赠101万元。

撰稿/张兴莉

云南驰宏锌锗股份有限公司

一、基本情况

云南驰宏锌锗股份有限公司（简称驰宏锌锗）成立于2000年7月18日，截至2022年底，注册资本50.91亿元，员工总数（在岗）12711人（含托管企业），资产总额329亿元，资产负债率37.2%。

主营业务范围：铅锌锗系列产品的探矿、选矿、采矿、冶炼及产品深加工；伴生有价金属的提炼、销售及技术服务等。产能规模：铅锌精矿金属产能54万吨/年、铅锌精炼产能83万吨/年、锌合金12万吨/年，锗金属60吨/年、精镉1000吨/年、银产品150吨/年，铋、锑等稀贵金属综合回收400余吨。办公地址：云南省曲靖市经济技术开发区翠峰西路与学府路交叉口。

2022年，驰宏锌锗围绕经营效益更优、管控效率更高、发展效能更好的总体目标，坚持党建引领，聚焦价值创造，提升基础管理，强化科技创新，加大人才培养，全面提升发展质量。全年实现利润总额32.6亿元，同比增长3.1%；净利润30.1亿元，同比增长13.1%。

二、生产经营

2022年，矿山产出精矿金属量46.44万吨，硫化矿出矿量562.88万吨；选矿处理量574.82万吨；铅、锌选矿回收率分别为86%、88.49%。铅、锌、锗产品分别实现14.29万吨、63.94万吨、55.86吨，白银143.26吨、黄金104.33千克、硫酸94.05万吨。

主要经济指标一览表

表51

项目	单位	2021年	2022年	增长（%）
资产总额	亿元	347	329	−5.19
工业产值	亿元	197.31	229.92	16.52
营业收入	亿元	267	279	4.49
利润总额	亿元	31.32	32.64	4.21
净利润	亿元	26.5	30.1	13.58
税收贡献	亿元	47.5	52.07	9.62
全员劳动生产率	万元/人·年	53.83	58.38	8.45

三、安全环保

2022年，驰宏锌锗发布《分级分类安全履职清单》，建立安全环保督察机制，对14家实体企业开展督查和7起安全生产责任事故调查，查出并督促整改问题1000余项，对履职不到位的161名管理人员进行问责。运行CAHS体系，开展3次体系培训，对16家企业及本部部门开展一轮考评并接受中国铜业考评，得分75分以上的企业共9家。

所属企业866个班组参与创建安全生产标准化班组，780个通过验收，达标率90.07%。修订35项安全管理制度，形成《职业健康安全生产责任制》《安全生产管理制度》《职业健康管理制度》三项制度；对“三大规程”中3284个规程进行修订。开展建筑物、环保除尘设备设施等专项整治，排查治理隐患两千余项。组织设备设施本质安全提升“四个一批”项目36项，总投资1.62亿元，完成14项；完善视频监控平台，实现重要危险源点视频全监控和主要生产岗位视频监控全覆盖，在运行尾矿库安装“安全在线监测预警系统”，稳步推进矿山顶板治理。国庆、二十大期间，对作业现场检查121班次，查出并督促整改问题及隐患199项次，对安全风险大的作业点责令停止作业9个，制止、纠正违章行为6项。委托杜邦DSS安全管理咨询公司开展诊断评估，制定未来三年安全管理提升路线图。全覆盖建立职业健康监护档案，全年对2343个作业场所点位开展职业危害监测，职业危害监测覆盖率100%，达标率96%。组织10305名在岗职工参加职业健康体检，体检率为99.95%。职业病检出人数为零，疑似职业病人数为零。

2022年，中央生态环境保护督察问题需年内完成2项整改措施，均按期完成整改销号。先后开展废气无组织排放、工业废水治理及涉铊、土壤、重金属污染等10个专项排查整治，排查出问题160项，按期完成整改销项。建成5个绿色矿山、4个绿色工厂，粗铅冶炼节能改造等3项技术入选云南省重点节能技术应用案例，粗铅产品被评为“国家级能效领跑者”。全年生态环境保护指标完成率100%，排污许可合规率100%，环保行政处罚为零。

四、科技创新

全年研发投入9亿元，争取科研经费3887万元，获授权专利144项。“铅冶炼协同处理锌渣关键技术与装备”获得中国有色金属工业协会科技成果一等奖；“Neto锗渣技术”成为锌冶炼伴生锗资源回收原创技术，荣获中铝集团科技成果奖一等奖；彝良驰宏低碱工艺助推选矿锌回收率达96.19%，创行业第一；驰宏会泽冶炼艾萨炉喷枪使用寿命超过30天，在行业复制推广；驰宏锗业成功研发高端锗材料技术，迈入“军工”门槛；5N高纯锌、5N高纯镉建成产业示范线并产出合格样品；驰宏锌锗进入有色金属先进功能材料产业子链链长“名单”；自主研发突破了锗镀膜工艺开发民用测温和“工业CT”新产品；智能化矿山采掘、提升、运输实现远程无人操作。

实施党组织书记科技创新“一把手”负责制，出台落地集团“1+8”科技人才激励政策实施细则，兑现精准激励2533.61万元；首次采用“揭榜挂帅”“赛马”赋能科技攻关，全年发布揭榜挂帅项目9个、实施赛马项目7个；召开第十五次科技创新大会，举办2022年全国铅锌产业链绿色可持续发展技术创新论坛，参加中国铅锌周暨第二十五届中国铅锌年会。

五、改革发展

深入推进国企改革三年行动，6类58项211分项改革任务100%完成。统筹推进事业部和机构改革。机关本部编制精简112个、职能人员优化56人，人员压缩23%，中层管理人员减少36%，管理层级压缩至2级。所属企业职能部门数量精简50个，中层编制精简22个，职能人员编制精简330个；优化12户主体生产企业组织模式，内设管理层级压缩至3级以内，择优选配作业经理331名。111名中层管理人员圆满达成任期制和契约化管理年度目标。全员劳动生产率在2021年提高49.6%基础上再提高8.5%。全年兑现专项激励6281万元，科技奖励和科研项目成果转化收益分享2100万元，科技工作者最高收入达55万元。

金鼎锌业老姆井尾矿库、驰宏锗业超高纯四氯化锗项目、彝良驰宏帷幕注浆治水工程项目顺利建成投运；会泽矿业安全高效标杆矿山、云铜锌业搬迁、金鼎锌业露天采矿、冶炼产能恢复项目获中铝集团立项。彝良驰宏毛坪铅锌矿资源持续接替及地质找探矿、荣达矿业铅锌银矿深部资源接替技改工程三个募投项目顺利结项，年度铅锌金属增储超70万吨。

六、党建与企业文化

通过多种方式全面宣传、深刻领会党的二十大精神重大意义和科学内涵。严格落实“第一议题”制度，全年通过党委会、理论学习中心组、专题读书班等载体，学习习近平总书记系列重要讲话精神、十九届六中全会精神等38次。优化完善“三重一大”决策事项、党委前置研究讨论重大经营管理事项2个清单，巡视反馈35个问题整改率达91.43%。撤销党组织72个、新成立党组织127个、完成换届选举111个，88个党支部通过标准化达标验收，7个党组织获评中铝集团示范党组织。《党支部副书记试点，构建“双向融合”典型范本》等3个成果获评《国企》杂志“国企党建创新优秀案例”。组织党员4700余人次、79名新任职书记参加轮训。组织“汲取伟力创价值、对标争先创一流”大讨论，制定对策592条，开展“中铜先锋”党员突击队活动1000余次，完成“我为群众办实事”事项459项。开展党建与业务融合课题研究50个，深化党组织副书记试点2个，实施“两带两创”项目418个。工会开展“站室”项目27项，劳动竞赛创效5200余万元，1个“创新创意”项目获中铝集团决赛一等奖。承办和参加中国铜业行车工、冶炼工等大赛10余项。发放慰问金271.15万元。实施党建带团建联系点、青年素养提升工程和“手号岗队”品牌特色，青年突击活动覆盖3000余人次。

驰宏锌锗“0.3克锗精神”等4个案例入选中国铜业精神谱系。3个个人（集体）获第二届“最美中铜人”，1个班组获第四届“最美中铝人”。编纂《优秀共产党员（1951—2022年）》《科学工作者（1951—2022年）》，制作发展宣传片《前行者》，员工原创首款微信表情包“驰宏安安”上线使用，5家单位通过第十五届云南省文明单位复审。围绕中心加强内媒建设，驰宏门户点击量突破6000次、公众号突破1.2万次、视频号突破6万次，500余篇报道被省部级媒体及中铜门户等媒体采用。获“云南省优秀企业新媒体一等奖”。

全年对外捐赠814.31万元，其中乡村振兴捐赠投入539.31万元。驰宏锌锗荣获“云南省信访维稳先进集体”“第十六届中国上市公司ESG百强”“上市公司2021年报业绩说明会最佳实践奖”。

撰稿 / 崔献刚

中铜资产经营管理有限公司

一、基本情况

中铜资产经营管理有限公司（简称中铜资产）成立于2020年1月，截至2022年底，注册资本5000万元，员工总数（在岗）732人，资产总额40.81亿元，资产负债率72.92%。

主营业务范围：主要从事土地及房产盘活、房地产开发、装备制造及工业服务、物业管理、职业卫生健康服务等业务。办公地址：云南省昆明市盘龙区华云路1号中铜大厦28楼。

2022年，中铜资产围绕“固基础、提素质、造氛围、强执行”工作思路和“做实、突破、减量、创效”工作主线，平台优势逐步彰显、四个中心稳步推进、历史包袱大幅减轻，经营改革发展创出新业绩。

二、生产经营

2022年，中铜资产实现营业收入7.39亿元；扣除上级拨付托管费后实现净利润1.47亿元，同比增长172%，再创历史新高。净资产收益率（ROE）连年增长，达到8.89%；归母净利润0.94亿元，同比增加0.45亿元；资产负债率降至72.92%，同比降低5.75%；月均“两金”余额完成6.74亿元，较奋斗目标下降2.3亿元。经营性现金净流量完成控制指标。中国铜业“三总部”托管资产实现租赁收入5645.17万元。

主要经济指标一览表

表52

项目	单位	2021年	2022年	增长（%）
工业总产值	亿元	0.79	0.85	7.59
营业收入	亿元	10.87	7.39	−32.01
净利润额	亿元	0.52	0.91	75.00
所有者权益	亿元	7.68	8.63	12.37
纳税额	亿元	0.88	1.34	52.27
净资产收益率	%	1.41	8.82	增加7.41个百分点
全员劳动生产率	万元/人·年	35.68	53.34	49.50

三、安全环保

2022年，中铜资产扎实推进安全生产提升年行动，持续推进建（构）筑物安全专项排查工作，严格控制污染物排放，抓实抓细全级次企业疫情防控工作。中国铜业安全环保考评反馈76项问题、职业健康安全督察反馈的81项问题全部整改完成。全年未发生重伤及以上生产安全事故、环境污染事件，CAHS考评得分81.67分，CAE考评得分82.6分，逐年稳步提高。

四、改革发展

2022年，根据国企改革三年行动要求，中铜资产董事会下设战略、提名、薪酬、风险4个专门委员会，制定完善《“三重一大”决策制度实施办法》《董事会授权管理办法》《董事会议事规则》《经理层成员业绩考核与薪酬管理办法》《外部董事履职支撑服务工作方案》等落实董事会职权配套制度20余项，进一步厘清“三会”关系。组织开展法人治理专项检查，加强董监事监管，法人治理能力持续加强。

完善年度和任期制经营业绩指标调整，严格按照契约约定开展经营业绩考核，强化刚性兑现。金水物业探索实施“4+N”机构改革、竞争上岗、岗薪制、员工动态管理、精准激励等改革措施。昆明重工积极探索设备服务公司市场化改革，模拟职业经理人制度，推行项目经理制。云铜地产持续推进项目负责制，多措并举全力推进库存压降工作。

建立劳动用工管理制度，进一步完善绩效考核机制。量化本部部门考核指标，突出“指导、督导、服务”履职能力考核，授予部门二次分配权限。分层分类强化各企业考核，围绕“财务指标、管理指标、否决性事项”三个维度精简优化指标，进一步提高考核的针对性。

制定《中铜资产2022年提质增效专项工作方案》《中铜资产三年降本计划2.0（2022—2024年）》，强化预算过程管控，销售费用同比下降7330.65万元。获得政策红利1072.17万元。构建全级次对标管理体系，建立月度追踪管控机制，开展“一对一”督查服务。全面推行“阿米巴”经营管理工具，昆明重工、金水物业阿米巴经营推广运用助推模拟市场化改革初见成效。

完成诚源投资、八七一文投工商注销，金水云泊、亚能碳资产完成股权转让，佳盛慧洁破产清算完成资产法拍，白塔路351号停车场租赁事宜得到解决，金水云生进场开展价值咨询工作。

依托“1方案+3清单”方式，开展“7+2+1”专项整治，探索形成“三防一查”的合规经营管控模式，建立形成合规组织、合规制度、合规运行、合规保障闭环管理体系，全年共排查230个问题，整改完成229个问题，整改率99.57%，形成长效机制33项，共挽回损失17.18万元、降低风险金额1313.36万元。

五、党建与企业文化

严格执行“第一议题”制度要求，严格落实党委会前置程序和“三重一大”制度。召开党委会20次，审议研究议题188个，其中“第一议题”学习篇目24篇，前置议题30个，前置率达到100%。进一步完善党的领导与公司治理相统一的工作机制，扎实开展党委理论学习中心组学习质量提升专项行动，组织党委理论学习中心组学习10次，集中学习篇目67篇。

全力支持配合中国铜业党委第二巡察组工作，认真落实巡察整改工作要求。针对巡察反馈的33个问题，制定整改工作任务台账，细化117条整改措施，完成整改32个问题，整改完成率97%。坚决执行党建“双百分”考核，深化“汲取伟力创价值 对标争先创一流”大讨论活动，全级次企业开展集中学习21次，调研18次，交流研讨13次，梳理问题清单41项，制定措施建议105条。34个“两带两创”项目实现创效约1.03亿元。

2022年，新提拔配备本部部门负责人5名，均为80后年轻干部。通过线上线下等方式，组织培训近800人次。通过开展培训、季度谈心谈话等方式持续做好对“90后”优秀年轻干部培养培育工作。认真落实党风廉政建设“一岗双责”责任，完成率100%。一体推进“三不”体制机制建设，完善制度56项。运用好“四种形态”，全级次企业追责问责80人次。围绕生产经营重点、难点、痛点开展“接地气、再监督”发现122个问题，整改完成96%，解决一批“老大难”问题。

积极围绕“喜迎二十大”主题，落实网络安全工作责任制。开设“聚焦党的二十大”等各类专栏10个，编发稿件605篇243期，中铜门户网站采用稿件24篇。积极开展劳动竞赛、职工思想动态调研、扶贫帮困等工作，开展职工健康体检、健康知识讲座、心理咨询等活动。组织参加“中国梦·劳动美——喜迎二十大 建功新时代百万职工心向党”诵读活动，诵读作品被中国铜业选送参加云南省比赛。推荐中铝百名“标杆班组”1个，盘龙区“五小”项目2个；推荐1人为“全国机械冶金建材行业岗位能手”人选。1个团支部、3名团员青年荣获中铝集团、中国铜业的表彰。

建立完善“横向到边、纵向到底”的“一三五”信访体系，健全完善领导包案责任制，严格落实“日跟踪、周报告、月总结”机制，全年未发生非正常上访，未发生重大群体性上访事件。微电影《“解难＋暖心”让信访工作更有“温度”》推送到中铝集团。积极响应和贯彻落实中铝集团2022年服务业小微企业和个体工商户助企纾困专项工作部署，量身定制“一户一策”租金减免方案，为490户小微企业和个体工商户减免租金1255万元，是中国铜业在云南省内减免金额最大企业，同时助力中小企业纾困解难1471万元。

撰稿／李应俊

中铜投资有限公司

一、基本情况

中铜投资有限公司（简称中铜投资）成立于2011年9月15日，截至2022年底，注册资本10亿元，员工总数（在岗）31人，资产总额11.02亿元，资产负债率95.33%。

主营业务范围：股权投资，项目投资及管理，经济信息、商务信息咨询等。办公地址：云南省昆明市盘龙区华云路1号22楼。

2022年，中铜投资紧紧围绕“转作风、强改革、增合力、创价值”的工作主线，完成控股老挝水泥、北京汇金、仁达下属4家子公司等共计6户“两非”处置，金融资产管理及盘活实现收益923.28万元。开创中铝集团首例海外上市公司退出及中国铜业首例强制清算处置等两个先例。

二、经营情况

2022年，中铜投资直接持股4户企业（控股1户，参股3户），合并实现营业收入2458.79万元，净利润−2.02亿元，归母净利润为−2.20亿元。全年实现应收托管费770万元，租金收入348万元，金融资产管理及盘活收入923.28万元。

主要经济指标一览表

表53

项目	单位	2021年	2022年	增长（%）
工业总产值	亿元	0.67	0	—
销售收入	亿元	1.12	0.22	−80.36
利润额	亿元	−0.53	−2.02	−281.13
所有者权益	亿元	2.19	0.51	−76.71
纳税额	亿元	0.15	0.59	293.33
净资产收益率	%	−17.04	−149.78	减少132.74个百分点
全员劳动生产率	万元/人·年	63.04	−168.63	−367.49

三、安全环保

2022年，中铜投资加强推行安全生产责任制，坚持把安全环保管理工作纳入日常工作重要议事日程同安排同部署。完成“云芯硅材渣库污染风险问题”整改工作，启动推进进出口物流三公里房产安全隐患整改工作，实现安全生产经营零事故。

四、改革发展

全面推行项目责任制。2022年，中铜投资聚焦年度任务目标，全面推行项目责任制，在中铜投资范围内将考核目标重点任务（含党建项目）以及创收创效项目进行分解，采取滚动立项模式，共计滚动立项35项。

开展薪酬制度改革。中铜投资完成职工薪酬改革，调整薪酬结构，设立专项奖励，按照2021年工资总额的5%计提奖励金额。对干部员工的职级或岗级进行重新确定，员工岗级根据任职基本条件与资格申报确定为业务主管、业务主办和业务员三档，一年一聘。对与中铜投资发展和岗位所需相适用的学历、职称、执（职）业资格、职业技能提升给予一次性奖励。

强化管控管理。2022年完成制度优化30项，其中新建制度13项、修订制度16项、废止1项，管控体系不断完善。印发《中铜投资2022年度法治合规工作计划》，全年召开各类专项工作会议52次、总经理办公会49次、党委会40次，上级督办事项6件、决策督办事项300余件。坚持管好干部人才队伍，及时调整领导人员分工并完成对其年度综合考核评价。高标准严要求做好各参控股企业董监事的推荐和年度履职考核工作，年内推荐参控股企业董监事7人。

创新引领显成效。开创两项“首例”，开辟“两非”新路径。老挝水泥股债转让，是中铝集团首个境外上市公司股权成功转让的成功案例。老挝水泥是中老合资的首个企业，项目从成立至退出获取净收益3550万元，实现590%的项目投资回报率，实现国有资产保值增值，做到多方共赢。北京汇金强制清算受理，是中国铜业首例通过强制清算处置“两非”企业的案例。进出口物流房产过户、以物抵债实现节税3428万元。完成兰金房产过户以及对云南冶金以物抵债、以股抵债工作，云南冶金获得近1亿元的抵债资产，进出口物流取得8000余万元抵债资产。

五、党建与企业文化

坚持政治建设。严格开展“第一议题”制度和党委理论学习中心组学习研讨、专题读书班，其中党的二十大精神专题学习2次，党员领导干部以党课送学+交流宣讲的方式讲授十九届六中全会精神专题党课4次。扎实推进制度“废改立”，修订完善“三重一大”决策制度、清单，党委会议事规则等制度。以“党建+项目制”“两带两创”“双提升”等活动为有力抓手，充分运用“阿米巴”经营管理工具，促进党建与业务深度融合。巩固拓展党史学习教育成果。立项“我为群众办实事”事项实行清单式管理、闭环式服务，按季度对进展情况进行公示，接受群众监督。

压实党建责任。与中铜资源联合开展3次“党建+业务”对标交流，促进“党建+业务”提质提效；与中国铜业资产管理中心党支部开展“携手同心集思广益，找准对策解难题”；与中国铜业党群工作部“结对共建”，并在其指导下开展“两带两创”业务。各党组织同步完善优化党员积分制考核方案，有效发挥党支部的战斗堡垒和党员先锋模范作用；各党组织在“汲取伟力创价值 对标争先创一流”大讨论中，累计开展学习10次、开展调研11次、收集意见建议10条、开展研讨5次、发现问题14条、制定对策22条、建立制度机制办法4项。

强化组织建设。托管企业云冶仁达公司党员人数变化，及时调整党组织架构，13名副处级以上干部参加中国干部网络学院专题培训；各党组织和党务干部通过中铝党校等平台开展网络培训学习。

深化作风建设。针对“领导班子满意度不高”的问题，开展建立一批制度、一次对照检查、一次集体约谈等“十个一”活动。构建“大监督”格局，全年发现问题106个，整改97个，整改率91.51%。

促进和谐稳定。2022年，在中国铜业及以上媒体发表新闻宣传稿件46篇，中铜投资“微信公众号”推送信息103期、219篇。组织开展“学习宣传贯彻党的二十大精神·唱响新时代奋斗者之歌”劳模宣讲会，第三届“最佳方案”职业技能竞赛。中铜投资及托管企业云南国际、进出口物流，共减免租户房租30户，房租减免金额425.55万元。

撰稿/贺　让

中铜（昆明）铜业有限公司

一、基本情况

中铜（昆明）铜业有限公司（简称昆明铜业）成立于 2009 年 7 月 2 日，截至 2022 年底，注册资本 10.73 亿元，员工总数（在岗）175 人，资产总额 6.45 亿元，资产负债率 115.03%。

主营业务范围：铜、镍及其合金铸造、加工产品、销售、检验、研发、推广及咨询服务等。产能规模：高精电工铜材产品 22 万吨。其中，电工用铜线坯、电工圆铜线 20.5 万吨，铜排及制品 1.5 万吨。办公地址：云南省昆明阳宗海风景名胜区七甸工业园区小哨箐片区。

2022 年，昆明铜业紧盯全年生产经营目标和主要工作任务，坚持“1138”工作思路，通过市场导向“提销量”、协调联动“稳生产”、深化改革“激活力”、多措并举“提效益”、逾期清收“降损失”、严防严治“控风险”、党建引领“固根基”等措施，推动生产经营业绩稳步提升，关键业绩指标取得历史性突破。全年实现报表利润 947 万元、考核利润 1000 万元。

二、生产经营

2022 年，昆明铜业提前 52 天完成全年生产目标任务，全年实际完成铜加工材产量 20.13 万吨，超计划产量 2.63 万吨，同比增幅 29.26%，实现建厂以来全年产销规模首次突破 20 吨大关。从 7 月开始，昆明铜业持续稳产高产，产销完成连破 2 万吨大关，创投产以来最高纪录。

主要经济指标一览表

表 54

项目	单位	2021 年	2022 年	增长（%）
资产总额	亿元	6.82	6.45	−5.42
工业产值	亿元	94.95	119.16	25.50
营业收入	亿元	95.15	120.55	26.69
利润总额	亿元	−0.07	0.09	228.57
净利润	亿元	−0.07	0.09	228.57
税收贡献	亿元	0.25	0.28	12.35
全员劳动生产率	万元 / 人·年	36.46	51.87	42.27

三、安全环保

2022 年，昆明铜业围绕安全标准外审、安全环保督察等 6 个专项问题整改，深入推进建（构）筑物专项整治、安全生产百日清零行动等 7 个专项工作，全面推进“双碳”工作，强化天然气、电、乙炔等能源管控，持续优化三体系认证、CAHS、CAE 及现场管理等体系机制，实现疫情防控、安全生产管理、生态环境保护、消防安全、职业健康、绿化管理“8”为零（疫情聚集性感染为零、轻伤及以上事故为零、铜物料盗窃事件为零、一般及以上突发环境事件为零、火灾事故为零、新增职业病为零、群众举报、投诉等情况为零、安全环保消防职业健康问题问责、追责及处罚情况为零）和“3”达标（年度隐患整改计划完成率100%、危险废物和一般固体废物处置合规率100%、巡察督察问题整改率100%）的良好业绩。

四、科技创新

2022年，昆明铜业科技创新投入9934.93万元，在研科技项目6项。其中，云南省科技厅项目2项，企业自选科技项目4项。实施新申请专利6件，其中，发明专利1件，实用新型专利5件，新获授权实用新型专利5件。

2022年，昆明铜业积极推进高纯铜及铜靶材制备关键技术与应用研究，确定用于高纯铜制备的原料选择控制标准和高纯铜坯料制备的工艺路线以及工艺参数。建成数字化示范生产线在线实时生产控制管理系统，实现铜材料专用数据库数据采集。新申请发明专利2项，分别为“一种上引连铸生产线合金铜溶液制备用合金杆送料装置”“一种高强高导铜合金接触线生产用热处理装置”；主持制定国家标准1项“电力机车接触材料用铜及铜合金线坯”。

五、改革发展

持续完善授权管理机制，进一步贯彻落实负面清单管理，建立健全现代企业制度，完善《昆明铜业公司章程》《昆明铜业“三重一大”决策制度》《昆明铜业董事会授权管理办法》《昆明铜业决策事项清单》等基本管理制度及议事清单，逐级实现充分、规范、有序地授权放权和行权，保障经理层生产运营管理权、内部机构设置权、用人用工权、薪酬分配权等权限得到充分赋予和履行。

推行业绩和收入双对标，优化完善薪酬考核管理体系，围绕产销规模、技经指标、产品质量、成本管理、费用控制等建立科学系统、公平合理的薪酬分配制度，薪酬与岗位绩效和部门KPI紧密挂钩，实现合理分配、以绩取酬，促进全员主动性再提升。

六、党建与企业文化

严格贯彻落实“第一议题”制度。召开党委中心组学习会议8次，参与62人次。提交高质量理论文章4篇，梳理习近平重要指示批示精神台账14项、工作措施38项。领导带头到联系点讲专题党课调研10人次，扎实开展“双创”大讨论，党委、各支部主动查找问题短板45项，制定对应措施97项。推动党史学习教育常态化长效化，“我为群众办实事”形成长效机制。办实事12项，办结率达100%。组织党团员青年积极参加志愿服务641人次。

坚持党的领导融入治理各个环节。规范前置研究程序，全年召开党委会34次，党委前置事项32项。推进“双向融合”提档升级，设立“两带两创”创效项目7个，创新项目7个，合计创效超1000万元。依托“党建＋设备”释放新活力，SCR主体生产线连续3年高效运行，故障率较同期下降0.18%，OEE较同期上升0.09%，累计综合成品率达97.52%，同比增长1.24%，达历史最优水平；线材产品产销规模达19万吨，扁材产品产销规模达1.19万吨，均创历史新高。

签订党建目标责任书、党员责任清单。各党支部100%执行党建与生产经营互为系数的“双百分”机制，梳理党建制度体系20项，完成制度“立改废”建设52项。调整党建联系点6个、创建支部党建品牌4项、党支部创建达标100%。撤销设置不规范联合党支部，新任书记、党务干部应训尽训，建立党务干部“人才库”。开展技术技能队伍培训46项，完成技能提升培训鉴定10人。加大优秀年轻干部特别是80年代后干部培养力度。

聚焦纪律保障，落实管党治党责任。召开党风廉政建设警示教育大会2次，观看警示教育片，开展集体廉洁谈话2次，党委专题听取纪委工作汇报、专题研究党风廉政建设和反腐败工作3次。着力整治形式主义、官僚主义，自查问题6项，制定措施9项，完成率达100%。运用“第一种形态”谈话提醒、诫勉谈话。坚持“三不”一体推进，持续发挥监督保障执行、促进完善发展的作用。配合中国铜业巡察整改“回头看”和后评估工作，督促各部门开展“大监督”，发现问题23项并完成整改。

做好宣传、群团工作。征集宣传稿件100余篇，分别在企业微信公众号、《中国铝业报》、《国企》等媒体报刊发布。征集职工提案6项，办结率达100%，职工满意度达100%。广泛开展劳动和技能竞赛累计86人次，创效约63万元，合理化建议连续5年获中铝集团“银点子”荣誉。办好“青马工程”，引领青年坚定不移听党话跟党走。

2022年，昆明铜业主动承担社会责任，按期缴纳残疾人员就业保障金20余万元，积极参与扶贫点帮扶工作，购买扶贫点商品物资4万余元；坚持依法合规经营，依法足额缴纳职工社保，准时发放职工工资。

撰稿 / 李锋帆

昆明冶金研究院有限公司

一、基本情况

昆明冶金研究院有限公司（简称昆明冶研院）成立于1998年9月7日，截至2022年底，注册资本6370万元，员工总数（在岗）247人，资产总额1.87亿元，资产负债率54.06%。

主营业务范围：主要开展绿色选矿，冶金环保，新材料新产品开发，检验检测，环境监测、咨询等多领域研究。办公地址：云南省昆明市五华区圆通北路86号。

2022年，昆明冶研院贯彻落实中国铜业“深改革、深对标、强作风、创价值”工作部署，深入推进“科研＋产业”发展，把握行业研究最新动态，依靠科研大平台，凝练融合科研方向，不断培植创新项目，在高质量发展道路上砥砺前行，创新驱动成效显著，科技创新加速推进。

二、生产经营

2022年，昆明冶研院贯彻落实中国铜业“深改革、深对标、强作风、创价值”工作部署，锚定发展目标，以“科改示范行动”为契机，坚定信心决心，抢抓发展机遇，深入推进“科研＋产业”发展，公司全年实现营业收入1.43亿元，净利润1900万元，同比增加272.73%，超额完成考核目标，高质量发展迈出新步伐。

主要经济指标一览表

表55

项目	单位	2021年	2022年	增长（%）
资产总额	亿元	1.72	1.87	8.72
工业产值	亿元	1.44	1.43	−0.69
营业收入	亿元	1.44	1.43	−0.69
利润总额	亿元	−0.10	0.19	290.00
净利润	亿元	−0.11	0.19	272.73
税收贡献	亿元	0.07	0.08	14.29
全员劳动生产率	万元/人·年	28.43	30.23	6.33

三、安全环保

坚决贯彻落实中铝集团、中国铜业关于安全生产、环境保护的决策部署，坚持精准管理和全员发动，坚持关口前移和重心下移，强化现场安全环保管理，常态化开展长周期安全班组建设，确保安全零事故，污染物排放达标率、环境隐患整改计划完成率、固废（含危废）处置合规率3个100%。

四、科技创新

平台建设增创新优势。成功重组全国重点实验室，成为国家战略科技力量；昆明冶研院获国家科技型中小企业认定；云南省选冶新技术重点实验室考核评估为“优”，质检站入围农业农村部第三次全国土壤普查实验室，获批昆明市工艺矿物学研究创新团队和创新中心。

国家级项目实现新突破。新获批国家重点研发计划 3 项，国家自然科学基金云南联合基金 1 项，在研 6 项，为历年最好水平。

科研能力跃上新台阶。全年研发投入 5968.40 万元；申报科技项目 25 项，新获立项科技项目 19 项，获批科技专项经费 5398.35 万元，到账科技经费 3460 万元，同比增长 86%；申请专利 47 件，授权发明专利 13 件，同比增加 60%；制修订国家行业标准 3 项。获省部级科技奖励 4 项，其中中国有色行业协会科技进步奖一等奖 3 项，二等奖 1 项；“超大型极低含钼斑岩铜矿清洁高效利用关键技术”入选自然资源部《矿产资源节约和综合利用先进适用技术目录（2022 年版）》有色金属—综合利用技术类，实现入选该技术目录零的突破。

成果转化取得新成效。贵金属—催化剂系列产品销售收入 2260 万元，选矿药剂销售收入 1400 余万元，稀土阳极板销售收入 1200 余万元，铜粉销售收入 2000 余万元，溶出剂 120 余万元，全年个性化产品销售收入突破 7000 万元。对外分析检测、环境监测、环境工程咨询创收 3417 万元。

人才建设实现新突破。新入选各类高层次人才 18 人，数量为历年最好水平。其中，新增“兴滇英才计划”3 人，云南省突出贡献优秀专业技术人才 1 人，云南省委联系专家 2 人、云南省政府特殊津贴人员 1 人，云南省技术创新人才培养对象 3 人，中铝集团科技人才“钻石计划”培养对象 3 人、中铝集团科技人才“明星计划”培养对象 3 人、春城计划“青年拔尖”人才 2 人等各类人才总数增至 49 人。

“卡脖子”技术难题攻关更加有力。“秘鲁复杂铜资源高效处理关键技术”，形成堆存矿高效处理浮选关键技术，完成多蚀变矿石的生产流程可选性评价及工艺优化。复杂铜矿提高矿石铜回收率 5% 以上，铜精矿含钼回收率 60% 以上。“兰坪复杂氧硫混合铅锌矿选矿关键技术”，1500 吨 / 天浮选氧化锌工业试验线实现稳定运行，获得的氧化锌精矿品位 21.87%，回收率 72.45%。

新工艺新技术研发更加有为。铜铅锌选矿技术与药剂研发方面，“D 系列抑制剂”持续在普朗铜矿生产应用，“高效铜钼捕收剂”在普朗铜矿开展 2 批次工业试验；“高效铜硫捕收剂”“新型高效铅锌捕收剂”“新型铜捕收剂”分别在云锡公司、金鼎锌业、秘鲁铜矿、西藏金龙铜矿开展小型试验、现场验证试验及工业试验，成效明显。

有色冶炼固废资源化、无害化、综合回收利用取得突破。“西南铜业二步湿法提取 3N 硒”200 吨 / 年生产线硒的品位稳定在 99.9% 以上，“艾萨炉熔炼过程中的杂质元素分布机理研究”As 入渣率≥ 28%，工业应用后将大大提高西南铜业砷渣的无害处理能力；“净化渣资源化工业化应用”采用钴锰渣 SO_2 弱还原选择性酸浸出钴，高钴溶液一次硫化除镉、锌，二次硫化回收钴的新工艺，实现铜渣铜品位大于 60%、镉渣镉品位大于 75%、钴渣钴含量达到 25% 良好指标。

新材料新产品开发领域。“高品质重载轻量化铝合金轮毂研发与产业”完成重载汽车轮毂铝合金热处理行为及组织性能演化规律研究；“铜材料专用数据库研发建设及工程示范”完成铜材料专用数据库可视化调试及铜材料专用数据库数据中台软件开发；“超高纯锗材料制备关键技术研发”开发出纯度大于 8N，粒度小于 20 微米的超细高纯二氧化锗。

五、改革发展

2022 年以“科改示范行动”为契机，始终坚持问题导向，着力练内功、破瓶颈，改革任务台账完成率 100%，内生动力和发展活力持续增强。

现代企业制度持续完善。设立董事会，组建 4 个专门委员会，成功召开第一届董事会 2 次，审议议案 29 项。制定、修订“三重一大”决策制度实施办法、董事会授权管理办法、总经理工作规则等基本制度，明确董事会对经理层的授权事项范围，保障董事会“定战略、作决策、防风险”的作用，科学治理能力不断提升。

任期制和契约化管理持续深化。制定《任期制和契约化管理办法》《经理层成员业绩考核与薪酬管理办法》，经理层成员 100% 签订《岗位聘任协议》《任期制和契约化管理补充协议》《年度经营业绩责任书》和《任期经营业绩责任书》。

“三项制度”改革持续发力。制定《公司党委管理的领导人员退出领导岗位实施细则》《职能管理部门中层管理竞聘上岗方案》《员工市场化退出管理办法》等制度，积极推行机关中层干部竞争上岗、末等调整和不胜任退出。全年管理人员竞争上岗 7 人、退出 5 人。

六、党建与企业文化

落实“第一议题”制度。把喜迎和学习宣传贯彻党的二十大精神贯穿全年，进一步筑牢思想政治基础，更加坚定捍卫“两个确立”，坚决做到“两个维护”。

抓牢组织建设。新成立 7 个党支部，完成 8 个党支部按期换届。制定“一支部一品牌”实施方案，推动党建与业务“双融双促”，扎实开展“四比四看”“双提升”“两带两创”等专项活动。

抓实思想建设。通过党委理论学习中心组学习、报告会等方式，深入学习党的十九届六中全会、党的二十大精神。推动“我为群众办实事”实践活动走深走实，完成 24 项好事实事。

抓严纪律建设。落实“一岗双责”“双报告”机制，加强对各级“一把手”和班子成员的监督。构建“大监督”格局，推进“三不”体制机制建设，组织关键制度培训宣贯 4 期。巩固提高“大监督”质效，发现问题 44 个，整改完成率 100%。持续纠治“四风”，加大监督执纪问责，年度累计约谈 180 余人次。

撰稿 / 李　澄

中国铝业集团高端制造股份有限公司

一、基本情况

中国铝业集团高端制造股份有限公司（简称中铝高端制造）成立于2019年9月27日，截至2022年底，注册资本150亿元，员工总数（在岗）13500人，资产总额343.11亿元，资产负债率58.44%。

主营业务范围：铝及铝合金、镁合金、钛合金、高温合金以及铝基复合材料等金属材料产品、制品、部件的生产和销售；来料加工；有色金属材料制造项目的开发、建设和运营；有色金属行业开发业务咨询；有色金属商品贸易及物流仓储；货物及技术进出口。产能规模：162.7万吨。办公地址：重庆市九龙坡区科城路60号康田西锦荟3栋4号楼。

2022年，在中铝集团党组的正确领导下，中铝高端制造以服务国家战略为己任，通过党建引领、改革驱动、对标一流、创新赋能、数字支撑，积极克服市场下滑、疫情、高温、限电等不利因素，经营业绩继续保持较大增长，各项主要经济技术指标均全面完成预算目标。其中实现收入420.44亿元，利润总额12.6亿元，净利润11.1亿元，营业收入利润率2.94%，资产负债率58.85%。

二、市场分析

（一）价格走势

市场供求。2022年，受国内疫情、高温限电和国外通胀影响，市场呈现需求不旺、无序竞争、价格下降等不利局面，市场竞争加剧、订单下滑，国外主要经济体和地区经济恢复不及预期，工厂开工不足导致部分产品出口受阻，加剧了国内市场竞争。

（二）市场供求

从铝材消费结构变化趋势看，未来铝挤压材比重会进一步降低，铝板带箔比重会进一步提高，铝材市场总体需求保持稳定增长态势。航空、航天等市场需求保持稳定增长。建筑、交通运输、电力电子是国内铝材消费的三大应用领域，合计占比接近70%。建筑结构用铝材是国内第一大铝消费领域，但消费量和占比呈现下降趋势。交通运输用铝需求增速处于较高水平，是未来十几年内需求增长最快的领域。电子电力行业增长点主要来自新能源光伏产业。金属包装材料受益于消费的拉动和各国环保要求的加强，将保持持续增长。新能源汽车、轨道交通等领域对铝合金材料需求逐步扩大，未来汽车用铝将保持高速增长，铝制汽车车身板、电池系统、底盘系统等需求量将大幅增长。同时，国内汽车板生产线产能的逐步释放，也将使市场竞争加剧。随着国内基础工业的良性发展和居民消费水平不断提高，3C材料、包装印刷、电力电子、新能源等领域需求空间潜力较大。

三、生产经营

2022年，中铝高端制造外销商品材产量160.2万吨，同比增长8.4个百分点；2022年度实现销量159.5万吨，同比增长7.1个百分点，持续保持国内产销规模最大的铝加工企业地位，重塑市场格局。产能利用率同比提升6.1个百分点，综合主机效率提升9.5个百分点，综合成品率提升1.6个百分点，金属占比优化5个百分点，电单耗同比降低6.5个百分点，产量增长率、两金周转率跑赢对标标杆。A品产量10.16万吨，同比增长11.6个百分点，连续两年保持两位数增长，有力保障全年32次航天发射任务的圆满完成，为“天舟”系列货运飞船、“神舟”系列载人飞船提供板材、型材、棒材和锻件等全系列铝材产品，高、精、尖民用产品中的航空用铝材、新能源汽车用轻量化材料、金属包装材料、手机等便携式电子产品用铝材、药用铝箔五大类产品市场占有率全国第一，行业引领能力大幅提升。

主要经济指标一览表

表56

项目	单位	2021年	2022年	增长（%）
资产总额	亿元	303.71	343.11	12.97
工业产值	亿元	415.78	517.64	24.50
营业收入	亿元	323.93	420.44	29.79
利润总额	亿元	1.72	12.6	632.56
净利润	亿元	1.95	11.1	469.23
税收贡献	亿元	4	6.55	63.75
全员劳动生产率	万元/人·年	20.26	31.27	54.34
资产负债率	%	58.5	58.85	增加0.35个百分点
净资产收益率	%	1.56	8.58	增加7.02个百分点
总资产报酬率	%	2.16	4.93	增加2.77个百分点
研发投入强度	%	3.33	3.8	增加0.47个百分点

四、安全环保

2022年，中铝高端制造深入贯彻落实习近平总书记关于安全生产重要论述精神和生态文明思想，落实“安全生产十五条硬措施”以安全生产标准化建设和中央生态环境保护督察问题整改为主线，大力推进安全生产标准化企业创建和清洁生产审核工作，扎实开展安全生产专项整治、“百日清零行动”和“低老坏”行为专项整治，深入开展危险废物全流程专项监督，取得4个方面的成效。

安全生产标准化建设进一步加强。2022年，中铝高端制造大力推进安全生产标准化企业创建，明确创建目标，通过各企业的不懈努力，自评得分均达到二级企业水平，实现既定目标。同时，班组安全生产标准化达标率达到96%，完成全年目标，班组安全标准化水平进一步提高。大力推进集团承包商安全管理标准化体系，做好宣贯培训和试行前准备工作，为顺利试行创造有利条件。

安全隐患专项整治进一步走实。2022年，中铝高端制造排查整治安全隐患8524项，整改率达到90.3%，其中9项重大隐患均已整改完成，安全隐患整治力度得到强化。对所属18家企业或生产厂开展安全生产隐患大排查，排查整改隐患99项，督促企业整改一批隐患。对建（构）筑物、物料转运环节、铝加工深井铸造、环保设备设施、工模具管理和起重吊运作业、安全教育培训6个方面开展安全专项整治，共排查整治隐患1104项，整改率达到98.6%。大力开展“低老坏”行为专项整治，梳理出企业级“低老坏”行为2647项，总结提炼公司级“低老坏”行为358项。

安全环保检查力度进一步强化。中铝高端制造党委成立巡察工作组，对东轻、中铝沈加和洛阳铝加工党委开展安全环保巡察，累计开展个别谈话170余人次，参加班组安全活动3次，查阅相关资料2100余件。共计发现问题47项，并提炼出10个共性问题组织各企业开展举一反三自查自纠；依托“大监督”工作体系，组织各企业开展深井铸造和危废管理专项监督；成立4个安全环保专项检查组，对西南铝、中铝瑞闽、中铝特材、洛阳铝加工和洛阳铝箔开展安全环保专项检查，保障安全环保决策部署在基层不走样、不衰减。

绿色低碳发展进一步践行。2022年，中铝高端制造组织开展强制性和自愿性清洁生产审核，正式启动“再生铝生产过程中温室气体减排量核算的方法学研究”“国家核证碳减排量（CCER）”项目，推动东轻、中铝瑞闽和洛阳铝加工建设分布式光伏发电项目。

五、科技创新

2022年，在中铝集团正确指导下，中铝高端制造坚持创新引领，围绕国家战略需求、行业发展趋势及公司产业布局，加大科技研发投入，深化科技体系改革，着力关键核心技术攻关，构建以价值创造为导向的科技创新生态，在国家战略需求保障、关键核心技术突破、科技创新能力提升等方面取得较好成效。

国家政策争取方面，获批国家部委及地方科研项目20项，获批科研经费8755万元。中央及地方财政经费到位46004万元，同时，争取技术产业化发展贴息、工业振兴专项等各类政策补助4420万元。

科技创新建设方面，全年研发投入强度3.88%，其中重点项目研发投入比例26%。出台印发科技人才评价、科技创新激励、科技研发项目等8项科技创新管理制度，并兑现科技成果、项目申报、项目过程实施等科技激励1730万元。设立79项各类科研项目、投入2.4亿元支持专业研究院建设；实施院企合作项目、人员交流挂职、联合承担纵向项目等多途径促进院企融合。向集团推荐4名首席科学家、12名首席工程师；21人入选“钻石计划”、30名入选“明星计划”；依托领域技术中心，围绕汽车轻量化、民机铝材等重大项目，建立跨企业、跨团队的人才协同机制，成立2个联合研发团队，促进专业研究院与企业间科技人才协同融合。完成7个领域技术中心挂牌、管理层任命和评价；组织召开汽车轻量化、铝锂合金等领域技术中心年度工作会议。国家铝产业计量测试中心建设计划完成率120%；多功能熔铸平台、数字化研发平台立项。高质量召开首届科技创新大会，邀请行业院士、专家出席会议并作主题演讲报告，拓展工作思路，提升行业影响力，进一步营造科技创新氛围。

科技创新成效方面，“1××5工程”第一期任务圆满完成，5项产品实现装机应用，获批资本金注入2.43亿元，1个团队、2个人获得“国务院国资委突出贡献奖”，第二期任务全面启动，整体进展顺利。承担的11项－2领域项目（2022年新增2项2040轮毂、7A65厚板），8项完成全部研究内容，其中5项完成审计和预验收、3项紧固件材料完成工艺评审，多个重点型号关键材料实现国产化替代。民机专项623任务整体进展顺利，5项转入QPL工程批准阶段，累计16种民机铝材通过中国商飞工程批准、6种打破国际唯一垄断，民机铝材可供率达41%。推进实施汽车轻量化专项，16个产品通过10家汽车主机认证，实现汽车产销量达到8.9万吨。铝锂合金机组调试成功，航空紧固件用铝材通过考核验证，重点项目计划执行率90.7%。2022年，有效专利/发明专利保持5%增长，累计有效授权专利1983项，其中发明专利224项；获得中国专利奖银奖1项、制造业单项冠军产品称号1项、2个集体/团队获得国家部委授予的荣誉称号。西南铝国家级技术中心因其在航空航天新材料研发的突出贡献，获评“第一届GF科技先进团体”、国务院国资委“中央企业先进团队”等重要荣誉。

六、改革发展

中铝高端制造聚焦“三个明显成效”目标，精心谋划、周密部署，在加快完善中国特色现代企业制度，不断健全市场化经营机制等方面精准发力、靶向攻关，推动国企改革三年行动高质量收官，各项重点工作取得新突破。

企业治理体系更趋规范。推进董事会规范运行，试点落实董事会职权，组织全级次企业制订、修订公司治理相关制度276个，以公司章程为核心的“1+N”现代企业治理制度体系更加成熟定型。市场化经营机制更趋完善。29户企业、124名领导班子成员经营业绩实现精准考核、刚性兑现。关键岗位管理人员竞聘上岗比例达到50%。管理人员末等调整和不胜任退出率6.67%，同比提高5个百分点。专业化改革更趋深入。推进营销管理改革，实施统一产品包装和品牌标识，开展物流业务、营销人员绩效评价，推动大客户市场及服务举措，强化铝基价管理，实现铝价盈利。加强科研创新体系管理，推动行政管理与研发创新双线管控，科研人员交流挂职和驻企服务常态化，完成数字化材料研发平台立项。

七、党建与企业文化

2022年，中铝高端制造党委坚持以习近平新时代中国特色社会主义思想为指导，认真学习贯彻党的二十大精神，巩固深化全国国企党建工作会议精神和党史学习教育成果，聚焦打好“四大战役”，以“党建深化提升年”为主题，创新构建“12481”党建工作体系，积极创建“双向融合、四个看见”党建品牌，以高质量党建引领保障公司高质量发展新模式走深走实。

坚持和加强党的领导，彰显“把管保”作用。中铝高端制造党委深入开展“共学共促”活动，通过“五学四讲五训”行动，推动党的二十大精神入脑入心、走深走实，共编发工作简报6期、组织战略研讨会1次、参加及举办宣讲会3场，250余名党组织书记到基层一线宣讲。

突出和强化思想武装，筑牢发展“根”和“魂”。严格落实“第一议题”制度，组织集中学习研讨13次，特邀专家授课2次，形成主旨发言理论文章12篇，建立并办结跟踪督办事项3项。深化思想政治课题研究，形成党建政研论文17篇。深入开展“汲取伟力创价值 对标争先创一流”大讨论和“对标找差距、精深提效率”专题学习研讨，全级次开展学习520余次、调研260余次。落实中铝集团“3+3+3”宣传思想工作重点，构建“大宣传”工作格局，全级次在省部级、国家级媒体平台刊发各类宣传报道428篇，树立“大国重器”品牌形象。

夯实和树牢基层基础，筑牢战斗堡垒。优化ABC三类党建责任制考核指标体系，推动考核权重向党建质量和效果倾斜；建立本部“大党建”联络人队伍，举办1期基层党支部书记培训班、1期党务工作者履职能力提升培训班。推动“双向融合”实践，做优“两带两创”，立项883个（创效项目434个、创新项目449个）。

协同运行“六位一体”大监督。建立“六位一体”大监督体系，明确“全面从严治党、依法合规经营”核心价值，清晰“防范化解风险、保障落实执行”监督目标；借势借力中铝集团“大监督”通报、巡视整改以及集团审计部审计反馈的107个问题，下发19份“督办单”，已经完成整改96个，整改率90%；发挥专业监督力量，督促西南铝、东轻经济责任审计问题整改，实现13家企业内部控制评价全覆盖，开展法律合规专项整治，重点排查14个大类75项合规问题；本年度共计召开4次“大监督”工作推进会，总结、梳理“大监督”开展情况，并提出意见或建议。

做深做细做实日常监督。对干部考核、选拔任用、评先评优等工作进行重点监督，出具党风廉政意见7份，动态更新干部廉政档案；组织36名青年党员学习《扣好廉洁从政的“第一粒扣子”》课程，强化责任担当，筑牢理想信念根基；收集全级次2660名监察对象信息台账，并督促动态更新。

常态化纠“四风”树新风。紧盯重要节点、关键岗位、“关键少数”，对“四风”苗头、倾向性问题，抓早抓小及时纠治；通过在重要时间节点发送廉洁过节短信，常态化明察暗访，利用微信公众号推送廉洁小故事，组织本部50名党员干部签署“廉洁过节承诺书”等活动，树立廉洁新风；与6名新入职干部职工开展廉政谈话加强廉洁教育，持之以恒做好纠“四风”树新风工作。

中铝高端制造持续完善社会责任体系建设，梳理形成社会责任管理模块和负面清单，积极履行央企政治责任、经济责任和社会责任。编制《中国铝业集团高端制造股份有限公司2021社会责任报告》。积极开展社会公益事业，捐赠100万元支援四川泸定地震灾区抗震救灾和灾后重建工作。选送的“国产C919大型客机用铝合金材料”获“2022责任金牛奖——责任产品奖”。

撰稿／王　伟

西南铝业（集团）有限责任公司

一、基本情况

西南铝业（集团）有限责任公司（简称西南铝），成立于1982年2月2日，截至2022年底，注册资本44.18亿元，职工总数（在岗）5244人，资产总额109.67亿元，资产负债率74.9%。

主营业务范围：铝及铝合金、镁合金、钛合金、高温合金以及铝基复合材料等金属材料的生产和销售；铝及铝合金等金属材料的技术开发和服务；货物及技术进出口。产能规模：总产能161.9万吨，其中，熔铸生产线46.4万吨；热轧生产线55万吨；冷轧生产线57万吨；挤压生产线3万吨；锻造生产线0.5万吨。办公地址：重庆市九龙坡区西彭镇。

2022年，面对极端高温天气、能源供应紧张、市场急转直下等多重困难，在中铝集团党组、中铝高端制造党委的坚强领导下，西南铝班子团结带领广大干部职工，知难而进，迎难而上，战高温、抗疫情、保生产，取得历史最好经营业绩，高质量发展迈出坚实步伐。全年实现营业收入320亿元，同比增长16.22%；经营净现金流8.79亿元，同比增长18.46%；成费比94.97%，同比降低3.15个百分点；利润5.9亿元，同比增长387%，超额完成中铝高端制造下达的年度奋斗目标，刷新历史纪录。

二、生产经营

多措并举确保生产运行。全年外销产量63.62万吨，同比增长10.3%。其中，A品产量6.06万吨，同比增长11.2%。重点品种方面，7050预拉伸板产量16505吨，达到月均产出1500吨的能力，同比提高30%；汽车板产量22026吨，同比提高44%，已形成产业化生产能力；高级板突破月均产出100吨的能力，达到150吨/月；淬火态薄板（成品厚度≤10毫米）累计产量10312吨，同比提升37.7%；锻件产量5625吨，同比提升6.7%；挤压小型材产量512吨，同比增加9.4%；小管材产量38.2吨，同比增加15.2%。以对标提升为抓手，紧盯瓶颈工序和重点品种，在市场需求、产能配置、生产准备等方面做好平衡，实现了产销规模再攀新高。

现有产能充分发挥。通过采用熔铸厂“自产为主+外部资源补充”方式做好铸锭资源保障工作，压延厂分类控制主机产品打造专业化生产线，其他生产厂拉通排产、产能置换、工序分流切实疏通各单位瓶颈工序等措施，始终保持高产节奏，大幅提高生产效率，9月6万吨的月度产量创下历史新高。

设备保障坚强有力。对设备状态进行实时监测和诊断，科学制定检修计划，开展检修后评价，确保检修项目实施到位、设备功能使用正常，全年故障停机率为 0.34%，达到历史最好水平。

能源供应多措并举。在夏季缺电、冬季缺气的不利局面下，积极与地方政府沟通协调，列入重庆市有序用电白名单，成功引入 CNG 及第三方管道气源，有效缓解能源供需矛盾；每日监控重点能耗指标，大力实施移峰用电、压缩空气减量、燃气炉运行参数优化等节能措施，在能源价格上涨的情况下，实现降本 2283 万元。

大力推进循环经济。与天泰观复就三级碎屑复化达成合作，与下游客户建立稳定的废料回收渠道，使废料使用率达到 48%，同比提高 4%。其中，22 万吨生产线的 3104 废料使用率达到 68%，同比提高 10%。

主要经济指标一览表

表 57

项目	单位	2021 年	2022 年	增长（%）
资产总额	亿元	98.74	109.67	11.07
工业产值	亿元	247.53	275.1	11.14
营业收入	亿元	275.74	320.47	16.22
利润总额	亿元	1.21	5.93	390.08
税收贡献	亿元	1.51	2.69	78.15
全员劳动生产率	万元 / 人·年	429.89	499.09	16.1

三、安全环保

坚守安全红线意识。严格执行国家安全生产法，落实国务院国资委“安全生产十五条硬措施”，扎实开展安全生产标准化建设和深井铸造、有限空间、“低老坏”行为等专项整治，全力推进“两单两卡”、轮值安全员等工作。全年未发生火灾和轻伤及以上事故；风险总值同比降低 11.2%，较目标值提高 1.2 个百分点；中铝集团职业健康安全生产标准化体系（CAHS）考评得分 87.85 分；接触职业危害因素作业员工体检率达到 100%。西南铝被应急部正式授予“安全生产标准化一级企业”称号。

践行绿色发展理念。全面完成年度环保目标，中央生态环境保护督察问题整改完成率 100%，各类污染物排放稳定达标，排污许可、建设项目环保手续合规率 100%，危险废物依法合规处置率 100%，全年未发生突发环境事件。制定年度节能降碳项目 16 项，完成 15 项，形成年节电 456 万千瓦·时、节循环水 242 万吨的节能能力，减少二氧化碳排放 3000 吨；全年使用复化铝液 1.4 万吨，节约天然气 77 万立方米，减少二氧化碳排放 16630 吨；完成“电机维修废气治理及烘干工艺升级改造”“冷轧机全油回收”2 项环保治理建设项目，有效推进废气、油雾治理，实现应收尽收，预计每年最大限度减少轧制油 200 吨的排放。在中铝集团生态环境保护精准管理体系（CAE）考评中，得分 90.49 分。

四、科技创新

2022 年，西南铝胸怀“国之大者”，不断加大科技创新力度，积极争当高水平科技自立自强排头兵，突破一系列影响国家战略和行业发展的“卡脖子”关键核心技术，科技创新实力显著增强。

“红旗工程”有序推进。积极服务国家战略，牵头开展某耐热合金和民机构件等 21 个国家重大专项，参与 26 项国家级课题研究，其中“—2”专项二期研制任务，荣获两项省部级科技成果一等奖，被国务院国资委授予“1025 工程突出贡献团队”荣誉称号；圆满完成中国空间站建设、全球首架 C919 国产大飞机正式交付等重大工程的铝材研制保供任务。

工艺优化取得突破。解决某厚板强韧性差、某薄板性能偏低和铜扩散超标等多项技术质量难题，在部分合金缩短均热时间和保温时间、实现在线淬火等工艺方面实现突破，扎实推进18项工艺降本项目，累计创效3111万元。

新品开发赋能增效。波音模锻件等14项材料通过产品认证，商飞陶铝合金型材实现首单供货，航发承力框实现国产化替代；汽车材料方面，新开发产品11项，并在大众、通用部分车型上得到应用；船用材料方面，完成三代钢项目等4项材料的研制。

专利总量持续增长。2022年共申请专利82项，其中发明专利42件，获得授权专利57件，其中发明12件。

五、改革发展

国企改革全面深化。完成国企改革三年行动高质量收官，截至2022年底，除建设公司混改外全部实现高质量“销号清零”；深入贯彻落实“两个一以贯之”，对全级次企业的《公司章程》进行重新修订，强化党的领导；完善“三重一大”决策制度和各决策主体议事规则，进一步厘清权责边界，理顺决策程序；全级次企业实现董事会应建尽建和外部董事占多数，并建立董事会运行保障机制，落实子公司董事会6项重点职权，在中铝集团9家专项改革试点企业中评分排名第一，成为首批董事会6项重点职权全面落实的三级企业之一。“三项制度”改革走深走实，经理层成员任期制和契约化管理全面覆盖，全级次经理层年度考核全面兑现；实行工资总额预算备案管理，有效激发干部员工的主动性和积极性。

装备升级提高产能。瞄准产能瓶颈和装备短板，加快实施一批投资项目。3号辊底炉提前实现达产达标；3号气垫炉和新2800毫米冷轧机运行状况良好，为航空薄板及汽车板规模化产出奠定基础；16吨LL合金熔铸机组成功完成生产试制。30000吨锻造机“水改油”项目正有序开展设备制造工作；国家铝产业计量测试中心筹建任务正按计划实施；“25000吨大规格挤压生产线建设项目”通过中铝高端制造立项决策。大规格高性能环件生产线和再生铝项目正在优化方案；提质增效、安全环保中小技改打包项目完成可研报告编制，通过专家评审。

六、党建与企业文化

坚持以高质量党建引领和保障企业高质量发展，切实把党建优势转化为发展优势。坚持政治引领，鼓足奋进动力。以“十个专题”深入推进学习宣传贯彻党的二十大精神落实落地。坚持“第一议题”制度，抓好六个层级学习教育，持续开展中心组学习质量提升行动，进一步筑牢坚定不移跟党走的思想政治基础。构建“大宣传”格局，在省部级以上媒体上稿量再攀新高、提升企业形象。

坚持双向融合，保持同向发力。召开党建与业务工作双向融合研讨会，扎实开展“活力党支部”创建、党员“双提升”活动和各项技能劳动竞赛，设立“两带两创”项目234项，创效9000余万元，杜绝“两张皮”现象。在重庆市60年一遇的高温天气和两次疫情的考验面前，西南铝党委先后紧急动员职工5500余人次驻厂保产，充分发挥各级党组织的战斗堡垒作用和党员干部的先锋模范作用，保证生产正常运行。

坚持党管干部，树立正确导向。3名党委管理人员、2名职业经理人退出原岗位。坚持推行公开竞聘，让干部选任从“让我干”变成“我想干”。打造人才培育机制，优化干部年龄结构，70后中层管理人员占比65.7%，其中80后占比18.6%，干部结构更趋合理。

坚持从严治党，巩固作风建设。持续开展落实“两个责任”约谈、述责述廉工作，对7名履行“一岗双责”不到位的中层管理人员进行责任制经济扣罚，强化责任落实；持之以恒正风肃纪，围绕重点领域关键环节，以钉钉子精神纠治“四风”，整会风、纠作风、树新风，干事创业、风清气正的氛围进一步巩固。组织召开巡察领导小组会4次，点人点事6次，问责处理5人次，提前1年完成二级党委常规巡察“全覆盖”，巡察利剑作用不断彰显。

履行社会责任，推进乡村振兴。全年共计捐赠和采购帮扶农产品129.09万元。其中，捐赠对口帮扶地区重庆市武隆区15万元用于沧沟乡公共卫生设施建设；购买该区后坪乡、沧沟乡帮扶农产品共计114.09万元。

群团共同助力，确保和谐发展。印发《推进“我为群众办实事”实践活动常态化长效化实施办法》，全年设立并完成“我为群众办实事”项目305项；走访慰问职工2259人次，发放困难补助、慰问金、慰问品等共142.4万余元；职工实物福利标准再提高200元/人；参加重庆市机冶工会开展的职工广播体操比赛荣获二等奖；抓好“青马工程”，发挥“青马学员”引领带动作用；深化“青字号”品牌，建立“青年突击队”17支，组建疫情防控志愿服务队，81人协助社区开展疫情防控，为党的二十大胜利召开营造和谐稳定的环境。

撰稿/程　钢

东北轻合金有限责任公司

一、基本情况

东北轻合金有限责任公司（简称东轻）成立于1956年11月5日，截至2022年底，注册资本26亿，员工总数（在岗）2687人，资产总额63.6亿元，资产负债率72.1%。

主营业务范围：道路货物运输；建设工程施工；检验检测服务。国内货物运输代理；计量技术服务；仪器仪表修理；有色金属铸造；有色金属合金制造；有色金属压延加工；通用设备制造（不含特种设备制造）；普通机械设备安装服务；通用设备修理；金属制品研发；技术服务、技术开发、技术咨询、技术交流、技术转让、技术推广；进出口商品检验鉴定；货物进出口；国内贸易代理；机械零件、零部件加工；金属废料和碎屑加工处理；增材制造。产能规模：18万吨。办公地址：哈尔滨市平房区新疆三道街11号。

2022年，东轻坚持以习近平新时代中国特色社会主义思想为指导，坚决贯彻党中央“疫情要防住、经济要稳住、发展要安全”的要求，以迎接保障党的二十大胜利召开和学习宣传贯彻党的二十大精神为强大动力，以建厂70周年和公司第五届党代会召开为历史机遇，全面落实中铝集团党组和中铝高端制造党委的各项安排部署，全力克服新冠疫情反复延宕、经济下行压力加大、安全生产形势严峻等诸多困难，以“六强化、六持续”为主线，统筹疫情防控和改革发展，坚定稳妥、稳中求进，生产经营、改革发展、党的建设等各项工作取得建厂以来最好水平。

二、生产经营

2022年，东轻完成商品产量18.6万吨，同比增长15.8%，其中加工材产量17.1万吨，同比增长20.2%，高端合金产量1.27万吨，同比增长29.5%。完成销量18.6万吨，同比增长15.5%。实现营业收入达到55.08亿元，同比增长20.5%。实现利润总额2.13亿元，同比增长83.8%。实现净利润2.21亿元，同比增长71.2%。实现资产负债率64.87%，较年初降低3.43个百分点。全员劳动生产率达34.98万元/人，同比增长19.5%。在岗员工人均收入实现同步增长。净资产收益率（ROE）达到10.6%，同比提高2.6个百分点。经营能力实现持续提升，公司稳步驶向高质量发展快车道。

主要经济指标一览表

表58

项目	单位	2021年	2022年	增长（%）
资产总额	亿元	60.20	63.57	5.6
工业产值	亿元	43.67	53.31	22.1
营业收入	亿元	45.72	55.08	20.47
利润总额	亿元	1.54	2.13	38.31
税收贡献	亿元	1.62	1.45	−10.49
全员劳动生产率	万元/人·年	29.27	34.98	19.51

三、安全环保

2022年，东轻发生工亡事故1起、承包商工亡事故1起，着火事故0起；20万工时损工率394.12。

夯实安全生产管理根基。修订完善部门制度31个，完成安全操作规程换版工作，建立岗位安全操作规程239个，完成年度体系内外审和考评组体系审核。编制2022年职业健康安全和环境目标、指标及管理方案，制定目标指标38项、管理方案19个。推进葡萄图、CARC等安全管理工具的使用，组织开展葡萄图、CARC等安全管理工具培训5次、培训员工60人次。抓实安全生产双控管理。强化风险分级管控，辨识、评估较大风险2项、重要危险源3项。开展隐患排查治理发现问题197项，现场监督检查发现违章违规行为及隐患1349起，下发问题通知单194份，安全环保直通车报违章、查隐患1597项，全部完成整改。开展专项检查19项、制止违章操作143人次、排查隐患273项，下发外来人员违章违规行为通知单14份、问题通知单194份。规范现场职业健康安全标识，制作安全告知牌26个，职业健康标识牌225个，促进现场安全提升。三是推动专项整治工作落地。开展安全生产专项整治“百日清零”行动，对有限空间作业审批手续、应急演练开展情况、应急物资配备情况、劳动防护用品配备等方面进行检查，发现问题29项；开展“大排查大整治”工作，从危化品、粉尘涉爆、特种设备、交通运输等10方面开展排查，发现问题51项；开展“迎二十大安全生产百日攻坚”专项行动，对危化品、易燃易爆场所等要害部位开展各类检查，共计发现问题33项；对重要危险源管控进行排查，查出问题28项并全部完成整改。

环保方面。实施熔铸厂熔炼炉除尘在线改造，在北线1号除尘和炒灰间除尘器前端安装陶瓷多管预处理系统，提升设施处理效率，颗粒物排放浓度降低约8.5%、年排放量减少约0.88吨；对南线乳液间乳化液处理系统进行工艺升级，采用低温蒸馏技术废乳化液浓缩比达6%～8%，使车间口一氧化碳排放浓度降低约68%，减少污水处理后续年含油污泥产生量近300吨。全年废水、废气等污染物综合排放达标率100%。推进清洁生产审核，完成报告编制并通过专家评审获得上级环保部门批复。共提出清洁生产方案20项，其中无/低费方案9项，中费方案3项，高费方案8项，正在推进实施中。2022年委托具有资质的检测机构对31个废水、废气排放全年共开展自主监测累计点位282个，污染物数据 1325 组，废水、废气污染物排放浓度和总量实现双达标；合规转移危险废物 2755.9797 吨、处置利用铝灰 6557.26 吨，全年未发生环境污染事件、未受到上级部门行政处罚。

节能低碳方面。通过能源管理体系认证审核，系统建立能源管理方法，实现组织结构、技术和行为方式提升，构建长效节能机制，提高能源利用效率，实现加工材电单耗、燃气单耗分别同比降低 9.8%、3.2%。

四、科技创新

2022 年，东轻主动服务国家战略，持续推进“红旗工程”，加压奋进、攻坚克难，圆满完成 Y20 机翼壁板整机交付任务，推动 C919 国产机翼壁板正式批量列装，探月工程用含钪加工材薄板产品订货实现零的突破，为天舟五号、长征七号、梦天实验舱等大国重器提供关键核心材料。继航空用“7××× 预拉伸板”获奖后，“2××× 预拉伸板”产品再次荣获工业和信息化部制造业单项冠军。东轻助力 C919 飞机完成型号合格取证，收到商飞唯一一封发给中铝内部企业的感谢信。科研项目持续推进。国务院国资委（一期）专项项目顺利收官，国防科工局专项项目实现重点突破，中国商飞“民机”专项取得阶段性进展。加快组织项目收尾，完成国防科工局、工业和信息化部 7 项项目审计、3 项项目验收、1 项项目预验收。推进智能工厂建设，熔铸厂、中厚板厂彻底改变使用工艺纸质卡片的传统生产方式，全面实现无纸化办公。完成 MES 与 ERP 接口系统开发，打通数字信息壁垒。推动 ERP、资金管理中心和共享中心三大系统“嵌入”信息化平台，形成完整业财数据链。荣获省级“智能工厂”荣誉称号。

五、改革发展

改革改制方面。制定修订《董事会议事规则》《党委工作规则》等制度 14 项，以公司章程为核心的“1+N”现代企业治理制度体系更加成熟定型，子企业董事会实现应建尽建。“三项制度”改革释放活力。36 名中层管理干部实现任期制契约化管理，构建差异化经营业绩考核体系。优化干部队伍结构，推行末等调整和不胜任退出机制，末等调整和不胜任退出 5 人。搭建公司员工发展管理制度体系，探索实行考评结果积分制管理，形成纵向有阶梯、横向可贯通的员工发展路径，人效指标持续优化，人工成本利润率达 49.4%，同比提高 21.8%。管理改革试点初步显效。落实中铝高端改革部署安排，推进中厚板厂管理层级扁平化试点改革，积极探索建立“企业—分厂—班组”三级管理机制，促进生产运营效率优化提升。

重大投资方面。加强现场设备监管，强化设备“非停”故障管控，保障主机设备稳定运行，实现关键设备可开动率 98.1%、检修计划执行率 100%。完成 29 项“短平快”产能挖潜项目，推动产能大幅提升。紧固件、老线供电改造等 5 个项目投入生产运营，产业线不断完善，辐射带动生产能力持续增强。

六、党建与企业文化

把学习贯彻党的二十大精神作为最重要的政治任务，确立 10 项任务“六大机制”全面学习宣传贯彻；严格落实“第一议题”制度，深入贯彻落实习近平总书记重要指示批示精神，践行“两个维护”，捍卫“两个确立”，筑牢坚定不移跟党走的政治思想基础；发布“中国一铝之光”企业文化体系和庆祝建厂 70 周年主题系列文化成果，总结出以“产业报国、一铝当先、创新自强、勤勉奉献”为核心的东轻精神，得到省委书记和省长的高度肯定与赞扬；成功召开第五次党代会，完成党委换届工作，强化政治功能和组织功能保障。持续深化融合体系，年度“两带两创”325项、“联建共建”100对，党员“双提升”扛指标更具挑战性，“承诺践诺”担责任更具实效性，党建责任制落实更具穿透性，“双创”大讨论凝聚思想共识，“一支部一特色”百花齐放，党建活力竞相迸发。聚焦上级重要决策部署、生产经营关键领域、领导干部责任履职强化监督，持续完善“大监督”运行机制；从严从紧执纪问责，持续整治“四风”，保持高压震慑力度不减；常态化开展廉政教育，持续营造崇廉拒腐氛围。多维联动提高巡察质效，做实中铝集团巡视审计及中铝高端制造专项巡察问题整改，充分彰显从严治党利剑作用；持续加大普惠力度，建立企业年金制度，让员工共享发展成果，共创美好生活；大力弘扬劳模工匠精神，强化产业工人队伍建设，17人获得市级以上荣誉；荣登央视《新闻联播》和《对话》栏目，企业形象和品牌效应不断提升。

撰稿／赵成才

西北铝业有限责任公司

一、基本情况

西北铝业有限责任公司（简称西北铝）成立于1965年7月，截至2022年底，注册资本7.04亿元，员工总数（在岗）1305人，资产总额10.29亿元，资产负债率69.09%。

主营业务范围：铝、铝镁材加工销售；铝材精深加工销售；铝焊材生产销售；货物进出口贸易；铝材副产品、卷闸、铝灰加工；停车服务；计量器具检定；房屋、土地、设备租赁；住宿、道路普通货物运输、一类汽车维修经营业务。产能规模：综合配套产能1.6万吨。办公地址：甘肃省定西市陇西县巩昌镇西郊坪。

2022年度，西北铝营业收入56175万元，增幅5.76%；其中主营业务收入52669万元，增幅8.25%；工业总产值53848万元；利润271万元，实现产品经营本质脱困，主要指标创西北铝历史新高。

二、生产经营

2022年，西北铝完成产销量16000吨，其中挤压材产销量13158吨，A品产销量9016吨，同比增加3.05%。坚持产品结构调整，A品占比持续增加，重点产品和中小规格锻件完成1098吨。获取订单16576吨，开发中材、中集等新客户20家。开发新产品13项37种规格，全年共销售新产品1943吨，实现销售收入11244万元，新产品销售收入占总销售收入比重为21.13%。全年熔铸综合成品率84.85%，同比提高0.83%，加工材成品率为73.95%，同比提高1.16%。对标指标同比优化51.72%，辅材、备品备件降本183.33万元，降幅8.64%；吨产品电耗降低0.94%，铝基价同比减亏1686万元。

主要经济指标一览表

表59

项目	单位	2021年	2022年	增长（%）
资产总额	亿元	9.73	10.29	5.8
工业产值	亿元	4.70	5.39	14.7
营业收入	亿元	5.31	5.62	5.845
利润总额	亿元	0.01	0.03	200
税收贡献	亿元	0.26	0.28	7.69
全员劳动生产率	万元/人·年	11.66	12.83	10.03

三、安全环保

安全生产方面。全面推进CAHSE标准化体系建设和标准化二级企业、清洁生产、绿色工厂的创建工作。完成对熔铸1～5#炉深井铸造隐患排查整改，实现与“铝七条”内容规定的功能相同，风险可控。关停质量监督部试验室盐浴炉，消除一项重大安全隐患，重新划定重要危险源并加强管控。同时，重新制定西北铝有关安全风险管控、应急救援预案、安全专项管理等制度规定，切实加强对各类安全风险的管控。每周开展重点部位安全专项检查，持续推动落实全员安全“一岗双责”，持续开展生产现场整治、全员安全培训、安全标准化班组创建，安全生产基层基础取得明显改善。

节能减排方面。累计消耗能源8250.96吨标煤，同比下降1.8%；单位产品综合能耗0.517吨标煤/吨，同比下降2.7%；累计消耗电量6668.441万千瓦·时，同比下降0.65%；单位产品耗电4179.04千瓦·时/吨，同比下降1.52%；万元产值能耗0.153吨标煤/万元，同比下降14.34%。

绿色低碳方面。强化固体废物特别是危险废物全过程管理，合规处置铝灰871.06吨；强化环境监测，编制温室气体排放报告，经计算年度碳排放量为62621.79吨二氧化碳，确保各项污染物指标达标排放；切实加强熔铸除尘除氟、污水排放等环保设施运行的监督管理。环境保护标准化通过定西市生态环境局评审，环境信用等级评级为良好。

四、科技创新

西北铝积极参与国家、省市和集团重大科技研发课题，不断加强科技创新的深入合作，充分发挥4个省级科学技术平台优势，2022年开展重点研发项目7项，申请授权专利9项。突破新规格航天用高精度型材和新合金铝合金型材成型难题，解决7××× 型材和某工业管材工艺技术控制难题，“GB铝合金应力腐蚀敏感性评价试验方法”“某工业用高强高韧大规格管材”“压力容器用大规格铝合金半圆管材”等项目获全国有色金属标准技术奖，甘肃省冶金有色工业科技进步奖，甘肃省工业优秀新产品一、三等奖。充分发挥技术专家、专业技术人员作用，不断推动群众性经济技术创新活动，有效改善、优化固化工艺流程和技术质量精度，2022年研发投入占主营收入比重累计达到3.49%。

五、改革发展

根据中铝集团深化企业改革工作部署，完善中国特色现代企业制度，对《公司章程》《“三重一大”决策制度实施办法》《党委会议事规则和程序》《总经理工作规则》等进行修订完善，进一步明确公司党委在决策、执行、监督各环节的权责和工作方式，理清各治理主体权责边界，治理体系进一步得到完善。推进公司管理改革，管理层级压缩为公司、部门、班组三级，职能部室由改革前的8个压减到7个，压减率为12%。管理人员实行竞聘上岗，部门经理层职数由27个压减为24个，压减率11.11%；基层管理职数由85个压减为53个，压减率37.64%。

重大投资方面。2022年，西北铝为满足航空航天、军工用户对产品质量的要求和“铝七条”对安全的要求，投资建设“16吨熔铸技改”项目，4月底通过中铝集团和中铝高端制造的批复后，迅速启动项目建设。项目总投资2310万元，其中，建设投资2011万元，建设期利息30万元，铺底流动资金269万元。2022年完成投资985万元。

资本运作方面。西北铝通过优化资产结构，加强债务风险管控，严控债务规模增长，拓宽融资渠道，降低融资成本，优化融资结构，提升融资管理能力，确保资金安全等防控措施防范资金风险。截至2022年末，西北铝负债总额7.15亿元，其中，带息负债余额5.5亿元，年内按期归还贷款5.06亿元，办理贷款5.79亿元。2022年共支付原材料款项4.03亿元，按时归还贷款4.99亿元，支付资本性支出0.88亿元。

六、党建与企业文化

党建工作方面。以宣传贯彻党的二十大精神为主线，扎实开展专题调研报告、主题征文、心得体会109篇，开展宣讲56人次，参加各类专题学习宣讲、教育培训、网络专班300多人次；坚持举旗铸魂为根基，落实管党治党政治责任；坚决打响“强化疫情防控、确保安全生产、争做先锋模范”攻坚战，充分展现出西北铝人的精神风貌，以高度的责任感保证疫情防控和生产经营的平稳运行。

纪检监督方面。加强对“一把手”和各级领导班子落实全面从严治党责任、执行民主集中制、规范用权等情况的监督。聚焦重点领域、重点问题安排专项巡察，发挥巡察监督作用，及时开展专项整治，堵塞物资出入厂等方面的管理漏洞。逐步推进“大监督”走深走实，有效发挥监督合力。不断强化“三不”体制机制建设，营造风清气正的企业生态环境。组织开展对领导班子成员和分管领域党员领导干部党风廉政建设责任约谈60余人次，纪委书记对20名竞聘上岗的部门经理层管理人员集中进行任职廉政谈话、讲授廉政党课。加大执纪问责力度、规范案件线索查办程序，年内共收到信访举报9件，受理问题线索5件，转相关业务部门办理4件；对4名相关责任人给予党政纪处分和组织处理。

群团工作方面。不断加强新形势下对群团工作的领导，组织开展技术攻关、技术革新，有效提升团队整体业务素质和操作技能；举办56项2400多人次参加的现场教学、实操培训、网络授课、学习交流等教育培训班，办理各类险种2500多人次，投保金额近15万多元。开展走访慰问、困难帮扶和“五必访”等活动，累计发放慰问补助金15万余元。积极落实“党建带团建”工作部署，开展青年精神素养提升工程，引导青年从实际出发，开拓思维，创新工作，不断激发青年团员的创新能力和活力。

品牌及文化建设方面。深入开展“共绘中铝同心圆、聚力献礼二十大”“对标找差距、精深提效率”“崇尚先进、学习先进、争当先进”“人人工作要改善、我为西北铝做贡献”等活动。大力弘扬劳模精神、劳动精神、工匠精神，践行社会主义核心价值观，开展各类质量劳动竞赛、“安全、干净”班组竞赛、创新创意大赛、球类赛事、书画展览、灯谜竞猜等活动，不断推进职工队伍建设，丰富广大职工精神文化生活。把“我为群众办实事”和“润心工程”走深走实。

宣传工作方面。西北铝各级组织共撰写、制作学习宣传贯彻党的二十大精神稿件、视频1400多篇/条（幅），挖掘先进集体、个人亮点特色、典型事例的新闻稿件102条（篇），反映基层一线、生产现场的稿件达62%以上，外发行业及地方媒体稿件23篇。全年无重大意识形态问题发生。

履行社会责任方面。为帮扶的福星镇购置路灯支出4.74万元；利用为职工发放福利，消费扶贫产品，带动村集体经济发展。继续深入开展西北铝帮扶特色项目，组织西北铝各岗位能工巧匠为农民送服务（修理农用车、配钥匙、焊接农具等活动），组织西北铝书法美术协会人员，开展送文化下乡活动。把送服务、送文化、送温暖和送光明与“金秋助学”相结合，形成西北铝特色的“五下乡”活动。

撰稿/董立婧

中铝瑞闽股份有限公司

一、基本情况

中铝瑞闽股份有限公司（简称中铝瑞闽）成立于1992年10月16日，截至2022年底，注册资本2062亿元，员工总数（在岗）1362人，资产总额67.47亿元，资产负债率74.44%。

主营业务范围：有色金属压延加工；金属材料制造；有色金属合金销售；金属材料销售；货物进出口；技术服务、技术开发、技术咨询、技术交流、技术转让、技术推广；以自有资金从事投资活动；金属废料和碎屑加工处理；再生资源销售；再生资源加工；再生资源回收（除生产性废旧金属）；生产性废旧金属回收。产能规模：45万吨。办公地址：福建省福州市马尾区罗星塔路8号。

2022年，中铝瑞闽在中铝集团党组、中铝高端制造党委和福建省委、省政府，福州市委、市政府的坚强领导下，以迎接党的二十大胜利召开和学习宣传贯彻党的二十大精神为强大动力，全面落实党中央“疫情要防住、经济要稳住、发展要安全”的重要指示要求，坚持创新发展和绿色发展理念，贯彻落实中铝集团和中铝高端制造2022年工作会议精神，锚定“1125”规划目标完善产业布局，坚持“六四”原则优化产品结构，实现利润总额5.09亿元，同比增加369%，商品产量38万吨，同比增长0.5%；销量37.9万吨；产销率99.7%；营业收入100.12亿元，同比增长12%；工业总产值94.32亿元，同比增长27.7%；经营性净现金流入9.92亿元，同比增加90.4%；员工收入同比增长13.58%，创建厂30年来最高纪录，被中铝集团授予“价值创造、效益增长总经理特别奖”。

二、生产经营

2022年，中铝瑞闽优结构、促周转、强创新、提绿能，培育高质量发展的新势能。以边际贡献为导向优化产品结构，金属包装材同比增长23%，用60%的“压舱石”保总量、降成本，有效摊薄生产成本，走出专业化、规模化、低成本道路；“BAT”等高附加值重点产品快速增量，用40%的“顶梁柱”增新量、提效益，有效提升盈利能力，走出高端化、品牌化、高价值道路。以汽车内外板、结构件、电池组件为主的汽车用铝产量大幅提升，达到8.23万吨，同比提升75%，产品结构进一步向好向优转变，持续提升盈利能力增长的内生动力。坚持“快”字当头，构建起全流程“高周转”资金运营机制，资金集中度达到60%；大力实施“半月发货、半月回款”新型管控，经营现金流同比增加4.71亿元；构建“技术+营销+生产+服务”全流程开发、“揭榜挂帅”、风险抵押等创新机制，激发创新潜能效能，聚焦解决技术瓶颈，成功量产超高强度7系铝合金新品，替代不锈钢薄板应用在苹果手机上，并成为其全球唯一供应商。

主要经济指标一览表

表60

项目	单位	2021年	2022年	增长（%）
资产总额	亿元	75.12	67.47	−10.18
工业产值	亿元	77.43	94.32	21.81
营业收入	亿元	88.04	100.12	13.72
利润总额	亿元	−1.63	5.09	412.27
税收贡献	亿元	0.25	0.51	104.00
全员劳动生产率	万元/人·年	5.35	48.82	812.52

三、安全环保

2022年，中铝瑞闽牢固树立绿色发展、安全发展理念，以安全生产标准化为主线，持续健全完善安全环保责任体系，推进HSE治理体系和能力建设，深入开展安全隐患排查整治，推进安全生产信息化建设，落实安全环保履职考核，努力创建本质安全、环境友好企业。突出安全管理直线责任落实，29个现场班组达标率100%；把预防工作落实在管理源头和过程管控，从设计、制造源头落实本质安全，组织安全生产隐患大排查、开展“低老坏”行为专项整治，辨识“低老坏”行为873项，下达隐患整改通知单1917项，完成整改1794项，整改率94%；完善应急管理机制，全年应急演练45项；扎实推进承包商安全管理标准化体系落地；持续推进环保合规管理，全年未发生突发环境事件；积极推广低碳生产，福清厂区于8月通过专家评审，清洁生产水平指标评价达到行业一级水平，成为清洁生产领先企业。

四、科技创新

2022年，中铝瑞闽以市场为导向抓科技创新，积极盘活科技创新主体，构建起“技术＋营销＋生产＋服务”全流程开发、“揭榜挂帅”、风险抵押等创新机制，激发创新潜能效能。研发投入达到1.1亿元，大力开发新能源、绿色循环低碳等前沿技术，研发立项53个，成功开发多个系列汽车内外板，打通汽车板生产线，汽车板销量首次突破5万吨，通过15家汽车主机厂认证，取得19款车型材料定点；成功研发5系合金手机壳用铝、5系中板用铝、5系阳极料、5L系笔电用铝、7系高端手机外壳用铝等产品。累计取得78项知识产权授权，其中发明16项，实新62项。主持行标2项，参与国标4项。加快加大“城市矿山”采掘力度，形成金属包装＋汽车主机厂直接回收与其他行业资源回收的“2+1”回收新格局，完成废铝回收4.1万吨，返回使用量增长44.3%，熔铸废料直投比例超过60%。

五、改革发展

中铝瑞闽以“发展永无止境，改革永无止境”的思想自觉和行动自觉，激发“闯”的精神，锤炼“创”的韧劲，构建“活”的机制，激发内生动力。持续推进“干部能上能下、员工能进能出、薪酬能高能低”常态化，生产班组承包、班组自主组阁、强化绩效考核推行末位淘汰，用活用好员工能出能进机制，劳动生产率超过行业标杆，人事费用率远低于冶金行业平均值，劳动投入产出指标达到行业标杆水平。深化改革理论文章《新时代国企“包产到户”》登上国务院国资委《企业管理》杂志。

六、党建与企业文化

中铝瑞闽坚决落实全面从严治党要求，推进党建工作与业务工作深度融合。持续健全党委发挥领导作用制度机制的建设，结合新要求建立和完善《"三重一大"决策制度实施管理办法》《党委会议事规则》《党委会前置研究决策事项清单》等制度体系，优化"三会"运行机制，厘清不同治理主体权责关系；完善《中铝瑞闽公司党建工作制度汇编》，进一步提升基层党组织党建水平。第一时间组织开展党的二十大精神的学习，印发通知、编发资料汇编，开设学习专栏，积极参加"中铝大讲堂"学习，党委班子成员全体上讲台宣讲党的二十大精神，党总支和党支部专题学习党的二十大报告，全体党员按时参加国务院国资委举办的专题学习宣讲、专题学习培训。领导班子成员带头上党课，各基层党组织书记、劳模、先进人物讲党课36人次，组织广大党员收听收看党的二十大开幕会，332名党员积极参加"学习贯彻党的二十大精神网络培训班"，9名基层党支部书记参加中铝党校提升党支部书记履职能力、发挥党支部战斗堡垒作用网络培训班。抓好党员政治力建设，利用党建工作月度例会，开展支部风采分享会，对28名基层党组织书记进行党建知识和业务能力等教育培训，组织40余名基层党务人员，参加中铝高端制造2022年度党务工作者履职能力提升培训班，7名基层党务工作者参加新任党组织书记履职培训班，进一步提升党务人员的业务水平和党性修养，深化党建与业务工作双向融合。通过"党建工作群"、OA推送有关学习资料，举办"党的二十大网络知识答题竞赛"活动，组织330多名党员开展党的二十大网络知识答题活动。发放《习近平谈治国理政》第四卷、《闽山闽水物华新》、《党的二十大文件汇编》、《中国共产党章程》等书籍800余册，邀请中央马克思主义理论研究和建设工程首席专家等讲授党课，用好"学习强国"学习平台，参与率达100%。

2022年，中铝瑞闽以"智慧制造，轻铝生活"为核心理念，履行社会责任，秉持新发展理念，坚持绿色发展，不断开发"铝"的绿色环保特性，用轻量化产品服务社会，为经济发展减负。

撰稿 / 马健钰

中铝沈阳有色金属加工有限公司

一、基本情况

中铝沈阳有色金属加工有限公司（简称中铝沈加）成立于2008年3月，截至2022年底，注册资本8.1亿元。员工总数（在岗）491人，资产总额17.58亿元，资产负债率101.47%。

主营业务范围：有色金属铸造、锻件。有色金属合金压延及深加工制品加工；有色金属新产品开发及技术咨询；自营和代理各类商品和技术的进出口。产能规模：10045吨。办公地址：沈阳市苏家屯区桂花街358号。

2022年，中铝沈加在中铝集团党组、中铝高端制造党委的正确领导和帮助下，以习近平新时代中国特色社会主义思想为指导，全面落实党中央“疫情要防住、经济要稳住、发展要安全”的重要指示要求，面对复杂的市场形势、资金不足、原料涨价等影响，坚持目标导向、问题导向，实现产量、销量大幅提升。市场开发、生产、技术、设备、能源、安全环保等基础管理工作得到逐步加强，党建、统战、纪检、审计、人事、法制、档案、保密等重点工作按计划实施完成。

二、生产经营

2022年主要商品产量完成8001吨，同比增长11.09%；主要商品销量完成8001吨，同比增长11.09%；营业收入6.25亿元，同比增长21.50%；利润总额−1.47亿元，同比减亏4.13亿元。资产负债率101.47%。产量再创历史新高，实现三年三增长，其中正常商品7142吨，二级品及改制料373吨，带料加工约486吨。产品结构持续优化，合理地组织月度排产，高附加值、合金产品优先排产，不断优化、调整商品材产出结构。

主要经济指标一览表

表61

项目	单位	2021年	2022年	增长（%）
资产总额	亿元	16.43	17.58	7
工业产值	亿元	5.13	6.25	22
营业收入	亿元	5.14	6.25	22
利润总额	亿元	−5.60	−1.47	74
税收贡献	亿元	0.07	0.08	18
全员劳动生产率	万元/人·年	−79.55	−10.21	87

三、安全环保健康

2022年，中铝沈加实现轻伤及以上安全事故为零，环境污染事件为零，职业病危害为零，火灾事故为零，固体废物合规处置率100%。组织修订完成232个岗位安全操作规程，并针对162个岗位，制作“口袋卡”1842张下发至班组使用。完成岗位安全操作规程培训、考试。组织开展各项安全活动，编制并下发《中铝沈阳有色金属加工有限公司安全生产提升年实施方案》《轮值安全员活动方案》《安全生产月活动方案》，强化日常监督、考核，推动各项活动落实。扎实开展中铝集团安全环保督察、中铝高端制造党委安全专项巡察发现问题的整改工作，针对67项反馈的安全问题，组织制定一对一整改措施，并举一反三，形成整改方案。

四、科技创新

2022年，中铝沈加新产品主要有焊管用钛材、氯碱用钛材、合金板带材、食品级钛材产品等五种，总产量841.17吨，其中焊管用钛材及合金板材新品开发方面提升成果显著。航天用TC4、TA2棒材、饼材实现交付；TA15钛合金大规格棒材历经主导工艺评审、全面性能检测、静力和疲劳试验，最终通过装机评审。焊管用TA10卷带材实现批量供货；镍基耐蚀、软磁、高温合金均实现突破，宽幅、薄厚度填补空白。

完成高新技术企业重新认定工作，通过CNAS实验室认证，申请沈阳市技术创新中心、瞪羚企业等。完成申请专利9项，参与标准制定13项，其中参编修订的GB/T25951《镍及镍合金　术语和定义》获得全国有色金属标准化技术委员会技术标准优秀三等奖。

五、改革发展

2022年，中铝沈加积极开展对标工作，明确成品率、人均吨产量等20个指标对标攀钛江油、云南钛业、山东盛阳、湖南金天、西部材料等标杆企业，持续推进企业上台阶。强化预算管控力，实行全面预算管理，建立预算动态监控机制，检测和分析预算执行情况，及时修正存在的问题，严控成本，精细管理。严格实行“预付款排产、产后必销、款清发货”原则，年约客户在合同执行期间预留保证金，有效规避应收账款的回收风险。积极开展与西安钢研、宝武等单位的合作，6吨感应炉承接来料加工，结合市场及设备产能情况，积极开拓带料加工业务，加大开源增收力度。

六、党建与企业文化

2022年，中铝沈加党委结合实际，全力保障生产经营目标完成。班子成员到联系点宣讲十九届六中全会精神和党的二十大精神及中铝集团和中铝高端制造、中铝沈加2022年工作会议精神，全体党员参加培训学习。认真开展“汲取伟力创价值 对标争先创一流”大讨论专题学习和“建功新时代 喜迎二十大”等活动，推动中铝沈加高质量发展。

持续开展“我为群众办实事”实践活动，26项事项全部完成。针对疫情期间员工提出的8项意见和建议全部落实。组织党员、团员开展绿化厂区等志愿者活动8次。走访慰问困难职工30人，发放补助金3万元。全体员工进行健康体检，发放电影票券、端午福利、生日实物券、中秋实物券和米面油等福利，参加沈阳市委组织的村企帮扶活动和中铝集团定点采购福利帮扶活动。提出“不为职工办事就是浪费岗位资源”的理念。

有效发挥宣传和评优评先引领作用。在疫情防控期间，及时采集报道先进事迹22篇，取得疫情防控和生产经营“双丰收”。开展评先工作，公司上下营造出学先进、赶先进、作贡献、当表率良好氛围。

推进政治监督具体化和常态化，坚决破除形式主义、官僚主义。开展党风廉政建设谈话 89 人次，其中：日常谈话 68 人次，任职谈话 3 人次，提醒谈话18人次；集体谈话58人次，个别谈话31人次；中层干部 55 人次，关键岗位 26 人次，班子成员 8 人次。

撰稿 / 谭　论

中铝铝箔有限公司

一、基本情况

中铝铝箔有限公司（简称中铝铝箔）成立于2015年10月，截至2022年底，注册资本8.8亿元，员工总数（在岗）1354人，资产总额28.71亿元，资产负债率67.17%。

主营业务范围：生产、销售铝箔、铝制品、机电产品及设备。产能规模：中铝铝箔现有洛阳铝箔、陇西铝箔、浩鑫铝箔三个专业化的铝箔生产基地，铝板带箔总产能达到22万吨，其中铝箔13万吨。办公地址：四川省成都市新都区马超东路266号新城市中心17楼。

2022年，中铝铝箔以习近平新时代中国特色社会主义思想为指引，深入学习贯彻党的二十大精神，在中铝集团和中铝高端制造的科学决策和正确领导下，坚持“稳字当头，稳中求进”总基调，紧紧围绕“提质降本增效益 提档升级开新局”中心工作，全体干部员工勇于担当、主动作为，经营业绩实现历史性飞跃，为打造一流铝箔企业、实现高质量发展踏出坚实有力的步伐。

二、生产经营

经营指标同比大幅优化。2022年实现产量25.67万吨，同比增幅13.32%；营业收入66.9亿元，同比增幅32.6%，销量26.07万吨，同比增幅10.58%；利润总额1.79亿元，同比增加2.12亿元，超额完成全年目标任务；净资产收益率（ROE）实现21.52%，同比提高21.37个百分点；资产负债率67.17%，同比降低7.37个百分点。

市场开拓稳步推进。2022年中铝铝箔及时掌握市场变化，实时调整营销策略，提高客户满意度，重点关注增量的堵点，安排专人跟踪督办，实现稳存量拓增量。2022年新增订单27.80万吨，同比增加2.6万吨，增幅10%。终端客户销量占比从49%提高至69%，重点产品铝塑膜及无菌包同比大幅增长。

成本管控水平显著提升。扎实推进“三年降本计划2.0”工作，按照“成本五化闭环管理”模式，建立成本指标体系，绘制成本地图，制定重点降本任务清单。2022年成费比97.02%，同比降低2.91个百分点。

价值创造能力不断增强。利用中铝集团资金管理中心，实现资金全方位、全流程监督。每月制定资金计划，严格执行“以收定支”，根据收付情况按日计划精准支付，2022年实现经营性现金净流入1.66亿元。

主要经济指标一览表

表 62

项目	单位	2021 年	2022 年	增长（%）
资产总额	亿元	33.44	28.71	−14.14
工业产值	亿元	46.77	60.3	28.93
营业收入	亿元	50.36	66.82	32.68
利润总额	亿元	−0.33	1.79	642.42
税收贡献	亿元	0.14	0.42	200
全员劳动生产率	万元 / 人 · 年	18	38.49	113.83

三、安全环保

2022 年，中铝铝箔深入开展三年专项整治行动，开展企业、班组、岗位标准化工作及重点领域、临时作业专项整治；推广 CARC、葡萄图等有效安全管理工具，培养员工良好作业习惯。制定并下发《中铝铝箔有限公司绿色低碳工作指导意见》，指导各单位围绕自身产品定位积极开展产品碳足迹认证等新的体系认证，陇西铝箔荣获国家级绿色工厂称号，云铝浩鑫荣获“云南省绿色工厂称号”，云铝浩鑫、陇西铝箔、洛阳铝箔碳足迹核查认证分别为每吨铝箔二氧化碳排放量 4.96、6.23、6.55 吨。

四、科技创新

2022 年，中铝铝箔持续加大科技创新投入，共组织立项 27 个科技研发项目，全年研发投入强度 3.27%，其中浩鑫铝箔承担的“高效短流程生产医药包装用超宽幅铝箔产业化关键技术研究”在云南省科技厅成功立项，到账首批政府科研经费 350 万元，重点开发产品新能源锂电池软包铝塑膜铝箔全年实现销售 1660 吨，无菌包铝箔实现销售 2187 吨，2000 毫米超宽幅铝箔坯料实现销售 6867 吨。在开展科技创新工作的同时，重视知识产权保护，全年累计新增授权专利 30 项，其中发明专利 2 项。积极参与国标、行标、企标的制修订工作，承担一项行业标准《烟包装用铝箔》修订任务，提交《铝箔试验方法》《电子、电力电容用铝箔》等 7 项标准的复审申请，完成《铝及铝合金箔》等 3 项中铝高端制造企业标准的编制。

五、改革发展

2022 年，中铝铝箔坚持“两个一以贯之”要求，全面深化改革，厚植高质量发展的制度优势。全级次完成经理层成员、本部中层管理人员任期制和契约化管理“两协议书一责任书”的签订，完成公司章程、“三重一大”决策制度实施办法等基本制度的制修订工作，厘清治理主体的权责边界、明晰治理主体的职责权限。有效推进“三项制度”改革。围绕全面完成全年生产经营目标，优化组织机构，明确管理权限；理顺劳动关系，推行“双合同”管理，完成全员“双合同”签订工作，实现劳动关系“四统一”；充分发挥考核“指挥棒”作用，完善绩效考核办法，将完成年度超越利润目标，超过部分的 30% 用于激励，实现“贡献越大，收入越多”。铝箔资源专业化整合、规模化发展迈出坚实步伐。通过对云南浩鑫铝箔有限公司一年的专业化整合和体制机制融合，形成从坯料供应到铝箔轧制完整产业链，实现铝箔业务的专业运营更强、组织架构更优、市场影响更大、经营效益更好的根本性转变，为构建绿色低碳水电铝—铝板带箔一体化高质量发展新格局奠定坚实基础；按期完成 3.5 万吨新能源动力电池用铝箔项目建设，为下一步电池箔及新产品开发做好硬件准备，为中铝铝箔实现高质量发展注入新动能。

六、党建与企业文化

思想政治建设取得新成效。中铝铝箔两级党委领导班子坚持“第一议题”制度，全年学习69次144篇次；两级中心组学习47次，交流研讨38次，查摆并整改问题18项。中铝铝箔领导班子参加督导二级党委中心组理论学习3次。把学习宣传贯彻党的二十大精神作为当前和今后一段时期的首要政治任务，持续抓好各个层级的学习教育。通过各党支部开展“喜迎二十大 奋进新征程”“学习二十大 建功新时代”主题党日、“对党说句心里话”、集中组织收听收看党的二十大、“书记上讲台、党员谈体会、职工抓落实”等活动，通过党委班子“示范学”、基层党支部“深入学”、线上线下“结合学”、主题活动“融合学”、创新方式“灵活学”等方式，把全体干部职工的思想和行动统一到党的二十大精神上来，把学习成果转化为推动企业改革发展的强大动力。

组织建设释放新动能。高质量召开专题民主生活会和组织生活会，两级领导班子征求意见建议100余条，谈心谈话80余人次，领导班子及成员查摆并整改问题138项。各支部查摆并整改问题112个，支部领导班子及成员查摆并整改问题217项，400余名党员完成组织生活会和民主评议党员工作，无“基本合格”和“不合格”党员。

人才队伍建设迈出新步伐。坚持正确导向，选强配优干部。在干部选拔任用上，坚持老中青相结合的梯次搭配，新提拔5名中层管理人员、9名基层管理人员，全级次干部交流调整22人次，多岗位锻炼培养综合能力。

全面从严治党展现新作为。坚持党委会专题研究纪检工作，制定《2022年党风廉政建设和反腐败工作要点》，落实全面从严治党主体责任。签订《党风廉政建设和反腐败工作目标责任书》11份和廉洁从业承诺书28份，聚焦“一把手”和领导班子、重点领域加强监督。组织召开警示教育大会2次，开展廉政警示教育活动5次，集体廉政谈话3次，中铝铝箔领导讲廉政党课3次，编辑警示教育学习材料4期。扎实开展“靠企吃企”问题专项整治工作，制定4个方面21项工作内容的“中铝铝箔深化靠企吃企问题整治工作任务清单”，检查出107个问题，全部完成整改。完善“大监督”体系，提升监督治理效能。制定下发《2022年“大监督”工作计划》，召开监督委（扩大）会议3次，查摆359个问题并全部完成整改。

群团工作开创和谐新局面。大力开展劳动竞赛，解决生产难题，提升职工技能。中铝铝箔在中铝集团三季度降本增效劳动竞赛加工企业加工综合成品率进步奖中获第三名。浩鑫铝箔开展11个工种的职工技能竞赛，2人分获“中国铝业杯”第十五届全国有色金属行业职业技能竞赛金属轧制工第4名和第11名，1人荣获有色金属行业网上练兵竞赛第3名。全级次征集合理化建议300余条，创效近700万元。扎实开展“我为群众办实事”活动，立项108项并全部办结。抓好精准帮扶慰问，资助145人次生病、困难职工及其子女入学慰问金31.47万元，做到“主动帮、全覆盖、无遗漏”。发放节日、生日、退休慰问品6151人次。为1412名职工进行职业健康体检，建立健康档案，增强职工幸福感。

撰稿 / 蔡　宇

中铝特种铝材（重庆）有限公司

一、基本情况

中铝特种铝材（重庆）有限公司（简称中铝特材）成立于2011年6月22日。2022年12月29日，原中铝萨帕特种铝材（重庆）有限公司更名为中铝特种铝材（重庆）有限公司。截至2022年底，现注册资本3.38亿元，员工总数（在岗）153人。产能2.8万吨，资产总额10.33亿元，资产负债率87.33%。

主营业务范围：铝及铝合金材料的开发、生产及销售；铝合金材料和部件的生产、销售；交通装备用铝合金挤压材和部件的设计、生产、加工、销售；金属材料机加工、销售、技术咨询、技术服务；货物及技术进出口。办公地址：重庆市九龙坡区西彭镇铝城大道80号附2号。

二、生产经营

2022年，中铝特材始终坚持以党的建设为引领，不忘初心、牢记使命，在中铝集团和中铝高端制造的坚强领导下，以市场拓展、技术创新、精益管理为主要抓手，不断提升产销规模和市场竞争力。产量实现19041吨，销量18542吨，产销量同比增加27%和23%，创历史新高，其中新能源市场2022年实现销量6367吨，同比增加4698吨，同比增幅281%。全年挤压单吨电耗同比降低204千瓦·时/吨，降幅12%；金属磅差损失率−0.11%，同比优化1.24个百分点，同比减少金属损失197万元；挤压金平成品率67.51%，同比提升4.45个百分点，两条挤压线成品率均创历史新高。但是，由于市场变化、结构调整及疫情因素、会计政策调整等原因，2022年中铝特材净利润亏损6720万元。

主要经济指标一览表

表63

项目	单位	2021年	2022年	增长（%）
资产总额	亿元	10.34	10.33	−0.10
工业产值	亿元	4.67	5.34	14.35
营业收入	亿元	5.74	6.80	18.47
利润总额	亿元	−0.11	−0.67	−509.09
税收贡献	亿元	0.03	0.05	66.67
全员劳动生产率	万元/人·年	8.05	−7.44	−192.42

二、安全环保

2022年，中铝特材安全、环保和职业健康各项目标指标均在控制范围内，未发生超标、投诉情况，无政府处罚情况和媒体曝光情况。2022年CAHS、CAE体系评审，安全得分81.81；环保得分86.51，两体系首次达到双80目标。巩固本质安全文化，提升全员绿色意识。取得国家级“绿色工厂”称号，自愿开展清洁生产审核，持续完善现场设备本质安全水平，为员工营造安全、绿色工作环境。

四、科技创新

2022年，中铝特材全年完成科技投入1550万元，研发投入占当年主营业务收入3.1%。截至2022年底，中铝特材现有科技人员31人，其中研发人员25人，硕士以上4人，本科毕业以上21人，拥有高级工程师以上5人，高级技师1人，技师1人。

2022年，实施科技项目11项，其中新立项目为2项，结转项目为9项，其中轨道交通新产品开发项目7项、汽车新产品开发项目3项，深加工新技术开发项目1项。除企业级科技项目外，先后组织申报重庆市科学技术奖、九龙坡区科技项目等外部科技项目5项。其中“轨道交通车体用宽幅薄壁型材制备关键技术及产业化”项目获得2021年度重庆市科技进步三等奖；“船艇与深远海工程用耐蚀可焊中高强铝合金型材开发及应用”被列为2021—2022年度九龙坡区“科技创新十大揭榜挂帅项目”，获得该区科技局经费支持10万元；“汽车轻量化用高强韧铝合金型材研究与应用”取得九龙坡区2022年科技项目立项批复，获区科技局经费支持5万元。完成专利申报10项（均为实用新型专利），专利授权9项，累计有效专利数量达到46件。

五、改革发展

2022年，中铝特材完成三个深加工项目和40吨新增大挤压筒投资。深加工项目建成精密锯1台、定尺锯1台、三坐标测量仪1台及配套，总投资450万元，降低锯切工序成本，提高了挤压线的生产效率。40吨新增大挤压筒项目，总投资260万元，提高大米重型材挤压成品率及生产效率，年创造效益约300万元。

在确保资金链安全的大前提下，中铝特材继续坚持“现金为王”和“早收晚支”的策略，保障上量上规模所需的资金的同时，积极利用各种内外手段加快资金回笼，延长付款时间，缩短收付款时间差，加之创新资本运作新模式，实现全年累计经营现金流净额超0.50亿元。

扎实推进资金筹集及价值管理工作，在稳住原有合作金融机构的前提下，积极开拓新的融资渠道，搭配新的支付工具，保持综合融资成本与去年基本持平；抓住经营净现金流大幅改善的机会，持续压缩带息负债规模。2022年，累计偿还带息负债1.21亿元，年末带息负债规模较年初降低24%，创历史最低水平。全年财务成本较2021年下降0.06亿元，降幅21%。

六、党建与企业文化

2022年，中铝特材党委深入贯彻中铝集团党组、中铝高端制造党委的工作部署，按照“党建深化提升年”要求，围绕“12481”党建工作整体思路，坚持高质量党建引领保障高质量发展为目标导向，以学习宣传贯彻党的二十大精神为主线，以制度化运行、标准化建设、责任化穿透、清单化管理为重点，切实把党建优势转化为发展优势，党建法宝作用持续在中铝特材高质量发展中充分彰显。

中铝特材党委以“第一议题”、中心组理论学习、个人自学、“三会一课”、专题研讨、“共学共促”、主题党日等形式深入学习习近平总书记系列重要讲话精神,《习近平谈治国理政》第四卷等重要著作及党的二十大精神，积极开展“喜迎二十大”系列活动，通过学习和活动统一思想，党员干部和职工对“两个确立”的理解更加深刻,“四个自信”更加坚定，做到自觉维护“四个意识”。

充分发挥“把管保”作用，把党建工作内嵌到改革发展和生产经营各个方面。全年共召开党委会38次，审议“三重一大”事项29项，审定党委重要工作9项，修改《党委会议事规程》等3个制度，新增《宣传文化阵地管理办法》等2个制度。

围绕生产经营，深化党建业务“双融合”。以“汲取伟力创价值，对标争先创一流”大讨论活动、“两带两创”、党建结对共建、“QC小组”活动等为载体，带领党员、职工投入到降本增效工作中，其中《研制铝合金三点弯曲试验支座》获“中铝集团第四届QC小组成果发表赛”一等奖，1个项目获得了九龙坡区“科技创新十大专项揭榜挂帅项目”荣誉，这些活动的开展，为中铝特材提质降耗，提量增效起到积极的促进作用。

强化作风保障，通过层层落实党风廉政责任，大力推进反腐倡廉教育，落实巡察问题整改等，筑牢反腐倡廉“心防线”，党员干部和关键岗位人员守住从业底线，全年无违规违纪现象。

坚持“党建带团建，团建促党建”的工作思路，坚持以人为本，丰富职工文体生活，开展“我与父辈比奋斗”演讲比赛、“青春心向党，百年筑芳华”庆祝建团100周年主题征文比赛等活动，以“我为群众办实事”实践活动为抓手，重点开展职工工作餐公开采购、减免困难党员的补缴党费、“送清凉”等活动，切实增强职工群众获得感、幸福感、安全感。

撰稿 / 张　妮

中铝材料应用研究院有限公司

一、基本情况

中铝材料应用研究院有限公司（简称中铝材料院）成立于2017年3月24日，截至2022年底，注册资本2亿元，员工总数（在岗）106人，资产总额1.92亿元，资产负债率32.21%。

主营业务范围：技术推广、技术服务、技术开发、技术咨询、技术转让；技术检测；销售有色金属、金属制品、机械设备、金属材料、非金属材料；出租办公用房；会议服务。办公地址：北京市昌平区北七家镇未来科技城南区中铝科学技术研究院10号楼。

2022年中铝材料院以学习贯彻习近平新时代中国特色社会主义思想和党的二十大精神为统领，加快实施“十四五”发展规划，按照“深融合、强本领、增活力、创实效、筑根基”十五字方针，开展系列卓有成效的工作，超额完成各项任务目标。

二、生产经营

中铝材料院作为中铝集团下属的专业研究院，中铝高端制造的核心研究院，主要业务为科技研发服务，其科研业务主要集中有色金属的先进材料研究及其应用技术研究。2022年，中铝材料院实现收入9772万元，同比增长39.6%，实现利润88万元，实现历史性扭亏为盈。新增检测客户32家，完成检测收入1880万元，其中外部收入同比增长42%。苏州分公司新签外部合同额1377万元，同比增长168%。拓展“材料绑定＋销量提成”合作经营模式，签订多个技术服务协议。

主要经济指标一览表

表64

项目	单位	2021年	2022年	增长（%）
资产总额	亿元	1.89	1.92	1.59
工业产值	亿元	0.55	0.72	30.91
营业收入	亿元	0.93	0.98	5.38
利润总额	亿元	−0.19	0.01	105.26
税收贡献	亿元	0.027	0.028	3.7
全员劳动生产率	万元/人·年	15.83	57.69	264.43

三、安全环保

2022年中铝材料院全面启动安全生产标准化建设，编制发布10余项安全生产核心制度，修订一系列安全技术操作规程，开展安全本质提升专项，搭建标准化体系，重点加强关键区域和岗位人员培训20多场，扎实开展周检查周通报，全方位安全监管体系正在形成。同时，坚持不懈抓好疫情防控，及时优化调整防疫举措，配发口罩、抗原检测、蔬菜包等防疫物资，最大限度守护员工身体健康。

四、科技创新

中铝材料院坚持主动服务国家战略，深化融合赋能，不断强化与高端、与企业融合发展，展现出团队鲜明的首创精神，创新发展步伐更加坚实。科研投入收获好成绩。落地国家及地方纵向项目7项，经费1970万元，同比跃升7.5倍；新签订高端外部横向合同20项，项目经费2745万元；新签订重大专项及高端项目40项，经费9915万元。

科技成果实现新突破。全年开展重点项目56项，完成结题29项、结题率100%；8项技术通过成果评价，其中6项达到国际先进水平、2项达到国内领先水平；申请专利57项，获得授权39项，同比增长30%；获得软件著作权4项；国标和团标立项4项、参研10项国标通过审定，超额完成全年考核目标，专利、论文和标准等成果数量同比大幅跃升，形成8项重大创新成果，40余项技术成果在企业落地见效。民机用铝制备技术取得重大突破，多项国产化关键材料成功批量供货，满足了航空航天需求。系统策划熔铸专项布局，从熔铸技术和铸造铝合金两个方向策划30个研发子项，全方位提升熔铸现场工艺和质量。加速数字化研发平台建设，加大仿真技术与工艺结合，拓展应用场景，打造材料数字化研发新模式。加强与市场终端客户合作，成立航空材料开发联合实验室、汽车用铝联合实验室，通过国军标质量管理体系认证，获批北京市“专精特新”企业等创新平台。

科技人才队伍更加强化。全面推行各领域专业方向带头人机制，确定6个领域、37个细分专业方向。深化科技人才培养使用，21名科技人员新评定为五级研究员，通过各种通道引进10名人才。13人入选集团科技领军人才“钻石计划”培养对象，11人入选集团青年科技人才“明星计划”培养对象，7名科研技术骨干被选派到实体企业挂职锻炼，12名科研和管理人员赴国创院兼职，为科技人才培养开辟新通道。

将科技创新与企业现场有机结合，攻克国家战略需求核心技术问题11项，解决一系列现场关键共性技术、工艺及质量提升等32项难题。开发出9种绿色汽车板新材料，满足主机厂高表面、高强等系列化要求。16种汽车轻量化材料通过宝马、大众、蔚来等10家车企认证，批量供货13家。拓宽轻量化产品应用领域，落地实施汽车轻量化专项规划，推进新能源汽车、船板等轻量化专项工作，带动汽车板产销8万吨。

五、改革发展

高质量完成国企改革三年行动各项任务，重要领域和关键环节改革取得实质性进展和积极成效，激发干部员工的主动性和积极性。

制定2022年深化国企改革重点任务方案，细化形成42项工作要点和台账。推行干部能上能下，新选拔任用中层管理人员5人，不胜任退出1人。强化职业经理人刚性考核兑现，激励薪酬近百万元。建立收入与业绩联动机制，完善薪酬管理办法，实行收入与团队、与个人业绩高度挂钩，激励向干得好、多劳者倾斜，实现以业绩贡献确定个人收入。建立及时激励机制，设置季度优秀员工奖，累计评选出季度优秀员工27名，出台科研项目立项及过程奖励，发放项目奖励金额约300万元。

优化部门职责分工，单设财务部，由科技管理部统揽成果产业化业务，落细苏州分公司属地化管理方案，推动浙江中铝组织机构和人员编制调整，建立适宜科技创新的新型管控架构。制修订10余部科研项目全过程管理制度，研发管理体系日趋完善。

项目获取能力显著提升。深化与高端、与企业融合发展，获得40项集团内部项目的同时，更加主动服务国家战略，进一步将视野向服务国家和地方拓展，接连斩获国家、工业和信息化部、地方政府等纵向项目7项、外部横向20项，外部经费合同额4715万元，并展现出团队鲜明的首创精神，首次牵头申报科工局JPPT项目，首次联合收获工业和信息化部数字化项目，首次成功申报北京市自然科学基金项目，首次独立揭榜南通市科技项目，首次与外籍跨国企业直接合作，首次牵头制定铝箔领域国家标准获批，首次获批国家新材料牌号，打响材料院的口碑，增强其影响力。

六、党建与企业文化

中铝材料院党委坚持把学习贯彻习近平新时代中国特色社会主义思想和党的二十大精神作为首要政治任务，第一时间组织学习，确保政治方向不偏离。成功召开党员大会，选举产生新一届党委、纪委。及时配齐配强基层党支部委员，夯实基层党组织建设。建立党委班子成员基层联系点制度，通过现场调研和专题党课，密切与基层群众联系。设立“两带两创”项目26项，7项获得奖励，其中一等奖2项。发展党员3人，党支部战斗堡垒作用和党员先锋模范作用进一步凸显。

认真落实“两个责任”，聚焦监督执纪问责，加强警示教育和对关键部门、“关键少数”、关键岗位和选人用人等事项日常监督。一体推进“三不”体制机制建设，共立改废制度40项，构建长效机制。针对安全生产、靠企吃企等重点问题，开展专项整治回头看行动，巩固治理成效。积极开展“反腐倡廉宣传教育月”活动，组织纪检干部业务培训，提升廉政意识和能力。对于巡视反馈问题整改，举一反三制定整改方案，在深化落实中实现进一步推动工作。

开展创新创意大赛、合理化建议等活动，6项作品在集团第五届创新创意大赛斩获荣誉，其中获得一等奖一项，在全国青年职业技能大赛斩获铜奖，激发创新创效热情。加强新闻宣传和企业文化建设，在省部级媒体刊登30余篇、《中铝信息》发表43篇。组织青年科技人员讲述老一辈科学家事迹，以弘扬科学家精神来推动党建与科研深度融合，引领科研人员勇担国家创新使命。

撰稿 / 王　卫

中铝河南洛阳铝加工有限公司

一、基本情况

中铝河南洛阳铝加工有限公司（简称洛阳铝加工）成立于2014年4月，截至2022年底，注册资本3.6亿元，员工总数（在岗）613人，资产总额6.92亿元。

主营业务范围：铝及铝合金板、铝板带产品。产品广泛应用于交通运输、包装、电子家电、印刷、建筑装饰等众多领域，远销澳大利亚、意大利、俄罗斯以及巴基斯坦等国。产能规模：设计年产能10万吨高精度铝板带，熔铸生产线年设计产能5万吨。办公地址：河南省洛阳市新安县铁门镇下羊义。

2022年，洛阳铝加工累计完成产量10.55万吨，销量10.55万吨，产销率100%，同比增长1.79%；实现利润2513万元，同比增加39.69%；经营现金流7599万元，同比增加55%；成费比98.34%，同比下降0.32%；资产负债率50.55%，同比下降1.68%。

二、生产经营

全年承接订单10.62万吨，完成年度经营目标的101.1%。主导产品销量6.85万吨，占比64.2%，增幅5.2%；酒盖料、氧化料销量同比分别增长124%、15.9%。平均加工费同比提升863元/吨，增幅21%。通过优化冷轧机台产品互通，打造2000轧机瓶盖料专线，实现2000轧机系列产品由4250吨到4750吨的量的飞跃。以准时化交货率为抓手，统筹原料进厂，排产组织，交货平均周期由69天下降至37天。成品率完成72.13%；全年重点产品比例64.2%，同比提高5.2个百分点。

主要经济指标一览表

表65

项目	单位	2021年	2022年	增长（%）
资产总额	亿元	6.30	6.92	9.84
工业产值	亿元	20.91	23.35	11.67
营业收入	亿元	21.46	23.38	8.94
利润总额	亿元	0.0668	0.25	274.25
税收贡献	亿元	0.18	0.25	38.89
全员劳动生产率	万元/人·年	17.5	23.45	34.00

三、安全环保

2022年，洛阳铝加工举办重要岗位、职业健康安全环保培训班共25次，公司级培训累计600人次，年度累计培训超过3000人次。完成51次应急演练，累计参加人员1300人次。修订职业健康监护和档案管理等11个安全管理制度。完成安全规程的修订和审批工作，共计修订安全规程42个。完成职业健康安全体系和环境保护管理体系审核工作。完成建筑物专项隐患排查、设备安全专项整治、“低、老、坏”排查治理活动、安全生产专项整治三年行动、专项整治“百日清零”活动等专项工作。完成B级企业上报审批；熔铸除尘器的提升改造达到预期效果；年度重点环保项目冷轧机全油回收环保设施验收通过，做到环保项目合法合规。

四、科技创新

2022年，洛阳铝加工大力开展瓶颈问题质量攻关，热轧黑丝、白油印、厚规格板型不良质量损失降低30%，头尾废料降至16%以内，全年工序不合格品完成1.94%。持续开展工艺降本，热轧供坯厚度共减薄2391卷，合计20138吨；冷轧减道次累计优化2846道次，增加产量4780吨，降本119万元；3003中退、5系成品差温退火等产品均热时间减少24小时。开展技术创新项目20项，3C氧化料、5049/5083汽车材料、GM60等高附加值产品取得进展。知识产权工作取得发明专利3项、新型实用6项。累计申报专利59项，获得授权专利43项，其中发明专利10项，实用新型专利33项。

五、改革发展

标准化厂房EPC项目，总投资1300万元，厂房面积1.72万平方米，用于建设物流仓储用房，为绿色可持续高质量发展提供服务与保障。冷轧全油回收项目，总投资620万元，新建一套全油回收系统由4台铝冷轧机共用，项目建成后，原来排放到大气中的大量轧制油雾被回收处理为干净的轧制油，供轧机循环利用。

六、党建与企业文化

在中铝集团党组、中铝高端制造党委正确领导下，洛阳铝加工党委按照党建工作总体部署和要求，以“党建深化提升年”为主题，紧紧围绕中铝高端制造“12481”党建工作总要求部署开展各项工作，推动党建与业务工作深度融合，深入开展“汲取伟力创价值　对标争先创一流”双创活动；深入开展“对标找差距 精深提效率”大讨论，持续深化“两带两创”、党员“双提升”“标准化党支部创建”等活动，为全面完成公司经营目标提供坚强的组织保障。

抓好思想建设，助力党建业务双向融合。严格落实“第一议题”制度，组织理论中心组学习12次，深化领学促学机制，推动及时学、经常学。开展“三大精神谱系”提炼和宣教活动，以建厂20周年为契机，在广大职工中开展“举旗帜、聚民心、育新人、兴文化、展形象”文化建设活动，为公司生产经营目标的完成提供强大的精神力量。开展“喜迎二十大”主题教育活动，开办二十大精神专题学习读书班11个；开展“学习二十大 奋进新征程我要怎么干”专题研讨会。制作党建宣传展板22块，举办通讯员培训班2次，编发工作简报、微周刊49期，微平台发稿789篇，外宣稿件48篇。

充分发挥基层党支部的战斗堡垒作用和党员的先锋模范作用。建成“五有”党支部，充分发挥支部书记、车间主任一肩挑作用，实现党建与生产的深度融合；坚持党员发展“双培养”方针，即把党员培养成骨干，把骨干培养为党员，切实增强党员队伍活力，2022年新发展党员15名。

压实全面从严治党政治责任。层层压实管党治党责任，强化压力传导，持续提升“六位一体”大监督工作质效，累计梳理监督点262个，形成月监督、季通报的联动监督方式。加强对“关键少数”特别是“一把手”和领导班子监督，推动落实党委主体责任、书记第一责任、领导班子成员“一岗双责”，促进政治生态更加风清气正。

持续加强群团工作，发挥群团桥梁纽带作用。全力做好疫情防控期间职工生活保障和思想关爱服务工作，为生产经营平稳运行保驾护航。持续开展岗位明星选树、月度劳动竞赛、技术攻关活动。通过“春送健康”“夏送清凉”“金秋助学”“冬送温暖”及爱心互助、生病探望等“润心工程”活动开展，提高职工的幸福感和归属感。

撰稿 / 王晓艳

重庆国创轻合金研究院有限公司

一、基本情况

重庆国创轻合金研究院有限公司（简称重庆国创院）成立于 2021 年 9 月 18 日，截至 2022 年底，注册资金 1.675 亿元，员工总数（在岗）21 人，资产总额 20734 万元，资产负债率 23.92%。

主营业务范围：新材料技术研发；有色金属合金制造；有色金属合金销售；高性能有色金属及合金材料销售；金属基复合材料和陶瓷基复合材料销售；新型金属功能材料销售；有色金属压延加工；金属废料和碎屑加工处理；电子专用材料销售；有色金属铸造；冶金专用设备制造；模具制造；电子专用材料制造；冶金专用设备销售；电子专用材料研发；工业互联网数据服务；软件开发；软件销售；物联网技术服务；计量技术服务；实验分析仪器制造；技术服务、技术开发、技术咨询、技术交流、技术转让、技术推广；工程技术服务；电池制造；电池销售；通用设备制造；工程和技术研究和试验发展。办公地址：重庆市九龙坡区二郎街道科城路 108 号。

2022 年，重庆国创院围绕“基础建设与科研创新”两大任务，以市级制造业创新中心为起点，以申报国家级制造业创新中心为目标，稳步推进各项科研、建设工作，扎实基础管理，取得阶段性成果。

二、生产经营

基地建设稳步推进。为保质保量完成建设，国创院克服疫情等重大影响因素，抽调设备、工程、招投标等专业人员组成现场进度及质量监督协调小组，积极协调政府、园区及施工各方，全力确保中试基地厂房建设进度和工程质量。2022 年底，中试基地建设各厂房主体施工收尾阶段；科研大楼第一期装修工程完成 21 层楼装修并入住办公，第二期装修工程全面铺开；金属空气电池临时中试线建设成形，建成空气电极研究室、产品开发室、应用研究室、仓库、办公室等空间，累计采购各类实验仪器、设备 30 余台套。

平台建设实施加快。多功能熔铸平台按照重大科研项目建设推进，通过中铝集团总经理专题会批准，成立应用研究、分析检测、先进加工技术等 5 个工作专业组，科研、产业化项目开展与建设施工同步实施，推进相关工作开展。制定熔铸平台建设方案及工作计划，平台主体设备挂网招标；应用研究完成阳极氧化与微弧氧化实验中试线交流及建设方案，明确设备选配及预算；与西南铝、中铝材料院等单位开展多轮次讨论，确定 23 台套首批次分析测试设备采购清单，通过比选签订5台套设备采购合同。重点调研薄板坯连铸、连轧等铝合金短流程制备技术，粉末冶金、液流快冷、熔体冲击、喷射成型等高性能铝合金制备技术，以及电弧增材制造、激光近净成形、激光选区熔覆、金属粉末黏结剂喷射等增材制造技术，为先进加工技术布局打下良好基础。应用技术平台建设方面，结合集团战略客户材料应用性能评价需求，在成形、连接、表面处理方面提出设备增设计划，确定优先建立表面处理中试平台。

三、科技创新

2022年，重庆国创院克服自身硬件不足、疫情等不利影响，全力推进科研项目实施，科研投入527.43万元，科技研发取得重要阶段进展。结合市场需求、自身发展定位与地方产业优势，着力“轻量化铝合金材料”“轻合金循环技术”“高性能低成本铝钪合金”“高性能镁锂合金”“铝空气电池”5个重点技术方向，形成18项科技研发项目，其中重庆市级项目2项，中铝高端重点项目9项，横向项目1项，自主研发项目6项。自主完成1项发明专利申报、5项实用新型专利申报，联合西南铝完成6项发明专利申报，1项实用新型专利；已获发明专利授权1项，实用新型专利6项；获全国有色金属标准化技术委员会技术标准优秀奖二等奖1项。2022年重庆国创院获得政府支持经费650万元，获得其他纵向、横向科研经费165万元。

轻量化铝合金材料及循环技术专项初步探明汽车板回溶成型工艺窗口、均匀化处理对再生6系铝合金性能影响；高性能低成本铝钪合金技术专项完成耐热铝钪合金300℃～400℃的热暴露试验，通过硬度测试，总结成分—工艺—性能规律，为下一步研究工作指明方向；高性能镁锂合金完成实验室条件下以LAZ933合金为基础的系列成分设计和加工工艺试验，经用户测试，样品屈服强度满足指标要求，表现出良好的应用前景，向目标客户提供两批次的试验样品；阳极氧化压铸材料及工艺开发积极协调进口材料采购和工艺实验条件，完成首轮样品试制；铝空气电池完成空气电极工艺优化及寿命改进，模拟工况测试寿命累计超500小时，120瓦电池开发，模拟工况测试寿命累计超300小时，5千瓦电池T2版样机进入测试阶段，可实现设计放电量的86%。

四、改革发展

基础管理取得新成绩。结合国企改革三年行动和贯彻落实中铝高端制造2022年重点改革任务，制定权责清晰的组织架构和管理制度。健全股东会、董事会、监事会及总经理议事规则，落实董事会授权管理办法，基本建成现代化企业管理机制；全面推行管理层任期制和契约化管理，压实主体责任；编制全员绩效指标，以考核为导向，共担责任、共同努力完成目标任务。完成包含公司治理在内40余项制度编制，逐步夯实基础管理。

团队搭建呈现新实力。根据公司发展对人才的迫切需要，重庆国创院多样化选聘人才。以柔性引进方式，引进行业内资深专家3名；通过校园招聘与社会招聘相结合，招聘海内外知名高校博士3名；借调兄弟企业工程建设、设备方面资深专员4名；进一步探索与中铝材料院人才共享机制，首批共挂职11人，初步形成以项目为纽带的人员双跨方案。高层次领军人才持续进入，科技研发队伍不断充实。

五、党建与企业文化

2022年1月，重庆国创院完善党组织建设，选举党支部书记，明确党支部支委职责分工，坚持把党建工作作为一项关键性工作放在心上、抓在手上、落实到行动。印发《党组织前置研究讨论重大经营管理事项清单》《党支部议事规则》《党支部决策事项清单》，将党建工作和业务工作同谋划，共部署，齐推进，充分发挥党支部“红色引擎”作用，提质聚力，助推重庆国创院稳定发展。

2022年，重庆国创院把学习宣传贯彻党的二十大精神作为首要政治任务，严格执行“第一议题”制度，全年共开展15次学习。认真开展“双创”大讨论、“共学共促”活动，通过“三会一课”、党日活动等方式进行全员宣贯，通过现场教学弘扬伟大建党精神，推动学习贯彻党的二十大精神走深走实。

2022年，重庆国创院以新思路、新机制、新手段谋划和推进基层党建工作，以问题、目标、市场为导向，积极开展“两带两创”活动，新立创新创效项目3项。2022年9月，以政企合作、市区联动方式与市经济信息委材料工业处、西彭工业园区管委会、重庆赛宝等单位组建轻合金产业链创新联合体和临时党支部，探索出轻合金产业链政、产、学、研、用、金、服合作新模式。

撰稿／黄　颖

中铝国际工程股份有限公司

一、基本情况

中铝国际工程股份有限公司（简称中铝国际）成立于2003年12月16日，截至2022年底，注册资本29.29亿元，员工总数（在岗）12836人，资产总额473.91亿元，资产负债77.94%。

主营业务范围：对外派遣实施境外工程所需的劳务人员；行业及专项规划；国内工程的勘测、设计、咨询、监理和总承包及设备、材料的销售；承包境外有色金属行业工程和境内国际招标工程；承包上述境外工程的勘测、咨询、设计和监理项目；进出口业务；装备制造；节能环保、新材料产业技术研发及产品生产与销售；物业管理。办公地址：北京市海淀区杏石口路99号C座（北京市海淀区杏石口路立交桥东北角）。

2022年，在中铝集团党组的正确领导下，在集团各部门和各战略单元的全力支持下，中铝国际全体干部员工紧紧围绕年度目标任务，持续深化“科技+国际”发展战略，坚定落实“稳经营、化风险、推转型、强改革”十二字经营方针，坚定打赢6场“战役”的信心和决心，克服国内疫情反复、外部经营形势剧烈震荡以及历史遗留问题等因素的影响，全力组织生产经营，各项指标趋势向好，全面完成年度各项目标任务。

二、市场分析

2022年，中铝国际聚焦主责主业，大力实施“十四五”发展战略，坚持“一主一特一拓”，打好“提质增效、科技创新、深化改革、风险防控、强化管理、转型升级”六场战役，坚持主业做强、市场做大、管理做优、品牌做响，全力践行集团内涵式高质量发展战略。但2022年全球疫情影响仍在持续，海外市场开发、海外工程项目执行及后续商务合作受到较大影响；反观国内市场，随着国家一系列产能、环保政策以及地方上双控政策的落地实施，尽管一些大型增量项目建设放缓，但节能降耗、智能化成为有色行业发展的趋势，出现一些以技术升级改造为主的存量改造项目，中铝国际以敏锐的视角，以自身的技术平台做支撑，及时抓住一些大型改造项目，市场开拓呈现新亮点。

三、生产经营

2022年，中铝国际面对国内外复杂严峻环境的困难和挑战，牢固树立“精益经营、精细管理、精干组织、精准落实”的经营理念，扎实抓好每项工作，在稳经营、风险化解等方面取得明显效果，回归主业加快，改革不断深入。

主要经济指标一览表

表 66

项目	单位	2021 年	2022 年	增长（%）
资产总额	亿元	600.23	473.91	−21.05
工业产值	亿元	0.87	1.36	56.32
营业收入	亿元	238.99	236.97	−0.85
利润总额	亿元	−9.36	2.85	130.45
净利润	亿元	−10.42	2.05	119.67
税收贡献	亿元	7.37	8.31	12.75
全员劳动生产率	万元 / 人 · 年	17.09	27.25	59.45
资产负债率	%	71.93	77.94	增长 6.01 个百分点
净资产收益率	%	−5.36	1.53	增长 6.89 个百分点
总资产报酬率	%	−0.38	1.45	增长 1.83 个百分点
研发投入强度	%	3.65	3.92	增长 0.27 个百分点

四、安全环保

2022 年，中铝国际以安全生产专项整治三年行动、中央环保督察整改及质量品牌提升工作为抓手，以“基层、基础、基本技能”建设为着力点，采取一系列的安全环保质量举措，有效保障公司安全生产及环保质量状况平稳良好。一是强化安全环保质量责任落实，逐级签订安全环保质量目标责任书及全员“一岗双责”清单，利用葡萄图考核、领导进班组等活动，逐级压实安全环保质量责任；二是强化风险防控及隐患排查，聚焦重点领域、重点专业、重点项目，以专项督查、巡视巡察、交叉检查等方式，不断加强安全环保质量隐患专项整治；三是加强安全环保质量人才队伍建设，克服疫情影响，创新培训形式，开展管理人员素质能力提升、卓越绩效及内审员培训等，不断提升管理人员业务素质及业务能力；四是全面推进并有效落实集团职业健康安全生产标准化体系、生态环境保护精准管理体系与 QHSE 体系的深度融合，有效提高公司安全环保质量管理的科学化、系统化及规范化水平。

五、科技创新

2022 年，中铝国际积极实施科技引领战略，夯实基础，依托科研与工程一体化的创新优势，提升科技创新的引领作用，进一步强化企业竞争力，为公司转型发展提供新动能。

科技创新平台增加。2022 年，中铝国际国家级创新平台实现重大突破，长沙院成为 2022 年全国唯一获得“国家技术创新示范企业”的设计研究单位；沈阳院、长沙院和昆勘院获得国家企业技术中心认定，沈阳院、昆勘院获批设立国家级博士后科研工作站，科技创新平台支撑能力稳步增强。公司已拥有国家级创新平台 13 个，省级创新平台 25 个，其中省级重点实验室 1 个。

重大科技成果获取。中铝国际取得一批具有行业影响力的重大科技成果。有 15 项成果通过行业协会等组织的技术成果评价，均达到国际先进以上水平，其中 10 项达到国际领先水平；累计获得省部级科技奖 22 项，其中一等奖 9 项，荣获第二十三届中国专利奖优秀奖 1 项，连续 5 届荣获中国专利奖。全年共计申请专利 381 件，其中发明占比超过 46%；新获国内外授权专利超过 340 件；新立项各类技术标准 16 项；新获得部级施工工法超过 40 项。积极参与国家科技项目，新获批立项“复杂锑金多金属矿产资源绿色选冶关键技术研究”等国家重点研发计划项目 3 个，以及十余项其他政府重大专项。“固废高值化生态化梯级集成利用技术”入选自然资源部《矿产资源节约和综合利用先进适用技术目录》；凭借扎实的科技创新能力和掌握的核心技术成果获得外部支持资金和实现收入累计超过 17 亿元。

六、改革发展

“两金”规模得到遏制。根据“存量抓清收，增量抓管控，从源头抓起，全过程管理”的工作原则，持续开展“两金”压控专项行动，将“两金”压降纳入各成员企业领导班子年度薪酬考核。通过重点管控应收账款，加快合同资产结算周期，加强系统内项目的结算和收款，强化过程监控和跟踪督导落实等一系列举措，2022 年实现累计收款 281 亿元，高出当期营业收入 43 亿元，同比增加 5.35 亿元，应收账款较年初降幅 3%，重大风险项目取得阶段性进展。

资本运作持续创效。2022 年中铝国际积极盘活存量资产，提升资产收益，通过不动产盘活全年产生收入 2.67 亿元，收益 1.07 亿元，其中贵阳院通过转让盘活神舟大厦闲置资产实现收益 0.48 亿元；完成 9 户“两非”企业的剥离、5 户低效参股股权退出，有效止住出血点。

融资结构更加合理。2022 年中铝国际克服前两年业绩不利、境内评级被下调影响，积极利用金融政策和货币市场环境，持续进行融资结构的调整和置换，增加长期融资的占比，稳定公司融资结构，长期融资占比从 68% 提升到 76%（剔除弥玉影响），综合融资成本从年初的 4.26% 下降到 4.15%；并进一步加强公司整体的资金调控管理，压降融资规模，通过规模和利率的双降，全年利息费用同比降低 0.5 亿元。

2022 年积极推进中铝国际全级次单位加入中铝集团资管中心，实现对分子公司银行账户、资金支付、资金集中和融资的统一管理，在中铝国际本部建立资金池，实现对资金的归集和集中，加强对分子公司资金的管控力度，降低资金风险。

七、党建与企业文化

强化政治引领，转型升级动能十足。深入贯彻党的二十大精神，扎实开展习近平总书记重要指示批示精神“再学习、再落实、再提升”工作，开展“喜迎二十大，踔厉奋发、勇立新功”等“三大”主题活动，“贯彻党的二十大精神，提能力、增动力、强活力”主题大讨论、“踏着总书记的成长足迹”主题读书会等活动；扎实做好防范化解党的建设领域风险隐患工作，排查解决不稳定线索，确保党的二十大期间安全稳定。

强化组织引领，高质量发展的基石稳固。坚持融入中心抓党建，服从大局抓发展，在增强政治功能、强化班子建设、提升发展能力上狠下功夫，为转型升级提供坚强组织保障。认真履行“把方向、管大局、保落实”责任，修订党委前置审议事项清单。组织落实集团大监督工作组制定的各项工作措施，开展中心组学习质量提升专项行动，落实“第一议题”制度。

强化责任落实，党建工作基础扎实。扎实推进大党建品牌培育，召开党群工作例会，及时部署落实党建工作要求。把“两带两创”“党员攻关”工作与公司生产经营的重点任务结合，把先进性作用落实到攻坚克难工作中，确保创建成效。建立“为群众办实事”长效机制，全年立项 342 项、办结 252 项，职工群众对办实事满意度达到 95% 以上。强化党建带团建，建立青马工程人才库，坚持“党建带统战、统战促党建”，开展“共绘同心圆、聚力献礼二十大”主题活动，鼓励党外知识分子建言献策。

强化宣传思想建设，大宣传成效初显。开展有力的思想政治工作，以形势任务教育为抓手，宣贯“科技 + 国际”、经营工作“四个一”导向等经营理念，开展党组织共建和“共学共促”活动。加大宣传力度，着力加强与国家级媒体、行业主流媒体的深入联系，对外树形象、对内聚人心。公司荣获“2022 年上市公司董办优秀实践奖”、首届“ESG 金牛奖”等奖项。《科技日报》《工人日报》等国家级主流媒体宣传公司改革发展的相关成绩。

强化纪律作风建设，真抓实干的氛围浓厚。公司党委认真履行从严治党主体责任。公司纪委主动监督，突出重点，成效明显。强化合规管理，着眼规范权力运行，梳理生效制度 223 个。持续推进“大监督”工作体系和机制，每个季度召开大监督委员会，实现关口前移、防线前置、主动防御，推动监督融入公司治理体系。

撰稿 / 张　帆

沈阳铝镁设计研究院有限公司

一、基本情况

沈阳铝镁设计研究院有限公司（简称沈阳院）成立于 1951 年 3 月，截至 2022 年底，注册资本 4.91 亿元，员工总数（在岗）588 人，资产总额 27.32 亿元，资产负债率 75.01%。

主营业务范围：有色金属及非金属矿山采选，轻金属冶炼；有色冶金、建筑工程、冶金、市政公用、化工、电力，建材工程勘察设计、咨询、监理、工程承包及设备、材料的销售；环境评价；火灾自动报警、自动灭火工程设计；计算机软硬件及成套设备、非标设备，环保、供配电、工业自动化系统及建筑智能系统技术的开发及销售；技术咨询。服务技术转让及调试，国外和国内外资工程的勘测。咨询、设计和监理项目，承包境外工程和境内国际招标工程及所需的设备材料出口；货物或技术的进出口。中文核心科技期刊《轻金属》出版、发行。办公地址：沈阳市和平区和平北大街 184 号。

2022 年，沈阳院深入贯彻落实中铝集团、中铝国际工作会议精神，围绕年度目标，全体干部员工统一思想、坚定信心、鼓足干劲，持续强化“科技＋国际”发展战略，构建专业化、差异化的市场竞争优势，奋力实现稳中向好的局面，在逆境中保持平稳较快发展。

二、生产经营

2022 年，沈阳院新签合同额 12.13 亿元，完成营业收入 14.74 亿元，实现净利润 6568.04 万元，法人企业资产负债率均低于 70%。整体收入较去年接近翻番，净利润同比增长 0.61 亿元，成费比 95.54%，经营性净现金流 19157.07 万元，毛利率大幅提升至 9.62%，发展质量明显提升。

有色业务持续巩固。沈阳院推动区域业务下沉，成立西北、西南和新疆三个区域营销中心，助力区域企业高效增长。通过创新市场开发模式和设计合同签订方式，签订内蒙古霍煤鸿骏、广西华磊、青铜峡等一揽子设计服务合同。一企一策提供节能降耗技术包，先后签订遵义铝业、连铝、文山等节能技改项目。发挥碳素专业技术优势，签订索通陇西、山东创新、济南万瑞等设计和咨询合同。其中，新疆碳基新材料年产 5 万吨电极项目，填补沈阳院 10 余年来在电极施工图设计市场的空白。2022 年，沈阳院累计签订各类设计合同 3.26 亿元，较 2021 年同期增长 151%。

国际业务逆势攀升。克服疫情的不利影响，签署印尼华友及印尼力勤电解铝项目设计合同，合同额近5000万元人民币。成功签署印尼氧化铝项目氢氧化铝焙烧炉合同，合同金额2958万元。意大利维斯梅电解项目实现重启，签订增补协议2300万美元，并在此基础上与业主就阳极厂改造签订合作框架协议。攻关俄罗斯和北美市场，中标俄铝火焰控制系统合同；首次实现将石墨化炉技术输出美国本土市场，签订美国ANOVION公司20000吨/年石墨化车间项目技术咨询合同。同长沙院合作，签署西藏珠峰阿根廷项目美标设计合同；同中信保、水电六局以及国际知名咨询公司合作，获取多个有价值海外项目信息。

节能环保业务发展强劲。下属企业博宇科技公司厚植"低碳节能"技术储备，在铝行业节能环保领域强势发展，与广西银海、广西华磊、云南文山等企业签订多项低碳节能技术产业化应用项目；与青铜峡、恒源石化等企业签订多项铝电解烟气净化、碳素煅烧和焙烧烟气净化及脱硫系统升级改造项目。2022年，博宇科技公司签订各类节能环保合同6.13亿元，创历史新高，工作成果在中铝集团工作会上作了书面交流。

转型业务收获颇丰。沈阳院积极捕捉负极材料行业市场需求，凭借石墨化炉的非标设备设计和负极材料一体化工艺技术，先后签订辽宁中宏、云南贝特瑞、云南杉杉等10余项咨询和设计合同，累计合同额近4000万元。尤其是云南贝特瑞、云南杉杉等石墨负极项目的正式签约，标志着沈阳院在负极行业的技术与品牌得到业内头部企业的认可。

主要经济指标一览表

表67

项目	单位	2021年	2022年	增长（%）
资产总额	亿元	27.83	27.32	−1.83
工业产值	亿元	0.07	2.27	3142.86
营业收入	亿元	8.25	14.74	78.64
利润总额	亿元	−0.07	0.69	1085.71
税收贡献	亿元	0.26	0.22	−15.38
全员劳动生产率	万元/人·年	123.31	241.26	95.65

三、安全环保

沈阳院全面完善各层级职业健康安全责任制，并强化落实，进一步规范开展安全环保"一岗双责"清单的制定工作，做实履职考核；全面推广葡萄图等安全管理工具，坚持在项目一线推行"安全卫士""隐患举报"等活动；认真组织开展三大规程的修订工作，各级领导带头与作业班组人员学习岗位"三大规程"；严格执行中铝集团《安全底线标准》对重点区域、重点部位、重点设备等全面实施安全防护；践行绿色施工理念，聚焦施工现场扬尘、噪声、污水排放、建筑垃圾等主要环保问题，按照施工现场"六个100%"目标进行管控；"碳素阳极焙烧烟气深度净化与废物循环利用技术"获得中国有色金属工业协会科技进步二等奖。

四、科技创新

科创体系持续完善。沈阳院召开2022年科技创新大会，总结科技创新成就，发布"十四五"期间重点研发课题。制定实施《研发人员岗位序列设置方案》，4 个团队 22 人进入研发中心开展专职科研工作。同中煤科工沈阳研究院签订战略合作协议，在开发、推广铝镁及其他有色金属智能装备方面开展合作。获批设立国家级企业博士后工作站，16 人入选中铝集团“钻石计划”和“明星计划”。

科研项目实现突破。沈阳院持续加大科研投入，2022 年研发费用达 7241.32 万元，研发强度达到 4.91%。铝电解节能技术集成工业试验项目在 5 家铝厂投产运行，吨铝直流电耗平均值达到 12248 千瓦·时。数字化节能电解槽项目理论研究及工程设计方案基本完成，开展工业试验建设。“氧化铝 HCC 沉降技术及装备开发”项目完成静态实验和数值模拟工作。“氧化铝沉降过程智能控制技术开发”项目完成研发工作，实现预期目标。电解系列短路口自诊断智能快切技术实现应用，填补国内外相关技术的空白。

科研能力获得肯定。沈阳院“超大型绿色节能铝电解成套技术”等 3 项科技成果分别荣获中铝国际首届科技创新大会杰出成果奖、重大科技成果一等奖、三等奖；3 项科技成果经评价达到国际领先水平；获得授权专利 17 件，其中发明专利 9 件，获得软著 9 项；获得中铝集团 2022 年科技奖励金 120.15 万元，占集团总体奖励计划近 10%。组织申报 2022 年国家企业技术中心，并通过认定公示。

数智化转型稳中提质。沈阳院明确数字化设计、数字化交付、数字化建造和智能化运维一体化建设思路，制定数智化转型规划和实施计划。代表中铝集团参加沈阳全球工业互联网大会并作交流报告。加快数字化平台建设，投入资金开展硬件、软件服务平台升级，搭建完成平台主体架构。打通数字化工作技术路径，实景建模技术应用取得突破，具备铝工业数字化交付能力，并可提供全套解决方案。

五、改革发展

绘就“十四五”发展蓝图。经中铝国际批准，沈阳院“十四五”发展规划正式发布。规划明确“建设成为拥有核心技术的有色轻金属国际工程公司”的发展愿景，深化确立“科技 + 国际”的发展战略，系统阐述“一主一特一拓”的业务发展方向，制定坚持党的领导、提升改革实效等 6 方面保障措施。

厘清业务单元职责权利。为充分调动业务单元创效的主观能动性，出台《业务单元主要经营指标月度考核办法》等文件，以模拟法人形式对 8 个业务单元进行精准考核，以考核结果对管理团队进行奖励兑现。业务单元工作积极性、成本意识明显提升，业务质量显著提高。成立工日（产值）分配领导小组，不断优化生产任务管理分配办法，持续调动设计人员工作积极性。

做实管理提升活动。建立沈阳院对标工作体系和对标追标事项清单，以推动综合治理专项工作为抓手，进一步强化基础管理和能力建设。制定《三年降本工作方案 2.0》，编制《三年降本一级指标跟踪表》，对关键指标按月分解，实时分析。项目管理体系建设提速推进，发布项目投标系统文件规定、项目管理作业程序文件和工程总承包项目激励方案。

六、党建与企业文化

深学笃用党的二十大精神。组织全体员工收看党的二十大开幕会，邀请辽宁省委党校教授为全体党员干部宣讲二十大报告精神内涵，深入开展学习贯彻党的二十大精神的“八个一”系列活动。开展“汲取伟力创价值 对标争先创一流”大讨论，推动党史学习教育常态化、长效化。抓实基层组织建设，完成沈阳院团委和17个基层党支部换届选举工作，标准化党支部建设达到100%。

作风建设风清气正。严格履行党风廉政建设主体责任，开展党风廉政建设约谈近500人次。全面构建“大监督”体系，聚焦69项重点监督任务，开展专项监督检查20余次。深化整治形式主义、官僚主义，严格执行中央八项规定精神，纠“四风”树新风。联动落实巡视“回头看”和“两金”专项巡察以及内部巡察等问题整改工作。

群团共建融合发展。围绕中心工作组织开展“标杆班组”创建、“金点子 银点子”、专业设计技能竞赛等活动。关心关爱员工，完善《职工帮扶救助实施办法》，发放防疫口罩近10万个，开展各类慰问697人次，送去慰问金及慰问品17.6万元，提高职工餐费补助标准，提升单身职工宿舍环境。积极参政议政，2人当选辽宁省人大代表和政协委员。尹德明获辽宁省劳动模范荣誉称号，宋海琛获沈阳市五一劳动奖章。

撰稿／韩齐卓　杨紫桂

贵阳铝镁设计研究院有限公司

一、基本情况

贵阳铝镁设计研究院有限公司（简称贵阳院），成立于1958年，在岗员工612人，截至2022年底，注册资本7.53亿元，资产总额29.34亿元，资产负债率75.78%。

主营业务范围：工程设计、工程咨询、工程监理、智能制造、装备制造、PLC控制、工程总承包、全过程工程咨询等，拥有有色冶金、建筑工程、工程监理、工程承包等甲级资质。办公地址：贵州省贵阳市观山湖区金朱西路2号。

二、生产经营

海外市场多点开花。国际开发不受疫情影响，签订哈铝增槽扩产、印度JSG铸造铝加工设计和指导服务、印尼华青供货、洛钼集团印尼电解铝等合同；签订加拿大力拓加铝AP60电解铝扩建预可研和PC合同，首次打入北美高端市场，深化与力拓集团的合作。整合资源协同兄弟企业开拓国际市场，做到中铝国际利益最大化。

国内主营业务成色十足。牢固树立为业主创造价值的理念，深耕传统设计市场，签订广投北海绿色生态铝一期、双元铝业新兴铝合金产业项目设计合同；依靠技术引领，签订中铝青海分公司、云铝源鑫、索通发展嘉峪关等全石墨化阴极项目合同；持续优化广西华昇氧化铝二期，跟踪印尼、几内亚氧化铝项目，承揽所有的临海氧化铝项目。认真落实“能耗双控”政策，创新商业模式，自适应深度节能电解槽技术同台竞技击败对手，与吉利百矿签订优化设计节能铝电解槽一揽子合同，合同额共计1.5亿元；并成功推广至魏桥集团、神火股份、四川其亚、内蒙古大唐国际、黄河鑫业等非传统客户。抓住海绵钛市场回暖，成功签订攀钢3.5万吨海绵钛扩产合同，行业地位进一步巩固。

新能源新材料业务高歌猛进。继续强化碳素全领域设计优势，保持行业领先地位，不断创新迭代石墨化炉工艺关键核心技术，引领负极材料技术发展，签订宝航新能源、宝丰能源、海螺创业等新能源负极材料项目，合同额高达1.8亿元。

主要经济指标一览表

表68

项目	单位	2021年	2022年	增长（%）
资产总额	亿元	33.64	29.34	−12.78
工业产值	亿元	—	—	—
营业收入	亿元	4.05	8.63	113.09
利润总额	亿元	−1.56	1.00	164.10
税收贡献	亿元	0.32	0.54	68.75
全员劳动生产率	万元/人·年	13.10	55.69	325.11

三、安全环保

2022年，坚决贯彻集团《安全生产标准化管理体系》和《环境保护精准管理体系》，及时修订完善“一体化管理体系考评细则”；顺利通过线上ISO外审，连续四年以零不合格项通过第三方外审。有序推动《承包商安全管理标准化体系规范》宣贯培训，加强对承包商的管理。众志成城，守望相助，打赢疫情防控的硬仗。全年未发生安全环保责任事件。

四、科技创新

2022年，申报专利49件，其中发明专利31件，实用新型专利18件，获授权专利23件。编制国家标准4项，其中主编2项、参编2项，编制团体标准4项。

依托“3+3+N”技术创新平台，加大科技投入，攻关前瞻性技术。两项科技成果通过有色金属行业协会鉴定，“铝电解烟气高效减排、节能低耗净化技术系统节能降耗及脱氟净化工艺及装备”，“阳极导杆组修复全流程自动化关键技术及成套装备”整体居于国际领先水平。通过国家知识产权局2022年度“国家知识产权示范企业”复审再认定，获得“贵阳贵安科技成果转移转化试点单位”认定。

中铝首席工程师颜非亚被评为有色金属行业工程勘察设计大师，新增战略单元骨干人才2人、企业骨干人才5人、专业骨干人才8人；3人入选集团科技领军人才“钻石计划”，7人入选集团优秀青年科技人才“明星计划”；1人入选中国有色金属学会第四届杰出工程师计划，1人入选第四届杰出工程师青年计划。

“云南神火90万吨绿色水电铝材一体化”项目获优秀工程设计一等奖和国家优质工程金奖。“阳极炭块仓储与转运无人化关键技术研究及应用项目”“绿色智能碳电极清理系统的研发及应用”获2022年中国有色金属工业科学技术奖一等奖。自适应深度节能电解槽技术应用在多个企业，综合深度节能内衬优化技术、智能炉膛调节技术、低电阻节能钢爪多项核心技术，使电解槽直流电耗低于12500千瓦·时/吨铝，从投资到运营综合成本最低。氧化铝超低能耗输送及供配料系统，助力企业实现节能降碳。车底式焙烧炉打破国外垄断，成为特种碳素装备国产化的成功典范。科技成果转化产生直接经济效益20235万元，获批研发经费951万元，获得各类配套资金1108万元。

五、改革发展

历史问题逐个销号。从“4+3+2”降至“2+1”。2022年末“两金”原值余额为19.8亿元，较年初23.4亿元压降3.6亿元。神舟智造大厦5～7层销售回款2350.8万元，华仁项目仲裁胜诉清收欠款3.43亿元，清收逾期应收账款1.4亿元，青投清收3978.75万元。神舟裙楼签订3年租赁合同，民成华尔街招租3413.77平方米，出租率32%。全方位推进价值创造，银行授信19亿元，为业务发展提供了资金保障。持续压降融资规模，从2017年的最高16亿元压降至2022年底的3.49亿元。优化贷款利率、使用供应链金融减少现金流出，利息支出较2021年减少1733万元。坚决压减无效用工，不断优化人力资源结构，优化用工减员46人，其中劳务派遣3人。

六、党建与企业文化

贵阳院党委制定《学习宣贯党的二十大精神

工作方案》，坚持领导干部引领学、线上线下全覆盖学、知行合一学以致用；组织290余名党员参加省“学习党的二十大精神”线上答题、参加中铝党校网络专题学习。聚焦“八个一”，班子成员深入联系点党支部讲授专题党课、特邀市委党校专家专题讲座、在省委党校举办学习二十大精神干部培训班。

突出党建引领，党建工作质量得到新提升。做实“两带两创”，党建与业务双融合作用更加明显。开展“汲取伟力创价值，对标争先创一流”党员公开承诺，亮身份、赛成绩；各党支部围绕降碳减排、极限压降“两金”、拓展新能源市场、对标提升管理效能等，申报“两带两创”项目26项，共产党员攻关项目3项，成果转化达7000万元。开展结对共建，党建与业务双融合方式更加丰富。贵阳院党委分别与遵义铝业、六冶党委开展结对共建，在党建、生产经营、项目建设、技术成果高效转化方面互促互帮，达到“党建引领、凝聚共识、推动发展”的目标，同时带动4个党支部与对方党支部结对共建，形成“1+N”共建模式。开展“双创”大讨论，紧盯目标让成果落地。活动中梳理和发现问题70余条，收集工作建议69条，形成工作成果50项，其中“青海西部水电铝基合金大板锭项目”经过努力，最后一笔款项收回近2000万元，为长达10年的青投奖励款维权画上圆满的句号。围绕重点工程项目、市场拓展、科技创新等专项工作比学赶超，对标进位，竞赛期间累计加班4200人次，“内蒙古星球车底炉项目”等一批活动项目在竞赛中为提升业绩发挥作用。

强化党管人才，干部人才队伍建设呈现新气象。坚持“对党忠诚、勇于创新、治企有方、兴企有为、清正廉洁”的标准，加强干部队伍建设。逐步完善干部培养选拔，做好30岁以下优秀年轻干部使用规划，形成年轻干部成长的良性循环机制。制定“十四五”人力资源规划，进一步加强科技人才队伍建设，加大青年科技人才和青年技术骨干培养力度。

坚持“严”的基调，党风廉政建设得到新加强。党委认真履行主体责任，及时跟进学习十九届中央纪委六次全会精神和在二十大会议上的工作报告，专题研究党风廉政和反腐败工作，明确工作要点。制定《“不敢腐、不能腐、不想腐”一体推进方案》，充分利用“大监督”平台，将“两金”压降、法律诉讼等日常监督融入大监督重点关注事项。开展巡察“回头看”及专项工作巡察，修订党委前置研究讨论重大经营管理事项清单，厘清决策界限。切实开展党建考核反馈、“两金”巡察、巡视“回头看”和专项巡视整改工作，“四改联动”取得成效。

抓重视群团建设，思想宣传工作激发新动能。落实“我为群众办实事”机制，年初职代会3件大会提案，8件转办事项如期办理，下半年征集的“我为群众办实事”事项11项全部完成。工会落实生育、退休、住院慰问金补助，办理职工互助医疗保险，购买发放3.6万元药品、防护品。大力倡导铝镁精神，罗振勇等5人荣获第二届贵州省“最美劳动者”称号，黄若愚团队作为贵州三个项目之一在全国大国工匠创新交流会展示。团委开展“喜迎二十大、永远跟党走、奋进新征程”主题教育实践活动，举办“喜迎建团百年，共忆铝镁芳华”共青团记忆照片展，组织青年参加新媒体技能比武、创新创意大赛、三维建模和项目管理等各类职业技能比赛。

打造品牌形象，企业文化建设展现新活力。编制《企业文化建设“十四五”规划》，总结提炼

“贯彻一个统一、强化两条主线、围绕三个重点、打造四个标杆、弘扬五种精神、建强六个专项、推进七项工程”的建设框架，形成“十四五”企业文化建设体系，努力打造贵阳院品牌形象。开展“崇尚先进、学习先进、争当先进”活动选树典型，推送“铝镁相框”先进事迹，组织“我身边的先进”典型事迹诵读会；在《人民日报》《科技日报》《中国有色金属报》等宣传报道20余篇。为党建扶贫点修复饮水设施、完善卫生室等支持乡村振兴工作。

撰稿 / 方东斌

长沙有色冶金设计研究院有限公司

一、基本情况

长沙有色冶金设计研究院有限公司（简称长沙院）成立于 1991 年 11 月 18 日，截至 2022 年底，注册资本7.25亿元，员工总数（在岗)965人，资产总额 25.89 亿元，资产负债率 57.32%。

主营业务范围：冶金行业、煤炭行业、建筑行业、市政行业、机械行业、商物粮行业、建材行业、电力行业、化工石化医药行业、环境工程资质范围内的咨询、设计及工程总承包；上述工程项目的科学研究及设备、材料的销售；岩土工程、工程测量、固体矿产勘查资质范围内的工程勘察；城乡规划编制、建设项目环境影响评价、工程造价咨询；压力容器设计、压力管道设计；承担资质范围内的国（境）外工程的勘察、咨询、设计和监理项目及上述工程项目所需的设备、材料出口；承包与其实力、规模、业绩相适应的国外工程项目，对外派遣实施上述境外工程所需的劳务人员；自有房屋租赁。办公地址：湖南省长沙市雨花区木莲东路 299 号。

2022 年，长沙院以习近平新时代中国特色社会主义思想为指导，深入贯彻落实党的十九大、十九届历次全会、二十大精神，落实中铝集团、中铝国际工作会议精神，坚持改革创新、稳中求进的总基调，聚焦“十四五”规划，全力以赴开拓市场，凝心聚力改革创新，经营业绩再创新高科技创新捷报频传，“科改”成效逐步凸显，风险防控取得实效，党建优势更加彰显。

二、生产经营

2022 年，长沙院积极应对疫情与经济形势，全力以赴开拓市场，齐心协力攻坚克难，在逆境中保持设计咨询业务的常青状态，设计咨询全年营业收入 3.26 亿元，同比增长 23.36%；想方设法冲破海外疫情屏障，顺利拿下多个海外项目。

主要经济指标一览表

表 69

项目	单位	2021 年	2022 年	增长（%）
资产总额	亿元	25.3	25.89	2.33
工业产值	亿元	4.04	4.65	15.1
营业收入	亿元	15.49	14.8	−4.45
利润总额	亿元	0.71	1.06	49.3
税收贡献	亿元	0.37	0.41	10.81
全员劳动生产率	万元 / 人 · 年	36.62	46.12	25.94

三、安全环保

按照年初发布的安全消防环保重点工作实施方

案要求，以安全生产专项整治三年行动提升年活动为契机，坚持以安全管理文化为引领、以人为本、以责任制为核心、以风险管理和隐患排查治理为基础，建立健全安全消防环保管理体系，全员参与，全面统筹生产经营与疫情防控、安全生产和环境保护。积极应对、防控新冠疫情，护航员工健康与生产经营；提高站位，促进安全环保观念转变与技能提升；压实责任，强化安全环保绩效考核；融合相关体系，提升职业健康安全环保标准；固化有效机制，全面落实安全风险分级管控；上下协力，积极开展安全环保隐患排查治理；强化自主安全管理，积极推广应用安全管理工具；着力重点，扎实开展各安全环保专项活动；推动节能减排与绿色低碳，环境保护硕果累累，编签二级单位年度质量、健康、安全环保责任书 39 份，三标管理目标 29 份，全员安全消防环保责任清单 1400 多份，组织召开公司级安委会会议 4 次，积极组织开展安全生产月、质量活动月等 10 多个专项活动，组织开展公司级安全环保隐患排查治理共 19 次、查出并全部治理安全环保隐患问题 104 个。

四、科技创新

2022 年，长沙院投入研发费用 1.14 亿元，研发投入强度 7.72%。获批国家企业技术中心，获评国家技术创新示范企业。多人荣获湖南省政府特殊津贴专家、中国有色金属学会杰出工程师、湖南省企业创新达人等省部级荣誉，9 人入选中铝集团“钻石计划”“明星计划”。成功立项“十四五”国家重点研发计划项目 3 项，省级重大科技专项与重点领域研发计划项目 2 项；成功签约中色集团“揭榜挂帅”重大科技攻关项目；“铅锑银多金属绿色提取关键技术及应用”获广西科技进步奖一等奖。授权发明专利 52 件，其中发明专利 26 件；发明专利“剥锌生产线的集中式控制系统和控制方法”荣获第二届工程建设行业高推广价值专利大赛一等专利奖。“固废高值化生态化梯级集成利用技术”入选自然资源部《矿产资源节约和综合利用先进适用技术目录》，技术成果在山东黄金、紫金矿业等大型矿业公司成功推广应用，建立固废资源化综合利用示范基地。

五、改革发展

完善公司治理机制。修订《公司章程》；制定《党委、董事会、经理层等治理主体研究讨论决策重大事项清单及议事规则》，以及《董事会授权管理办法、董事会运行评价办法》、《外部董事管理办法》等 15 项制度；6 家子企业建立健全公司治理相关制度 24 项；逐步规范董事会运行，逐步提升公司治理水平。

调整组织机构设置。优化组织结构，成立国际业务部，将原经营部与工程管理部合并为生产经营部，重组建筑规划设计院，凝聚发展合力。

优化干部队伍结构。对矿山事业部副部长等岗位开展公开竞聘，选聘出 14 名优秀经营管理人才，其中 40 岁及以下干部占比达 71%。80 年代及以后干部人数占比由 29% 提高至 45%，实现干部队伍老中青合理的梯次搭配。积极创新人才引进模式，面向社会公开招聘施审公司总经理一职，进一步拓宽了选人用人视野、提高了选人用人的市场化程度。

实行工资总额备案制。把握中铝集团改革试点契机，用好用足国企改革相关激励政策包，成功获得工资总额预算备案制试点机会。

六、党建与企业文化

2022年，长沙院以习近平新时代中国特色社会主义思想为指导，深入学习宣贯党的十九大和十九届历次全会精神，以迎接学习宣传贯彻党的二十大精神为主线，认真落实中央、中铝集团党组和中铝国际党委决策部署，创建完善党建工作价值体系，全面落实管党治党责任，不断深化党建与业务工作“双向融合”，党建工作质量显著提升，取得实效。

全面落实管党治党责任，不断深化“大监督”体系构建，抓实抓细政治监督、专项监督和日常监督。严肃执纪问责，一体推进“三不腐”体制机制建设，持之以恒落实中央八项规定精神，持续强化干部队伍作风建设，深入开展警示教育、廉洁从业教育，不断营造风清气正良好氛围。

紧密结合中心工作，积极创新群团工作。召开职工代表大会，听取和审议工作报告，收集职工代表意见和建议，随时监督、认真落实。坚持开展“我为群众办实事”活动，解决职工急难愁盼问题。扎实开展“喜迎二十大、永远跟党走、奋进新征程”主题教育实践活动，推进庆祝建团100周年系列活动，在抓实岗位建功、深化志愿服务、开展“青字号”品牌活动等工作基础上，落实青年精神素养提升工程，促进青年成长发展，激发青年立足岗位、对标争先的活力和动力。

大力弘扬“励精图治、创新求强”企业精神，开展“我身边的中铝湘军精神”先进典型事迹宣讲活动。持续打造“中铝湘军”“有色先锋”等特色宣传栏目，不断强化企业文化的对内感召力和对外影响力。通过宣传平台和多媒体终端，以音视图文等多种形式持续宣传长沙院项目、技术、人才，特别是优秀个人与团体先进事迹和奋斗经历。

乡村振兴工作队入驻邵阳隆回县荷香桥镇天马山村开展驻村帮扶工作，在村产业路建设、村级道路维修、村民安全饮水、各院落道路硬化、水渠修建维修、山塘清淤维修等基础设施项目上取得重要成绩。

撰稿 / 尹　恒

中色科技股份有限公司

一、基本情况

中色科技股份有限公司（简称中色科技）成立于2002年1月，截至2022年底，注册资本16415万元，员工总数（在岗）913人，资产总额21.95亿元，资产负债率72.71%。

主营业务范围：有色金属加工行业规划、工程咨询设计、装备研制、科研及科研成果产业化、工程总承包等。办公地址：河南省洛阳市涧西区西苑路1号。

2022年，中色科技坚持以习近平新时代中国特色社会主义思想为指导，深入学习党的十九大、二十大精神，坚决贯彻集团党组和战略单元党委战略部署，矢志不移，凝心聚力，攻坚克难，打赢改革扭亏歼灭战，全年新签合同14.49亿元，实现营业收入9.69亿元，净利润1622万元。

二、生产经营

2022年，中色科技完成高阶段设计372项，施工图设计671项，装备设计23台套，制造137台套，安装调试30台套，验收130台套。持续深化项目“两制”管理，加大重大项目的考核力度。开展成本五化管理，完成项目成本地图还原56项，公司整体毛利率9.39%，较年初提高4.37%。蒙泰熔铸线项目顺利进入竣工验收阶段，河南长葛、陕西榆林、云南祥云等设计项目按计划稳步推进，中孚项目4#冷轧机按期交付试生产，国潮1850毫米热连轧和冷连轧项目完成设计进入制造阶段，海南三沙“中华之门”项目建设圆满收官，打造出中铝集团在祖国南海的企业形象。

主要经济指标一览表

表70

项目	单位	2021年	2022年	增长（%）
资产总额	亿元	19.26	21.95	13.97
工业产值	亿元	8.52	10.26	20.42
营业收入	亿元	7.08	9.51	34.32
利润总额	亿元	−0.71	0.17	123.94
税收贡献	亿元	0.29	0.35	20.69
全员劳动生产率	万元/人·年	11.65	20.48	75.79

三、安全环保

2022年，中色科技落实全员安全环保责任，修订安全环保管理制度22个。开展各类培训23次，7200余人次参训。完成《生产安全事故应急预案（2022版）》修订和备案，开展各项应急演练14次，1330余人参演。制定《安全生产标准化班组创建实施方案》，全覆盖开展创建工作，20个班组全部验收达标。开展安全环保检查26次，发现问题95个，均完成整改。领导干部进班组和现场134次，协调解决问题23个。CAHS体系和CAE体系中铝集团考评顺利达标。坚决贯彻落实安全生产“十五条硬措施”，牢固树立“不安全不生产、不环保不生产”理念，保持生产安全责任事故为零、职业病例为零、环境污染事件为零的良好态势。

四、科技创新

2022年，中色科技积极申报省市级重大科技创新专项等项目，1项洛阳市重大科技专项顺利通过验收。自主研制的国产首台2800毫米六辊铝带冷轧机组，被认定为“河南省首台（套）重大技术装备”“洛阳市装备制造业十大标志性高端装备”。3项科研成果通过中国有色金属学会技术成果评价。顺利通过知识产权管理贯标体系认证。全年新申请知识产权55件，新授权知识产权42件。获得中国有色金属工业科技进步一、二等奖各1项。获得中国商业联合会科学技术奖一等奖1项，中国发明协会发明创业奖二等奖1项。“一种轧制宽幅镁合金板带的工艺”专利技术获得第二十三届中国专利优秀奖。常态化开展技术攻关、设计优化和改进提升工作，质量改善成效显著。在有色建设行业工程建设质量管理小组成果竞赛中获二等奖1项、三等奖2项。在有色金属建设行业工程设计、咨询成果评定中获一等奖2项、二等奖7项、三等奖5项。在河南省优秀勘察设计奖评选中获一等奖1项、二等奖2项。

五、改革发展

2022年是中色科技市场化改革的“扭亏脱困”年，坚持回归主业、聚焦主业，构建“2+1+N”业务格局，以市场化为导向，聚焦价值创造，稳经营、防风险，强改革、推转型，治理能力和核心竞争力显著提升，主要指标大幅改善，止住连续多年的巨亏，实现来之不易的经营性现金流为正的盈利。坚持把深化改革作为扭亏脱困、推动高质量发展的重要抓手，强化全员经营、立体经营、协同经营，质量是企业的生命、创新是第一动力的理念深入人心，各种荣誉纷至沓来。获中铝国际总裁特别奖（改革扭亏奖），首次荣获集团总经理特别奖（抗疫稳产奖）。成功入选省创新龙头企业、省知识产权示范企业，获批省博士后创新实践基地，基于物联网+AI安全管控平台项目入选工业和信息化部工业互联网平台创新领航应用案例。坚持营造“崇尚技术、尊重人才”的良好氛围，通过优化薪酬管理、规范岗位设置、完善考核模式，让“肯干事、能干事、干成事”成为干部员工的工作信条，政治生态日益清朗，党风企风持续向好，全体员工在分享发展成果的同时，幸福感、获得感和自信心极大提升，干事创业的激情空前高涨。

六、党建与企业文化

2022年，中色科技党委坚持以习近平新时代中国特色社会主义思想为指导，贯彻落实全国国企党建工作会议精神和习近平总书记重要指示批示精神。开展“第一议题”和中心组学习32次、集中研讨9次，545名党员、74名干部参加网络专题培训，近千名党员群众参加党的二十大专题学习。深化“5+8+X”党建品牌创建，立项党员攻关项目19项、“两带两创”项目（课题）56项。开展“双创”大讨论活动、“下沉项目促管理提升”行动、“深入贯彻党的二十大精神，提能力、增动力、强活力我应该干什么”大讨论，充分发挥党组织和党员作用，不断深化党建与业务工作“双向融合”。工会、团委圆满完成按期换届，为工团组织注入新的活力。充分发挥“把管保”作用，为健康发展提供政治保证。面对疫情影响，公司党委和团委组建中色科技战疫突击队和服务队，协助社区共同抗疫。

撰稿 / 赵一楠

中国有色金属长沙勘察设计研究院有限公司

一、基本情况

中国有色金属长沙勘察设计研究院有限公司（简称长勘院）成立于1964年4月，截至2022年底，注册资本5亿元，员工总数（在岗）520人，资产总额11.86亿元，资产负债率68.18%。

主营业务范围：测绘服务；建设工程勘察；建设工程设计；建设工程施工；地质灾害治理工程施工；地质灾害治理工程设计；地质灾害治理工程监理；地质灾害治理工程勘查；地质灾害危险性评估；建设工程质量检测；国土空间规划编制；建设工程监理；检验检测服务；建筑劳务分包；矿产资源勘查。产能规模：9.67亿元。办公地址：长沙市雨花区振华路579号康庭园1栋。

2022年，长勘院党委始终坚持党的领导，坚决落实中铝集团党组和中铝国际党委的各项工作部署，紧紧围绕“一主一特一拓”业务布局总基调，按照内涵式高质量发展要求，科学研判发展形势，精准实施转型战略。抢抓机遇，建筑物健康监测评价技术得到进一步优化和改良，形成企业规范和标准的建筑物检测操作流程，相关推广应用合同额超3000万元。获授权专利17件，其中发明专利10件，获得软件著作权4件，第一作者发表论文15篇。

二、生产经营

2022年以来，长勘院抢抓国家区域发展战略机遇，持续做大粤港澳大湾区市场，珠三角三足鼎立格局初具规模，为构建“双总部”战略打下坚实基础。不断提升生态环境工程技术能力，在相关业务市场的占比节节攀升，全年累计签订生态环境类合同3.73亿元，占总合同额的21.79%，同比增长78.27%。其中连续中标凤阳县小东山废弃矿山生态修复项目、龙海区港尾镇狮形山废弃矿山生态修复项目、盂县高速沿线露天矿山生态修复项目、金湾区城镇污水提质增效项目、珠海市高新区水环境综合整治第一批和第二批项目、富山工业园污水系统三年攻坚工程项目、大理经开区截污治污体系治理（一期）项目等一大批具有代表性的生态环境类项目。目前，长勘院矿山生态修复领域的业绩排名跻身全国前10名。

主要经济指标一览表

表 71

项目	单位	2021 年	2022 年	增长（%）
资产总额	亿元	11.98	11.86	−1.0
工业产值	亿元	1.02	1.77	74.41
营业收入	亿元	10.03	9.69	−3.44
利润总额	亿元	−0.86	0.06	106.92
税收贡献	亿元	0.43	0.36	−15.25
全员劳动生产率	万元 / 人 · 年	20.30	36.95	82.02

三、安全环保

2022 年，长勘院从完善安全环保管理制度、加强安全教育培训、强化安全检查和隐患排查、重视 CAHS、CAE 管理体系和承包商管理体系的应用及推广、推进风险分级管控、鼓励三类人员取证、科学防控新冠疫情等方面夯实安全环保基础，巩固安全环保技能，落实安全环保责任。全面推进安全环保精准管理体系执行落地，严格落实三项安全管理、风险分级管控与隐患排查预防工作，积极开展重大安全风险隐患排查整治工作，对查摆出的问题严格按照“五定原则”进行整改。多轮次、全覆盖组织开展安全环保检查和隐患排查，确保隐患治理无死角。全年公司安全环保平稳运行，无安全环保事故事件发生，突发环境事件为零，严格落实环保“六个百分百”的管控要求。

2022 年，长勘院高度重视经济与环境协调发展，把生态环境保护提上日常工作议程。通过淘汰落后产能、废水循环利用、污水收集处理、固体废物综合利用等措施，积极推进“矿山采场生态修复技术”“尾矿库生态修复技术”“赤泥堆场生态修复技术”等技术的研发和应用，取得绿色发展良好效果。

四、科技创新

2022 年，长勘院投入研发费用 5752 万元，占营业收入 5.9%。申请受理专利 19 件（其中发明专利 7 件）；获得授权专利 17 件（其中发明专利 10 件）；获得软件著作权 4 件；第一作者发表论文 15 篇，其中专业学术期刊 1 篇；获得省部级优秀工程一等奖 4 项、二等奖 6 项、三等奖 10 项；QC 成果获 2022 年度有色建设行业一等奖 3 个、二等奖 4 个、三等奖 3 个；主编地方标准 1 项，参编国家标准 1 项、地方标准 3 项、行业标准 2 项、团体标准 2 项。大力实施科技成果产业化，以科研成果、新技术成果转化应用为主要产品实现营业收入共计约 5 亿元。

2022 年，长勘院构建“人才 + 业务”的发展模式，进一步完善科技创新体制，建立健全与市场接轨的人才选拔任用、培养、引进、考核和分配激励机制，强化过程管控，充分调动科技人才的积极性和创造性，不断提升专业技术人才创新能力以及企业核心竞争力。有 3 人入选中铝国际企业骨干人才，4 人入选中铝国际专业骨干人才。

2022 年，长勘院科研项目立项 13 项，确定重点研发项目、支持项目和跟踪项目，其中 1 项被中铝国际批准立项。共承担中铝国际重点研发项目 4

项：自动钻探系统、矿山重大危险源无人自动安全巡检系统、安全与环境机器人广义巡检管理系统和建构筑物健康监测评价技术，前3项成果通过中国有色金属工业协会科技成果评价，其中一项成果整体技术处于国际领先水平，两项成果整体技术处于国际先进水平。打造全息感知装备、三维实景与智能管控等领域的行业撒手锏技术2个：OnlineSAR工程灾害智能监测雷达系统、OnlineUAV矿山无人自动安全巡检系统。科研成果“工程灾害智能监测雷达系统”获2022年中国国际大数据产业博览会领先科技成果奖、湖南省测绘地理信息学会青年创新成果一等奖；“‘空天地’一体化矿山安全监测预警技术研发与应用”项目获中铝国际重大科技成果二等奖；“地质灾害监测预警雷达云平台”获2021年度湖南省职业安全健康协会“安全科技优秀成果奖”。

五、改革发展

“双总部”发展战略初步建成。2022年，长勘院紧跟国家建设发展步伐，充分利用前期经营布局优势，依托深圳公司、珠海分公司在当地扎根数十年的成功经验，积极打造“双总部”发展战略，通过新设广州分公司等措施，牢抓粤港澳市场份额。

科技强企积蓄发展动能。2022年长勘院建立并完善科研项目管理和评价机制，健全科技创新考核指标评价体系，科技成果取得新突破，并不断通过研发关键核心技术创收创效。全年公司科研投入达5000多万元，占营业收入比重达5%以上，申报并顺利通过湖南省企业技术中心，科技强企发展之路持续迈进。

六、党建与企业文化

全力推动“党建＋业务”双向融合。始终把学习宣传贯彻党的二十大精神作为当前和今后一个时期公司党委的首要政治任务。全方位推进党建工作和业务经营同频共振、深度融合。长勘院党委多次召开专题会议，部署年底指标收口工作，面对国家新的疫情防控政策，党组织、党员充分发挥战斗堡垒和模范带头作用，实现各方面、各层次、各领域相融并进、同向发力，切实把党的政治优势、组织优势和群众工作优势转化为企业高质量发展优势。

深入推进党风廉政建设走深走实。持续开展作风建设三年行动，切实解决纪律不严、作风不实、管理松懈等问题；通过每月经济活动分析例会、年底指标收口会议等方式，切实解决执行力不强不严不实等方面的问题；强化问责，对固定资产报废处置、疫情防控、工程项目违规转包等相关问题进行问责，共计10人次，其中，通报批评3人，警示性约谈6人，责令检查1人；查处监理分公司违纪违规案件，处理2人。

有序开展文化宣传及群团工作。扎实开展庆祝建团百年系列活动，拍摄《长勘，青春模样》建团百年视频，以实际行动践行“强企有我，请党放心”的青春誓言；开展趣味运动会、篮球赛等多种形式的文体活动，丰富职工的文化生活，增强职工的凝聚力和向心力。

撰稿／傅蓓喆

中国有色金属工业第六冶金建设有限公司

一、基本情况

中国有色金属工业第六冶金建设有限公司（简称六冶）成立于1963年，截至2022年底，注册资本25亿元，员工总数（在岗）2573人，资产总额120.57亿元，资产负债率73.87%。

主营业务范围：承包境外冶炼、房屋建筑、机电安装与公路工程和境内国际招标工程；上述境外工程所需的设备、材料出口；对外派遣实施上述境外工程所需的劳务人员。建筑工程施工总承包特级；建筑行业（建筑工程、人防工程）设计甲级；公路、矿山、冶金、市政、机电工程施工总承包一级；水利水电、石油化工、电力工程施工总承包二级；钢结构、输变电、建筑装修装饰、建筑幕墙工程专业承包三级；园林绿化工程施工；非标准设备制作，钢模板，工程机械制造，设备租赁；建筑工程技术研究；压力容器（D1、D2级别）；压力管道（GB1、GC2级别）；起重机械（桥式起重机、门式起重机均为A级别）；进出口贸易；金属材料、有色金属、建材、机电产品的销售；普通货运（限分支机构经营）。办公地址：郑州市中原区淮河西路36号。

2022年，六冶深入贯彻中铝集团党组、中铝国际党委工作会议精神，贯穿党建引领、对标提升和价值创造主线，以“六好项目”和智能建造平台为抓手，着力运行项目管理标准化、企业管理信息化新体系，夯实基础管理，防范化解风险，改革优化管控机制，增强内生动力和组织推动力，初步形成管理、技术、成本等比较优势，为“五好六冶”第二阶段“从有到优”育新机、开新局。

二、生产经营

2022年，六冶实现净利润1.62亿元，完成1.5亿元目标的108%；经营现金净流入2.56亿元，完成2.2亿元目标的116.36%；销售收现比77.24%，较65%目标优化12.24个百分点。成费比94.88%，资产负债率73.58%。新签合同额123.02亿元，完成考核目标的100.38%，其中有效合同额76.79亿元；营业收入75亿元，完成目标的95%。

区域市场多点成型。深化“一线两翼、中部突破”区域布局，划分主责目标区域，属地化建设营销资源网络和标杆示范项目。河南市场新签合同额占比53.01%，其中洛阳地区跃升至32.4亿元，同比增长 230.45%，主场营销优势初步建立；中部其他市场占比 12.13%，安徽区域实现突破，新签合同额 9.1 亿元；西南区域年新签合同额保持在 10 亿元以上。

专业结构层次鲜明。“一主”业务量质双升。占比达 81.28%。其中工程总承包增至 41.27%；工业项目增至 25.37%，同比提升 22.61 个百分点；光伏能源项目新签 12 亿元。但公路、市政专业营销需重点提升。“一特”业务迈向高精特新。咸阳铝天桥竖起新地标，铝爬架、铝模板产值突破 1 亿元；增资扩产 1000 个爬架机位，铝护栏、铝制通风器等新产品打开市场，氧化铝厂房铝制通风屋脊、声学气动地板铝制构件填补国内产品空白。“一拓”业务实现新跨越。新增力勤资源、五矿资源、SIMFER 等战略客户，新签海外合同额 22.03 亿元。

主要经济指标一览表

表 72

项目	单位	2021 年	2022 年	增长（%）
资产总额	亿元	122.50	120.57	−1.58
工业产值	亿元	100.69	84.94	−18.54
营业收入	亿元	89.93	74.47	−17.19
利润总额	亿元	4.34	1.98	−54.37
税收贡献	亿元	2.70	3.14	16.29
全员劳动生产率	万元 / 人・年	36.54	31.06	−14.99

三、安全环保

安全质量、环保健康体系运行经住严峻考验。完成三年专项整治。完善安全风险事件库和分级管控清单，修订《安全风险抵押金管理办法》《安全管理人员委派制》等，安全考核全覆盖。“安全四讲”每月覆盖 5000 余人次；制定《承包商“等同化”安全管理清单及考核细则》，严格准入、建档、监管和考核，在集团交流经验；印尼万向镍铁项目参加国务院国资委央企境外项目安保体系评估和社会治安事件应急演练观摩。落实生态环保措施，淮北市杜集区金融服务中心项目获评安徽省绿色建筑示范工程。最大限度降低新冠疫情影响，在岗员工零重症。公司 CAHSE 体系考评成绩在工程技术板块位列前茅。

四、科技创新

技术创新驱动进一步彰显。优化投标和履约阶段重大技术方案决策机制，项目技术监控服务持续加强，获评郑州市技术市场工作先进集体。立项研发课题 61 项，授权专利 27 项，联合研发“装配式单层空间网格结构及围护体系关键技术”获国家科技进步奖二等奖，“绿色低碳铝合金建造技术”获中铝国际重大科技成果奖三等奖。BIM 技术在 36 个项目深化应用、在 3 个项目推进 5D 集成，获中铝国际杯三维数字建模大赛一等奖；助签 22.98 亿元合同。公司通过高新技术企业、国家企业技术中心重新认定，科技重工设立“郑州市高端金属桥梁结构工程研究中心”。

五、改革发展

法人治理体系初步建成。制定各治理主体的决策权限与议事规则，建立行权履职支撑服务机制，形成 6 项党的领导融入公司治理、10 项董事会运行配套、3 项经理层职权等现代企业制度。7 家子企业章程修订备案，董事会应建尽建、配齐配强，制定董事会运行评价办法、外部董事管理办法，规范派出董监事履职考核。退出前海时代、汝南浩宇、贵州通铭、马跳水库 4 宗低效无效股权。公司作为工程技术板块实体企业唯一代表，通过集团组织的国企改革三年行动工作验收。

三项制度改革动真碰硬。拉大收入能增能减幅度：深化全面绩效考核，薪酬分配向创造高价值的关键岗位与核心骨干员工倾斜，中层干部年薪极差达3.5倍，考核单元内部收入极差10%以上。当月考核、次月兑现各类专项激励2304.64万元。健全干部能上能下机制：制订《干部竞争上岗工作实施办法》，34个中基层空缺岗位全面公开竞聘；两级经理层成员全面实行任期制契约化考核，末等调整2人；基层干部末等调整6人。对收款未结的项目经理冻结人事调动。拓宽员工能进能出通道：社会化引进11名项目紧缺成熟人员；依法有序压减用工，因考核不合格、违规违纪解除劳动合同24人，压降离岗保留劳动关系人员104人。

“两化”融合达成里程碑节点。把标准化作为信息化的基础，发布《三级管理体系（1.0版）》，规范组织结构、管控模式和职责权限；配套业务流程，制（修）订25项管理制度。把信息化作为标准化落地的工具，智能建造一体化管控服务平台整体投入使用，集成708条业务流程、360余个功能点、680余个合规排查点、31个业财融合点、115类合同示范文本、156张业务报表，实现与两总部数据平台的推送和共享，搭建起项企管理一体化和业财资税一体化的新架构。公司“两化”融合的实践，在P20中国建造管理创新峰会上作为主题案例分享。

“六好”项目新基准启用推行。发布《“六好”项目建设实施方案》，围绕干得好、管得好、处得好、找得好、效益好、效果好6大目标，制定29项工作内容、24项考评内容、72项考评标准，纳入45项工作标准。加强过程调研督导，按季度和工程节点开展检查评定和整改闭环，融合推动项目管理标准落地。强化制度配套，制定《项目经理竞聘上岗实施管理办法》，在2个项目执行；明确人员选用管退及薪酬分配、项目资金调配与使用、分供商选签管退等对项目部放权清单，为推进关键要素管控的责权统一明确制度依据。

质量奖项创新高补空白。分部分项工程一次验收合格率100%。“北京环球影城主题公园项目”获公司首个市政园林类鲁班奖，入选中铝集团质量管理十大经典案例。“云南神火铝业项目”获国家优质工程金质奖，填补了有色建筑行业空白。“几内亚Boffa铝土矿山项目”获国家优质工程奖（境外工程）。新增9项部级优质工程奖、4项国家级QC成果奖、2项河南省质量标准化示范工地、1项洛阳市优质结构工程奖。16个项目受到业主来信表扬。公司入选中铝集团质量标杆企业培育名录。

BIM技术应用形成特色优势。一是有色领域。电解铝系列产品制造可视化方案，被力拓矿业、力勤矿业等认定为优选供应商；在大型钢结构全螺栓安装、有限空间大吨位轧机牌坊吊装、非标建造材料智能排版等领域，位居行业领先地位。二是工程用铝领域，具备铝合金天桥、铝合金网壳结构的施工设计能力，打造企业“名片”。三是建筑工程专业，覆盖全周期15个应用场景及65个应用点位，形成多个经典案例。四是融入大营销体系，助力新签15.3亿元合同。

六、党建与企业文化

强化党建引领，“双融合”实现“双促进”。全年高质量完成党委中心组学习研讨、落实“第一议题”制度，组织召开党委会34次审议议题248项，其中，党建议题65项，前置议题57项，“两金”专题会5次。召开董事会5次。修订党委前置研究事项清单等制度。评选表彰代表性强、推广价值高、经济效益好的“两带两创”优秀课题10个。数字党建入选全国企业党建创新优秀案例。组织喜迎二十大系列活动，班子成员带头到基层党建联系点、共学共促单位宣讲党的二十大精神。两级公司党委认真开展“双创”大讨论暨下沉项目促管理提升专项活动，下沉项目66个，发现问题242个，采取整改措施248项，提出管理提升建议259项。推进党建“三联”工作机制，加强党建交流对标，六冶党委与贵阳院、中色科技开展结对共建，做到联学联建共奋进，互学互通促提升。“两带两创”1个课题获评集团2021年度“党组织带党员创效”优秀项目。数字党建入选全国企业党建创新优秀案例。大力开展形势任务教育，为凝心聚力、助推发展注入“强心剂”，增强两级党委把方向、管大局、保落实的自觉性和坚定性。

构建“大宣传”格局，凝聚强大精神力量。制定深化“党建+新闻”机制、构建“大宣传”格局工作方案，强化新闻宣传策划，提升重点工作质量和效果。紧扣年度目标任务，持续做好七个系列报道主题宣传，全年在人民日报客户端、集团学习强国号、《中国铝业报》、《中国有色金属报》等新闻媒体发稿150篇。以视频号平台为载体，年度发布短视频70余条，其中《孤勇者》短视频获集团“青铝杯”新媒体大赛二等奖。

注重履约品质，全力打造品牌文化。以“六好”项目建设为抓手，建立月度反馈机制，畅通沟通渠道，提升问题解决效率，不断提高服务基层能力。解决19个项目的完工未竣工验收问题，扭正6个开累现金流为负项目的专项治理。建立以系统性、动态性项目全寿命周期管理的风险管控和成本管理制度体系，压实风险管控和成本管理责任。

注重榜样引领，全力打造激励文化。开展劳动模范表彰，授予赵永富等5名同志为2020—2021年度公司劳动模范。举办“中国梦·劳动美——喜迎二十大 建功新时代”劳模先进事迹演讲比赛活动。1人荣获“河南省建设五一巾帼标兵”称号，1人荣获“中铝集团技能大师”称号，1人荣获郑州市“五一劳动奖章”，4人荣获“郑州市技术标兵”称号，1个单位获全国“安康杯”优胜单位称号，1个青年集体荣获一星级全国青年文明号，切实做到劳模精神更彰显，奋进力量更凝聚。

撰稿／王卫宏

九冶建设有限公司

一、基本情况

九冶建设有限公司（简称九冶）成立于1965年1月，原隶属于冶金工业部，1993年划归首钢，2006年由首钢划归陕西省国资委，2008年9月改制重组，2015年12月与中铝国际签订股权转让协议和并购协议，成为中铝国际下属的控股子公司。九冶注册资金3.3295亿元（其中，中铝国际24362万元，持股比例73.17%；咸阳金融控股集团2313万元，持股比例6.95%；九冶员工通过四个平台公司共同持股6620万元，持股比例19.88%），截至2022年底，总资产95.81亿元，资产负债率78.64%，员工总数（在岗）2153人。

主营业务范围：建筑工程、市政公用工程、公路工程、冶金工程、矿山工程、钢结构工程、环保工程、建筑设计等及上述境外工程所需设备材料的出口、对外派遣实施上述境外工程所需的工程技术和劳务人员及进出口业务。产业规模：产值100亿元的施工能力。办公地址：陕西西咸新区渭城东路。

2022年在中铝集团党组、中铝国际党委坚强领导下，按照“主业突、总包优、专业特、行业熟、区域透、竞争强”总体目标，完成新签合同94.35亿元，完成年度指标111.5亿元的84.62%。其中，国内新签合同87.73亿元，完成年度指标105亿元的83.55%；国际新签合同5086万美元，完成年度指标5000万美元的101.74%。

二、生产经营

业务结构持续优化。坚持“3+2+T+X”业务定位，签约近两年单个体量最大保障房项目——咸阳高新区幸福里农民集中住房建设项目；巩固扩大特色业务，冶金、焦化、物流、铝钢结构、市政环保等优势专业占比逐年提升，全年新签钢铁焦化合同11.5亿元，一公司建成国内首座7.3米顶装捣固两用焦炉；二公司承建国内第一座7.6米、单组容量最大的顶装焦炉；安装公司、七公司签约湖北恩施清江上游环境治理及生态保护项目和栾川县小流域“两清一护”综合治理工程，践行绿色发展理念，业务领域不断扩大；五公司参与上海保集项目所在地“方舱医院”援建，央企责任担当有力彰显；路桥公司建设的宝鸡市团结渭河大桥钢塔项目得到中铝集团和宝鸡市领导的肯定，擦亮九冶品牌；国际实现新签合同5086万美元，超额完成中铝国际下达的海外业务合同年度考核指标。

价值创造能力明显提升。全面落实价值管理理念，精准压降“两金”。公司党委对“两金”余额较大、压降难度较大的10个重点项目，一项一析、一项一策，制定清收方案，建立专项例会制度，全年完成竣工结算85个，结算造价32.92亿元，超额完成上级单位指标任务。强化现金价值创造，扩大供应链使用规模，融得非带息资金8.71亿元，节约财务费用575.58万元，实现融资规模和融资成本“双下降”。精准把握国家税收优惠政策，累计节税1.78亿元，节税金额创历年新高。加快银行票据流通，为两级公司提供票据流转9.21亿元，提供票据拆分3.76亿元，实现票据贴现费用为0的管控目标。

风控意识持续增强。按照中铝集团、中铝国际要求，完善现代企业制度体系，修订完善制度63项，完善法人治理管理制度66项，形成系统完备、科学规范的制度体系。制定《全面风险管理办法》，分层分级分类风险管理体系更加完善。深入推进“合规管理强化年”和依法治企工作，法律存量、增量案件数量大幅下降，挽回和避免经济损失1.29亿元。坚决贯彻落实安全生产“十五条硬措施”，牢牢守住“六个不”风险底线，妥善处置信访维稳事件，实现疫情防控总体平稳、企业大局整体稳定、职工健康有效保障。

主要经济指标一览表

表73

项目	单位	2021年	2022年	增长（%）
资产总额	亿元	94.23	95.81	1.67
工业产值	亿元	53.93	57.21	6.07
营业收入	亿元	52.42	55.84	6.52
利润总额	亿元	1.14	0.06	−94.64
税收贡献	亿元	1.75	1.47	−16.02
全员劳动生产率	万元/人·年	25.89	23.55	−9.04

业绩成果。获得中国钢结构金奖1项、中国有色金属工业优质工程奖2项、全国优秀焊接工程奖1项、省建筑优质结构工程奖1项、部级绿色施工示范工程2项、省级新技术应用示范工程1项、省市级文明工地5项；获得国家授权专利24项、省部级工法15项、省部级科技进步奖2项、陕西省土木建筑科学技术奖2项、中施企协微创新成果7项、中施企协高推广价值专利2项。

三、安全环保

积极开展安全生产专项整治三年行动，狠抓危险作业安全措施落地，强化承包商安全管控，未发生安全生产事故。多个项目安全工作获得表彰奖励。贯彻落实节地、节能、节水、节材和保护环境措施，最大限度地节约资源和能源，减少污染、保证施工安全，减少施工活动对环境造成的不利影响，实现与自然和社会的和谐发展。积极开展绿色低碳发展宣传，组织学习习近平总书记关于社会主义生态文明建设重要论述摘编，大力倡导节能低碳发展理念，将营销工作重心转向新型绿色能源企业，承接多项新能源建设项目，引用新型施工技术节约成本，提倡新技术、新材料、新工艺、新设备在施工生产中的应用，鼓励开展环保和节能减排方面的优化攻关。

四、科技创新

九冶全年组织开展科技研发项目40项，科技投入共计17713万元，科技人才占比15.85%，形成工法关键技术13项，申报并获批省部级科学技术奖、科技创新成果奖共计4项；组织申请受理专利35件，授权专利27件，申报并获得中施企协第二届高推广价值专利大赛三等奖1项、优胜奖1项；

工法、成果推广应用创造经济效益710万元。

五、改革发展

九冶“十四五”发展规划正式发布，“11365”战略体系全面构建，获批21项取证资格，钢结构公司获得高新技术企业认定，成立国际工程公司，为公司“4+3+N”市场布局和打造专业特色业务奠定基础。修订完善《项目部季度绩效考核管理办法》《两级公司机关员工基本工资动态考核管理规定》《经理薪酬管理办法》《经理层经营业绩考核办法》和市场营销、“两金”清收奖励办法，实施精准激励，全年审批市场营销、“两金”清收专项奖励1006万元，激发全体干部职工干事创业热情。持续优化人员配置，全员劳动生产率同比提高14.59%。加强年轻干部的培养和选拔，全年提拔“80后”优秀年轻干部10人，占提拔总数的67.7%，“业绩为先，奋斗为本”的企业文化更加深入人心。

六、党建与企业文化

九冶党委始终坚持“铸信仰、稳立场、锻作风、强品牌、出实绩”工作主线，推进党建和业务深度融合。积极落实“第一议题”制度，组织党委理论学习中心组集体学习15次，举办中心组读书班3次，安排专题学习研讨5次，公司上下“雷厉风行，善作善成”的工作作风逐步形成。改革党建考核方式，将季度经营考核纳入党建考核体系，开展“喜迎二十大、建功新时代”劳动竞赛活动，精心打造“脚手架上党旗扬”党建品牌，扎实开展项目履约“三零”专项行动，深入开展“我心目中的机关、我心目中的项目，提升能力、赋能项目”大讨论、大实践、大提升活动，两级机关形成“高效精干、能力过硬、作风硬朗、服务优良”16字工作标准，项目部形成“业主满意、效益优良、品牌卓著、市场接续”16字工作标准，为公司全面转型高质量发展凝聚磅礴力量。

撰稿／王　玮

中色十二冶金建设有限公司

一、基本情况

中色十二冶金建设有限公司（简称十二冶）成立于1964年，截至2022年底，注册资本5.33亿元，员工总数（在岗）1292人，资产总额47.63亿元，资产负债率90%。

主营业务范围：境内外冶炼、房屋建筑、矿山、市政公用、机电安装、公路、化工石油、钢结构、地基与基础、建筑装修装饰、炉窑、送变电工程施工和境内国际招标工程；工程检测试验；无损检测理化试验；自有房屋租赁；工程机械修理；设备租赁；建筑材料生产、销售，工程技术咨询服务；压力容器制造（仅限分支机构用）；以自有资金对矿业投资，矿产品、金属材料、装潢材料、五金、普通机械设备、机电设备、化工产品、煤制品、铁矿粉、铝矾土的销售。承装、承试、承修电力设施；特种设备安装；压力管道安装；道路普通货物运输；园林绿化工程：园林绿化工程施工；建设工程：冶金行业（金属冶炼工程、冶金矿山工程）专业甲级；特种设备：铝制产品及设备的研发、设计、加工、销售、租赁；雷电防护装置检测；节能管理服务；环境应急治理服务。产能规模：27.97亿元。办公地址：山西省太原市杏花岭区胜利街280号中铝十二冶大厦。

2022年，十二冶坚持以习近平新时代中国特色社会主义思想为指导，深入贯彻党的二十大精神，落实中铝集团、中铝国际工作部署，坚持稳中求进总基调，科学把握新发展阶段，全面贯彻新发展理念，加快融入新发展格局，以深化改革释放内生动力、以高质量快速发展增强盈利能力、以创新驱动提升价值创造能力、以落实加强项目管理、以重心下移强化过程管控，解决企业历史遗留问题，企稳向好的态势得到进一步巩固。全年新签合同76.18亿元，实现营业收入和净利润“两连增”。

二、生产经营

2022年，十二冶着力完善三级市场开发体系，市场开拓取得新进展；狠抓过程管理，履约经营实现新水平；攻坚克难不松懈，“两金”清收展现新担当；不断规范公司治理，组织实施“十四五”发展规划，综合治理专项工作超额完成目标，基础管理再上新台阶。

云南文山、赤峰云铜、广西华昇、几内亚博法4个项目荣获2020—2021年度有色金属工业优质（部级）工程，其中，“几内亚博法项目”荣获2022—2023年度国家优质工程奖；连续三年获评“山西省骨干建筑企业”“太原市建筑业产值贡献奖”。

主要经济指标一览表

表 74

项目	单位	2021 年	2022 年	增长（%）
资产总额	亿元	42.22	47.63	12.81
工业产值	亿元	22.83	27.97	22.51
营业收入	亿元	21.16	24.04	13.61
利润总额	亿元	0.29	0.39	34.48
税收贡献	亿元	0.14	0.43	207.14
全员劳动生产率	万元 / 人・年	13.49	15.73	16.60

三、安全环保

2022 年，十二冶深入学习习近平总书记关于安全生产和应急管理工作的重要论述，贯彻落实安全生产“十五条硬措施”，不断夯实基层基础管理工作，实现安全环保事件、职业病发生率为零的目标。大力推广应用中铝集团 CARC、葡萄图等安全管理工具，动态辨识现场风险、形成风险四色图，有针对性地落实各项安全措施；分步骤开展“安全生产专项整治三年行动”，持续开展“领导进班组、全员保安全”活动；学习习近平生态文明思想，开展环保自查互查，在建项目严格落实围挡、覆盖、冲洗、硬化、湿法作业、密闭运输“六个百分百”要求，积极主动做好环保各项工作。

四、科技创新

2022 年，十二冶深化 BIM 技术应用，25 个项目在实体模型交底、VR 全景浏览、二次渲染等方面应用 BIM 技术，以 BIM 技术辅助投标近百次；全面推广工法应用 20 余项，直接或间接节约成本近千万；共取得部级工法 11 项、专利授权 3 项（发明专利 1 项、实用新型 2 项），新申请专利 5 项。

五、改革发展

全面完成国企改革三年行动七方面 32 项任务并持续改进优化，建立协同高效的现代企业管理体系，一次性通过国务院国资委开展的 2022 年度中央企业子企业董事会建设情况考核抽查。

印发实施“十四五”发展规划，组织各二级单位编制“十四五”发展规划，持续推进各项工作；开展综合治理专项工作，并超额完成目标，一批困扰多年的问题得以解决。

组织召开 2022 年“大监督”暨诉讼案件“控增去存”推进会，开展多轮次的建筑企业法律风险防范实务等专题培训，进一步提高全员的法治与合规工作意识，诉讼案件数量、金额创历史新低。

2022 年度无重大投资项目，年度固定资产零购投资计划完成率达 88%。

六、党建与企业文化

落实全面从严治党责任，层层签订党建工作目标责任书；28 个基层党支部完成换届，持续开展标准化党支部建设；开展“党建 +”活动，组织“六硬党支部”建设，以“两带两创”促进“三型”党组织建设；坚持以生产经营的重点难点作为党建工作的着力点，落实党建工作从经营出发、经营工作从党建入手的双向融合发展格局。

深入学习党的二十大精神，组织 886 名党员和 500 余名劳务人员收看党的二十大等，组织党委中心组扩大学习会，研讨党的二十大报告；开展“像大树一样活着”主题教育，巩固党史学习教育成果，促进党员积极投身改革发展；有关十二冶的专题报道登上国家级主流媒体《工人日报》；在中国井冈山干部学院举办第二期政治能力提升培训班，52 名党员干部全方位接受红色文化熏陶；两级领导讲专题党课45场次，“共学共促”“下沉项目促管理提升”60余次。

明确三个层级、细化24项要点，出台领导干部“十条”禁止性规定，着力推动“一把手”成为“一把好手”；明晰监督重点、下移监督重心，着力构建全链条、全流程、全覆盖、全周期的穿透式监督管理体系；克服疫情影响，全力推进项目巡察，对7个二级单位的14个项目开展专项巡察，把“干一个成一个、盈一个廉一个”的经营理念落到实地。

组织收看中国共产主义青年团成立100周年大会，学习习近平总书记在庆祝建团100周年大会上的讲话，邀请共青团太原市委青年讲师团开展“请党放心、强国有我”主题宣讲活动，组织团员青年参观山西省团史展览，开展理想信念教育，提升青年员工个人素养。组织志愿者积极投身社区疫情防控，受到地方政府表彰，被授予“优秀志愿服务单位”称号，着力彰显央企责任担当。

撰稿 / 徐岱儒

中铝招标有限公司

一、基本情况

中铝招标有限公司（以下简称中铝招标）于2017年8月25日完成工商注册，9月6日挂牌成立，由中国铝业集团有限公司（股权占比55%）、中国铝业股份有限公司（股权占比20%）、中铝国际工程股份有限公司（股权占比25%）共同出资成立，截至2022年底，注册资本5000万元，员工总数（在岗）52人，资产总额2.22亿元。

主营业务范围：工程招标及代理、工程造价咨询等。办公地址：北京市海淀区复兴路乙12号。

2022年，中铝招标在集团党组、中铝国际党委的坚强领导下，统筹推进疫情防控和经营发展工作，坚持“内挖潜力、外拓市场”的工作思路不动摇，招标工作质量持续强化、效果稳步提升。内控管理优化升级，风险管控成效显著。

二、生产经营

全年组织1281个标包的招标工作，累计招标额204亿元（完成确保目标113.33%），节省概算12.68亿元，节资率9.05%。实现营业收入6852万元（完成确保目标109.8%），实现利润总额4796万元，净利润3602万元（完成确保目标120.07%）。全年净资产收益率(ROE)达到39.72%，经济增加值（EVA）3041.54万元，资金集中度72%，资产负债率58.29%，成费比30%。外部市场项目完成101个标包，招标额14.3亿元，实现收入391万元，外部市场占比5.39%。

主要经济指标一览表

表75

项目	单位	2021年	2022年	增长（%）
资产总额	亿元	1.95	2.22	13.85
劳动总产值	亿元	0.71	0.71	—
营业收入	亿元	0.75	0.69	−8.00
利润总额	亿元	0.48	0.48	—
税收贡献	亿元	0.17	0.15	−11.76
全员劳动生产率	万元/人·年	130.43	133.96	2.70

中铝招标坚持“走出去”的市场化发展道路，2022年在北京、宁夏、广西、云南等地相继承接政府和企业的招标委托工作。与宁夏大学、银川市公共交通有限公司签订招标委托协议，承接银川市出租车车辆保险、宁夏大学教学资源采购招标；接受云南普益物业管理有限责任公司委托，开展2022年度屋顶防漏、太阳能清洗及安防监控系统建设的招标业务；抓住中国稀有稀土公司、中国矿产资源集团公司成立契机，依靠有利资源条

件，参与招标代理机构比选，成功获取招标代理业务；开发云南玉溪玉昆钢铁集团、昆明钢铁集团、五矿稀土（腾冲）公司、中国核工业集团和国际工程公司等多家外部客户，获取有色以外领域的招标代理及咨询服务业务；同钢研集团稀土科技公司签订年度招标代理协议，承接广西钟山—富川花山稀土矿区南矿段稀土矿年产1000吨建设项目、中稀（广西）金源稀土新材料有限公司年产2000吨新能源汽车高性能稀土永磁材料扩建项目的招标代理服务。以上外部市场领域的扩展和业务规模的持续增长，为公司提高品牌效应和提升行业地位打下良好的基础。

三、科技创新

聚焦数字生态构建，持续深化电子平台应用。坚决落实集团公司打造“数字生态”发展的要求，努力构建数智化体系，推进招投标电子平台软硬件管理升级，定期组织开展网络安全维护活动。完成“平台”与集团财务共享中心和资金保障中心的接口对接，实现财务凭证的自动制证；完成与集团数字档案馆接口的对接，实现招投标电子档案的自动推送；优化评标专家库的动态管理，实现对评标专家履职尽责的实时评价；落实了集团供应商评价管理要求，从系统中限制纳入“负面清单”的承包商参与投标；加强“平台”在“围标串标”查处方面的功能开发，将查询投标人IP地址、保证金账户、投标方联系人信息等固化在电子平台流程中，增强对“围标串标”行为的监管能力；通过“天眼查”平台，实现对投标人企业信息、商业信誉、关联关系的准确核查，数智化评标得到了有效提升，集团招投标管控要求得到进一步落实。

四、改革发展

聚焦风险管控，持续筑牢安全防线。按照中铝集团财务、中铝国际财务工作部署要求，公司全力配合共享中心及资管中心建设工作，上下联动，严格执行统一会计准则，积极响应“一体两翼”建设。依托共享中心，嵌入财务管理流程，将业务流程与财务流程无缝链接，工作效率大幅提高。严格落实集团资管中心建设战略部署，实行资金统一运作管理，提高资金使用效率，降低资金成本，有效防控金融风险。通过持续加强规章制度、经济合同的合规性审核，从源头上降低风险发生概率。公司高度重视内部控制评价工作，详细梳理风险清单，及时开展风险评估，持续完善内控工作管理制度，根据中铝集团、中铝国际的管控要求，持续优化内控管理流程，形成长效工作机制，公司风险管控能力大幅提升。

聚焦节资降本，持续优化招标营商环境。通过不断贯彻和深化集团“一个服务平台、两级决策、三重监督”的招投标管理模式，实现招标采购过程的精准管控，营造公开、公平、公正的阳光采购环境。全年通过集团公司电子招投标平台开展项目招标，实现了“百分之百公开、百分之百集中、百分之百上网”的管控目标，提高潜在投标人参与投标的积极性，充分发挥市场竞争机制，使招标企业能够实现“性价比”最优的采购效果，在节省资金方面起到积极作用，2022年度累计节约资金12.68亿元，节资率9.05%；2022年深入发挥社会监督作用，打通接受异议、质疑的通道，强化招投标事中事后监管，有力优化招标投标活动的营商环境。

五、党建与企业文化

支部充分发挥企业党组织的政治核心作用，深入推进党建与业务工作“相融合，两促进”。公司高度重视思想政治工作，积极组织开展“喜迎二十大、学习二十大”系列活动，组织全体党员深入学习党的二十大精神、中央经济工作会精神、中铝集团 2022 年工作会议精神、中铝国际 2022 年工作会议精神，深化全员对贯彻新发展理念、构建新发展格局的理解，把全体干部职工的思想统一到中铝集团“11336”高质量发展战略和中铝国际“科技 + 国际”发展战略上来，巩固现有发展战略，坚定市场开拓信心。公司党支部充分发挥战斗堡垒作用，结合实际开展“喜迎二十大、建功新时代”“汲取伟力创价值、对标争先创一流”大讨论、“党员双提升”和“坚持价值创造，人人争创业绩”主题教育实践活动等系列活动。2022 年 7 月，公司党支部被评为中铝集团党组“百十一示范党支部”。

撰稿 / 冯国政

中铝资产经营管理有限公司

一、基本情况

中铝资产经营管理有限公司（简称中铝资产）成立于2013年4月，截至2022年底，注册资本134.14亿元，员工总数（在岗）7880人，资产总额202.35亿元，资产负债率37.48%。

主营业务范围：自有资金投资的资产管理服务；以自有资金从事投资活动；技术服务、技术开发、技术咨询、技术交流、技术转让、技术推广；非居住房地产租赁；会议及展览服务；停车场服务。

产能规模：主要产品润滑油产能1.2万吨、水泥产能360万吨、液碱产能20万吨、液氯产能17.8万吨、铸轧卷产能7.56万吨、铝型材产能1.7万吨、集装袋产能280万条、氮化硅砖产能5000吨。办公地址：北京市昌平区未来科学城蓬莱苑南街。

2022年，中铝资产以习近平新时代中国特色社会主义思想为指导，深入学习贯彻党的二十大精神，坚决落实集团党组各项工作部署，坚持“稳字当头、稳中求进”工作总基调。全年营业收入115.36亿元，剔除增量土地租金后同比增加7.29亿元，增幅7.43%。利润总额17.11亿元，考核口径净利润14.4亿元，超奋斗目标1.1亿元，其中生产经营利润5.82亿元，创历史新高。经营性净现金流完成11.52亿元，超年度目标2.82亿元，较同期增加4.96亿元。成费比累计完成87.92%，同口径同比优化1.29个百分点，全面完成年度考核目标。全年实现对集团归母净权益贡献13.24亿元，同比增长7.12亿元，增幅116%，在对集团归母贡献中居各经营单元第三位。

二、市场分析

润滑油。2022年，在全球陷入金融危机的泥淖时，中国经济快速调整转型，拉动内需，使得润滑油消费量逆势增长，国内润滑油市场消费量约为940万吨，同比增加14.6%。受原油价格大幅上涨的影响，基础油、添加剂等主要润滑油原材料价格持续上涨，氢氧化锂价格更是从2021年的4万元/吨飙升到近48万元/吨，导致润滑脂市场价格大幅增长。各大品牌润滑油如长城、昆仑、美孚、福斯、嘉实多、壳牌等，都纷纷上调产品市场价格，润滑油脂产品整体累计涨幅在10%～30%不等。

水泥。2022年受疫情防控形势严峻、房地产市场探底、经济下行压力加大等多重因素冲击，水泥需求出现前所未有的“断崖式”下跌，且需求低迷贯穿全年，全国房地产开发投资累计同比下降9.8%，水泥产量同比下降10.8%，创下近11年新低，使得全国水泥市场价格“高台跳水”，全年水泥市场价格走势颓势尽显。反观原材料煤炭价格却从年初涨至年底，在水泥量价齐跌、成本高涨的双向挤压背景下，致使行业利润下滑严重。

液碱。2022年，中国经济发展面临需求收缩、供给冲击、预期转弱三重压力，国家积极推出有利于经济稳定的政策，统筹经济发展，经济稳字当头、稳中求进等措施预计对烧碱市场提供稳定发展的温床，后期供需两端以维持平稳态势为主。液碱市场价格以高位整理为主，主要因为耗碱下游产能释放较多，需求端支撑充足，且出口行情较好，支撑内贸市场。截至2022年12月31日，国内32%离子膜液碱市场平均价格在1232元/吨，与2021年同期的平均水平782元/吨相比，涨幅达57.54%。

铝型材。随着国内疫情影响及房地产行业政策变化，传统的铝合金门窗、建筑幕墙及建筑铝模板的行业增长缓慢，但新能源汽车及太阳能光伏行业发展迅速，推动铝型材行业向工业领域快速转型，传统的建筑铝型材被质量要求更高的工业铝型材替代，使得国内铝型材行业进入依靠产业规模及产业多样化、技术创新和综合实力参与竞争的新阶段。2022年初铝型材价格延续震荡上涨趋势，并于春节全面复工后价格一度突破至30000元/吨，但随后受全球地缘政治影响，叠加3月上海疫情，铝型材价格也随着下跌，价格长时间维持在17800～19000元/吨的区间。

钢球。随着中国工业技术的高速发展，对钢球的需求量越来越大，对钢球的质量要求也越来越高，钢球产品、技术的优化与创新对促进整个行业的发展至关重要。近年来中国耐磨钢球产业的发展迅速，2022年耐磨钢球产业的市场规模达到262.34亿元，同比增长8.64%。2022年随着经济形势的下滑，国内水泥、钢铁等企业出现亏损，不断减产，原有供应商向矿山、氧化铝、电厂等企业进入，市场竞争较为激烈，原材料价格趋势不稳，价格下滑严重，新项目招标价格中标价格几乎为企业生产成本。2022年钢球价格均价在5865元/吨。

集装袋。在2022年1632.9万吨塑编包装产品中，集装袋328.2万吨，约占20.1%。受疫情影响，一季度国内集装袋需求增长。3月起，海外出口订单减少，生产企业将市场转向国内，造成国内集装袋市场供大于求。2022年集装袋价格受原油价格影响，呈“V”形走势。三季度集装袋价格降至低位，进入四季度，在“金九银十”需求旺季提振之下，价格重心强势回归，以高位运行为主。但受氧化铝企业经营形势不佳影响，需求逐渐萎缩。截至12月31日，中原地区集装袋价格均价在37.77元/个，较2021年末的平均水平上涨4%。

三、生产经营

2022年，中铝资产全面贯彻落实集团工作部署，坚持稳中求进工作总基调，聚焦主责主业，围绕专精特新，培育发展“拳头”产品，生产经营持续向好，全面完成年度目标任务。扎实推进三年降本2.0专项工作，落实成本“五化”闭环管理，以成费比为引领，建立成本对标体系。通过七级指标分解，建立全级次企业降本重点事项清单，层层落实责任，开展全员降本。

主要经济指标一览表

表 76

项目	单位	2021 年	2022 年	增长（%）
资产总额	亿元	209.86	202.35	−3.58
工业产值	亿元	47.60	43.63	−8.34
营业收入	亿元	98.09	115.36	17.61
利润总额	亿元	1.63	16.77	928.83
净利润	亿元	0.25	14.05	5520.00
税收贡献	亿元	5.15	7.41	43.81
全员劳动生产率	万元 / 人 · 年	22.27	42.04	88.77
资产负债率	%	40.99	37.48	减少 3.51 个百分点
净资产收益率	%	0.21	5.26	增加 5.05 个百分点
总资产报酬率	%	0.12	3.16	增加 3.04 个百分点
研发投入强度	%	1.42	1.69	增加 0.27 个百分点

四、安全环保

2022 年，中铝资产全年未发生轻伤及以上安全生产事故、一般及以上突发环境事件；二氧化硫排放总量达到指标计划的 20.6%，氮氧化物排放总量达到指标计划的 49%，超额完成污染物排放指标计划；中央生态环境保护督察问题整改完成率达到 100%，集团整改方案中涉及中铝资产共 20 个问题 38 项整改措施，全部整改完成并通过验收销号；排污许可证合规率 100%；危险废物合规处置率 100%；全年排放二氧化碳 165.5 万吨，较 2021 年降低 26.5%，碳排放实现逐年稳定降低；职业健康实检率达到 98% 以上。

五、科技创新

2022 年，中铝资产累计研发投入 2.04 亿元，研发投入强度 1.69%，重点研发项目投入 0.39 亿元，重点研发项目占比 19%，重点研发项目执行率 111%；全年争取政府科技计划资金 170 万元，到账政府资金 120 万元；长兴实业、中铝润滑 2 家企业获得省级专精特新企业认定，青海铝板带获得省级科技型企业认定；通过新技术应用降本、新产品开发增效，累计实现科技创效 1600 余万元；累计申请专利 71 件，同比增长 57%，其中申请国际发明专利 2 项；授权专利 63 件，同比增长 17%，其中授权发明专利占比由 2021 年的 0% 增长到 11%；全年兑现科技成果激励 19.4 万元。

六、改革发展

2022 年，中铝资产全面完成国企改革三年行动任务。国务院国资委重点考核的 11 项改革任务、集团明确的经营单元重点改革内容及改革台账确定的 104 项改革任务均已完成，完成率 100%。修订完善“三重一大”决策制度、党委议事规则、前置清单，指导所属企业完成章程的修订完善。加强董事会建设，全级次企业全部建立董事会或设立执行董事。积极推动人事制度改革，本部及在京单位管理人员编制由 115 人精减至 78 人。不断优化劳动用工，以提升人工成本利润率为目标，优化人员配置，采取多种方式安置富余员工，全年共压减劳动用工 1519 人，全员劳动生产率较上年提高 40.56%，人工成本利润率提高46.28%。

2022年，中铝资产聚焦主责主业，以“两非”和低效无效股权治理为抓手，积极推动进一步优化资产结构、改善资产质量。按照“一企一策、分类处置”原则，通过关闭注销、股权转让、破产清算等多种方式，依法合规完成上海常盛、包铝建安、沈阳华汇、山西园林、晋铝物业、上海山铝工贸、阳泉耐火材料7户“两非”企业剥离和山铝恩萨、长城碳素、青海海源、郑州铝业、工服科技5户参股权退出，从源头上彻底止住“出血点”。

2022年，中铝资产全年完成投资9.7亿元，年度投资计划完成率99.2%。中铝科创园二期项目主体工程如期建成，获得“北京市建筑（结构）长城杯金质奖”，6#、7#楼提前竣工验收并投入使用。“中铝工服宁国项目”“山东铝业2#熟料窑节能减排改造项目”按期竣工并实现达产达标达效。

资本运作取得实效。完成集团首例上市公司股票非交易过户，化解714万股中国铝业股票司法处置、冻结风险，打通股票归集管理的通道；落实集团部署要求，发挥战略协同作用，以4.17亿元现金受让包铝集团20%股权，助力主业完成中央环保督察整改事项；落实集团部署，协助完成平果铝业股权交易，金额18.87亿元。

七、党建与企业文化

2022年，中铝资产以党委会“第一议题”、党委中心组学习、“三会一课”等多种形式组织学习习近平总书记重要指示批示精神，先后开展“双创”大讨论、建设世界一流企业战略研讨、喜迎二十大主题宣传教育，坚持为群众办实事，为喜迎党的二十大胜利召开做足思想准备。党的二十大召开后，第一时间制定学习宣贯方案，部署“八个一”活动，各级领导干部撰写心得体会，全体党员“学原文读原著”“学原文谈感受”，营造学习贯彻党的二十大精神浓厚氛围。

2022年，中铝资产聚焦“创新驱动、科技赋能”发展战略，对中铝投资和苏研院开展常规巡察，共计反馈巡察问题38项，实现公司党委任期内常规巡察全覆盖。对山西铝业、长城铝业及中铝工服3家企业开展贸易管理专项巡察，发现问题三类26项，不断促进贸易业务合规运营和规范管理。制定“大监督”年度检查计划，明确年度监督检查项目18个，组织开展监督检查23次，共发现各类问题20项，下发“大监督”整改通知书，不断提升“大监督”治理效能。统筹协调综合发力，着力推进“三不”建设，持续营造“不敢腐”氛围，组织开展各类专项整治排查150人次，促进各级领导人员和关键岗位人员公正履职、公正用权。认真做好问题线索处置，有效运用“四种形态”，2022年共计办结问题线索8件，通过监督执纪、违规追责共计问责14人，其中免职停职3人，批评教育类处理11人，推进政治生态持续净化，形成干事创业良好氛围。

八、履行社会责任

2022年，中铝资产落实国务院国资委助企纾困工作部署，共为2065户租户减免租金6508万元。心系长期坚守一线抗疫情、保生产的青海铝业干部员工，拨付专项资金，慰问职工，传递温暖。高度重视防范化解稳定风险，专项工作组与所属企业紧密沟通、细致工作，山西碳素厂经济性裁员养老保险断缴、贵州铝厂退休人员住房增量补贴、长城铝特殊工种退休等信访及矛盾纠纷等问题得到妥善处置。

撰稿／孟　欣　张　晶

山东铝业有限公司

一、基本情况

山东铝业有限公司（简称山东铝业）于1954年7月1日建成投产。2017年12月改制为全民所有制企业，更名为山东铝业有限公司，截至2022年底，注册资本3.5亿元，员工总数（在岗）1432人，资产总额34.07亿元，资产负债率40.31%。

主营业务范围：第一类医疗器械生产；常用有色金属冶炼；水泥制品制造；门窗制造加工；有色金属合金制造；新材料技术研发；化工产品生产（不含许可类化工产品）；服饰制造；劳动保护用品生产；特种劳动防护用品生产；非常规水源利用技术研发等。产能规模：水泥240万吨/年，折百液碱15.0万吨/年，液氯13.0万吨/年。办公地址：山东省淄博市南定镇五公里路一号。

2022年，山东铝业积极融入中铝资产“五个强化、七个聚焦”，克服特殊时段管控及疫情反复影响，严格执行“五个坚持、七个谋划”，直面市场下行严峻挑战，志不移、道不改、心不变，做优“挂图作战”2.0版，深挖内潜提质增效，强化依法合规管理，圆满完成国企改革三年行动，剔除特殊事项后实现考核利润3.16亿元，完成经营性现金流2.75亿元、净资产收益率14.11%、资产负债率40.46%。

二、生产经营

2022年，山东铝业共生产水泥熟料1441922吨、水泥1809437吨，分别比去年同期减少25.70%，32.58%；折百液碱完成194675吨、液碱完成608360吨，较去年同期减少0.16%；盐酸86435吨，同比增长45.86%；偏钒酸铵442.2吨，同比增长27.70%。熟料3天抗压强度完成33.5兆帕目标；实现出厂水泥合格率100%，富裕强度合格率100%，内控指标合格率100%。液氯浓度达到99.8%，烧碱浓度达到32.02%，出厂产品合格率100%。铝型材综合合格率82.71%。环境新材料成功研发出油井水泥、核电工程用硅酸盐水泥，并取得生产许可证。

主要经济指标一览表

表77

项目	单位	2021年	2022年	增长（%）
资产总额	亿元	33.31	34.07	2.28
工业产值	亿元	17.60	16.60	−5.68
营业收入	亿元	30.94	29.75	−3.84
利润总额	亿元	3.07	3.31	7.89
税收贡献	亿元	1.39	1.65	18.71
全员劳动生产率	万元/人·年	47.15	51.20	8.59

三、安全环保

2022年，山东铝业部署《安全生产隐患大排查大整治专项行动方案》，全面开展自查自改，专项排查24次，排查生产区域24个，查出并及时整改安全隐患问题37项，未发现重大安全隐患；编制印发1500册全员安全生产“大学习、大培训、大考试”相关法律法规手册；修订完善重要危险源“源长”责任清单，实施重要危险源“源长”包保；强化实施承包商管控，全面排查检维修项目、建设项目施工现场，建立详细清单，核查承包商人员信息；开展事故应急演练136人次。全年实现安全零事故、环保零事件。

2022年，山东铝业坚决贯彻落实习近平生态文明思想，顺利通过中央生态环境保护督察组第二轮第二批中央环保督察问题整改情况回头看。完成环境新材料有限公司、淄博东山实业有限公司（粉煤灰事业部）门禁与市控平台联网工作，环境新材料公司2台无组织颗粒物在线监控设备联入淄博市环境监测监控系统。实施环境新材料公司1#熟料窑实施A级企业创建环保治理项目，风机效率节电5%；使用燃料棒，1#窑熟料实物煤耗降低1.81千克/吨。实施氯碱厂电解槽余热利用，并于2022年6月两期电解槽余热技术改造投入使用，节约蒸汽1.3971吨/小时，年度节约蒸汽225.58万元；高效节能电机更换实现装备升级，67台电机更换完成后，节约电耗约1630千瓦·时/天。

四、科技创新

2022年，山东铝业承接中铝资产经营有限公司重点研发项目2项“赤泥基特性工程专用胶凝材料研发及中间试验”“二次盐水降低硅铝指标的研究”。山东铝业科技投入6275.65万元，占比2.11%。全年获得专利授权12件，其中发明专利4件、实用新型专利8件。

五、改革发展

2022年，山东铝业重点实施环境新材料有限公司A级企业创建环保治理项目，批复1986.49万元，控制投资1505.83万元。项目建成后确保1#熟料窑氮氧化物排放浓度<45千克/立方米、氨逃逸<2.5千克/立方米、氨水用量≤3千克/吨。完成特材厂偏钒酸铵安全环保整治项目，批复168.00万元，控制投资167.17万元。完成环境新材料有限公司2号熟料窑节能减排技术改造项目，批复3898万元，控制投资3810.11万元。项目充分利用热能电能，降低吨熟料电耗、煤耗等指标，降低氮氧化物浓度、建设绿色工厂。

2022年，山东铝业不动产盘活重点项目实现突破性进展。运输车间土地盘活项目实现盘活收益1647.2323万元，2022年收回补偿资金423.9328万元。阳泉矿火药库土地盘活项目资产（土地）评估及政府确认，项目方案经中铝资产初审并提报中铝集团审议决策。策划湖田中部矿盘活项目创新性提出先盘活地上附着物再盘活土地的方式，完成《湖田中部矿资产盘活协议》的签订和立项。

六、党建与企业文化

山东铝业深入学习宣传贯彻党的二十大精神，组织各级党组织第一时间全程收听收看大会盛况。山东铝业党委分5个专题进行学习研讨，提出建议和意见30余条，形成8项发展共识。开展“喜迎二十大，踔厉奋发、勇立新功”主题宣传教育实践活动。举办“喜迎二十大、奋进新征程”先进模范人物事迹宣讲比赛，“喜迎二十大，回顾发展史、奋进新征程”主题摄影巡回展，建成山铝党史教育基地——光辉历程展览馆。开展“学习二十大、永远跟党走、奋进新征程”主题教育实践活动和庆祝中国共产主义青年团成立100周年系列活动，推进青年精神素养提升工程。

2022年，山东铝业党委领导班子到基层讲授专题党课11次，所属各级党组织书记讲授专题党课272场次，参与党员7200余人次，组织红色教育主题党日29次，全级次完成“我为群众办实事”事项656件，实施“党旗引领——绿化赤泥堆场”行动，1700余名干部员工积极参加堆场绿化，累计种植各类苗木4.03万棵，撒播草种1.2万平方米，为改善区域生态环境发挥重要作用。加强对承包商作业和相关方安全管理、液碱运输、药剂管理、项目“三达”等领域的精准监督，检查发现问题224条，督促修订完善制度65项，提升管理质效。坚持有腐必反、有案必查。面对疫情防控和平稳生产的双重压力，各级党组织和广大党员率先垂范，5103名干部员工驻厂保生产。积极履行社会责任，多次为市区县提供消杀用次氯酸钠溶液。疫情防控期间，为1000多辆送货车办理通行证，保障生产稳定。

撰稿 / 尚立建

中国长城铝业有限公司

一、基本情况

中国长城铝业有限公司（简称长城铝业）成立于1958年，始建前身是郑州铝厂，1992年组建为中国长城铝业公司。2002年1月，原中国长城铝业公司资产重组的存续部分仍称中国长城铝业公司。2017年12月，中国长城铝业公司完成公司制改制，更名为中国长城铝业有限公司，截至2022年底，注册资本3亿元，员工总数（在岗)1571人，资产总额19.45亿元，资产负债率44.44%。

主营业务范围：主要产品为水泥，兼营产品制造、机械加工、医用口罩、工程地产、工装服务、物流贸易、信息技术等业务。

产能规模：普通硅酸盐水泥80万吨/年、铝酸钙粉40万吨/年、集装袋300万条/年、铝基复材11000吨/年、医用口罩日产10万只。办公地址：河南省郑州市上街区厂前路28号。

2022年，长城铝业在中铝集团、中铝资产的正确领导下，坚持“改革、创新、发展”总基调，喜迎党的二十大胜利召开，以扭亏脱困和转型发展为主线，与中铝矿业团结协作，共谋发展，顺利完成两公司一体化管理改革，全力打好“脱困突围攻坚战、改革图存保卫战、应急处突阻击战”，持续保持安全环保质量“三零”目标，圆满完成年度业绩指标。

二、生产经营

2022年，长城铝业坚持“价值创造，提质增效”经营理念，以全要素对标为抓手，坚持一企一策，分块搞活，努力向市场要效益，经受市场持续波动和疫情反复冲击的考验。全年完成营业收入15.96亿元，实现利润总额2.66亿元，经营性净现金流1.95亿元，资产负债率较年初降幅22.12%，圆满完成全年业绩指标。

长城铝业重点谋划“四位一体转型项目”，成立再生资源专项工作推进组，初步明确“郑州再生资源交易中心、汽车及‘四机一脑’拆解园区、郑州长城智能产业园区、再生铝生产线”四位一体的战略布局，指明传统资源型产业向新兴循环经济产业转型的前进方向。

主要经济指标一览表

表78

项目	单位	2021年	2022年	增长（%）
资产总额	亿元	19.14	19.45	1.62
工业产值	亿元	6.48	6.41	−1.08
营业收入	亿元	18.5	15.96	−13.72
利润总额	亿元	0.97	2.66	174.23
税收贡献	亿元	0.57	1.17	105.26
全员劳动生产率	万元/人·年	17.91	38.4	114.40

三、安全环保

长城铝业坚持底线思维，树牢风险防范意识，持续推进安全标准化建设。以强化全员安全自主管理为抓手，修订岗位三大规程244项、安全管理制度13项；70个班组通过安全标准化达标验收；开展房屋建（构）筑物、防汛等领域专项检查270余次，整改问题356项；完成第二轮中央环保督察反馈问题整改，铝酸钙粉项目完成竣工环保验收；下属企业河南长兴实业塑编工序豁免夏季臭氧管控；完成安全培训9414人次；组织全员参加安全生产法知识竞赛，综合排名位居中铝资产第一。

四、科技创新

长城铝业坚持创新发展，提升核心竞争力。科技研发投入2544万元，完成年度计划的115.5%；获得实用新型专利授权23个，申请专利27个，其中发明专利2个，实用新型专利25个。下属企业环保新材料厂成功研发超细复合粉并投入应用；河南长兴实业入选河南省“专精特新”中小企业，“微波煅烧微晶工 α－氧化铝粉体材料产业化关键技术的研究”顺利通过中铝资产验收；河南长城信息完成“远程云控制技术”研发和“生产运维保障系统”智能点巡检系统开发、雷达式物位计故障自诊断等项目。长城铝业质量指标达标率100%；7个QC小组成果获得中铝集团、有色行业及河南省荣誉；河南长兴实业圆织班荣获质量信得过班组“国优”称号。

五、改革发展

2022年，按照集团推进郑州企业扭亏脱困与转型发展，长城铝业与中铝矿业顺利完成一体化管理改革。构建“一个党委、一套班子、两份责任”的管理模式，两公司机关部室除各设1个财务部外，其余6个部门合署办公，两公司机关部室人员由244人精减至119人，压减51%；劳动生产率实现38.4万元/（人·年），完成改革既定目标。

国企改革三年行动圆满收官。长城铝业和中铝矿业共同健全公司治理体系，修订完善“公司章程”、《“三重一大”决策制度》等一批重要基础性管理制度；完成各下属企业章程、外派董事、董事会评价等制度修订61项；67项改革举措、7个方面55项综合治理专项工作任务全面完成。

稳妥推进厂办大集体企业破产清算，完成全部21家企业破产终结程序，依法开展职工债权处置；完成长城碳素清算注销。

六、党建与企业文化

一是以学习宣贯党的二十大精神为主线，开展专题宣讲70余次，编发专题简报24期；创新党建考核机制，开展“党建＋安全环保”“党建＋科技创新”“党建＋生态修复”项目37项，“两带两创”项目279项，创效7000余万元；创新“六化”管理模式，5个党支部获评中铝集团“示范党支部”，3个支部获评郑州市国资委“基层党建示范点”；开展“双创大讨论”、党员“双提升”活动，创建基层党组织“党建红、安全蓝、环保绿”三色文化阵地，党建引领力、凝聚力持续增强。

二是持续深化“大监督”，围绕重点领域开展专项监督23次；推进巡察全覆盖，发现整改问题1016项；严肃查处违规违纪问题，给予问责处理23人次、处分11人次。深化廉政教育，编发《铝城“廉”播》14期；常态化开展警示教育活动，教育党员领导干部2300余人次；廉政微电影《交锋》荣获河南省“喜迎二十大、清风满中原”短视频评选大赛优秀奖。

三是启动中、基层管理人员“干部夜校”培训，围绕16个专题开展培训28期，累计9904人次参加；提拔任用80后中层干部5人，90后基层干部3人；选聘五级工程师9人、五级技师25人；1名青年入选“中铝集团青马工程”，22名青年入选“长城铝业青马工程”。

四是搭建劳模工匠人才平台，创建劳模创新工作室13个，命名表彰先进操作法27条，表彰工匠人才15人；聚焦24项关键指标开展劳动竞赛，征集合理化建议7717条，采纳实施6298条；24人获得行业、中铝集团班组长综合技能比武优秀成绩；承办中铝集团创新创意大赛，荣获优秀组织奖。投入近40万元改造单身公寓，延长大学生工资保底年限；争取补充医保福利政策，实现职工理赔765万元，救助困难职工117人次，发放各类救助款26万元，为职工续办“普惠重疾”互助保险。

五是两个社会责任案例分别荣获中铝集团实践类及降碳类十大优秀案例；为中小微企业及个体工商户减免租金1767万元，获得河南省国资委的高度认可。

撰稿 / 韩龙飞

贵州铝厂有限责任公司

一、基本情况

贵州铝厂有限责任公司（简称贵州铝厂）始建于 1958 年，原名贵州铝业分公司，1972 年更名为贵州铝厂。2002 年 2 月，原贵州铝厂正式分离为上市公司和存续企业两个单位，上市公司为中国铝业贵州分公司，存续企业为贵州铝厂。2017 年 11 月 27 日，贵州铝厂完成公司制改制更名为贵州铝厂有限责任公司。截至 2022 年底，注册资本 5.91 亿元，员工总数（在岗）1118 人，资产总额 25.32 亿元，资产负债率 87.10%。

主营业务范围：现代工业服务、现代城市服务、现代物流（铁路专用线及公路）、房地产开发、职业教育学校、技术服务、安全护卫等业务。主营产品有铝型材、精细氧化铝、装备制造、机械加工等产品。产能规模：铝型材生产能力 5500 吨，精细氧化铝设计产能 3000 吨。办公地址：贵州省贵阳市白云区同心东路 2 号。

2022 年，贵州铝厂全年累计实现净利润 19739 万元，剔除房租减免 460 万元，考核净利润 20199 万元，超确保目标 1149 万元，超奋斗目标 949 万元。全口径“两金”净值比年初值降低 1399 万元。累计成费比 87.63%，比年度控制目标降低 7.07%。全级次无亏损企业。贵铝城服、贵铝云顶、贵铝技师学院、贵铝技服、珠海亚奇完成年度奋斗目标，贵铝新材料、贵铝保安、贵铝工服因疫情管控、计提坏账等因素影响与年度奋斗目标有差距。

二、生产经营

2022 年贵州铝厂主要产品为铝型材及精细氧化铝。其中，铝型材生产能力 5000 吨，2022 年实际完成铝型材 1525.78 吨，同比降低 29.31%；销售铝型材 1490.45 吨，同比减少 34.40%。精细氧化铝核定产能 2100 吨，2022 年实际完成产品产量 1806.85 吨，同比降低 5.55%；销售 1889.29 吨，同比减少 7.18%。

“双电”项目完成孵化。按照中铝资产“加快存量产业提档升级”要求，紧跟地方政府产业发展规划，通过反复论证，贵州铝厂配套贵阳市新能源动力电池及电子信息产业发展铝精深加工项目完成可研审查，12 月 21 日向中铝资产报送立项申请。

贵铝工服逆势突围。克服疫情和外部环境影响，紧盯集团内部重点项目，积极开拓外部及非铝市场，全年合同额突破 15000 万元，同比增加 16%，外部市场占比 40%，取得历史性突破。

业财融合创造收益。贵州铝厂采用多种存款方式盘活自有资金，取得利息收入 1225.65 万元。加大政策争取力度，获得政府补助金272.23万元，获得税收优惠510.37万元。积极催收投资分红，累计催收昆明电缆、重庆东升投资分红款512.96万元，收回贵阳银行投资分红198.66万元。

资产盘活创收增效。积极推进铝兴南路、高山排洪渠、骨科医院等土地项目盘活。通过艰苦努力，贵金古高速路项目土地单价提高5.6万元/亩。年初金东棚改项目实现财务入账3956万元，全年实现土地盘活收益3489万元。

主要经济指标一览表

表79

项目	单位	2021年	2022年	增长（%）
资产总额	亿元	25.58	25.32	−1.01
工业产值	亿元	0.61	0.47	−22.83
营业收入	亿元	4.34	4.59	5.68
利润总额	亿元	−5.68	2.06	136.34
税收贡献	亿元	0.31	0.49	58.06
全员劳动生产率	万元/人·年	19.57	34.17	74.6

说明：2021年利润总额报表数−5.68亿元，主要是消化历史包袱6.3亿元，实际利润总额考核数0.36亿元。2022年利润总额考核数2.11亿元，同比增长486.11%

三、安全环保

2022年，贵州铝厂持续开展重要危险源风险管控，贯彻落实重要危险源源长责任制，扎实开展隐患排查治理与风险分级管控，建立监测监控体系，完善控制措施，确保重要危险源持续受控；按期高质量完成国务院国资委、国务院安委会专项督导帮扶组、省、市应急局各类督察督导问题整改；班组安全标准化达标率完成100%，实现安全零重伤、环保零事件、职业健康零职业病的目标，疫情防控工作处于良好可控状态。贵州铝厂连续三年获评贵州省环保诚信A级企业。

四、科技创新

科技研发有力推进。全年新立科研项目4个，共实施7个项目，全年科研经费投入747.89万元，研发投入强度2.42%。全年共销售电动阳极车4台、新型焊接式铜渣包2台，实现科技创效约26万元。

知识产权获取卓有成效。全年新申请1件发明专利，新增2件授权实用新型专利。截至2022年底，贵州铝厂共拥有有效国内专利13件，其中实用新型专利10件，外观专利3件。

信息化建设再上台阶。加快推进数智化建设，实现办公网络提速升级。加强网络安全建设，确保二十大期间网络及信息系统安全。升级公司视频会议系统平台建设，为公司内部及与中铝总部的信息交流、会议举办提供快捷、高效的信息化手段。

五、改革发展

2022年，贵州铝厂围绕“再造再创”新目标，形成厂和分公司《2022—2024年本质脱困方案》，明确“培育发展主业、协同稳固辅业、清理清退包袱”三个主攻方向。6月，本质脱困方案分别报送中铝股份、中铝资产，得到总部认可。编制人力资源“十四五”规划，全年贵州铝厂在册员工累计压减318人，较上年末压减12%；45位中层管理人员全部签订任期制和契约化管理“一议两书”。

六、党建与企业文化

党建引领坚强有力。落实党委“第一议题”制度，修订完善党委议事规则等基本制度，在重大决策中发挥党委把关定向作用。全年共召开党委会、总经理办公会各43次。16个直属党组织签订目标责任书，87个“两带两创”项目彰显党组织和党员先进性。“书记话党建”党务培训创新案例在中央组织部“共产党员”网及公众号刊登，全年在外部媒体上发表稿件190篇。

监督防线不断筑牢。落实“三期一评”机制，强化对“一把手”和班子成员的监督。制定厂和分公司主管层以上干部权力清单和责任清单285份，组织签订党风廉政建设责任清单369份。积极推进政治巡察、专项核查和“大监督”体系运行，开展“融入式”“跟进式”监督。积极开展作风建设专项督察和靠企吃企、利益输送等专项整治。13个专项核查项目增加经济效益315.4万元，避免经济损失92.37万元。全年开展常态化约谈706人次，受理问题线索7件。

群团服务走心走实。制定实施14个劳动竞赛项目助推生产经营。欧涛创新工作室、杨光勇创新工作室获得集团命名。贵州华仁荣获“贵州省五一劳动奖状”、合金化事业部连铸连轧班获评“贵州省工人先锋号”。全年帮扶慰问职工1449人次，使用资金182.87万元。开展“喜迎二十大　奉献在岗位”系列文体活动、“我与父辈比奋斗”大讨论，唱响“请党放心，强国有我”的青春篇章。5条合理化建议获得中铝股份“金点子”“银点子”奖，其中3条推荐为集团“银点子”合理化建议。

和谐环境不断稳固。落实信访维稳领导包保责任，全年共受理信访事项86起，接待来访群众131批次298人次。落实“政治大年”国家安全工作，开展经常性保密、国安宣传。妥善处置群体性涉稳事件，主动与政府部门和上级主管领导沟通，积极做好混改企业员工提前退休、文铝矿村民搬迁等群访问题办理，营造和谐稳定的企业发展环境。

撰稿／阳文鸿

中铝山西铝业有限公司

一、基本情况

中铝山西铝业有限公司（简称山西铝业）前身为山西铝厂，2017 年 11 月，山西铝厂实行公司制改制，更名为中铝山西铝业有限公司，截至 2022 年底，注册资本 6 亿元，员工总数（在岗）1812 人，资产总额 30.49 亿元，资产负债率 30.98%。

主营业务范围：工程管理服务；技术服务、技术开发、技术咨询、技术交流、技术转让、技术推广；常用有色金属冶炼；有色金属压延加工；有色金属合金制造；有色金属合金销售；金属材料销售；金属矿石销售；非金属矿及制品销售；产业用纺织制成品制造；产业用纺织制成品销售；生态环境材料制造；化工产品销售；建筑砌块制造；建筑砌块销售；水环境污染防治服务；建筑材料销售；煤炭及制品销售；日用杂品销售；金属切割及焊接设备销售；通用零部件制造；金属工具销售；机械电气设备制造；机械零件、零部件加工；通用设备修理；机械设备销售；电工器材销售；建筑工程用机械销售；专用设备修理；电气设备销售；电气设备修理；信息系统运行维护服务；普通机械设备安装服务；信息系统集成服务；办公服务；仪器仪表销售；广告发布；仪器仪表修理；金属制品修理；电子、机械设备维护（不含特种设备）；工业工程设计服务；矿山机械销售；电子产品销售；日用品销售；办公设备销售；计算机及办公设备维修；通信设备销售；服装制造；服装服饰批发；劳动保护用品生产；劳动保护用品销售；机动车修理和维护；装卸搬运；基础地质勘查；合成材料销售；润滑油销售；集贸市场管理服务；物业管理；住房租赁；货物进出口；技术进出口；砖瓦制造；砖瓦销售；酒店管理；石油制品销售；石墨及碳素制品销售；再生资源销售；园林绿化工程施工；农业园艺服务；城市绿化管理；礼品花卉销售。产能规模：粉煤灰砖年产 6000 万块，配电柜年生产加工能力 2500 万元。办公地址：山西省河津市龙门大道北段 10 号。

2022 年，山西铝业聚焦价值创造，全面提质增效，全年实现营业收入 23.43 亿元，同比提升 85%，实现净利润 3.53 亿元，均创历史新高。运营质量持续优化，总资产回报率（ROA）为 15.38%，同比优化 11.66%，净资产收益率（ROE）18.19%，同比优化 13.97%；经营现金流同比增加 1.71 亿元，增幅 137%；两金较年初下降 0.17 亿元，降幅 11%；资产负债率 31.13%，较年初降低 7.19%。山西铝业荣获“中铝资产 2022 年度业绩突出贡献奖”。

二、生产经营

2022年，山西铝业坚持目标引领，多措并举，狠抓落实，挖潜增效，经营状况明显好转。粉煤灰砖实施一体化经济抵押责任制，砖板块外部市场拓展到陕西、甘肃等西北地区和四川、贵州、重庆等西南地区，产品质量同比提高0.35%，完全成本同比下降65.65元/千块，有效提升市场竞争力；黄河电器大力开拓周边企业外部市场，2022年实现外部营收814.13万元，有力支撑企业的发展。

主要经济指标一览表

表80

项目	单位	2021年	2022年	增长（%）
资产总额	亿元	29.01	30.49	5.10
工业产值	亿元	0.14	0.19	35.71
营业收入	亿元	12.66	23.43	85.07
利润总额	亿元	0.96	4.48	366.67
税收贡献	亿元	0.53	1.93	264.15
全员劳动生产率	万元/人·年	15.94	34.67	117.50

三、安全环保

2022年，山西铝业持续完善规章制度，完成全员安全生产责任制和安全责任清单编制，制定相关考核办法，针对部分单位机构合并及干部调整情况，及时更新下发包保班组文件；积极推进安全生产标准化班组建设，夯实基层安全管理基础，参与创建的69个生产检修类班组，累计共通过64个，达标率92.8%；持续推行CAHS、CAE管理体系，2022年山西铝业内审CAHS体系得分81.05分，CAE体系得分82.72分，体系运行成效逐步提升；扎实开展各类专项督查整治，全年共开展9项次安全专项督查，查出并整改问题325项；持续跟进信息化建设，在山西铝业范围内推广使用“安全卫士”管理平台、安全安培空间App平台，优化“安全信息管理平台＋手机App”运行管理系统，安全绩效考评管理信息化、效率化进一步显现；持续污染防治攻坚，排污指标计划完成率、处置危废合规率均100%。2022年，山西铝业生产安全工亡事故为零、新增职业病例为零、一般及以上突发环境事件为零，安全环保形势稳定。

四、科技创新

2022年山西铝业立项科技创新项目11项，取得新型专利授权项目3项，完成研发投入473.92万元。山西工服QC课题“提高斜斗传动系统运转周期”“提高大型电机的运转周期”分别获得山西省QC小组活动二等奖；山西工服QC课题“国电投原平铝业二期蒸发母液槽整体保护性移位技术的开发”获得中色质协QC小组活动二等奖；山西工服设备检修安装分公司检三工区获得山西省质量信得过班组。

五、改革发展

根据国务院国资委、中铝集团、中铝资产对深化国企改革三年行动要求，山西铝业制定措施，明确目标，压实责任，通过每月召开例会，解决问题，督促落实，全力推进改革事项，于2022年6月底完成全部改革任务。

2022年上半年顺利完成园林绿化的“两非”治理任务；晋铝物业“两非”治理任务按照治理方案分步实施，12月底前先后完成西安分公司的注销、晋铝物业税务注销、晋铝物业的工商注销手续，圆满完成“两非”治理任务。

珠海金马股权确权属多年未能解决的难题，在无任何参考依据和确权经验的情况下，山西铝业积极与多方沟通协调，克服疫情资料不齐全、所在地无确权营业场所等因素，顺利完成确权。

六、党建与企业文化

2022年，山西铝业全面学习宣传贯彻党的二十大精神，围绕迎接、学习、宣贯党的二十大精神，领导带头撰写学习体会、讲授党课，营造浓厚的学贯氛围。推进党建与业务工作“双向融合”，创新开展“党员价值创造”主题实践活动，持续激发全员创新创效热情。强化党风廉政建设，推进“大监督”体系落实落地，注重廉洁文化宣传和警示教育，发挥巡察利剑作用，加大执纪问责力度，营造风清气正的政治生态。发挥群团组织优势，“生产型”“技能型”“智能型”劳动竞赛蓬勃开展，“金点子”“银点子”合理化建议广泛征集，创新工作室功能有效发挥；关心关爱职工生产生活，“金秋助学”“冬送温暖”“夏送清凉”贴心走心，9个文化体育协会授牌成立；关注青年精神素养提升，举办“我与父辈比奋斗”青春分享活动，引导团员青年与企业同呼吸共命运的使命担当更加坚定。做好企业文化宣传，以编印《山西铝厂志》为契机，引导员工从企业厚重历史中汲取奋进动力；每季编印《劲旅》刊物；大力宣传中铝集团精神谱系、企业文化理念，更新120余块宣传版面，营造浓厚的企业文化氛围。积极履行社会责任，配合地方政府组织开展疫情防控，接送运输车辆3.5万余辆，有力筑牢疫情防控坚固防线；组织千余名党员干部参加赤泥库区、厂区绿化植树与环境整治活动；聚焦电信诈骗热点，邀请禹门分局干警举办4场专题反诈骗讲座，编印反诈骗宣传册8000余份，组织“千名党员进万家”、反诈宣传承诺活动，最大限度避免职工群众财产损失。

撰稿 / 王辛成

中铝资本控股有限公司

一、基本情况

中铝资本控股有限公司（简称中铝资本）成立于 2015 年 4 月，截至 2022 年底，注册资本 41.25 亿元，员工总数（在岗）249 人，资产总额 694.49 亿元，资产负债率 82.53%。

主营业务范围：投资管理；项目投资；资产管理；投资咨询；企业管理咨询；出租商业用房；出租办公用房；会议服务。办公地址：北京市西城区文兴街 1 号院 1 号楼。

2022年，中铝资本坚决贯彻落实集团打好“阵地战、攻坚战、主动战、持久战”工作部署，统筹防疫和经营“两手抓、两手硬”，全体干部员工努力克服疫情影响，保持工作标准、工作节奏、工作状态“三个不变”，深度融入集团战略发展布局，抓好稳增长、优服务、促改革、防风险、强党建各项工作，全力以赴推动业务转型，圆满完成全年任务目标。

二、市场分析

从宏观形势来看，需求收缩、供给冲击、预期转弱三重压力与日俱增。中国以积极财政政策支撑基建投资逆周期发力，“以我为主”的货币政策为企业出口创造有利的出口环境。最终稳住宏观经济大盘，经济总量达到 121 万亿元，增速 3.0%，稳居世界第二位。CPI 全年上涨 2%，控制在合理范围内。制造业增加值达到 33.5 万亿元，居世界首位。国际收支持续改善，货物贸易顺差比上年扩大 35.4%。从有色行业看，铝价较 2021 年高点有所回落，但整体处于较高水平。有色行业企业营收增长 10.5%，利润总额下降 8.0%，仍较可观，有色企业现金流普遍改善。对于金融企业来说，利差进一步收窄，产业投资和产业链金融服务已经成为产业金融服务实体经济发展的主流方式，产融结合进一步深化。

三、生产经营

2022 年，中铝资本内抓服务提质，外抓市场开拓，努力克服资产回报率降低、优质客户资源竞争激烈等难题，主动调整经营策略，以价换量、以量补价，业务规模再上台阶。中铝财务公司人民币日均存款 340 亿元，同比增长 49%；日均信贷资产 213 亿元，同比增长 13.3%，存贷款规模再创新高。即期结售汇和跨境外汇结算业务交易量 8.1 亿美元，同比增长 13%。保理业务市场化收入同比增长 17%。基金业务备案规模由 2 亿元增至 62 亿元。期货业务日均客户权益 17 亿元，同比增长 17.8%。

深化价值管理和对标，中铝租赁、商业保理较标杆企业保持领先，中铝资本净资产收益率（ROE）超越标杆获得集团肯定，中铝资本融资降本、中铝租赁、中铝商业保理全要素对标入围集团对标最佳实践案例；中铝资本资金定价精益管理入选集团管理新模式。

主要经济指标一览表

表 81

项目	单位	2021 年	2022 年	增长（%）
资产总额	亿元	604.84	694.49	14.82
工业产值	亿元	—	—	—
营业收入	亿元	68.13	32.73	−51.96
利润总额	亿元	8.78	11.49	30.78
净利润	亿元	6.97	9.19	31.85
税收贡献	亿元	3.42	4.23	23.78
全员劳动生产率	万元 / 人 · 年	482.21	587.92	21.92
资产负债率	%	79.80	82.53	增长 2.73 个百分点
净资产收益率	%	5.71	7.55	增长 1.84 个百分点
总资产报酬率	%	1.61	1.77	增长 0.16 个百分点

服务集团司库建设有力有效。深度融入集团“两个中心”建设，打通“共享—资管—财司”付款指令全程线上通道；推动集团 6 家上市公司存款关联交易限额提升至 248 亿元；配合集团建立成型资金集中体系；建设境外资金监控平台实现 150 个境外账户在线可视；直联账户集中授权比例近 90%；落地首笔跨境人民币支付业务。信贷服务水平稳步提高，信贷投放情况获央行表扬；与中铜产融合作新模式取得积极成效；压降成员企业外部负债减少费用支出 600 万元，主动降低贷款利率节约利息 5400 万元，撬动华中铜业外部低成本信用贷款节约融资费用 900 万元。风险管理服务全面加强，为中铜国贸等 4 家企业提供远期结汇服务并锁定汇率风险敞口；深化统保服务，集团固定资产投保率达到 62.6%；高效办结 606 起成员企业赔案争取赔款 6713 万元；协助中铝瑞闽等 5 家企业申补新材料保险 7000 万元创新高；为云铜股份等企业提供关税保证保险节省资金成本 1200 万元，170 宗挂牌产权经纪项目溢价 1800 万元，完成集团首宗在国内交易所公开交易的境外资产项目；商品价格风险管理试点业务创效近 200 万元；助力铅锌企业锁价采购优质原料超万吨。

自主融资能力显著增强。采取稳抓债券发行窗口期、置换偿还高息贷款、调降贷款利率三大举措，全年新增融资 101 亿元，加权平均成本 2.97%，累计降本 1738 万元；新增银行授信额度 35.4 亿元，较年初增长 37.5%，基本实现国有及股份制银行全覆盖。产业链金融业务转型成效持续向好，中铝租赁完成一批新合伙人准入和新模式落地，新增铝模板项目投放 32 个，运营面积达 50 万平方米，全面提升绿色建筑装备业务资产运营核心能力；中铝商业保理供应链智慧金融服务平台实现自营模式向助贷模式转型，中铝有色供应链产业园取得业务场景化突破。资本金融和风险管理业务培育新动能，中铝创投基金完成绿色低碳基金备案；中铝创益基金全力推动获取私募证券基金资质，拓展权益投资新途径；中铝保险经纪成功获批互联网保险业务资质，上线互联网保险商城系统，培育新的业务增长点；云晨期货新增 2 个做市品种，做市业务利润同比增幅 44%，获评上期所金奖。

四、安全环保

坚持安全生产和疫情防控“两手抓”“两手硬”，统筹做好疫情防控和生产经营工作，严格按照属地政府和集团疫情防控政策，及时调整防控措施，采取“现场驻楼＋远程居家”等形式，科学合理调配人员，控制现场办公率，进一步降低疫情传播风险，守住安全发展底线；加强安全隐患巡查排查，及时消除安全健康等潜在隐患。紧密围绕集团绿色低碳转型发展，积极践行绿色金融，制定绿色金融发展方案，设立国内有色行业最大的绿色低碳发展基金，全面发力绿色能源、绿色物流绿色建筑装备租赁业务，彰显绿色金融品牌。

五、科技创新

持续提升信息科技水平，完成财务公司核心业务系统升级和新一代票据业务系统上线；建成集团内首个与财务共享系统和NC核算系统集成的业财一体示范项目；金融科技创新实现突破，上线运行首个直接面向C端用户的中铝互联网保险平台，实现中铝E信融与工行、农行等外部金融机构系统对接；期货和衍生品交易管理信息系统实施运行，实现期现业务全流程信息化管控。加强网络安全建设，搭建了国资国企网络信息安全监管平台，落实重保期间安全防护，完成保险经纪核心系统等保三级备案。

六、改革发展

中铝资本深入贯彻落实国企改革三年行动，着眼改革发展全局，锚定任务要求和工作清单，抓落实、督进度、促实效，全部完成经营单元31项改革任务、国务院国资委重点考核9项任务。

公司规范治理明显增强。修订两轮次“三重一大”、董事会授权决策制度，完善法人治理结构安排和治理主体权责分配等核心管理制度18项，优化调整党组织前置审议事项，促进治理主体行权规范提升；加强董事履职保障和办公支撑，推动董事会规范高效运行。

综合治理工作扎实有效。组织全级次对比摸排，建立问题整改清单，立行立改完成整改，提高精细化、规范化管理水平；积极配合国务院国资委、审计署等检查，严格问题整改，管理基础有力提升。

财务经营管控更有力度。构建对标导向、目标引领的预算管理模式，提升经营管控能力；坚持成本领先，制订三年降本计划2.0，战略单元融资成本同比降低46BP，成费比优于预算8个百分点。

风险管理能力持续强化。加强重点业务、重大项目垂直管理，强化新业务、新产品等新增风险管控；推进中铝财务公司内控体系“六化”建设，不断夯实内控管理基础；建立“两清单、三检查”工作机制，构建审计整改责任体系，审计监督作用更好发挥。

人力资源管理不断完善。加强干部队伍建设，完善核心人才梯队；组织“中铝金融大讲堂”“求强筑梦营”系列品牌培训，提升队伍综合素质；完善市场化激励体系，切实做到人员能进能出、职位能上能下、薪酬能增能减，有效激发经营活力。

各项管理协同平稳高效。强化督办协同问效，集团督办全部办结，战略规划AB类事项有力落实；高效承办集团机要任务，制作保密微视频被集团推优至中国保密在线网展播；完善新闻宣传协同机制，营造了正向舆论氛围；深入推进印章和档案管理专项，规范管理水平稳步提升。

提升资本运作成效。落实集团再生金属战略布局，完成欧冶链金项目投资；发挥内部投行专业优势，制定驰宏锌锗、中铝国际市值管理、股权激励等方案，积极参与ZW、两江项目等资本运作，支持轻合金金属等科技企业发展，为集团提升资本运营成效提供金融支持；完成国内有色行业最大、首期60亿元规模的绿色低碳基金备案。

七、党建与企业文化

中铝资本坚持以高质量党建引领高质量发展。一是严格落实“第一议题”制度，确保习近平总书记重要指示批示精神第一时间学习贯彻。提高党委前置研究程序的规范性，切实发挥“把管保”作用。优化党建责任制考核体系及模式，压实党建责任。二是精心组织“喜迎二十大、奋进新征程”等主题宣传活动，党委班子带头宣讲党的二十大精神，基层党组织多措并举学习宣贯，思政工作做法在集团会议上进行经验交流。三是扎实开展“双创”大讨论、“两带两创”及政研课题研究，双向融合更加紧密。四是探索全面从严治党协同联动机制，压实党风廉政建设责任。提升“大监督”平台效能，监督体系日益完善；加强执纪监督，对审计和巡视反馈问题涉及的相关责任人严肃问责，强化警示震慑；开展“喜迎二十大”廉洁文化系列宣贯活动，获得中国财务公司协会清廉金融文化朗诵和演讲比赛一等奖。五是加大职工提议提案落实力度，全年办实事48项；举办职工技能大赛、企业文化宣传月等活动；深化党建带团建机制，高质量完成“青马”工程培养任务。

八、履行社会责任

加强社会责任品牌建设，积极申报社会责任公益品牌实践项目案例，精心选送“绿色低碳向未来”漫画作品，公司社会责任公益实践在《工人日报》等国家级媒体刊登，彰显公司公益品牌。持续推进社会责任体系建设，完成社会责任管理模块运行自评报告，完善社会责任考核指标，组织填报财协社会责任调查问卷，积极开展财务公司行业社会责任交流培训。紧扣“双碳”目标，探索发展绿色金融，制定《绿色金融发展方案》，支持集团可再生能源项目，设立《国内有色行业最大的绿色低碳发展基金》，投放绿色信贷，助力集团低碳转型发展。

撰稿 / 申江涛

中铝财务有限责任公司

一、基本情况

中铝财务有限责任公司（简称中铝财务公司）成立于2011年6月，截至2022年底，注册资本40亿元，员工总数（在岗）61人，资产总额529.49亿元，资产负债率88.85%。

主营业务范围：对成员单位办理财务和融资顾问、信用鉴证及相关的咨询、代理业务；协助成员单位实现交易款项的收付；经批准的保险代理业务；对成员单位提供担保；办理成员单位之间的委托贷款和委托投资（仅限固定收益类有价证券投资）；对成员单位办理票据承兑与贴现；办理成员单位之间的内部转账结算及相应的结算、清算方案设计；吸收成员单位的存款；对成员单位办理贷款及融资租赁；从事同业拆借；承销成员单位的企业债券；有价证券投资（股票投资除外）；成员单位产品的买方信贷。办公地址：北京市西城区文兴街1号院1号楼（北矿金融科技大厦）C座。

2022年，面对疫情冲击、经济下行、利差收窄、盈利增速放缓等压力挑战，在集团党组的坚强领导下，中铝财务公司以习近平新时代中国特色社会主义思想为指导，认真落实集团年度工作会议要求，紧跟集团战略部署和改革发展导向，立足产业金融定位不动摇，坚持服务、控险、创造价值，统筹抓好稳增长、优服务、抓管理、防风险、强党建各项重点工作，经营发展取得新进展新成效，圆满完成全年任务目标。

二、生产经营

2022年经营业绩稳中向好。有力应对复杂多变的外部环境和风险挑战，紧盯经营目标，强化运营全过程管控，发展质效明显提升。实现营业收入11.46亿元，同比增长10.11%；利润总额6.29亿元，同比增长65.51%；净利润4.8亿元，同比增长63.85%，表内外资产总额1040.75亿元，持续保持业务零不良、零逾期，牢牢守住不发生金融风险的底线。

业务规模再上台阶。努力克服资产回报率降低、优质客户资源竞争激烈等难题，主动调整经营策略，以价换量、以量补价。中铝财务公司本外币日均存款397.8亿元，同比增长41.2%；日均信贷资产213.18亿元，同比增长10.68%，存贷款规模再创新高。

综合金融服务体系更加全面。做深做实客户经理制改革，制定与中国铜业综合金融服务方案，深入落实战略合作，做细服务体系，落实“四个一”工作机制，产融服务新模式取得积极成效。多措并举加强与客户的沟通联系，实地走访中国铜业、云铜股份、华中铜业、云铝股份等20余户成员企业，深入企业一线，增强客户黏性，精准把握企业特殊时期的困难和需求，为中国铜业及其所属企业提供了228亿元资金支持。

服务集团司库建设有力有效。深度融入集团“两个中心”建设，扩容6家直联银行，打通“共享—资管—财司”付款指令全程线上通道。推进存款上限提升，集团6家上市公司存款关联交易限额增至248亿元。建设境外资金监控平台，支持集团实现150个境外账户全面在线可视。推进直联账户集中授权，整体授权比例近90%。上线跨境人民币支付收发器，落地首笔业务，助力集团人民币跨境支付结算。

主要经济指标一览表

表82

项目	单位	2021年	2022年	增长（%）
资产总额	亿元	426.11	529.49	24.26
工业产值	亿元	—	—	—
营业收入	亿元	9.34	11.46	22.7
利润总额	亿元	3.8	6.29	65.51
税收贡献	亿元	1.79	1.96	9.5
全员劳动生产率	万元/人·年	747.03	1267.27	69.64

三、安全环保

严格落实集团常态化疫情防控措施，为员工健康安全提供有效的疫情防控保障；加强驻楼应急保障，服务保障集团金融需求。规范新办公楼管理，健全物业运维和后勤保障体系，强化办公区每日安全巡查制，确保公司安全零隐患。落实集团要求，坚持报送零报告。认真落实集团保密工作要求和保密措施，自觉遵守保密制度，确保党和国家秘密安全。支持集团可再生能源项目，探索发展绿色金融，绿色信贷投放累计15.81亿元。

四、改革发展

信贷服务水平稳步提高。持续加大减费让利力度，为成员企业压降外部负债44亿元、减少费用支出600万元；主动降低贷款利率，助力成员企业节约利息5400万元；为华中铜业提供3亿元资金，撬动外部6亿元低成本信用贷款，助力节约融资费用900万元；为川渝等地受高温影响企业办理9.6亿元票据承兑、贴现业务，助力企业稳产保供。为铝水园区中小企业提供买方信贷资金3.1亿元，助力集团供应链安全稳定。

资金运营管理水平持续提升。坚持细化资金风险管理、流动性管理、外部融资管理，资金运营管理效果显著。服务高新小微企业票据融资，获批人行6.42亿元再贴现申请额度，全年办理再贴现11.07亿元，为高新、小微成员企业提供有力资金支持。创新融资手段，持续强化同业融资渠道建设，创新开展5亿元CDR匿名点击业务，丰富低成本融资渠道。积极开展财务顾问服务，为集团成员企业制定锁汇方案，助力成员企业远期结汇，锁定汇率风险敞口。

综合治理工作扎实有效。在会计信息、依法纳税、金融业务等领域深入开展综合治理专项行动，组织对比摸排，建立问题整改清单，以“四查四看”为重点开展督导，探索“边发现问题、边同步整改，边探究问题、边探索长效机制”工作模式，立行立改100%完成整改；自选基础管理专项检查，高效实现整改，提高精细化、规范化管理水平。积极配合银保监局、集团审计部检查，严格问题整改，管理基础有力提升。

合规管理能力持续强化。持续完善风控政策体系，制定重大风险应急预案，常态化开展评价监督，内控体系和风险化解能力进一步巩固。以合规管理强化年为契机，推进法治央企建设，贯彻落实法律审核两个全覆盖管理要求，严格落实合同示范文本管理，法律合规体系持续完善。统筹全年审计工作，落实审计检查和问题整改，建立“两清单、三检查”工作机制，构建审计整改责任体系，审计监督作用更好发挥。

紧扣深化改革释放新活力。决策体系不断优化，修订“三重一大”、董事会授权制度，编制19类92项决策事项清单，保障重大决策部署落实。治理体系规范健全，完善法人治理结构安排和治理主体权责分配的核心管理制度，制定（修订）股东会、董事会、经理层各类制度6项，促进治理主体行权规范提升。

人力资源管理更有力度。持续深化国企“三项制度”改革，强化任期制契约化管理的领导人员刚性考核兑现。激发全员紧盯公司全年目标，促进前中后台更加协同高效。强化基础管理，优化调整组织机构，修订岗位说明书。完善制度体系，修订绩效管理、休假考勤管理等制度，规范员工入职、借调、离职等程序，细化劳动关系管理流程，做好京外调干、夫妻两地分居京外随迁、西城区人才引进、职称申报等工作，保障员工切身利益。

“六化”特色工作展现亮点。围绕持牌金融机构实际特点，结合立足企业集团财务管理和金融服务职能属性，创新运用“六化”工具，建立合规管理长效机制，将内控建设、风险管理与信息化融会贯通，围绕制度、流程、表单、岗位、信息、考核六个关键环节，疏通堵点、连通断点、补通漏点，以合规高效的金融服务支撑集团高质量发展。

信息科技支撑得到提升。积极配合集团财务“两个中心”建设，推进核心业务系统一期升级、新一代票据业务系统一期建设。增强信息科技协同效能，保障监管报送系统建设，EAST、利率报送、金融基础数据三项系统实现验收；完成征信二代系统和接口开发，具备人行系统验收条件。信息科技管理制度持续完善，信息化建设日趋规范。

五、党建与企业文化

中铝财务公司强化党的领导融入公司治理，新设中铝财务公司党总支，将党建工作要求写入《公司章程》，并围绕经营管理开展工作，发挥战斗堡垒作用。把学习贯彻党的二十大精神作为首要政治任务，聚焦经营发展中的重点、难点问题，扎实开展“双创”大讨论、“两带两创”及政研课题研究，双向融合更加紧密。

积极探索全面从严治党协同联动机制，不断压实党风廉政建设责任。开展资金支付风险专项检查，深化“靠企吃企”专项整治，监督体系日益完善。着力强化执纪监督，深入排查廉洁风险，从严推动纪律作风建设走深走实。

在不断发展中培育特色“四优”企业文化，以理念优、价格优、产品优、效率优为支点，精心打造特色金融服务文化。品牌影响逐步增强，品牌故事、先进事迹、经验案例等多篇作品被集团和行业协会刊物收录。新闻宣传围绕中心工作发力，多篇稿件刊登在《中国有色金属报》《中国铝业报》，行业影响力和品牌美誉度得到提升。组织填报财协社会责任调查问卷，积极开展财务公司行业社会责任交流培训。切实履行好社会责任，绿色信贷投放累计15.81亿元。

撰稿／崔　巍

中铝商业保理有限公司

一、基本情况

中铝商业保理有限公司（简称中铝商业保理）成立于2016年5月13日，注册资本4.57亿元，员工总数（在岗）19人，资产总额40.30亿元，资产负债率84.77%。

主营业务范围：以受让应收账款的方式提供贸易融资；应收账款的收付结算、管理与催收；销售分户（分类）账管理；客户资信调整与评估；相关咨询服务。办公地址：北京市西城区文兴街一号院中铝金融大厦。

中铝商业保理在推进中铝有色供应链产业平台落地的工作实践中，围绕集团“建设成为世界一流有色金属企业”发展愿景，深入落实中铝资本构建产融结合生态圈，聚合产业链金融场景，实现强链、补链、固链、延链的重点发展规划，积极推动“中铝有色供应链产业园”战略转型举措，2022年取得突破性进展，获批金华政府专项产业扶持政策；获得中铝股份协同发展支持，给予专项营销政策，完成营销团队组建，实现首笔突破并持续市场展业。

二、生产经营

2022年中铝商业保理坚定打造原创技术“策源地”和现代产业链“链长”，以供应链金融促进上中下游、大中小企业融通创新、协同发展等方面的作用。中铝供应链智慧金融服务平台项目2022年与5家银行开展业务合作，用户注册数量同比增长超20%，开立规模3755万元，中铝供应链智慧金融服务平台将持续围绕集团主业助力有色产业链“核心”企业，支持配合上下游中小企业开展供应链融资，努力实现优质信用共享，助力中小企业拓展融资渠道、获取低成本资金、减少资金占用。圆满完成绩效目标，全年保持零逾期零不良。公司连续五年获行业创新奖，不良资产率、人均资产规模、人均利润水平、净资产收益率等四项指标持续保持行业优秀水平。

主要经济指标一览表

表83

项目	单位	2021年	2022年	增长（%）
资产总额	亿元	34.51	40.30	16.78
营业收入	亿元	1.88	1.91	1.60
利润总额	亿元	0.73	0.88	20.55
净利润	亿元	0.55	0.65	18.18
税收贡献	亿元	0.28	0.32	14.29
全员劳动生产率	万元/人·年	0.05	0.06	20.00

三、改革发展

2022年开展E信融产品创新并实现落地。全面摸排集团各实体企业支付需求，调研学习保理同业先行经验，形成中铝E信平台方案并开展建设，为集团企业创新支付工具。研究并形成“供应链金融＋数字科技系统＋线下数智化产业园”的商业模式，加强中铝铝产品供应链的深度融合，提升服务质量，拓展中铝集团铝终端产品市场。聚焦央企、国企需求，继续推进市场化改革，并研究工程领域铝应用，进一步深挖工程用铝，进一步扩大铝、铜终端消费市场。

四、党建与企业文化

中铝商业保理党支部坚持把党的领导融入公司治理各个环节。组织修订《公司章程》《“三重一大”决策制度实施办法》，进一步完善党组织发挥领导作用和主要职责，明确“坚持和完善双向进入、交叉任职”领导体制，完善和修订“支委会前置审议事项清单”，明晰支委会前置审议事项和决策流程。

中铝商业保理党支部坚持落实党建工作责任制和“为集团提供一流的供应链金融服务”同部署、同落实、同考核，实现党建与业务相融互促。支部坚持问题导向，汇聚集体智慧，推行“党建＋管理经营”“党建＋业务创新”“党建＋风险防控”“党建＋优质服务”等工作模式，发挥骨干党员在产业链业务拓展、金融科技应用、产业场景创新等方面模范带动作用，紧密结合“两带两创”活动，推进各项业务协同发展，通过支部共建和党建对标工作的开展，积极推动“抓党建促发展、以发展强党建”双向循环，并持续深入开展“两对标、两抓好”活动，以实际行动贯彻落实党的二十大精神。

撰稿／李珺佚

中铝融资租赁有限公司

一、基本情况

中铝融资租赁有限公司（简称中铝租赁）成立于2015年5月，截至2022年底，注册资本16亿元，员工总数（在岗）24人，资产总额77.76亿元，资产负债率74.98%。

主营业务范围：提供新购设备直租型融资租赁、新购设备直租型经营租赁、售后回租型融资租赁、联合租赁、转租赁、租赁财产的残值处理及维修、租赁交易咨询和担保，兼营与主营业务有关的商业保理业务，其他资产管理等创新的产品和服务。办公地址：北京市西城区文兴街1号院中铝金融大厦8层。

2022年，中铝租赁通过加大产业链金融市场化业务比重、统筹融资降本、控费等举措，克服疫情对市场开拓、项目投放的影响，实现合并营业收入48035.39万元，同比减少6.07%；利润总额24984.02万元，同比增长0.74%；净利润18683.43万元，同比增长0.53%。

二、生产经营

2022年，中铝租赁完成84笔业务投放，其中18笔为售后回租业务，62笔为直接租赁业务（包含铝模板投放60笔），2笔保理业务，2笔经营租赁业务。总投放金额共计36.84亿元，同比减少5.76亿元。2022年末，公司净资产收益率9.66%，同比上升0.36个百分点。公司盈利指标较好、债务风险较低，不良资产率持续为零，较好保持安全性与收益性的平衡。

主要经济指标一览表

表84

项目	单位	2021年	2022年	增长（%）
资产总额	亿元	81.96	77.76	−5.12
营业收入	亿元	5.11	4.80	−6.07
利润总额	亿元	2.48	2.50	0.81
净利润	亿元	1.86	1.87	0.54
税收贡献	亿元	0.67	0.80	19.40
全员劳动生产率	万元/人·年	863.32	1313.51	52.15

三、安全环保

组织落实《安全一岗双责责任清单》执行落地；参照母公司中铝资本的《安全生产责任规定》和《办公区安全环保管理暂行办法》两项制度，强化安全生产管控。结合金融企业业务运营实际，设置安全消防员。在各个卫生场所设立节水和节能标识，对办公室的节能灯做到随坏随换，复印机等设备做到定期维修保养，空调设备定期维护并按规定开启，确保温度不超，窗门不开。全面推行办公自动化管理系统，倡导无纸化办公理念，减少纸张浪费。

四、改革发展

以市场化为导向，推动职业经理人改革深化。2022年是中铝租赁职业经理人改革第二个任期的第一年，坚定回归租赁本源，扎根有色，服务实体的转型方向，以不断提升有色行业资产服务能力为目标，以国企三年改革行动方案为“纲”，以落实职业经理人第二任期履职方案为“目”，纲目并举全面提升公司现代企业治理水平。推动董事会治理、向经理层授权，按照战略规划和业务发展方向重塑组织架构，大力推进五大事业部从传统信贷利差模式向资产运营服务模式转变。截至2022年底，中铝租赁资产运营型业务资产规模超10亿元。

以“十四五”战略为导向，全面升级资产运营核心能力。中铝租赁协同天津骏鑫轻量化科技有限公司开展绿色建筑装备业务核心能力提升专项行动，通过模式创新、渠道开拓、完善制度、优化流程、设备配置、系统加持、人员保障等专业子项的持续推进，全面提升铝模板业务产品竞争能力、市场开拓能力、资产管理能力和高效运营能力，完成一批新合伙人的准入和新模式、新项目落地，制定《铝模板业务操作手册》等一批规范性制度和实施细则，出台资产日报等一批铝模板资产管控的工作方法，确保铝模板在租资产看得见、管得住、用得好、拿得回。

截至2022年末，中铝租赁累计实现铝模板业务投放4.12亿元，新增融资租赁订单签订4.12亿元，与去年同期相比增幅达73.1%，新增铝模板业务授信额度8亿元；全面提升铝模板市场开拓能力，新增准入业务合伙人7个，拓展准合伙人8个，铝模板供应商3家，持续扩大行业影响力。

轻量化物流装备业务实现从零到一。中铝租赁轻量化物流团队从零起步，深入行业调研，走访包括铝挂车、无人车、冷链物流装备、危化品物流装备、物流园区、优秀同业等53家企业；以产促学，形成《轻量化物流产品金融推广方案》，为业务推广奠定理论基础；快速创新，与集团内成员企业合作开发经营性租赁模式。成功落地首笔创新型智能全铝挂车业务，成功投放944万元，为公司创造可观收益。

五、党建与企业文化

中铝租赁党支部在上级党委的坚强领导下，以深入贯彻落实党的二十大及历次全会精神为指导，持续深入学习宣传贯彻习近平总书记重要指示批示精神，围绕主题每月集中学习研讨并形成简报。支部将学习党的二十大精神与“三会一课”“主题党日”“书记讲党课”“我为群众办实事”等活动紧密结合。

全面落实党风廉政建设主体责任，通过组织开展“严守纪律底线，廉洁工作作风”专题廉洁警示主题党日活动、“喜迎二十大，中铝资本廉洁有我”征文活动、国家安全保密知识答题竞赛、学习《中铝资本控股有限公司党委关于加强礼品礼金登记处理工作的规定》等活动，将廉政、廉洁教育覆盖支部所辖各业务条线、各责任部门，不断增强全体干部员工恪守思想道德防线、法律法规红线和廉洁从业底线意识，营造风清气正的干事创业环境。

积极参加集团直属党委及中铝资本党委开展的特色活动，获得“优秀党员”“示范党支部”“示范党小组”“优秀党务工作者”“优秀项目”“党建工作大比武团队一等奖”等荣誉及称号。

2022年，中铝租赁联合中铝青岛轻金属公司，打通废旧铝模板资产回收再造渠道，实现铝模板再生循环利用和业务风险控制“双提升”。作为中铝租赁走绿色低碳专业化发展道路的重要一翼，上海子公司专注于绿色降碳领域，深耕“零碳物流、绿色矿山”业务场景，大力开拓集团内外部新能源商用车、工程机械、充换电及储能设施设备的租赁业务与运营场景，协同拓展布局光伏、风电等新能源和清洁能源产业项目，以专业的金融产品服务，助力集团实现“双碳”目标。

撰稿 / 王石磊

云晨期货有限责任公司

一、基本情况

云晨期货有限责任公司（简称云晨期货）成立于2002年3月，截至2022年底，注册资本3亿元，员工总数（在岗）85人，资产总额：13.46亿元，资产负债率68.24%。

主营业务范围：商品期货经纪、金融期货经纪。办公地址：云南省昆明市盘龙区华云路1号时代之窗大厦26楼。

2022年，在中铝资本党委的坚强领导下，云晨期货坚持以习近平新时代中国特色社会主义思想为指导，以迎接党的二十大胜利召开为主旋律，全面深入贯彻落实中铝金融年度工作会的精神和要求，以审计整改和业务恢复为主线，坚持全面梳理、深挖根源、系统重建的原则，进一步解放思想、转变观念、改进作风、培养能力，面对行业普遍下滑的不利局面，扎扎实实做好队伍稳定、业务稳定工作，全力以赴打赢“改革脱困”攻坚战。

二、生产经营

2022年末，云晨期货资产总额13.46亿元，较上一年减少47.97%，日均客户权益17亿元，同比增长17.8%；全年实现手续费及佣金3092万元，同比增长2.24%；实现营业收入1.38亿元，利润1030万元，完成年度收口目标；云晨期货行业分类评级提升至BB级；云晨期货全年期货市场累计成交额6426亿元，同比增加15.26%；同期全国期货市场累计成交额同比下降7.96%，云晨期货经纪业务成交额实现逆势增长。做市业务方面，2022年新增加铝期权、锡期货两个做市品种，收益率不断提高，因做市业务表现突出，云晨期货风险管理子公司上海滇晟获上海期货交易所做市业务金奖，员工获上海期货交易所优秀做市交易员奖。

主要经济指标一览表

表85

项目	单位	2021年	2022年	增长（%）
资产总额	亿元	25.87	13.46	−47.97
工业产值	亿元	—	—	—
营业收入	亿元	50.93	1.38	−97.29
利润总额	亿元	0.06	0.1	66.67
税收贡献	亿元	0.08	0.29	262.5
全员劳动生产率	万元/人·年	44.60	79.72	78.74

三、安全环保

云晨期货高度重视安全环保工作，从严从实抓好疫情防控，严格落实地方政府、上级单位防疫政策。大力加强保密工作，开展保密知识培训，保密自查，采购保密管理相关设备，建立健全保密工作制度和体系，不断夯实以新安全格局保障新发展格局的基础。组织开展职业健康管理讲座，消防安全知识培训，完成年度职工体检。从严从细抓好安全教育管理，全年没有出现安全事故。同时积极开展环保宣传教育工作，培养员工节约用电、节约用水，保护环境的好习惯。

四、科技创新

云晨期货以“科技赋能、创新求强”为发展路径，2022 年持续加强信息科技建设，上线上海滇晟现货管理信息系统和期货管理信息系统，实现对创新业务经营情况全面、实时监控；完成 CTP 报盘上线；配合广期所入会工作搭建测试环境；完善金仕达统一账户平台，迁移反洗钱系统历史影像数据至统一账户；上线德索 CRM 系统，解决职能部门工作量繁杂及重复劳动等问题；配合研发部对 ATR 等策略进行编写及回测；完成公司 OA 系统搭建，将公文流转、行政审批、合同审批等流程纳入 OA 系统管理，进一步规范日常运营流程。

五、改革发展

结合经营发展的痛点和难点，公司制定《云晨期货脱困发展总体方案》，明确改革脱困工作的关键节点、措施以及目标。按照《云晨期货脱困发展总体方案》，公司持续推进基础管理、市场开拓、业务优化调整、开源节流、中长期发展、历史遗留问题处置等各方面工作，着力实现改革脱困。

按照国企改革三年行动方案，完成三项制度改革后续工作，不断完善任期制契约化管理和职业经理人制度体系。完成《公司章程》《“三重一大”决策制度实施办法及清单》《股东会议事规则》《董事会议事规则》《董事长专题会议事规则》制定和修订工作，健全公司治理制度体系。

六、党建与企业文化

认真学习贯彻党的二十大精神，严格落实“第一议题”制度，深入开展“汲取伟力创价值 对标争先创一流”活动，扎实开展“两带两创”活动、“我身边的中铝精神”学习活动、“我为群众办实事”实践活动。加强党的组织建设，完成公司党总支的设立，在上海滇晟设立党支部，打通公司党建“最后一公里”。开展乡村振兴帮扶工作，建立支部结对共建，发起设立“云晨春雨”奖学金，为帮扶地区捐款捐物，爱心事迹被媒体平台广泛报道；加强党建带团建，积极开展“青年大学习”活动，为青年员工搭建学习交流、展示锻炼的平台；组织开展女职工烘焙活动、员工职业健康管理讲座；做好经常性警示教育，扎实开展“党风廉政与反腐倡廉宣传教育月”活动、“全民反诈在行动”集中宣传月活动，组织支部委员开展“讲规矩、立规矩、守规矩”专题会，不断提高党风廉政建设对中心工作的保障能力。

撰稿 / 赵　刚

中铝保险经纪（北京）股份有限公司

一、基本情况

中铝保险经纪（北京）股份有限公司（简称中铝保险经纪）于2002年9月经中国银行保险监督管理委员会批准设立，截至2022年底，注册资本5000万元，员工总数（在岗）19人，资产总额1.48亿元，资产负债率32.75%。

主营业务范围：为投保人拟定投保方案、选择保险人以及办理投保手续；协助被保险人或受益人进行索赔；再保险经纪业务；为委托人提供防灾、防损或者风险评估、风险管理咨询服务；中国银保监会批准的其他业务。办公地址：北京市西城区文兴街1号院中铝金融大厦。

2022年，中铝保险经纪深化价值创造理念，推动转型升级发展，压实压紧主体责任，稳步推进“十四五”战略规划，探索高质量新发展格局，在继续加强保险经纪和产权经纪两个平台建设基础上，加快创新成长步伐，始终保持良好的发展态势。

二、生产经营

2022年，中铝保险经纪实现营业收入6070万元，利润总额4701万元。收入构成中，保险经纪业务收入5376.13万元，产权经纪业务收入508.68万元，委贷利息收入154.87万元，房租收入29.74万元。2022年末资产总额1.48亿元，负债总额0.49亿元，所有者权益1亿元。

主要经济指标一览表

表86

项目	单位	2021年	2022年	增长（%）
资产总额	亿元	1.49	1.48	−0.67
营业收入	亿元	0.65	0.61	−6.15
利润总额	亿元	0.53	0.47	−11.32
税收贡献	亿元	0.15	0.18	20
全员劳动生产率	万元/人·年	414.21	311.38	−24.83

全面推动集团大统保制度宣贯落地，实现固定资产投保率63%，建立2022年重点客户清单及跟进集团重点投资建设项目，重点客户营销覆盖率达95%。

专项纾解成员企业理赔难题，沟通协调外部专业机构，提高保险索赔效率，圆满解决中铝股份一揽子赔案，累计获得保险赔款6706.32万元，理赔创效400余万元。

三、改革发展

推动国企深化三年改革行动，建立较为完善的现代企业法人治理结构，严格按照内外部及职工董事等比例组成新一届董事会，切实发挥董事会决策机制作用，做到董事会议应开尽开，重大决策事项应审尽审。2022年期间，累计召开6次董事会议（含新一届现场董事会议），审议决策26项议案。同时，综合管理部作为董事会工作办公室，综合文秘岗兼任董事会秘书，制定完善《中铝保险经纪(北京)股份有限公司董事会授权决策事项清单》《中铝保险经纪（北京）股份有限公司董事会议事规则》等制度，推动落实董事会日常管理工作。

加大创新型险种推广，助力5家企业申补新材料保险金额近7000万元，申补户数及金额均创新高；新增5亿元关税保险保障，全年累计为铜战略单元提供15亿元关税保障保险。持续发力互联网保险业务，成功获批互联网保险业务资质，完成互联网业务平台采购合同签署、需求说明书确认及网销产品选品，打通API产品对接；做好“中铝e保”公众号维护工作，关注人数升至14286人，为后续开展互联网业务打好“引流”基础。

融融协同开发集团产业链上下游客户，协助云南能投及下属企业完成续保工作，大力开展营销，持续提升市场业务比重。

创新产权经纪业务服务方式，以微视频或公众号招商等途径宣传推介重点项目，探索服务多宗“首次”，加大投资人库建设，累计建设投资人140家，挂牌金额约5.6亿元，累计成交约4亿元，溢价1800万元。持续完善系统建设，健全内控体系，协同推进财务共享，继续加强基础数据运维管理。

四、党建与企业文化

2022年，中铝保险经纪党支部围绕中心工作目标，不断加强班子自身建设、党员队伍素质建设和党风廉政建设，强化党建与业务深度融合，全面推进各项工作稳步发展。一是党风廉政建设方面。明确将党风和反腐倡廉建设作为支部日常工作的重要部分，将反腐倡廉理论和党纪法规作为学习的重要内容，坚持抓早抓小抓苗头，持续把纪律和规矩挺在前。二是宣传、品牌与文化建设方面，按期完成“大宣传”工作，年度对外投稿19篇，其中省级媒体刊载2篇;《中国铝业报》刊载3篇,《中铝信息快报》刊载2篇；完成北京保险业2022年金融联合教育宣传活动，着力提升企业品牌与文化建设。三是党群团联动方面，选树典型发挥先锋模范作用，1人获集团第四届“最美中铝人”。参与中铝资本职工技能比赛，制作微课视频获二等奖。参加中铝资本“廉洁有我”征文活动，2人获得优胜奖。

撰稿 / 王梦然

中铝创新发展股权投资基金管理（北京）有限公司

一、基本情况

中铝创新发展股权投资基金管理（北京）有限公司（简称中铝创投），成立于2017年，截至2022年底，注册资本5000万元，员工总数（在岗）11人，资产总额5323.03万元，资产负债率1.60%。

主营业务范围：投资管理；资产管理；投资咨询。办公地址：北京市西城区文兴街1号院1号楼中铝金融大厦8层。

2022年，中铝创投以服务集团转型升级和产业链生态布局为出发点，攻坚克难、砥砺前行，取得一系列重大突破，完成目标总规模300亿元、首期规模60亿元的中铝绿色低碳基金备案工作；南京、扬州两只地方产业基金启动投资工作；切实履行集团基金业务“三位一体”中后台集中管控职责，基金风险管理工作水平持续提升。

二、生产经营

2022年，中铝创投完成国内有色行业最大绿色低碳发展基金的备案工作，并为中铝绿色低碳基金储备欧冶链金等再生金属类标，中铝集团在中基协备案的单只私募股权投资基金管理规模直接跃升至央企前列。此外，中铝创投提前筹划基金备案后投资工作，设计中铝绿色低碳基金决策流程，积极做好项目开发储备，持续推进“绿钱绿电绿色铝”生态构建，确保基金落地后投得高效、投出精品。

主要经济指标一览表

表87

项目	单位	2021年	2022年	增长（%）
资产总额	亿元	0.32	0.53	65.63
工业产值	亿元	—	—	—
营业收入	亿元	0.03	0.05	66.67
利润总额	亿元	0.01	0.01	0
税收贡献	亿元	0.003	0.003	0
全员劳动生产率	万元／人·年	270	171.33	−36.54

三、安全环保

2022年，中铝创投深入贯彻习近平生态文明思想，贯彻新发展理念，坚定不移走生态优先、绿色低碳的高质量发展道路，积极推进中铝绿色低碳基金投资工作，紧紧围绕中铝集团主业以及主业直接上下游领域，确定“五加一”六大投资方向，以服务集团产业基础升级和提前布局双碳时代为首要目标，力争引领有色、反哺社会，服务保障“碳达峰、碳中和”目标如期实现，助力中铝集团成为有色行业践行绿色发展理念和履行社会责任的典范。

面对疫情给经营工作带来的诸多考验，中铝创投全体干部员工驻楼期间紧抓工作不放松，在符合疫情防控的整体要求下，积极外出探索渠道，沟通外部机构，加大项目储备力度，最大限度克服疫情影响，保证工作质量。

四、科技创新

中铝创投紧抓有色行业上行周期机遇，通过对内外部单位走访调研，立足“金融服务科技”的定位，探索集团科技创新与体制机制创新，助力集团基础研究、应用研究和技术创新融通发展，推动集团从生产型企业向科技型企业转型升级。积极推进集团战略事项，助力集团科技创新与机制创新，推动集团基础研究、应用研究和技术创新融通发展，加强与集团内外逾十家科研院所、大学、科技企业的沟通，中铝创投积极完成金融服务科技的CIC+CVC方案，获得集团领导高度认可。同时，KT、OK等基金投资所投企业与集团科研机构建立起高度互补的合作关系。

五、改革发展

在国务院国资委、中铝集团及中铝资本的部署及安排下，中铝创投以国企改革行动为指引，深入贯彻落实改革方案，建立健全现代化企业管理，完善现代企业建设，提升公司整体实力。一是修改相关规章制度，明晰管理层权责划分，完善公司治理架构；二是增资到5000万元，增强资本实力，更好地服务集团产业转型升级；三是进一步做深做实投资研究。洞察经济周期和行业前瞻变化，捕捉价值标的，加强投后管理，完善投研体系建设方案，围绕碳达峰碳中和及制造业转型升级两个核心趋势，与集团主业领域相结合，公司将节能减排、新能源、新材料、工业互联网、再生资源5个行业范畴作为投资方向，提升行业研究专业化及标准化水平，完成撰写发表国内外经济宏观报告4篇；发表集团《内部建言》1篇，发表细分行业研究材料3篇。

优化机制，深化中后台管理建设。中后台部门积极完成国企改革三年行动工作任务、改革专项工作、集团基金业务中后台管理等任务。修订制度10项，进一步提升管理精细化水平；做实综合治理专项，专项工作简报获国务院国资委内部刊登；健全基金管理人法人治理结构，完成管理层职业经理人改革，持续推动法治化、市场化运作。

为助力集团再生金属战略落地。服务再生金属产业发展，中铝创投为中铝绿色低碳基金储备欧冶链金等再生金属类标的。综合考虑欧冶链金项目的稀缺性、融资期的紧迫性和中铝绿色低碳基金当时无法落地的客观现实，果断将欧冶链金项目转为直投项目，并成立联合专项小组，通过充分尽调、详细论证以及与欧冶链金方大力沟通，从众多投资者的竞争中获得项目的投资份额，使中铝资本成为欧冶链金战略股东，开辟中铝资本股权直投业务新局面，同时还为中铝集团争取到董事席位，确保能够更好地发挥股权投资的纽带作用，促进双方在保供再生金属原料、共建回收体系等方面的深度合作。该项目投资方案获得集团董事长专题会审批通过，获直投额度5亿元，成为中铝有史以来境内最大单笔参股投资。

六、党建与企业文化

中铝创投以党支部成立为契机，学习党的二十大报告和党章，全面探索基金业务布局服务“中国式现代化”的发展路径和业务模式。教育引导基金业务单元党员全员提高政治站位，增强“四个意识”、坚定“四个自信”、做到“两个维护”，严格遵守党的政治纪律和政治规矩，以党建引领投资业务提升，为集团主业实现高质量发展做出新的更大贡献。

撰稿 / 邱　皓

中铝环保节能集团有限公司

一、基本情况

中铝环保节能集团有限公司（简称中铝环保）成立于2018年3月，截至2022年底，注册资本10亿元，员工总数（在岗）656人，资产总额24.13亿元，资产负债率37.9%。

主营业务范围：在环境保护、节能、新能源、资源综合利用领域内从事工程承包、技术开发、技术咨询、技术服务、技术转让、检验检测、节能评估；合同能源管理；环境污染治理；碳排放交易；进出口业务。办公地址：北京市昌平区北七家镇未来科学城。

2022年，中铝环保坚持以习近平新时代中国特色社会主义思想为指导，全面落实中铝集团2022年工作会议精神，以"十四五"战略目标为引领，坚持全面从严治党，坚持价值创造，坚持创新驱动，坚持深化改革，深入开展提质增效，经营业绩稳中向好。2022年新签合同8.7亿元，合同外向度84%，实现营业收入10.75亿元，利润总额0.75亿元，净利润0.57亿元，完成全年确保目标。净资产收益率3.89%，超年度目标0.42个百分点。成费比95.29%，同比下降1.04个百分点。外部市场收入5.36亿元，同比提高16%。营业收入利润率6.85%，同比提高0.37个百分点。

二、生产经营

2022年，中铝环保以重点项目建设为抓手，持续推进产业化发展。完成广西华昇赤泥选铁项目建设并投产运行，赤泥处置能力达到130万吨/年。实现贵州铝工业固废循环利用示范项目达产达标达效，关键指标均大幅优于设计目标。完成云南德福大修渣、炭渣技改增量项目，大修渣、炭渣处置能力分别提升至3万吨/年。托管运营山西新材料二次铝灰预处理、炭渣浮选单元和湖北黄石铝灰处置项目。云南科力"以租代建"方式建成"30万吨/年铜冶炼尾矿渣资源化利用"项目并实现达产达标，全力解决"云南冶金固废绿色高效研发中心"示范项目土地、排放指标等难题。通过自主建设、托管运营、以租代建、合作共建等多种形式，固危废处置能力大幅提升，危废处置能力由3.9万吨/年提升到8.8万吨/年，一般固废处置利用能力从"零"突破到140万吨/年。

主要经济指标一览表

表 88

项目	单位	2021 年	2022 年	增长（%）
资产总额	亿元	22.77	24.13	5.97
工业产值	亿元	1.41	0.52	−63.12
营业收入	亿元	12.11	10.75	−11.23
利润总额	亿元	−0.45	0.75	266.67
净利润	亿元	−0.50	0.57	214
税收贡献	亿元	0.77	0.71	−7.79
全员劳动生产率	万元 / 人·年	56	62.4	11.43
资产负债率	%	36.62	37.9	增加 1.28 个百分点
净资产收益率	%	−3.43	3.89	增加 7.32 个百分点
总资产报酬率	%	−0.65	4.13	增加 4.78 个百分点
研发投入强度	%	3.74	5.43	增加 1.69 个百分点

三、安全环保

2022 年，中铝环保以集团 CAHS、CAE 体系持续优化运行为抓手，不断强化安全环保风险防控，实现重伤及以上生产安全事故、一般及以上突发环境事件为零的安全环保目标。中铝环保 CAE 体系得分为 80.31 分，CAHS 体系得分为 78.65 分；

岗位操作标准化工作。按照集团安环委会下发的《关于切实加强操作标准化的通知》的工作部署，共修订操作规程 392 项，检修规程 258 项，安全规程 217 项，制作口袋卡 264 张，组织完成三大规程的培训、理论考试和实际操作考核。

安全生产标准化班组建设。组织各单位开展安全生产标准化班组创建工作，截至 12 月底，中铝环保所属 9 家单位计划创建安全生产标准化班组 45 个，实际通过验收 43 个，达标率 95.6%，顺利实现 12 月底达标率超过 90% 的总体目标。

在 2022 年疫情防控期间，先后有 3 家企业 286 人次参与抗“疫”保生产，实现疫情防控和生产经营两不误。

四、科技创新

深入贯彻集团第四届科技创新大会精神，强化党对科技工作的统一领导，把科技工作纳入党建和经营双考核范畴，完善“1+8”科研制度体系，形成班子成员带科技研发项目和联系服务科技人才工作机制，建立科技创新能力评价指标体系，推进技术开发及成果转化中心组建，科技创新体系效能得到提升。持续加大科技创新力度，3 项科技成果被中国有色协会评定为国际先进水平、1 项为国内领先水平。全年新获授权专利 24 项（其中发明专利 2 项），授权软件著作权 3 项，参与行业标准制定 3 项。铝能清新、云南科力、云南德福 3 家单位荣获省级“专精特新”企业。中铝生态成功获得环境工程设计专项（污染修复工程）甲级资质；长城检测及其广西分公司分别完成CMA的换证和取证工作。

五、改革发展

完成国有企业改革三年行动任务，全力推动实施方案落地见效，以章程为核心的“1+N”现代企业治理制度体系更加成熟定型，59 项改革任务全面完成。完善全级次企业党组织、董事会、经理层责权清单，提升各决策层运行质量。科学配置子企业董事会，实现全级次企业外部董事占多数，完善法人治理结构，健全董事会运行体系，严格董事会运行评价，促进子企业董事会职能作用发挥。

积极稳妥推进混合所有制改革，制定云南德福混合所有制企业和云南科力科改示范企业培育方案。全面完成任期制契约化管理和职业经理人改革问题整改，强化以业绩为导向的领导人员契约化管理，开展年度任期经营业绩考核，兑现职业经理人单位云南德福班子的超额利润分享激励，市场化选人用人机制得到进一步完善。持续加大资源整合力度，完成金宇环保的重组整合，签署“中铝环保收购亚太环保持有云南德福20%股权的协议”，泓瑞冶金并购项目获集团批复。

六、党建与企业文化

2022年，在集团党组的坚强领导下，中铝环保党委深入贯彻习近平新时代中国特色社会主义思想和党的二十大精神，发挥党建法宝优势，完善党建工作机制，提升党建政治功能，为生产经营改革发展提供坚强保证。

强化理论学习，在政治建设上强武装。严格落实“第一议题”制度，创新党委理论学习中心组学习形式，实现党中央决策部署和习近平总书记重要指示批示精神台账化、项目化，组织开展学习宣传贯彻党的二十大精神系列活动33次。

加强党对意识形态的领导，构建“大宣传”工作格局，开展“崇尚先进、学习先进、争当先进”活动，评选“第一届最美中铝环保人”4名，编发《形势任务宣传教育提纲》4期。成立工会开展职工活动3次，搭建竭诚服务职工群众的纽带和桥梁。

强化基层党建，在提质增效上发实功。深入推进党建与业务双向融合，实施领导班子包保科研项目、综合治理、“两带两创”、安全生产、信访维稳等系列工作，有效开展“共学共促”活动，帮助所属企业协调解决问题6项。修订完善《党委党建工作责任清单》，严格贯彻落实“四同步”“四对接”要求，各基层党组织做到“应换必换”“应补尽补”。围绕生产经营改革发展目标，立项并开展“两带两创”项目24个，累计创效4300万元。扎实开展“双创”大讨论，各级党组织共制定的28条措施全部完成。持续开展“我为群众办实事”活动，解决问题24项。大力开展优秀党组织选树工作，铝能清新党支部荣获集团“百十一”示范党组织称号。

高质量完成年度巡视任务，全力推动巡视反馈问题整改。整改完成率为92.6%。持续开展“大监督”工作，累计发现问题26项，完成整改24项，整改率92.3%；全力推进经济责任审计问题整改，发现73项具体问题，完成整改66项，整改率90.4%；统筹开展“1+7+3”综合治理专项行动，发现问题43项，全部完成整改。通过问题有效整改，推动建章立制、流程优化和管理创新等走深走实，实现重大决策、经济合同、规章制度等三项法律审核率100%。扎实开展合同示范文本推广、印章证照规范管理、保密管理等专项整治，合同示范文本使用率达94.7%，印章证照管理的规范性和约束性得到进一步增强，保密意识和保密能力在全级次企业得到质的提升。

七、履行社会责任

中铝环保积极履行央企社会责任，建立社会责任管理体系，树立“让世界更有色 让有色更绿色”的责任理念，确立“打造战略新兴产业、助力绿色中铝建设、实现产业协调发展”三大中心任务，确定“创新、共赢、诚信、责任”的核心价值观，以“价值创造、深化改革、全面创新”经营理念，着力打造科技型、创新型、服务型环保节能产业集团的品牌形象。结合中铝集团乃至有色行业环保节能绿色高质量发展中的痛点、难点、堵点问题，明确生态环保、资源综合利用、低碳节能、综合服务“3+1”业务方向，明晰核心技术、经营方式、角色定位、业务结构的“四个转变”转型发展模式。烟气治理运营业务具备专业运营能力，热电锅炉环保业务运营量稳居全国前五，拥有完善的技术标准和运行维护制度体系。工业污水、生活污水处理规模达 9 万立方米 / 天。积极选送《落实中央环保督察 推进稀土矿山污水达标治理》参与社会责任实践优秀案例评选。积极参加中铝降碳节，选送《建设分布式光伏电站 打造中铝低碳示范园区》参与降碳优秀案例评选，中铝环保危废处置领域开新局案例、北京铝能清新环境技术有限公司运维机组技术升级案例、中铝环保组织召开“双碳”背景下氧化铝生产企业低碳节能研讨会图片等入选中铝集团 2021 年降碳报告。积极参加中铝集团第五届创新创意大赛，参赛作品“微渗透负压防渗净化技术”获能源贸易与工商服务领域二等奖。开展反诈宣传，通过制作反诈宣传图片 MV、宣传海报和展板等多种形式，营造“全民反诈”浓厚氛围，进一步提高职工群众防骗识骗能力和意识，有效遏制电诈风险。

撰稿 / 张　琦

中铝创新开发投资有限公司

一、基本情况

中铝创新开发投资有限公司（简称中铝开投）成立于2018年5月，截至2022年底，注册资本18亿元，员工总数（在岗）134人，资产总额8.02亿元，资产负债率24.02%。

主营业务范围：投资兴办实业；股权投资；资产管理、投资管理；投资咨询、企业管理咨询；技术开发、技术咨询、技术服务；经营进出口业务。办公地址：深圳市南山区粤海街道科发路南山金融大厦。

2022年，中铝开投着力加强党建与业务深度融合，全面开展董事会治理体系建设，深入推动管理改革创新，不断强化专业投资与运营平台两种能力建设，在构建现代一流投资公司的道路上迈出坚实一步。

二、生产经营

面对国务院国资委基金发行政策调整和疫情影响项目考察与投资节奏的不利局面，投资、投研、投后管理三向发力。投资方面，全年完成项目储备40项，立项16项，通过投决5项，完成投资1.6亿元，涉及3D打印、半导体、高端制造等产业和技术领域。投研方面，研究编写3D打印材料、惯性导航、激光雷达3篇行业研究报告，为集团培育拓展新兴领域拓宽拓深视野。投后管理方面，已投项目股权融资顺利推动，整体估值较2021年度资产评估报告数据增加2.59亿元，同比增长8.98%，臻镭科技项目实现IPO，估值较投资时增长了7倍，德兰明海估值较投资时增长7倍，集迈科、威固信息、帕瓦莱斯、易加三维等项目运营指标或估值均实现翻倍增长。

主要经济指标一览表

表89

项目	单位	2021年	2022年	增长（%）
资产总额	亿元	8.60	8.02	−6.74
营业收入	亿元	29.24	32.11	9.81
利润总额	亿元	0.09	0.43	377.77
净利润	亿元	0.07	0.41	485.71
税收贡献	亿元	0.10	0.09	−10.00
全员劳动生产率	万元/人·年	40.41	76.22	88.62
资产负债率	%	33.67	24.02	减少9.65个百分点
净资产收益率	%	1.21	6.91	增加5.70个百分点
总资产报酬率	%	1.45	5.81	增加4.36个百分点
研发投入强度	%	0.11	0.32	增加0.21个百分点

面对直投项目处于不同行业、发展状况各不相同的局面，分类研究，精准施策，以点带面寻求突破。浙江铝拓科技有限公司（简称开投铝拓）创新发展形成互联网交易服务模式，逐步实现平台数智化驱动，构建起“数字科技＋业务场景”的商业模式，累计取得软件著作权31项，累计签订合作仓库23家，开发物流承运商52家、物流线路超过100条，货运司机信息沉淀5000人以上，实现低成本快速获取高质量的平台流量，成功链接起产业上下游企业的采销两端。联合微众银行等第三方金融机构推出“订货贷”产品，给平台客户累计授信超过1亿元；协同中铝智能成功申报有色云项目，协同中铝高端启动实施销售端数字化整合项目，集团数智化平台作用开始显现，荣获“2022中国产业数字化先锋”“2022中国产业数字化百强”两大奖项。宁波烯铝新能源有限公司（以下简称开投烯铝）通过高新技术企业、军民融合单位和企业工程（技术）中心认定，入选“科创中国”新锐企业榜单，获得第九届中国国际石墨烯创新大会“2022年度石墨烯产业投资潜力奖”。深圳开投美巢家居有限公司（以下简称开投美巢）对内推行“成本五化”闭环管理，产品体系逐步稳定、生产交期全面改善、客户满意度大幅提升，对外全员营销开拓市场，与中国稀土、中国矿产资源集团、中航光电、中国工商总行等多家大型国企建立合作关系，储备了工程订单，2022年同比减亏2911万元，脱困发展展现希望。深圳市星易途科技有限公司（简称星易途）探索以资产运营与租赁服务取代传统生产销售形态，以内蒙古鄂尔多斯至包头煤炭倒短运输业务为切入口设立合资公司，建立起轻量化商用车资产运营与租赁商业模式。浙江铝程智能装备有限公司（简称浙江铝程）在快递行业不景气的情况下，积极拓展机加工项目与旧箱维修业务，单人产出工作效率提升46%。2022年，公司直投产业营业收入为32.11亿元，同比增长9.81%；资产总额8.02亿元，同比减少6.74%。

三、科技创新

围绕集团“十四五”科技规划，以战略为引领、坚持主责主业，发挥产业基金投资优势、做优直投项目产业引领。着力投资布局新材料和高端制造前沿产业，深入拓展新能源重点领域，持续跟进产业互联网新基建产业，金融创新产业，对新兴前沿产业进行了深研和布局，并取得良好成效。新能源电池方面，开投烯铝聚焦铝空新能源绿色低碳发电技术，针对铝空气电源核心技术空气阴极、铝阳极及电源系统进行开发，开展重点研发项目“低温型铝燃料电源”“金属燃料电池防爆灯”产品开发，推动铝空电源在应急、通信领域进行试用或试运行，逐步促进铝燃料电池国家战略储备能源的崛起进程，为中铝集团在新能源行业开创铝的全新应用先河。成功入选“科创中国”新锐企业榜榜单，成为中铝唯一、宁波唯一上榜的企业；获得华东赛区第二届“率先杯”未来技术创新大赛初赛优胜奖；获得第九届中国国际石墨烯创新大会颁发的“2022年度石墨烯产业投资潜力奖”。产业互联网方面，开投铝拓持续加大对“供应链平台三期”研发项目的投入。通过PC端和移动端多种方式实现信息互通，线上注册、准入、评级、下单及货款票信息及时查询，构建客户专属服务应用，提高客户沟通效率；实现移动端订单审核、在线发起审批、客户拜访、跟踪记录等构建业务员专属服务应用，提高业务员工作；实现合同、结算单线上电子签章进行签署确认，提升团队工作效率和运营服务质量，加快对市场的快速反应，节约成本20%；增加微众线上授信，提高授信效率60%；实现收付款管理招行对接，在线发起付款录入、收款信息同步，提高财务人员工作效率30%；通过物流节点、定位电子签收，实现物流签收可视化，确保货物交接出现异常时有据可循，加强货物风险管控，基于在线系统化管理降低运营成本，达到降本增效效果。

四、改革发展

国企改革三年行动任务100%完成，建立起以公司章程为核心的“1+N”现代投资公司治理制度体系，形成“董事会治理＋市场化管理”的管控模式，公司党建、基本管理、业务管理制度体系更加完善。市场化运行机制不断优化完善，坚持全员市场化招聘、市场化用工、职业经理人制度，建立起市场化对标的职级及薪酬体系，坚持以结果为导向开展市场化绩效考核，使职级及薪酬能升能降、员工能进能出成为制度使然，全年员工不胜任退出率15.6%，经理层不胜任退出率20%，成为集团内市场化用工程度最高的企业。直投公司管理得到加强，与集团科技、质量、安全、环保、采购、营销专业管理有效对接，本部投后部门兼职参与直投企业管理赋能履职，助推开投铝拓科改示范行动深入实施。

五、党建与企业文化

以迎接保障和学习宣传贯彻党的二十大精神为主线，以“建功新时代、喜迎二十大”系列活动为载体，实施党建工作三项工程。一是实施领航工程，着力提升政治领导力。围绕发挥党委“把管保”作用，修订完善党委前置研究讨论重大经营管理事项清单，组织开展理论学习中心组学习11次，党委会第一议题学习24次。二是实施铸魂工程，着力提升文化凝聚力。深入推进“国企党建＋市场化”的企业文化建设，倾力打造富有中铝精神谱系的公司文化，在深学细研伟大建党精神基础上，提炼出“笃信、专注、创新、求真”的探索者精神，争当新时代有色产业的探索者、新兴产业的引领者。三是实施强基工程，着力提升组织战斗力。完成党组织关系属地化管理，启动央地党组织的互融共建；结合实际推动党支部“六化”建设，规范完成4个党支部的换届选举，“两带两创”项目创利113万元；有力推动党建带团建工建，开展庆祝建团100周年系列活动、“金点子 银点子”评选活动，征集并落实“我为群众办实事”事项7项，员工庆生、每周篮球活动点亮员工工作和生活。

撰稿／张明阳

中铝海外发展有限公司

一、基本情况

中铝海外发展有限公司（简称中铝海外）成立于2018年6月26日，截至2022年底，注册资本10亿元，员工总数（在岗）91人，资产总额1.79亿元，资产负债率7.09%。

主营业务范围：有色金属矿采选业。办公地址1：广东省广州市南沙区丰泽西路华梦街6号12层；办公地址2：北京市海淀区西直门北大街62号中铝大厦11层南。

2022年中铝海外深入学习贯彻党的二十大精神，牢记“国之大者”，发扬传承“中铝精神”，践行“严细实干好活，控风险干成事”的企业精神，党建和业务双向融合持续深化，改革发展各项工作取得重大进展，服务集团主责主业取得新成效，新能源产业研究深入推进，几内亚博法矿山生产创历史新高，圆满完成集团各项考核任务。

二、生产经营

2022年，中铝海外全面完成年度境外前期项目工作任务。对涉及铝、铜铅锌、锂钴镍新能源行业共223个项目信息进行跟踪研究；完成津巴布韦Bikita锂矿项目、秘鲁Minsur铜矿项目、Maricunga盐湖项目等8个项目机会研究报告；完成力拓、俄铝、嘉能可等10个有跟踪价值的境外企业分析报告，以及铝、铜及锂3个行业分析报告；完成中国五矿有色、力拓收购OT项目、美铝发展历程3个案例分析报告，提出可参考建议；积极参与第二铝土矿基地研究工作，形成相关研究报告和5个国别的投资环境与政策指引；协助中铝股份推进赤道项目，协助中国铜业推进深海项目和高山项目，均得到阶段性成果，其中赤道项目经集团批准视同完成立项。按期完成承担集团重大A类事项任务。完成锂行业分析及发展建议专题报告，完成天水项目等4个锂资源项目机会研究。此外，博法矿山超额完成全年生产任务。

主要经济指标一览表

表90

项目	单位	2021年	2022年	增长（%）
资产总额	亿元	1.79	1.79	0
营业收入	亿元	0.47	0.44	−6.38
利润总额	亿元	0.06	0.03	−50
净利润	亿元	0.04	0.02	−50
税收贡献	亿元	0.05	0.03	−40
全员劳动生产率	万元/人·年	37.9	39.6	4.5
资产负债率	%	6.9	7.09	增加0.19个百分点
净资产收益率	%	2.53	1.2	减少1.33个百分点
总资产报酬率	%	3.26	1.76	减少1.5个百分点

三、安全环保

2022年，中铝海外组织全体员工深入学习贯彻习近平总书记关于安全生产工作的重要论述，将思想理论学习贯彻始终。组织境内外各级领导干部集中观看《生命重于泰山》电视专题片，集中学习新《中华人民共和国安全生产法》并组织讨论，组织学习传达国务院国资委中央企业安全生产视频会议精神，提高政治站位，树牢安全发展理念。组织全体员工反复研读二十大报告，深刻领悟大会精神，牢固树立国家整体安全观，深入贯彻落实“人民至上、生命至上”的发展理念，始终将人民的根本利益放在第一位，坚持“安全第一，预防为主”的方针不动摇，切实转变思想理念，将各项安全工作落到实处。

安全教育培训方面，全年共组织中方员工96人、几方员工276人进行入职人员三级安全教育，同时开展岗位安全和操作规程学习及考试，开展理论与实操相结合，使其能够充分了解到所处岗位存在的各类风险及相应的处置措施，提高员工的自主安全意识。针对现场存在的风险，从安全应知应会、风险辨识与评价、安全技术规程、危险作业管控、上锁挂牌、物理隔离、应急救援知识、事故案例教育等方面编制安全培训教材。2022年累计组织各类专业安全知识培训8期、组织防疫知识培训11期。组织参加国务院国资委举办的中央企业境外中方员工安全风险培训，培训完成率100%。强化事故警示教育，组织几内亚现场各级领导干部及员工学习安全生产事故案例，汲取事故教训，反思自身工作不足，查缺补漏，预防同样的事故再次发生。

中铝海外对照集团CAHS以及中铝股份安全环保制度体系，充分结合所在国安全管理法律、规范、标准，对现有管理制度进行全面梳理、翻译，健全、完善海外项目安全管理制度体系。为进一步强化承包商安全管理，组织几内亚现场学习集团新下发的承包商安全管理标准化管理体系，对标国内各项要求寻找差距。根据集团最新修订的制度，组织对2项安全管理制度，几内亚现场3项安全管理制度进行修订。为境外氧化铝项目筹备提早做好基础工作，同步编制26项海外运营项目安全管理制度，形成自上而下完整的安全管理体系，进一步夯实管理基础。

组织生产现场开展重要危险源排查整治、雨季防雷防汛排查整治、构（建）筑物隐患排查整治、火灾事故隐患排查整治等专项排查整治工作。以开展“排查整治进行时”专题活动为契机，结合几内亚项目建设转生产实际情况，建立生产运营期隐患排查与治理管控体系。全年累计查出各类安全隐患552项，纠正各类违章行为294人次。按照“五定”原则，对整改不动或进度慢隐患实行挂牌督办，确保现场安全生产水平不断提高，隐患整改率达100%。

四、改革发展

2022年，全面推动国企改革三年行动高质量收官。结合法治央企建设、党建要求以及党的二十大有关精神，修订完善《公司章程》及《董事长专题会议事规则》《总裁工作规则》等相关制度。编印《领导人员薪酬标准确定与业绩考核挂钩管理办法》等制度，组织对经理层和广州工服经理层2021年度的业绩考核和民主测评，有效落实董事会职权。进一步完善《岗位聘任协议》、任期和年度《经营业绩责任书》，并组织相关领导完成签署；根据对经营层和广州工服经营层2021年度的经营业绩考核结果，兑现2021年度业绩薪酬。“三项制度”改革有成效，根据对2021年度考核的结果，依据制度对2名员工提拔任用，对1名干部实施末位调整，有力促进各项任务的完成，治理水平得到进一步提高。

五、党建与企业文化

扎实开展理论学习。严格执行“第一议题”制度，形式多样抓好习近平新时代中国特色社会主义思想学习。开展“喜迎二十大”系列活动，组织“两国三地”全体党员认真开展学习贯彻党的二十大精神。

充分发挥党建引领作用。推进党建与业务深度融合。2022年，针对几内亚博法项目现场多次出现的围困、打砸、罢工堵路等事件，在生产受到影响64天的不利情况下，全年完成铝土矿装船突破1500万吨，圆满完成生产任务，连续第三年荣获“中铝集团总经理特别奖”，开创“特别奖”的先例。海外项目前期开发方面在铝、铜、新能源产业等方面取得突破，得到集团领导的充分肯定，为下一步开展海外并购和发展新能源材料打下良好基础。

高质量推进巡视整改和专项整治工作。2022年，中铝海外高质量推进两轮巡视整改工作，强化内部控制及监督管理，进一步完善治理体系和制度建设，增强风险防控能力，为中铝海外高质量发展奠定坚实的基础。

着力推进基层党组织建设。通过线上、线下多种方式做好培训。细化年度工作措施，明确完成时间、责任单位和责任人。扎实开展党支部建设，完成“两带两创”课题5项，开展“双提升”活动，境外党支部按照国务院国资委30条要求和“五不公开”原则积极开展活动，2022年在几内亚一线发展党员3人。

强化党风廉政责任建设。紧紧围绕“监督保障执行、促进完善发展”的要求，推动全面从严治党、依法治企向纵深推进。推进加强政治监督，认真开展理论学习，正风肃纪继续发力，且开展年轻干部从严教育管理的监督，深化纪检监察体制改革，推动完善“大监督”体制机制，对巡视反馈问题整体推进。纪委对干部选拔、中介遴选报价等决策事项实施过程监督，对重要领域开展自查自纠。落实廉政谈话工作机制，对中层以上干部和关键岗位员工进行廉政谈话，对“关键少数”，持续性多方式进行廉洁提醒，并加强对年轻干部的廉洁教育。

六、履行社会责任

2022年，中铝海外配合中铝几内亚推动员工培训、社会责任履职等各项工作，得到几内亚政府的充分肯定和高度赞扬。中铝海外在几内亚博法矿山的管理团队坚持和谐发展，实现民族之间友好相处，随着中铝几内亚博法铝土矿项目的建设和生产运营发展，带动博法当地经济发展，促进当地社区居民就业。

撰稿 / 曹京莲

中铝智能科技发展有限公司

一、基本情况

中铝智能科技发展有限公司（简称中铝智能）成立于2019年1月4日，截至2022年底，注册资本10亿元，员工总数（在岗）256人，资产总额6.86亿元，资产负债率18.06%。办公地址：浙江省杭州市临平区南苑街道新城路108号1806室。

2022年，中铝智能立足中铝、服务主业，以助力集团核心产业数字化转型为己任，定制开发、全周期服务；面向有色、服务社会，通过产品的复制与推广，寻找切入点，逐步形成自主知识产权的核心产品及竞争力。

二、生产经营

2022年中铝智能信息技术服务收入约8182.42万元，同比增长37.98%；工程承包业务收入约5007.43万元，同比减少34.16%；技术服务与研发服务收入约1703.63万元，同比减少47.93%；产品销售收入6002.54万元，同比增长266.17%；其他收入1314.29万元，同比增长145.04%。

2022年中铝智能共计争取优惠政策529.31万元，其中政策补贴184.04万元，具体包括政策补助85万元、国高企市级补助资金30万元、余杭区企业研发投入补助资金44.31万元、杭州市临平区就业管理服务中心补贴9.73万元、临平区首次上规入库奖励10万元和主导产业企业奖励5万元。争取税收优惠345.27万元，具体包括：增值税留抵退税金额195.86万元、企业所得税税收减免124.35万元，附加税和印花税减免25.06万元。

2022年，中铝智能按照集团“2W4H”模式，以价值创造为导向，进一步完善和优化对标指标体系，深化全要素对标，积极落实三年降本计划2.0。将各类指标层层分解至各部门、各单位，与绩效考核相结合进行逐月跟踪，并每月召开月度例会，对各项指标的完成情况进行分析。

自主开发的“中铝智能综合信息管理系统”正式上线，对项目经营情况进行全面梳理，建立并推广项目清单精细化管控模式，做到项目、合同、收入、成本、现金流等全过程精准管控。

主要经济指标一览表

表 91

项目	单位	2021 年	2022 年	增长（%）
资产总额	亿元	6.44	6.86	6.52
工业产值	亿元	0.87	0.98	12.64
营业收入	亿元	1.90	2.22	16.84
利润总额	亿元	0.17	0.19	11.76
净利润	亿元	0.15	0.17	13.33
税收贡献	亿元	0.10	0.10	0
全员劳动生产率	万元 / 人 · 年	36.27	38.36	5.76
资产负债率	%	14.9	18.06	增加 3.16 个百分点
净资产收益率	%	2.86	3.14	增加 0.28 个百分点
总资产报酬率	%	2.8	2.81	增加 0.01 个百分点
研发投入强度	%	8.22	9.82	增加 1.6 个百分点

三、安全环保

2022 年，中铝智能以中铝集团年度工作部署和《关于开展安全提升年行动的通知》为指导，坚持“安全第一、预防为主、综合治理”的方针，严格控制不安全行为，强化现场作业监管，努力构建一个“管生产管安全、管业务管安全”“领导长期重视、部门真正负责、员工自觉参与、监督有效严格”的安全文化氛围，紧紧围绕“2022 年度职业健康安全环保目标”，开展各项工作，持续提升安全环保管理水平。截至 2022 年 12 月 31 日，中铝智能没有发生工伤事故、环境突发事件，实现中铝智能 2022 年度安全环保管理目标。

四、科技创新

研发投入 2181.31 万元，研发投入强度 9.7%，其中，公司重点项目研发投入 1412.94 万元，占总研发投入的 65%；本年度重点项目开展 15 项，其中，本年新立项 8 项，历年接转 7 项。截至 2022 年 12 月底，重点项目完成率 98%。

全年申请专利 15 件，申请软件著作权 7 件；先后两个批次确立“揭榜挂帅”项目 12 项。全年获得工业和信息化部项目、云南省科技厅项目的专项经费 226 万元。分两批次组织确立公司重点项目 12 项，突破在线检测关键技术 2 项，形成具有自主知识产权的智能装备新产品 1 项、工业软件新产品 7 项，在集团内外 7 家企业推广应用，签订销售合同 1000 余万元。

积极推进标准化工作，参与编制国家标准 2 项，组织申报并获批主导制订团体标准 1 项。“基于 5G 全连接的有色金属矿山人工智能示范应用”获评国家矿监局“2022 年矿山安全生产科研攻关项目”；“带式传送机变形异物检测模型”获煤炭协会 AI 大赛“优秀指导奖”；中铝智安院参与的“地质灾害监测预警云平台开发与应用”获湖南省地质灾害防治学会科学技术奖一等奖。

五、改革发展

改制改革实施成效。深化改革有序激活发展动能。高标准落实国企改革三年行动重点任务，全级次企业完成经理层成员任期制契约化协议“能签尽签”，实现差异化管理；子企业董事会“应建尽建”，实现董事会配齐建强工作目标；梳理党委会、董事会、经理层各治理主体的权责界面和决策流程，完善公司治理体系。推动“三项改革”从重“量”到重“质”的转变，实现员工100%公开招聘，全面推进用工市场化；坚持工资总额向经营效益好的单位倾斜，实施以贡献和业绩定回报的考核激励导向，市场化的考核分配机制不断完善。实行全资金、全费用等“五全”管理管控，多举措压降“两金”，降管理费用；公司负责人履职待遇、业务支出费用等均符合标准。

管理工作不断向着区域化、专业化、协同化方向迈进。市场开拓组建西南、西北两个区域营销中心；项目管理在云南、广西的大项目部；技术研发在云铝的软件项目中所有软件人员采用“三点一线”在网上联合开发等，不断提升公司管理能力和治理效能。结合业务场景，自主开发的中铝智能全级次综合信息管理系统，以项目管理为主线，对项目、合同、收入、成本、现金流等全过程精准管控，并实现与财务共享的全业务对接，基本实现各类业务的“一网通办、业财融合”。

风险防控取得阶段性成果。落实任中审计整改，完善内部控制措施，为公司战略目标的实现保驾护航。扎实推进安全生产标准化工作，完善承包商安全管理标准化体系，深入开展安全生产专项整治“巩固提升年”行动，深入排查整治安全隐患。

重大投资实施成效。2022年全年共有经集团批复建设的固定资产投资2项，无资本运作项目。固定资产投资主要为“中铝集团财务共享中心、资管中心建设项目——硬件基础环境建设”项目投资及“网络安全设备采购项目”投资。其中“中铝集团财务共享中心、资管中心项目”主要为集团财务共享中心硬件基础环境建设提供设备供货、运输、装卸、保险、方案设计、现场安装、综合布线、调试、测试、技术服务、售后服务及培训等，计划投资3140万元，截至2022年12月31日，累计完成投资2798万元。

六、党建与企业文化

党的建设工作。在中铝集团党组、浙江省国资委党委的坚强领导下，中铝智能党委深入学习贯彻习近平新时代中国特色社会主义思想和党的二十大精神，弘扬伟大建党精神，牢记“三个务必”，深刻领悟“两个确立”的决定性意义，认真落实新时代党的建设总要求，巩固拓展党史学习教育成果，坚持全面从严治党，以高质量党建引领保障中铝智能高质量发展。

纪检监察工作。贯彻落实集团党组和纪检组、中铝智能党委、纪委工作部署和安排。全面落实党风廉政建设和反腐败工作，制定工作重点，组织宣传教育月活动；建立健全政治巡察基本制度办法，组织开展中铝信息、中铝智安院巡察工作，有力促进公司党的领导、党建和全面从严治党，推动公司现代企业制度建设；推进“大监督”，参与选人用人、干部考察，进行廉洁意见回复，履行监督执纪问责职责，形成日常化、常态化监督态势。

加强统战群团工作。把全心全意依靠职工办企业与维护职工权益统一起来，充分发挥统一战线、群团组织优势作用。建立高知群体台账；开展“共绘央企同心圆、聚力献礼二十大”“我为中铝智能高质量发展献良策”活动，征集优秀建言献策5项。持续开展“我为群众办实事”实践活动，2022

年新立项办结办实事项目 45 项。做好春节等传统节日职工慰问；组织职工体检、发放生日蛋糕。抓好团员青年理想信念形势任务教育，做好青马学员培养工作。

品牌与文化建设。坚持不懈做好宣传思想和品牌文化建设。开展品牌文化专项对标；推荐党建大品牌典型案例 4 篇；优秀员工张滇豫获评中铝集团“最美中铝人”。深入学习宣传弘扬中铝精神谱系，深化先进典型选树，将学习成效转化为推动公司高质量发展的强大动力。

撰稿 / 孔羚懿

中铝科学技术研究院有限公司

一、基本情况

中铝科学技术研究院有限公司（简称中铝研究院）成立于2010年5月19日，截至2022年底，注册资本83.35亿元，员工总数（在岗）24人，资产总额28.59亿元，资产负债率32.29%。与中铝科学院采取“一套人马，两块牌子”模式运行。

主营业务范围：金属材料开发；技术转让、咨询、服务；材料技术研究与试验发展；金属及非金属材料检测；金属材料、机械设备销售；商业用房、办公用房出租；会议服务。办公地址：北京市昌平区北七家镇未来科学城南区。

2022年，中铝研究院作为集团科技创新的主责单位，聚焦于集团科技发展战略，搭建科技创新平台。负责组织协调集团科技项目管理工作，协调国家级创新平台建设，是集团的协同创新中心、科研项目管理中心、高端人才聚集高地、科技成果转化和产业孵化平台。

二、生产经营

资产运营模式：中铝研究院与中铝资产签订资产委托运营管理协议。中铝研究院除自用办公区域外，其他全部资产委托中铝资产运营和建设。

按照“集团主导，各战略单元共建”的方式，各战略单元在中铝研究院建设专业研究院（所），同时作为中铝研究院的分院（所），形成共同建设、共同管理、良性互动的协同创新格局。中铝研究院设党委，隶属集团直属党委，各战略单元专业研究院（所）按规定设立相应的党群组织，组织关系转入中铝研究院，由中铝研究院党委统一管理。

中铝研究院采用理事会制度，实行理事会领导的院长负责制，理事长由集团主要领导担任，理事由各战略单元主要领导担任。理事会是中铝研究院的最高决策机构，主要负责决策研究院的发展战略和重大事项。

三、科技创新

项目管理有力有序，创新成果丰硕。中铝研究院2022年承担国家重点研发计划项目5项、北京市科技重大专项1项，获批科研经费1080万元。15个科技重大专项全部启动，实施子项61项，开展重点领域专项调研，形成增材制造、压铸技术、再生铝铜等6个技术方向调研报告，开展战略前沿技术领域研发方向顶层设计，形成立项建议11项，布局实施新型轻质高熵合金材料、有色金属脉冲电流连续时效处理技术等7项战略前沿技术项目。制定《科技重大专项操作指引》《科研项目综合绩效评价操作指引》等科研管理制度，细化流程提升项目管理服务效能；同战略单元开展500万元以上项目的立项论证与审核，通过集团决策立项16项。

成果转化提速增效，推广价值更加显著。加强成熟技术成果转化与市场化推广开拓的有机结合，协同战略单元推动实施产业化重点项目，年度累计收益超3.8亿元。打造“科创中铝”成果推广平台，提升品牌影响力。开展18场技术成果分享会，有效覆盖超过6000人次。编制发布《中铝集团科技成果推广手册》，汇编科技成果500余项，为3个技术领域的“揭榜挂帅”，遴选推荐6套技术解决方案。广泛开展技术寻源和推广活动，增强成果转化实效。推动清华大学与中铝材料院、中铝股份与中铝环保、北京航空航天大学与驰宏锗业等企事业单位的成功对接，推动30项技术推广应用，其中1项专利实现转化。

四、改革发展

运行效率逐步提升，科研统筹更加有力。一是运行机制持续优化。扎实开展综合治理专项行动，做到重大风险早预防、早发现、早报告；强化内控合规管理，形成长效机制，建立完善科研管理、成果推广、岗位薪酬等规章制度88项，梳理绘制业务流程92项，形成全套“操作指引”，依法合规治理效能全面提升。二是科研规划稳步实施。组织制定年度研发投入计划，在资源开发、低碳绿色发展、高端材料、数字化转型和智能制造等方面分层、全面布局重大专项、战略单元重点研发项目和企业自主研发项目，全年完成研发投入132亿元，研发投入强度达到3.3%，重点研发项目计划完成率达到93%。

科研平台加快建设，协同开放更加深入。组织推动中铝材料院与北京航空材料研究院、有研工程技术研究院等行业头部企业筹建GF创新中心，与商飞北研中心、北科大成立航空材料研究联合实验室，与蔚来汽车组建汽车材料联合实验室，以“新材料开发—应用技术研究—产业化推广”为核心链条，构建开放融合的科技创新平台。推动集团加入中国科协的“科创中国”联合体，融入国家科技创新生态。

引育并举、用留并重，人才队伍更加优化。高层次人才队伍进一步壮大。积极发挥人才引进核心平台作用，大力开展高层次人才需求挖掘与跟踪引进。聚焦集团主责主业梳理人才引进需求34个，以项目合作方式柔性引进3名高校知名专家，通过校园和社会招聘引进6名博士、1名硕士，推荐申报国家科技创新领军人才、有色协会杰出工程师等国家、行业、集团人才荣誉称号30余人。全年发放科技激励1500余万元。推荐24人申报集团高潜科技人才“钻石计划”“明星计划”，推荐10人申请在职博士，重点培养科技领军人才和优秀青年科技人才。组织7人申报集团首席工程师，新评定五级研究员23人，进一步畅通科研人员晋升通道。

五、党建与企业文化

2022年，以习近平新时代中国特色社会主义思想为指导，以迎接宣传贯彻党的二十大为主线，巩固深化全国国企党建会议精神贯彻落实成果和党史学习教育成果，围绕集团安排部署“四个战役”目标任务，突出政治性、引领性、规范性、融入性、创新性、凝聚性，促进党建与科研同心同向、同频共振，实现党建与科研的双融合、双丰收，为中铝集团打造战略科技力量提供支撑。高标准落实“第一议题”制度、高质量开展理论学习中心组学习，努力在推动科技创新、改革发展、党建各项工作中走在前列。主动融入科技创新，多途径实施“双向融合”30条，开展“揭榜挂帅”“挂图作战”等“党建＋科研”活动。抓实基层组织建设、大力推动制度建设、抓实党员教育管理。充分发挥监督保障执行作用。开展巡视整改工作、持续推进廉洁文化建设、一体推进“三不腐”建设。深入开展“我为群众办实事”活动，创新开展各类文体活动，营造自信阳光、团结奋进、追求卓越的文化氛围，凝聚发展合力。建立“大宣传”机制、筑牢“大宣传”阵地、建强“大宣传”队伍，打造“科创中铝”“院企融合 科研驻场”等5个具有鲜明特色和公司特点的文化品牌。

六、履行社会责任

聚焦绿色低碳发展和资源高效综合利用，以科技重大专项为牵引加强战略前沿技术和重大关键技术研发，取得一批自主知识产权核心技术并应用，支撑有色金属工业绿色可持续发展和“双碳”目标的实现。认真落实国家乡村振兴局和国务院国资委党委有关要求，全力助推乡村振兴战略，将湖北省阳新县等地农产品纳入中铝研究院工会采购范围。动员职工广泛参与“央企消费帮扶兴农周”，为员工集中采购1.7万余元优质农副产品。

撰稿／苏玉龙

中铝铁矿控股有限公司

一、基本情况

中铝铁矿控股有限公司（以下简称中铝铁矿）成立于2010年10月，截至2022年底，注册资本2000港币。2011年11月，在国务院国资委指导下，有关企业入股原中铝铁矿公司，组建中方联合体，即新的中铝铁矿控股有限公司。其中，中铝股份（65%股权）、宝钢资源有限公司（20%股权）、中非发展基金（10%股权）、中国土木工程建设公司（2.5%股权）、中国港湾工程有限责任公司（2.5%股权）。2014年底中铝集团收购中铝股份所持中铝铁矿65%股权，成为中铝铁矿控股股东。2016年12月，中非发展基金将其持有的中铝铁矿股权全部转让给中铝集团所属中铝海外。截至2022年底，员工总数（在岗）15人，资产总额158.21亿元，资产负债率8.76%。

主营业务范围：铁矿采选。办公地址：北京市海淀区西直门北大街62号。

2022年中铝铁矿在集团的坚强领导下，全面贯彻落实党中央高质量发展、高水平对外开放的决策部署，主动服务重大发展战略，配合国家“基石计划”境外新增权益铁矿、保障资源安全的要求，促成西芒杜项目统一开发局面。

二、生产经营

围绕2022年预定的目标，中铝铁矿在严控项目预算的情况下，积极推动基础设施合资公司组建、落实一揽子法律框架协议签署、IFC回购款续贷、防范项目减值风险，完成项目基础设施和矿山可研优化及针对项目转股积极研究方案供领导决策等方面工作，取得显著成果。

主要经济指标一览表

表92

项目	单位	2021年	2022年	增长（%）
资产总额	亿元	142.49	158.21	11.03
工业产值	亿元	—	—	—
营业收入	亿元	0	0	—
利润总额	亿元	−0.32	−0.42	−31.25
税收贡献	亿元	—	—	—

三、安全环保

安全是中铝铁矿的核心价值观，西芒杜项目开发遵循国际最佳的社会实践方案，识别、避免和缓解安全风险，维护提高员工的健康安全，保护员工工作环境、促进工作场所本质安全。2022年，项目实现“零死亡”安全业绩，并且重新开展方案评估，旨在通过平衡项目可操作性、技术方案、资本投入、运营成本与生物多样性、土壤、水、噪声、空气质量、当地气候、温室气体排放、资源浪费等因素，减少项目不确定性和开发风险。

中铝铁矿根据国际政策、几内亚立法及 Simfer（项目公司）要求的变化，重新在矿山及其影响范围内开展广泛的基线研究，收集西芒杜项目影响区域内的环境、生物和社会条件等真实数据。经过调查更新，西芒杜山脉内存在超过 2000 个物种，其中 6 个物种被列入世界自然保护联盟濒危物种红色名录，有 41 个全球仅在西芒杜山脉内存在的特定物种。为此，项目公司制定一整套缓解措施，修正开发方案，尽量减少对关键栖息地和物种生存环境的破坏，包括矿山基础设施和铁路建设选址、牺牲部分矿石开采、改变矿山采坑开发顺序及通过多种工程措施减少噪声、空气、水和光污染等。项目公司还成立独立审查小组来验证缓解措施，审查小组合作伙伴来自国际公认组织，如伦敦邱园英国皇家植物园、世界自然联盟 IUCN、国际动植物组织和国际鸟类保护组织，以及西非黑猩猩、灵长类专家，确保项目安全和环境缓解措施在工程设计、建设和运营阶段有效实施并持续监测和更新。

四、改革发展

科学安排预算，全面控制项目成本。中铝铁矿以集团对西芒杜项目指示批示精神为战略引领，深入贯彻落实集团“量力而行、尽力而为”的投资理念，在确保矿权稳定和安全的前提下，坚持成果导向，创新商业模式，建立前方派遣人审核、后方团队支持等多层级审核、聘请外部机构审核三级审核机制，并反复与力拓沟通，在几内亚政府诉求仍不明朗的情况下，将开工准备的大额预算，比如大规模征地拆迁、大规模环评、通信和信息系统升级并与力拓并网、营地翻修等暂缓处理，最终促使力拓实现 2022 年 1 月至 8 月份预算极限压降。

开启西芒杜项目共投共建、共管共享合作开发模式。中铝铁矿建立“前方 + 后方 + 第三方”工作机制，创造性开展工作，前方团队入驻几内亚，承担协调政府关系、推进当前基础设施共建共享、维护中方投资人利益等重大使命任务；后方团队统一指挥，成立法律、风险防控、工程技术、财务分析四个专项攻坚小组，挂图作战，倒排工期，加快加紧完成项目投资决策的各个方面准备工作；同时借助中国宝武、力拓以及律所、评估机构等第三方力量，准确控制项目风险，把控项目推进方向。2022 年中铝铁矿与力拓、中铝、赢联盟和几政府共同签署《西芒杜项目基础设施合作框架协议》，就基础设施合作事宜达成初步共识，并完成基础设施合资公司设立，西芒杜项目实质性开发态势基本形成。

中铝铁矿专注收集铁矿石市场数据、海运信息、几内亚及西芒杜周边经济要闻等汇编 50 余期《中铝铁矿综合周报》。收集整理铁矿石市场十年价格指数、海运市场 C3 航线十年价格指数，力拓等主要矿业公司近 4 年经营业绩及铁矿石产量，为下一步铁矿石市场分析与研判提供数据支持。周边信息主要是对几内亚信息实时跟踪和对项目信息跟踪，这些信息对项目走向、争取决策至关重要，而且对于未来的竞争合作策略具有重要的参考意义。

五、党建与企业文化

中铝铁矿党支部全面贯彻习近平新时代中国特色社会主义思想，持续深入学习宣传贯彻习近平总书记重要指示批示精神，把学习贯彻党的二十大精神当作中铝铁矿转型发展统一思想、凝聚力量的重大契机，党支部将学习党的二十大精神与“三会一课”“主题党日”“书记讲党课”“我为群众办实事”

等活动紧密结合，强化政治建设，坚持党的领导，聚合党群力量，聚焦中心任务，夯实组织基础，打造清廉作风，全面提升党员队伍的素质能力，为推动西芒杜项目各项工作开展提供坚强的政治组织保证。

六、履行社会责任

根据 IFC 绩效标准、其他相关国际标准及几内亚立法，项目公司与当地政府和受项目影响的社区制定广泛且深入的利益相关者参与计划，该计划涵盖所有利益群体，诚挚邀请各方以强有力、公开、透明的方式参与项目开发全过程。2022 年，项目公司以社区论坛、咨询、会议、谈判、线上会议、视频等多种方式，在 79 个社区共举办 650 场次利益相关方活动，涉及国民经济和社会学研讨，土地征用、社会结构、社区健康、文化遗产和风俗等各项活动。项目还与联合国等国际组织及其他非政府 NGO 组织进行沟通，邀请其访问项目并提供支持，在为项目满足当地提供食物、水源、住所等基础服务之外，征询更广泛层面的意见，如保护人权和社会方面，改进项目开发方案，实现对几内亚人民的承诺。

撰稿 / 任尚清

2023

中国铝业集团有限公司年鉴

The Yearbook of Aluminum Corporation of China

【荣誉篇】

Honors

集体荣誉

【国家级荣誉】

全国工人先锋号

中铝山西新材料有限公司电解厂供电车间

西南铝业（集团）有限责任公司高精板带事业部热连轧制造中心铣床班组

云南永昌铅锌股份有限公司勐糯选矿厂磨浮103班

云南迪庆有色金属有限责任公司动力厂

一星级全国青年文明号

青海中铝铝板带生产部铸轧工区生产一班

六冶财务部

山西新材料铝加工事业部变形合金工区生产一班

中色科技工艺室压延组

驰宏综合利用熔炼厂艾萨炉主控岗位

贵阳院铝电解设计分院

东轻技术中心研发部

驰宏综合利用制液厂职能组

中铝国际沈阳分公司给排水

贵阳院冶金工程分院工程装备所

全国青年安全生产示范岗

兰州铝业机修一厂导杆维修班

全国“安康杯”优胜企业

东北轻合金有限责任公司

第21届全国青年文明号

云南驰宏资源综合利用有限公司制液厂职能组

山西新材料有限公司电解厂电解三车间三工区

全国十大海外安防优秀实践奖

中铝几内亚博法铝土矿项目

第十七届“振兴杯”全国青年职业技能大赛（职工组）“中核杯”创新创效竞赛研发创新类铜奖

中铝科学院（中铝中央研究院）“高强韧铝合金高锁螺母原材料制备技术开发”项目

西南铝“ϕ5m级大规格铝合金整体锻环异形环轧技术及应用”项目

中国企业社会责任报告评级委员会“五星佳”最高评级

中铝集团

【省部级荣誉】

中央企业五四红旗团委

中铜华中铜业有限公司团委

中央企业五四红旗团支部

云南云铝海鑫铝业有限公司电解第二团支部

六冶云南分公司弥玉团支部

中央企业青年文明号

包头铝业有限公司修理厂铝钢自动焊班

彝良驰宏矿业有限公司毛坪矿生产技术室

东北轻合金有限责任公司中厚板厂生产技术组

中铝瑞闽股份有限公司制造二部热轧班

贵州省五一劳动奖状

贵州华锦铝业有限公司

云南省五一劳动奖状

云南驰宏锌锗股份有限公司会泽矿业分公司

云南省工人先锋号

云南金鼎锌业有限公司采矿一厂挖掘机班组

楚雄滇中有色金属有限责任公司火法厂熔炼生产班组

曲靖云铝涫鑫铝业有限公司检修工区综合检修班组

河南省工人先锋号

河南长兴实业有限公司塑编实业部圆织班组

中铝郑州有色金属研究院有限公司精细氧化铝材料厂导热易烧结车间易烧结班组

中铝中州铝业有限公司新材料配料区域配料甲班

广西工人先锋号

广西华银铝业有限公司矿山部马牌工区

内蒙古自治区工人先锋号

包头铝业电解三厂电解南区

甘肃省工人先锋号

兰州铝业有限公司电解一厂电解二作业区二工区

黑龙江省巾帼建功先进集体

东轻技术中心研发部复合材料班组

【集团级荣誉】

中铝集团示范战略单元党委

中国铜业有限公司党委

中铝集团示范企业党委

中国铝业股份有限公司广西分公司党委

包头铝业有限公司党委

中国铝业股份有限公司青海分公司党委

云南铜业股份有限公司党委

云南驰宏锌锗股份有限公司会泽冶炼分公司党委

九冶建设有限公司党委

西南铝业（集团）有限责任公司党委

东北轻合金有限责任公司党委

山东铝业有限公司党委

中铝山西新材料有限公司党委

中铝集团示范党支部（党总支）

中国铝业广西分公司氧化铝厂蒸发车间党支部

广西中铝工业服务有限公司加工车间党支部

中铝中州铝业有限公司生产管控中心供电区域党支部

中铝中州铝业有限公司生产保障中心机电车间党支部

山西华兴铝业有限公司氧化铝生产部矿加原料党支部

中国铝业青海分公司电解厂党总支

中国铝业青海分公司碳素厂生产一部党支部

包头铝业热电厂发电运行党支部

兰州铝业有限公司电解一厂党总支

兰州铝业有限公司机修一厂维修作业党支部

甘肃华鹭铝业有限公司生产运营中心成型工区党支部

中国铝业连城分公司动力二厂党总支

抚顺铝业有限公司煅烧部党支部

遵义铝业股份有限公司热电厂直属党支部

云南文山铝业有限公司氧化铝生产管控中心党总支

云南云铝润鑫铝业有限公司电解生产党支部

云南云铝涌鑫铝业有限公司合金事业部党支部

曲靖云铝淯鑫铝业有限公司生产管控中心党总支

云铝阳宗海铝电解分公司合金线材事业部党总支

中铝郑州有色金属研究院有限公司氧化铝党支部

中铝宁夏能源集团马莲台发电分公司设备维护党支部

宁夏银星发电有限责任公司发电党支部

宁夏王洼煤业有限公司王洼二矿通防队党支部

中铝佛山国际贸易有限公司党支部

中铝物流集团东南亚国际陆港有限公司铁路运输中心党支部

广西华磊新材料有限公司电解铝厂电解二工区党支部

中国铝业股份有限公司科技发展部党支部

赤峰云铜有色金属有限公司营销公司党支部

云南铜业股份有限公司西南铜业分公司精炼分厂党总支

云南铜业股份有限公司安全环保健康部党支部

凉山矿业股份有限公司冶炼厂党支部

中铜东南铜业有限公司熔炼厂党支部

中铜矿产资源有限公司呼伦贝尔分公司党支部

中铜国际贸易集团有限公司第一党支部

中铝洛阳铜业有限公司直属第一党支部

中铝洛阳铜加工有限公司电子带厂精轧工区党支部

中铝洛阳铜加工有限公司熔铸厂三工区党支部

中铜华中铜业有限公司生产党支部

彝良驰宏矿业有限公司选矿厂党支部

呼伦贝尔驰宏矿业有限公司动力厂党支部

云南驰宏资源综合利用有限公司水处理厂党支部

云南云铜锌业股份有限公司质量检验分析中心党支部

云南金鼎锌业有限公司三选厂党支部

云南永昌铅锌股份有限公司勐糯选矿厂党支部

云南冶金昆明重工有限公司装备制造公司党支部

昆明冶金研究院有限公司选矿党支部

中国铜业有限公司机关第十一党支部

沈阳铝镁设计研究院有限公司博宇科技党支部

贵阳铝镁设计研究院有限公司冶金工程分院党支部

长沙有色冶金设计研究院有限公司科技管理部党支部

中色科技股份有限公司综合党支部

中色科技股份有限公司消防技术党支部

中国有色金属长沙勘察设计研究院有限公司深圳公司党总支

中国有色金属工业昆明勘察设计研究院有限公司实验中心党支部

昆明有色冶金设计研究院股份公司矿山工程设计院党支部

中国有色金属工业第六冶金建设有限公司一公司（工装公司）周口扶沟路小学项目党支部

九冶建设有限公司第一工程公司韩城区域项目管理部党支部

中色十二冶金建设有限公司安装公司第三党支部

中色十二冶金建设有限公司工程管理党支部

中铝国际工程股份有限公司运行管理部党支部

中铝招标有限公司党支部

中铝润滑科技有限公司党支部

中铝财务有限责任公司党支部

西南铝业（集团）有限责任公司锻造厂动力计控站党支部

西南铝业（集团）有限责任公司压延厂第三制造部党支部

西南铝业（集团）有限责任公司高精板带事业部冷轧制造中心技术综合党支部

西南铝业（集团）有限责任公司动力保障中心设备检修部党支部

东北轻合金有限责任公司中厚板厂生产工区党支部

东北轻合金有限责任公司制造部党支部

东北轻合金有限责任公司技术中心制造部党支部

西北铝业有限责任公司动力保障部党总支

中铝瑞闽股份有限公司装备项目党总支

陇西西北铝铝箔有限公司轧制车间党支部

中铝河南洛阳铝加工有限公司熔铸车间党支部

云南浩鑫铝箔有限公司板带事业部党总支

北京铝能清新环境技术有限公司党支部

中铝海外发展有限公司第二党支部

中铝材料应用研究院有限公司航材熔铸仿真党支部

中铜工程技术研究院直属党支部

山东铝业有限公司氯碱厂一电解车间党支部

中铝山东有限公司氧化铝厂原料区党支部

中铝山东有限公司第二氧化铝厂溶出车间党支部

中铝山东有限公司热电厂热电南区党支部

山东山铝环境新材料有限公司生产运行第一党支部

中国长城铝业有限公司环保新材料厂烧成车间党支部

中铝矿业有限公司氧化铝厂焙烧车间党支部

中铝矿业有限公司热电厂电力运行区域党支部

中铝矿业有限公司生产指挥保障中心化验室党支部

河南长兴实业有限公司党总支

中国铝业贵州分公司矿业公司麦坝铝矿党支部

贵州贵铝现代城市服务有限公司机关党支部

贵州华仁新材料有限公司设备技术党支部

贵州华锦铝业有限公司氧化铝党支部

中铝山西新材料有限公司电解厂一车间党支部

中铝山西新材料有限公司热电分厂燃化工区党支部

中铝山西铝业有限公司工贸事业部党支部

中铝山西新材料有限公司建安公司热动设备维修车间党支部

中铝山西新材料有限公司氧化铝厂烧成工区党支部

中铝山西新材料有限公司精细氧化铝事业部二工区党支部

中国铝业集团有限公司科技创新部党支部

中铝集团五四红旗团委标兵

云南铝业股份有限公司团委

中铝集团青年文明号

遵义铝业股份有限公司动力厂氧化铝供电车间

包头铝业有限公司热电厂化验班

云南驰宏锌锗股份有限公司会泽矿业分公司选矿 QC 小组

云南迪庆有色金属有限责任公司动力厂运转作业区检修组

中色科技股份有限公司装备公司铜轧机组

中铝资本控股有限公司中铝保险经纪创新创效突击队

中铝瑞闽股份有限公司装备能源部维护组冷轧小组

中铝河南洛阳铝加工有限公司技术研发中心

中铝科学技术研究院有限公司中铝材料院汽车板材料与应用团队

山东铝业有限公司保卫（武装）部护卫大队

中铝集团五四红旗团委

宁夏王洼煤业有限公司团委

中铝山东有限公司氧化铝厂团委

云南源鑫碳素有限公司团委

云南铜业股份有限公司西南铜业分公司团委

云南驰宏资源综合利用有限公司团委

昆明冶金研究院有限公司团委

中国有色金属工业第六冶金建设有限公司团委

中铝资本控股有限公司团委

西南铝业（集团）有限责任公司锻造厂团委

中铝山东新材料有限公司团委

中铝集团五四红旗团支部

中国铝业青海分公司电解厂团总支

中铝中州铝业有限公司生产管控中心团总支

山西华兴铝业有限公司氧化铝生产部团总支

中铝物流集团内蒙古有限公司团支部

中国铝业广西分公司氧化铝厂团总支

宁夏银星煤业有限公司机电队团支部

中铜东南铜业有限公司电解厂团支部

楚雄滇中有色金属有限责任公司硫酸厂团支部

玉溪飛亚矿业开发管理有限责任公司团支部

云南金鼎锌业有限公司采矿一厂团支部

青海鸿鑫矿业有限公司选矿厂团支部

贵阳铝镁设计研究院有限公司铝电解设计分院/创新公司团支部

沈阳铝镁设计研究院有限公司博宇科技团支部

中铝山东工程技术有限公司信息技术中心团支部

中国有色金属工业昆明勘察设计研究院有限公司普朗铜矿工程项目指挥部团支部

包头铝业（集团）有限责任公司团支部

中铝瑞闽股份有限公司机关团支部

西南铝业（集团）有限责任公司建设公司团总支

山东铝业有限公司财务部团支部

中铝山西新材料有限公司电解铝联合团支部

中铝集团优秀青年志愿服务队

中国铝业青海分公司团委青年志愿服务队

广西华昇新材料有限公司“微光”青年志愿服务队

中铝郑州有色金属研究院有限公司青年志愿服务队

中国铜业有限公司机关志愿服务队

云南铜业股份有限公司西南铜业分公司“铁峰”青年志愿者服务队

中国有色金属长沙勘察设计研究院有限公司“大湾区”科创志愿服务队

九冶建设有限公司“陕耀志愿红”青年志愿服务队

中色十二冶金建设有限公司公益联盟志愿服务队

中铝山东有限公司热电厂“光热”青年志愿服务队

贵州铝厂有限责任公司贵州铝业技师学院“青歌”志愿服务队

个人荣誉

【国家级荣誉】

全国五一劳动奖章

贾春成　东轻

全国青年岗位能手（第21届）

陈本松　云南云铝润鑫铝业有限公司

闫　良　中铜东南铜业有限公司

全国优秀共青团员

王　亮　包头铝业

张佳俊　云南楚雄滇中有色金属有限责任公司

【省部级荣誉】

中央企业优秀共青团员

郭宇杰　山西华兴铝业有限公司矿产资源部奥家湾二号矿

张宇普　中色科技股份有限公司

李　烨　西南铝业（集团）有限责任公司挤压厂

中央企业优秀共青团干部

甘欣鑫（女）　中铝国际工程股份有限公司团委

宋　明　山东铝业有限公司机关团委

中央企业青年岗位能手

陈光波　中国铝业股份有限公司青海分公司电解厂

王　毓　中铜国际贸易集团有限公司金属业务中心

刘　鹏　山西中铝工业服务有限公司原平分公司

山东省劳动模范

王宇鲲　中铝山东有限公司氧化铝厂生产中心

福建省劳动模范

李显红　中铜东南铜业有限公司电解厂

湖北省劳动模范

韩永莹　赤壁长城碳素制品有限公司

山西省五一劳动奖章

李建设　中铝山西新材料有限公司电解厂

陕西省五一劳动奖章

魏创科　九冶建设有限公司第七工程分公司

贵州省五一劳动奖章

黄若愚（苗族）　贵阳铝镁设计研究院有限公司技术研发中心智能制造研究组

吴庭合（侗族）　遵义铝业股份有限公司电解铝厂

宁夏五一劳动奖章

王　磊　宁夏银星能源股份有限公司

云南省五一劳动奖章

宁显峰　中铜矿产资源有限公司昭通项目部

刘　强　云南云铝海鑫铝业有限公司生产运营部

广西五一劳动奖章

甘廷琨　中国铝业股份有限公司广西分公司

黑龙江省五一劳动奖章

曹宇轩　东轻

河南省五一劳动奖章

霍立强　中铝洛阳铜加工有限公司熔铸厂

中共西藏自治区委员会、人民政府通报第九批援藏优秀个人

赵　鹏　青海分公司党群工作部部长、团委书记

韩宝云　宁夏能源集团团委书记、宁夏新能源研究院（有限公司）副院长

【集团级荣誉】

中铝集团青年岗位能手标兵

王军强　中铝科学技术研究院有限公司中铝材料院仿真技术研究所

中铝集团青年岗位能手

邓　理　遵义铝业股份有限公司氧化铝厂赤泥压滤车间技术员

郭国辉　包头铝业有限公司电解四厂支持工程师

康淑娟（女）　中国铝业连城分公司运行管理中心理化分析

中铝集团行业职业技能竞赛青年岗位能手

杨　辉　宁夏银星发电股份有限公司设备维护部热控班技术员

王思一　云南云铝涌鑫铝业有限公司检修工区区域工程师、副班长

李　兵　云南云铝涌鑫铝业有限公司电气工程师

孙满宗　云南源鑫碳素有限公司阳宗海生产区事业部焙烧工序生产一组组长

田雪飞　云南驰宏锌锗股份有限公司会泽矿业分公司跃进坑采掘作业副经理

白得坡　中色科技股份有限公司工程造价咨询公司市场开发部副部长

白倩倩（女）　西南铝业（集团）有限责任公司技术中心仿真技术研究室新材料研发区域工程师

周泽宇　中铝科学技术研究院有限公司中铝材料院材料研发工程师

刘晓天　山东山铝环境新材料有限公司电气巡检班班长

周　彬　贵州铝厂有限责任公司贵州铝业技师学院教师班班长

陈　娜（女）　中铜东南铜业有限公司质量检验中心支持工程师

赵钱金子　贵阳铝镁设计研究院有限公司电气工程分院工程师

柴悦迪（女）　中铝资产经营管理有限公司党群综合部业务经理

刘博楠　东北轻合金有限责任公司中厚板厂轧制工区轧机丙班班组长

章良新　中铝瑞闽股份有限公司机械支持工程师

王同波　中铝科学技术研究院有限公司中铜工

程技术研究院材料研发工程师

沈　乐　中铝矿业有限公司技术质量中心科技研发科主管

中铝集团优秀共青团员

孙柏杨　中铝宁夏能源集团有限公司六盘山热电厂热控班一级检修工

李倚璇　中铝物流集团重庆有限公司安全环保健康部（保障中心）综合事务管理员

段锡洋　贵州华锦铝业有限公司设备保障中心电气技术员

李旭鹏　中铝中州新材料科技有限公司生产质量科调度员

代吉龙　中国铝业连城分公司机修二厂检修工

胡忠文　广西华磊新材料有限公司电解铝厂安全环保业务主办

高雨桐　中铝洛阳铜加工有限公司装备保障部业务员

李亚鑫　云南迪庆有色金属有限责任公司动力厂技术员

欧智宇　彝良驰宏矿业有限公司动力厂电气作业副经理

曹　勇　云南冶金资源股份有限公司技术员

尚逸尘　沈阳铝镁设计研究院有限公司智能制造研究所设计部技术员

文　昊　中国有色金属长沙勘察设计研究院有限公司投资开发公司技术人员

王　凯　云南金鼎锌业矿山项目部担任预算员

史肖颖　中铝国际（天津）建设有限公司技术中心技术员

李橦瑶（女）　贵州贵铝现代城市服务有限公司党群工作部宣传干事

郝汝鑫（女）　中国长城铝业有限公司安全环保健康部安全监督管理科科员

苏雨婷（女）　中铝资本控股有限公司法律与风控审计部业务主管

任利聪　西南铝业（集团）有限责任公司压延厂第三制造部机械支持工程师

徐　鹏　东北轻合金有限责任公司技术中心制造部动态力学室实验员

渠文鑫　中铝山西新材料有限公司热电分厂综合管理科科员

中铝集团优秀共青团干部

樊小露（女）　中铝（上海）碳素有限公司广西分公司团支部书记

曹勋昶　广西华昇新材料有限公司团委书记

邓志锋　鹤庆溢鑫铝业有限公司团委副书记

崔丽娜（女）　山西新材料有限公司氧化铝联合团支部书记

武欣仪　兰州铝业有限公司机关一团支部书记

杨泽旺　云南铝业股份有限公司团委副干事

马　媛（女）　中国铜业云南铜业楚雄滇中有色金属有限责任公司团委副书记

张　磊　中铜华中铜业有限公司团委委员、熔铸团支部书记

谢雪蕾（女）　中铜（昆明）铜业有限公司团支部纪检委员

阚永能　中铜国际贸易集团有限公司团支部青年委员

权爽乐　中国有色金属工业第六冶金建设有限公司团委副书记

林　森　长沙有色冶金设计研究院有限公司团委副书记

余　璨（女）　中国有色金属工业昆明勘察设计研究院有限公司矿业工程技术公司团支部书记

张成光 中铝资产经营管理有限公司团委委员、贵州铝厂有限责任公司团委委员

赵　刚 中铝资本控股有限公司团委委员、云晨期货有限责任公司团支部书记

杨　慧（女） 西南铝业（集团）有限责任公司挤压厂团委书记

李厚印 东北轻合金有限责任公司板带厂团总支书记

方　毅 中铝瑞闽股份有限公司汽车板团支部书记

张沣国 中铝科学技术研究院有限公司第二团支部书记

张　宁 中国长城铝业有限公司团委委员、党群工作部共青团主管

中铝集团优秀青年志愿者

张志会 云铝阳宗海铝电解分公司团委委员、动力工区变电运行工兼工会委员、团支部委员

赵雪君（女） 中国铝业股份有限公司青海分公司质量物资管控中心化验室化验分析工

杨法侁 兰州铝业有限公司电解二厂生产安全环保办公室技术员

李剑萍（女） 云南省冶金医院医务部科员

罗锡山 云南金鼎锌业有限公司经营服务中心副经理兼箐门驻村第一书记

刘登峰 东北轻合金有限责任公司中厚板厂团总支书记、安全环保组安全员

朱华川 西南铝业（集团）有限责任公司锻造厂设备保障部机械支持工程师

杨永兴 西南铝业（集团）有限责任公司压延厂设备运行部机械支持工程师

李晨晓（女） 中铝山东有限公司氧化铝厂生产中心调度技术员、团委干事

王星芸（女） 中铝山西新材料有限公司精细氧化铝事业部综合管理科科员

【附　录】

Appendices

中国铝业集团有限公司所属企业全称和规范简称

表 1

一、各经营单元及直管单位

序号	企业（单位）全称	规范简称
1	中国铝业股份有限公司	中铝股份
2	中国铜业有限公司	中国铜业
3	中国铝业集团高端制造股份有限公司	中铝高端制造
4	中铝国际工程股份有限公司	中铝国际
5	中铝资产经营管理有限公司	中铝资产
6	中铝资本控股有限公司	中铝资本
7	中铝环保节能集团有限公司	中铝环保
8	中铝创新开发投资有限公司	中铝开投
9	中铝海外发展有限公司	中铝海外
10	中铝智能科技发展有限公司	中铝智能
11	中国铝业集团有限公司中央研究院	中铝中央研究院
12	中铝铁矿控股有限公司	中铝铁矿

二、中国铝业股份有限公司

序号	企业（单位）全称	规范简称
1	中铝山东有限公司	中铝山东
2	中铝矿业有限公司	中铝矿业
3	中铝山西新材料有限公司	山西新材料
4	中国铝业广西分公司	广西分公司
5	中铝中州铝业有限公司	中州铝业
6	中国铝业重庆分公司	重庆分公司
7	山西华兴铝业有限公司	山西华兴
8	广西华昇新材料有限公司	广西华昇
9	中国铝业贵州分公司	贵州分公司
10	中国铝业青海分公司	青海分公司
11	包头铝业有限公司	包头铝业
12	兰州铝业有限公司	兰州铝业
13	山西华圣铝业有限公司	山西华圣

续表 1

序号	企业（单位）全称	规范简称
14	抚顺铝业有限公司	抚顺铝业
15	遵义铝业股份有限公司	遵义铝业
16	甘肃华鹭铝业有限公司	甘肃华鹭
17	中国铝业连城分公司	连城分公司
18	山西中铝华润有限公司	山西中润
19	广西华磊新材料有限公司	广西华磊
20	云南铝业股份有限公司	云铝股份
21	中国铝业郑州有色金属研究院有限公司	郑州研究院
22	中铝宁夏能源集团有限公司	宁夏能源
23	中铝国际贸易集团有限公司中铝（上海）有限公司	中铝国贸集团（中铝上海）
24	中铝能源有限公司	中铝能源
25	中国铝业香港有限公司	中铝香港
26	中铝物流集团有限公司	中铝物流
27	中铝物资有限公司	中铝物资
28	广西华银铝业有限公司	广西华银
29	贵州华锦铝业有限公司	贵州华锦
30	中铝集团山西交口兴华科技股份有限公司	兴华科技
31	贵州华仁新材料有限公司	贵州华仁

三、中国铜业有限公司

序号	企业（单位）全称	规范简称
1	云南铜业股份有限公司	云铜股份
2	中铜矿业国际	中矿国际
3	中铜矿产资源有限公司	中铜资源
4	中铜国际贸易有限公司	中铜国贸
5	中铝洛阳铜业有限公司	洛阳铜业
6	中铜（上海）铜业有限公司	上海铜业
7	中铜华中铜业有限公司	华中铜业
8	中铝洛阳铜加工有限公司	洛阳铜加工

续表 1

序号	企业（单位）全称	规范简称
9	中铜（昆明）铜业有限公司	昆明铜业
10	云南铜业房地产开发有限公司	云铜地产
11	云南铜业科技发展股份有限公司	云铜科技
12	云南铜业矿产资源勘查开发有限公司	云铜勘查
13	中国云南国际经济技术合作有限公司	云南国际
14	云南铜业（集团）钛业有限公司	云铜钛业
15	云南驰宏锌锗股份有限公司	驰宏锌锗
16	云南金鼎锌业有限公司	金鼎锌业
17	云南冶金新立钛业有限公司	新立钛业
18	云南冶金云芯硅材股份有限公司	云芯硅材
19	云南文山斗南锰业股份有限公司	斗南锰业
20	云南永昌硅业股份有限公司	永昌硅业
21	云南冶金昆明重工有限公司	昆明重工
22	昆明有色冶金设计研究院股份公司	昆明有色院
23	昆明冶金研究院有限公司	昆明冶研院
24	云南冶金集团财务有限公司	云冶财务
25	云南冶金资源股份有限公司	云冶资源
26	云南冶金集团投资有限公司	云冶投资
27	云南冶金集团金水资产经营有限公司	金水资产
28	云南冶金仁达信息科技产业有限公司	云冶仁达信息
29	云南冶金高级技工学校	云南冶金技校
30	中铝秘鲁矿业	秘鲁矿业

四、中国铝业集团高端制造股份有限公司

序号	企业（单位）全称	规范简称
1	西南铝业（集团）有限责任公司	西南铝
2	东北轻合金有限责任公司	东轻
3	西北铝业有限责任公司	西北铝
4	中铝瑞闽股份有限公司	中铝瑞闽
5	中铝铝箔有限公司	中铝铝箔

续表 1

序号	企业（单位）全称	规范简称
6	中铝特种铝材（重庆）有限公司	中铝特材
7	中铝河南洛阳铝加工有限公司	洛阳铝加工
8	中铝沈阳有色金属加工有限公司	中铝沈加
9	中建铝新材料有限公司	中建铝
10	中铝材料应用研究院有限公司	中铝材料院

五、中铝国际工程股份有限公司

序号	企业（单位）全称	规范简称
1	沈阳铝镁设计研究院有限公司	沈阳院
2	中铝国际工程股份有限公司沈阳分公司	中铝国际沈阳分公司
3	贵阳铝镁设计研究院有限公司	贵阳院
4	中铝国际工程股份有限公司贵阳分公司	中铝国际贵阳分公司
5	长沙有色冶金设计研究院有限公司	长沙院
6	中铝国际工程股份有限公司长沙分公司	中铝国际长沙分公司
7	中色科技股份有限公司	中色科技
8	中铝国际工程股份有限公司洛阳分公司	中铝国际洛阳分公司
9	中国有色金属长沙勘察设计研究院有限公司	长勘院
10	中铝国际工程股份有限公司长勘分公司	中铝国际长勘分公司
11	中国有色金属工业昆明勘察设计研究院有限公司	昆勘院
12	中铝国际工程股份有限公司昆明分公司	中铝国际昆明分公司
13	中国有色金属工业第六冶金建设有限公司	六冶
14	九冶建设有限公司	九冶
15	中色十二冶金建设有限公司	十二冶
16	中铝西南建设投资有限公司	西南公司
17	中铝国际（天津）建设有限公司	天津建设
18	中铝山东工程技术有限公司	山东工程
19	中铝招标有限公司	中铝招标

六、中铝资产经营管理有限公司

序号	企业（单位）全称	规范简称
1	山东铝业有限公司	山东铝业
2	中国长城铝业有限公司	长城铝业
3	贵州铝厂有限责任公司	贵州铝厂
4	中铝山西铝业有限公司	山西铝业
5	平果铝业有限公司	平果铝业
6	河南中州铝厂有限公司	中州铝厂
7	青海铝业有限责任公司	青海铝业
8	包头铝业（集团）有限责任公司	包铝集团
9	兰州铝厂有限公司	兰州铝厂
10	兰州连城铝业有限责任公司	连城铝业
11	郑州轻金属研究院有限公司	郑研院
12	沈阳华汇资产管理有限公司	沈阳华汇
13	贵阳铝镁资产管理有限公司	贵阳铝镁
14	珠海长冶资产经营管理有限责任公司	珠海长冶
15	洛阳有色金属加工设计研究院有限公司	洛阳院
16	湖南长勘商贸发展有限公司	长勘商贸
17	郑州中铝建设开发有限公司	郑州中铝建
18	山西十二冶资产管理有限公司	十二冶资产
19	中铝润滑科技有限公司	中铝润滑
20	中铝工业服务有限公司	中铝工服
21	中铝投资发展有限公司	中铝投资
22	中铝河南铝业有限公司	河南铝业
23	中铝科学技术研究院有限公司	中铝科学院
24	苏州有色金属研究院有限公司	苏研院

七、中铝资本控股有限公司

序号	企业（单位）全称	规范简称
1	中铝财务有限责任公司	中铝财务
2	中铝融资租赁有限公司	中铝租赁
3	中铝商业保理（天津）有限公司	中铝商业保理
4	中铝保险经纪（北京）股份有限公司	中铝保险经纪
5	中铝建信投资基金管理（北京）有限公司	中铝建信基金
6	中铝创新发展股权投资基金管理（北京）有限公司	中铝创投基金
7	云晨期货有限责任公司	云晨期货

2001—2022 年中国铝业集团

表 2

序号	指标名称 \ 年份	2001	2002	2003	2004	2005	2006	2007	2008	2009	2010
1	氧化铝产量（万吨）	469.70	541.00	604.70	681.00	787.00	962.00	1046.00	1100.00	846.67	1089.75
2	电解铝产量（万吨）	70.70	75.10	96.40	106.70	142.00	297.00	356.00	340.00	346.67	431.73
3	铝加工材产量（万吨）	1.41	17.20	20.00	27.60	41.00	56.00	79.80	93.00	58.00	71.79
4	矿山铜金属含量（万吨）	—	—	—	—	—	—	—	8.95	9.52	9.18
5	精炼铜产量（万吨）	—	—	—	—	—	—	—	38.40	29.08	32.99
6	铜加工材产量（万吨）	—	—	—	—	—	—	—	—	—	—
7	铅精矿产量（万吨）	—	—	—	—	—	—	—	—	—	—
8	锌精矿产量（万吨）	—	—	—	—	—	—	—	—	—	—
9	电锌产量（万吨）	—	—	—	—	—	—	—	—	—	—
10	电铅产量（万吨）	—	—	—	—	—	—	—	—	—	—
11	稀土分离产品产量（万吨）	—	—	—	—	—	—	—	—	—	—
12	稀土矿产量（万吨）	—	—	—	—	—	—	—	—	—	—
13	稀土磁材（万吨）	—	—	—	—	—	—	—	—	—	—
14	销售收入（亿元）	169.45	207.92	310.04	465.53	611.78	1031.22	1063.60	1291.21	1356.07	1954.33
15	上缴税金（亿元）	26.20	25.15	37.48	63.84	94.12	183.64	138.93	180.15	67.94	70.08
16	利润总额（亿元）	21.55	12.24	43.49	99.53	150.13	225.05	166.82	−67.57	−72.51	20.96
17	净利润（亿元）	−10.59	2.08	11.55	32.05	58.35	76.43	132.65	−68.16	−69.67	12.32
18	资产总额（亿元）	431.84	502.03	563.84	834.85	1078.52	1523.99	1776.46	3465.90	3548.50	3742.19
19	资产负债率（%）	52.37	49.68	47.66	48.47	46.08	46.43	50.01	75.83	78.70	79.63
20	净资产收益率（%）	−8.52	1.57	8.06	20.71	22.71	22.10	15.39	−8.35	−8.81	14.82
21	工业总产值（亿元）	174.58	285.29	404.85	496.24	682.33	1096.12	1208.54	1427.77	1049.36	1406.88
22	国有资本保值增值率（%）	—	—	107.60	118.40	—	126.60	113.10	82.70	86.10	93.00

有限公司主要经济指标表

2011	2012	2013	2014	2015	2016	2017	2018	2019	2020	2021	2022
1179.40	1273.00	1372.00	1374.00	1454.30	1469.67	1437.00	1969	1719	1771	1967.70	1990.8
442.50	421.95	422.00	384.00	362.20	303.37	360.70	574.7	613	652	672.06	731.5
68.80	84.50	73.00	100.50	102.46	146.31	167.70	178	186	138.3	176.73	185.8
9.08	9.40	9.40	8.60	26.79	24.92	27.98	31.82	30.38	130.9	33.5	33.0
43.74	45.00	44.00	52.00	53.90	58.31	62.68	68.04	111.51	32.7	134.73	134.9
16.52	31.00	31.00	32.00	29.10	26.23	30.41	28.52	28.55	32.9	36.55	41.2
—	—	—	—	—	—	—	9.47	11.5	11.3	11.24	10.6
—	—	—	—	—	—	—	27.48	36.6	35.4	35.73	35.8
—	—	—	—	—	—	—	53.76	59.3	11.7	10.92	63.6
—	—	—	—	—	—	—	7.57	9.8	60.6	56.16	14.3
—	0.45	0.45	0.66	0.71	0.60	0.67	—	1.35	0.25	2500	—
—	0.08	0.07	0.07	0.19	0.25	0.25	—	0.11	1.27	1.74	—
—	—	—	—	—	—	0.19	0.16	0.17	0.14	—	—
2317.02	2449.40	2794.19	2800.08	2387.79	2675.80	3155.15	3002	3568.17	3670.2	5186.48	5175.98
87.70	84.30	79.94	75.61	74.51	81.68	104.44	108.38	120	122.87	191.31	190.98
29.06	−96.60	−65.47	−197.46	−44.27	1.67	20.50	50.39	50.62	67.83	263.04	288.23
18.20	−99.86	−78.86	−212.16	−50.49	−5.80	0.0012	29.55	30.25	41.88	199.75	243.06
3966.20	4284.15	4662.85	4864.49	4868.44	5218.31	5313.37	6413.14	6544.11	6345.72	6244.4	6250.2
80.35	83.25	84.94	88.57	85.62	83.88	63.26	66.52	64.04	64.13	63.31	
2.37	−13.33	−11.11	−34.38	−8.53	−0.75	0.00	1.44	1.34	3.64	8.79	10.57
1439.67	1614.01	1682.29	1664.31	1543.12	1411.67	2134.14	2162.4	2783.58	3035.47	4165.83	
96.80	74.10	70.30	18.00	12.50	135.35	77.60	130.18	113.60	100.64	130.23	100

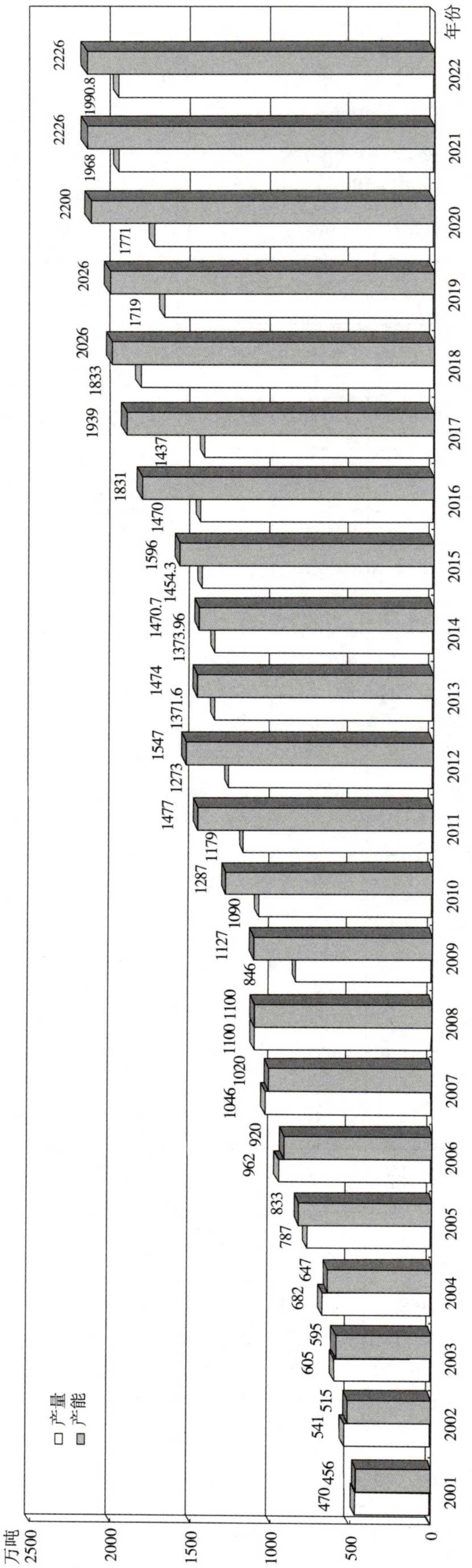
万吨
2500
2000
1500
1000
500
0
年份
□ 产量
■ 产能
2001 470 456
2002 541 515
2003 605 595
2004 682 647
2005 787 833
2006 962 920
2007 1046 1020
2008 1100 1100
2009 846 1127
2010 1090 1287
2011 1179 1477
2012 1273 1547
2013 1371.6 1474
2014 1373.96 1470.7
2015 1454.3 1596
2016 1470 1831
2017 1437 1939
2018 1833 2026
2019 1719 2026
2020 1771 2200
2021 1968 2226
2022 1990.8 2226

（a）氧化铝

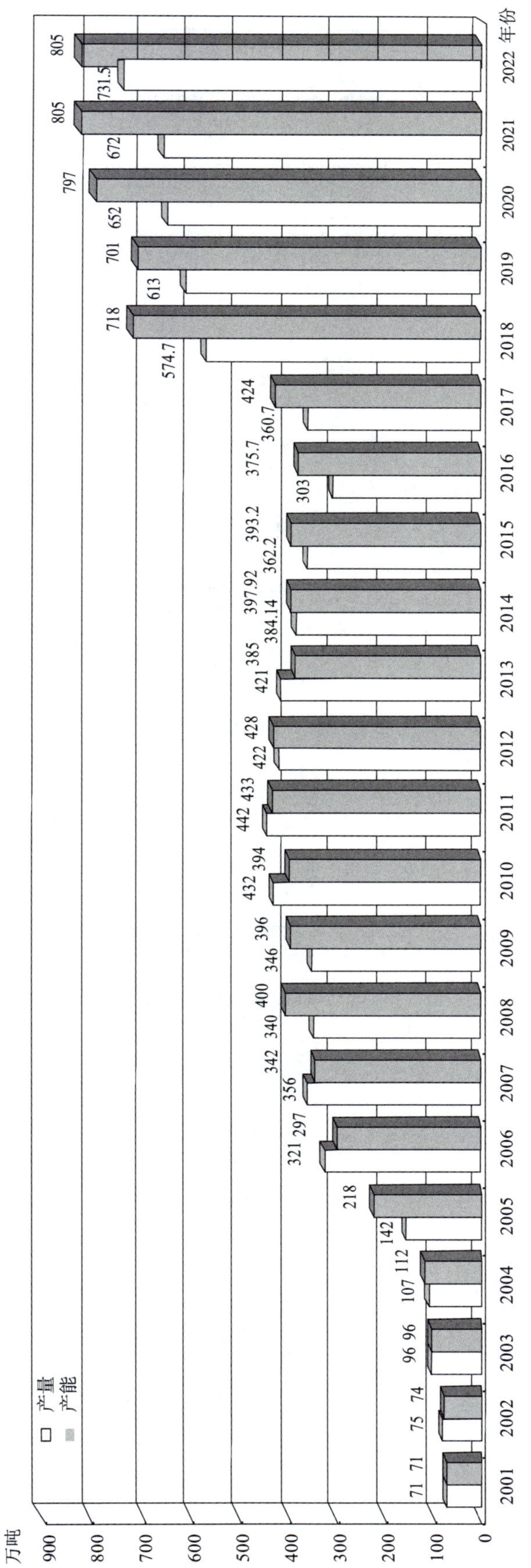
万吨
900
800
700
600
500
400
300
200
100
0
□ 产量
■ 产能
年份
2001 71 71
2002 75 74
2003 96 96
2004 107 112
2005 142 218
2006 321 297
2007 356 342
2008 340 400
2009 346 396
2010 432 394
2011 442 433
2012 422 428
2013 421 385
2014 384.14 397.92
2015 362.2 393.2
2016 303 375.7
2017 360.7 424
2018 574.7 718
2019 613 701
2020 652 797
2021 672 805
2022 731.5 805

（b）电解铝

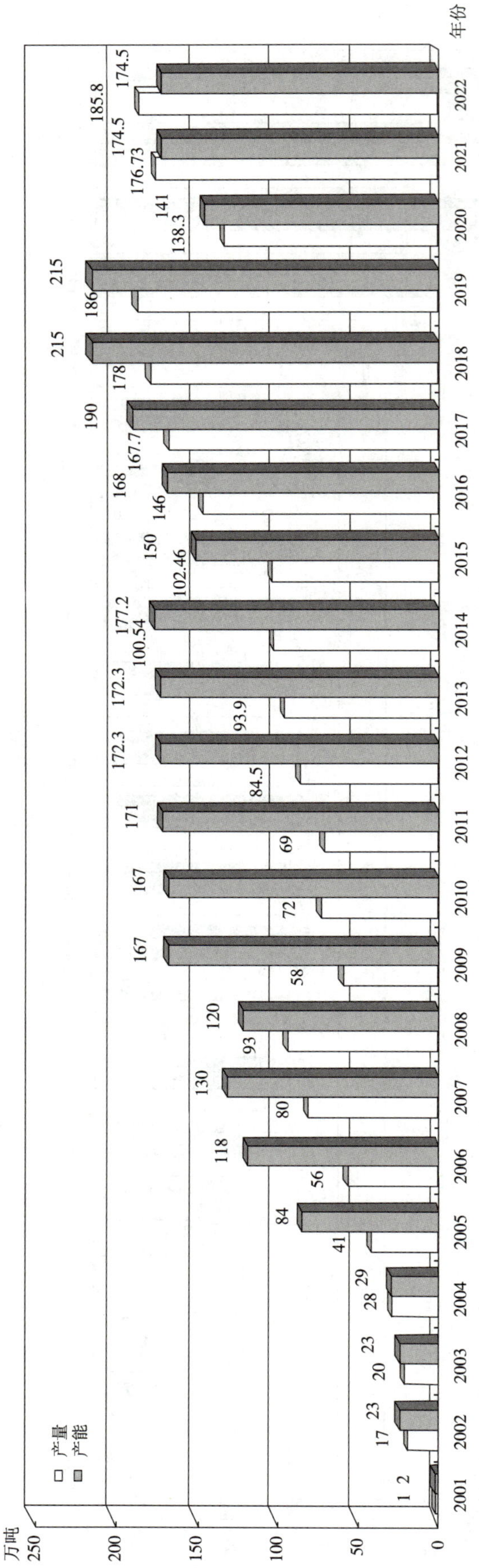

万吨
250
200
150
100
50
0
年份
□ 产量
■ 产能
2001 1 2
2002 17 23
2003 20 23
2004 28 29
2005 41 84
2006 56 118
2007 80 130
2008 93 120
2009 58 167
2010 72 167
2011 69 171
2012 84.5 172.3
2013 93.9 172.3
2014 100.54 177.2
2015 102.46 150
2016 146 168
2017 167.7 190
2018 178 215
2019 186 215
2020 138.3 141
2021 176.73 174.5
2022 185.8 174.5

（c）铝加工材

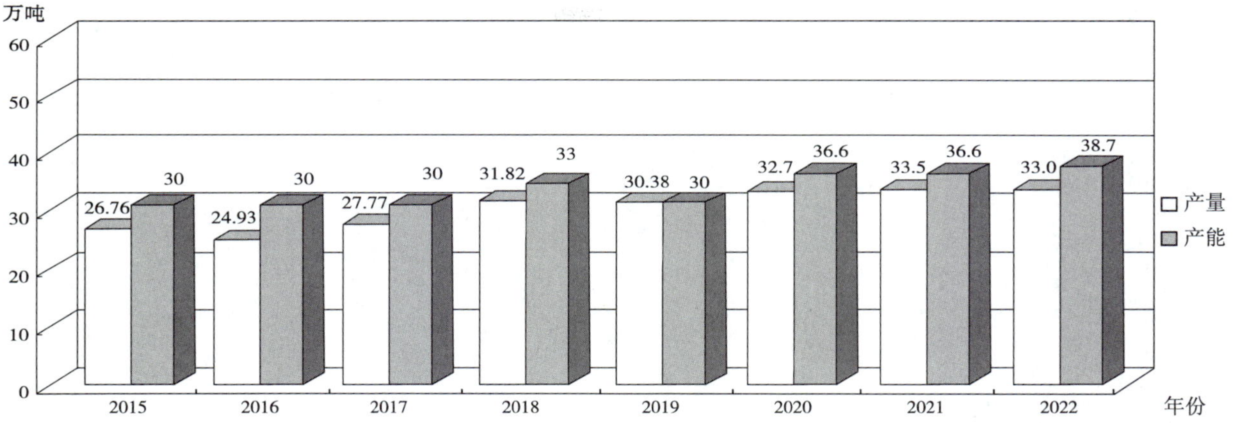

（d）铜精矿

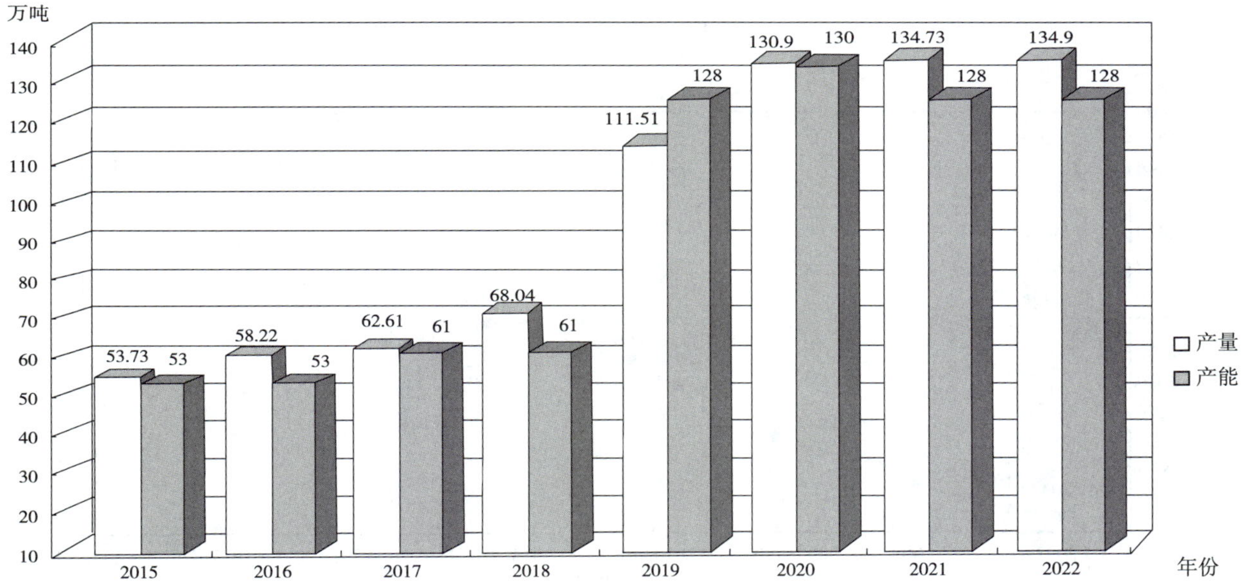

（e）电铜

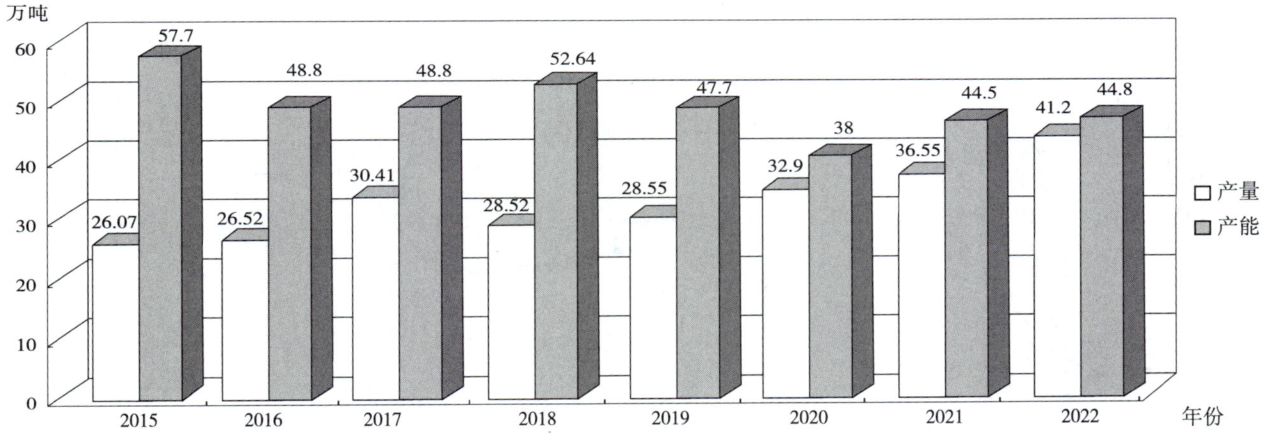

（f）铜加工材

中国铝业集团有限公司主要产品产能、产量图（2001—2022 年）

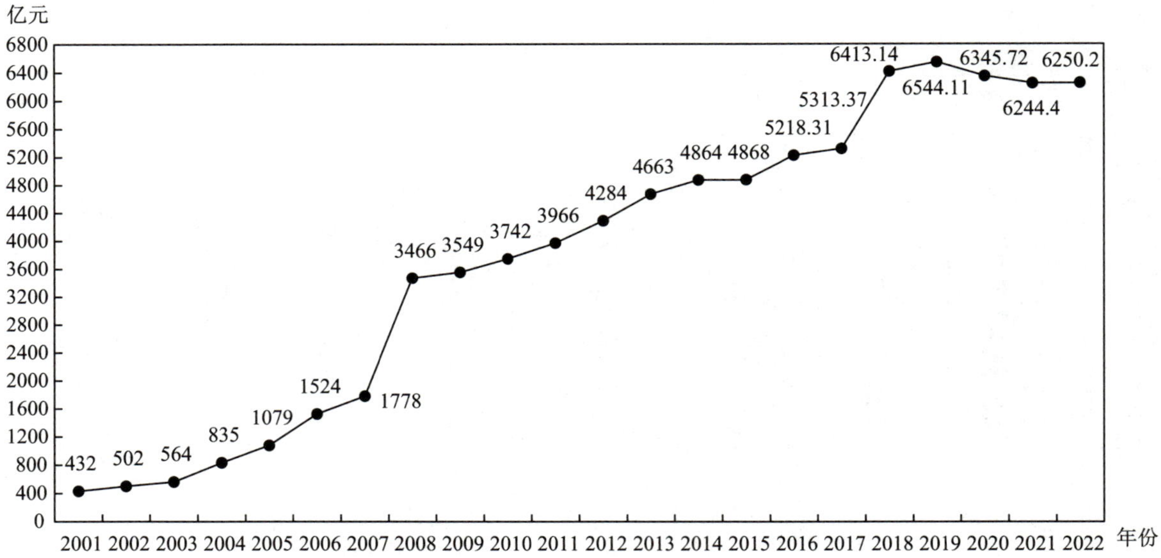

（a）资产总额

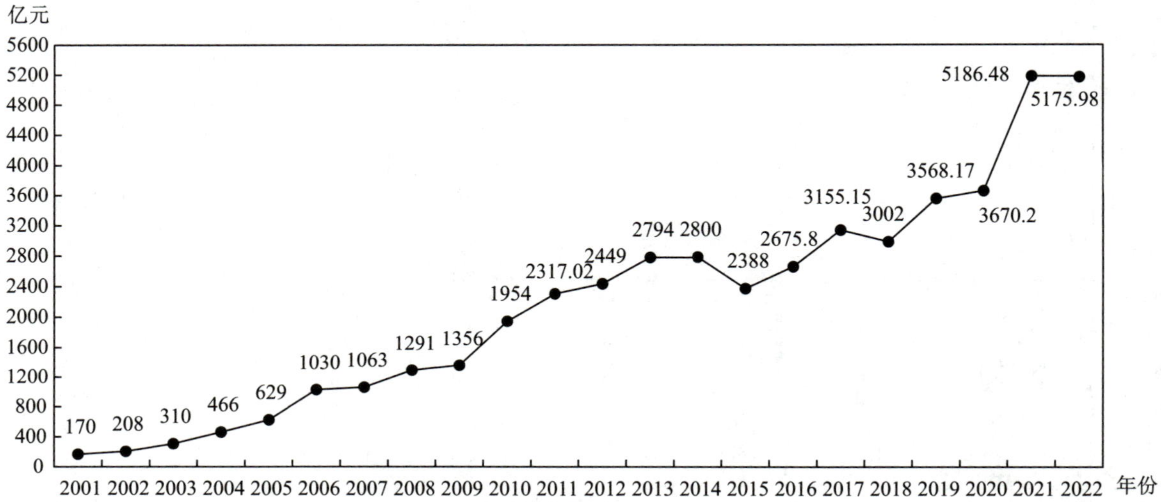

（b）销售收入

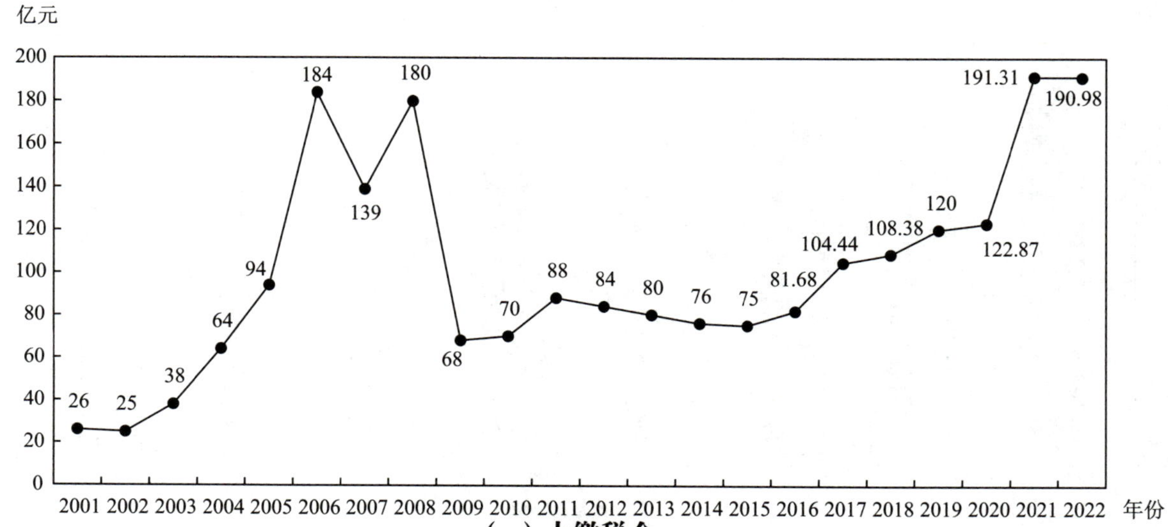

（c）上缴税金

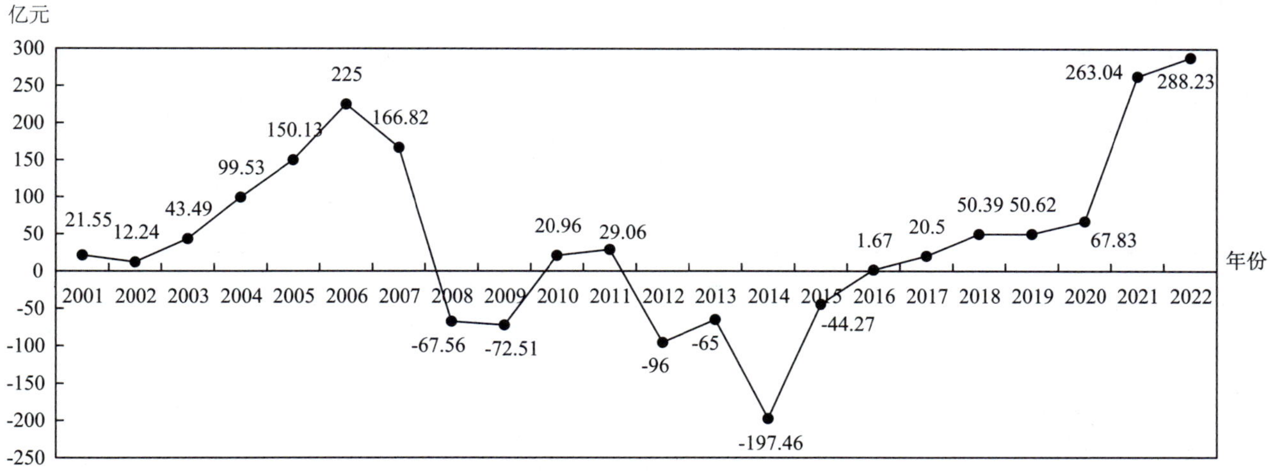

（d）利润总额

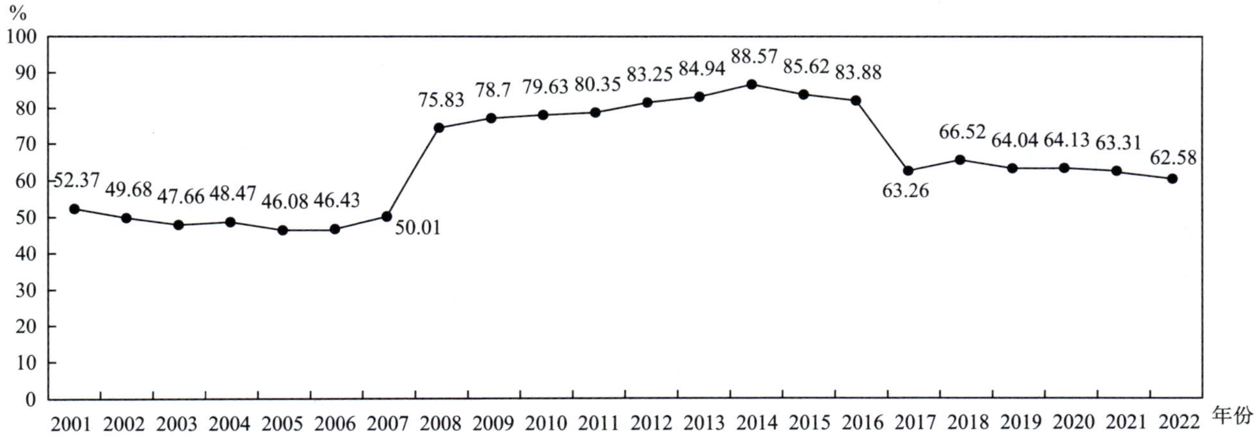

（e）资产负债率

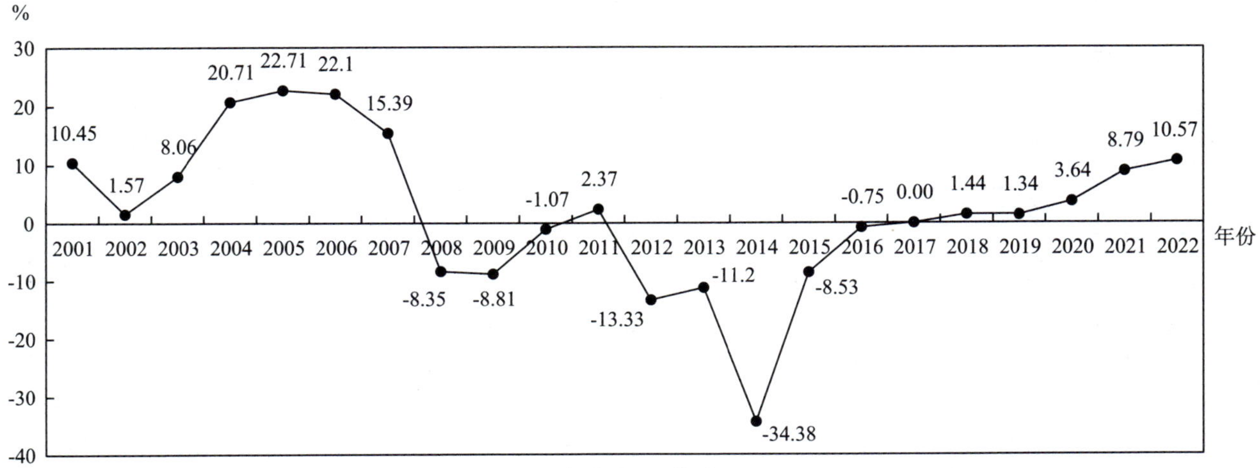

（f）净资产收益率

中国铝业集团有限公司主要经济指标图（2001—2022年）

1953—2022 年全国氧化铝、电解铝、铝加工材产量表

表 3 单位：万吨

年份	氧化铝	电解铝	铝加工材	年份	氧化铝	电解铝	铝加工材
1953	—	0.04	—	1988	126.48	71.81	41.61
1954	2.66	0.19	0.016	1989	131.81	75.83	42.69
1955	5.12	2.07	0.02	1990	146.38	85.43	39.38
1956	6.39	2.16	0.55	1991	152.22	96.25	50.51
1957	9.07	2.92	1.23	1992	158.3	109.64	65.74
1958	10.98	4.85	3.93	1993	182.39	125.45	77.26
1959	18.51	7.14	3.44	1994	184.69	149.84	85.52
1960	18.24	12.06	4.28	1995	219.94	186.97	174.23
1961	12.45	6.62	1.7	1996	254.62	190.07	162.01
1962	16.81	7.73	2.21	1997	293.61	217.85	176.12
1963	19.5	9.01	4.08	1998	334	243.53	147.15
1964	21.75	10.78	5.23	1999	383.74	280.89	176.55
1965	27.71	13.21	5.72	2000	432.81	298.92	217.15
1966	45.76	16.84	3.55	2001	474.65	357.58	234.16
1967	43.39	18.93	4.22	2002	544.96	451.11	298.79
1968	29.45	12.32	3.81	2003	611.21	596.2	399.74
1969	38.69	18.34	6.09	2004	699	669	440
1970	52.73	23.52	6.76	2005	851	781	596
1971	63.02	28.77	7.45	2006	1369.98	935.84	814.78
1972	70.88	28.65	7.99	2007	1945.65	1257.11	1176
1973	60.13	28.56	8.67	2008	2278.41	1317.66	1427.41
1974	32.88	21.4	7.34	2009	2379.23	1296.43	1650.35
1975	56.37	22.13	7.09	2010	2895.91	1619.45	2026.05
1976	40.75	21.61	7.3	2011	3407	1755.5	2345.5
1977	55.86	21.46	8.13	2012	3769.8	2026.7	3039.5
1978	77.87	30.01	10.56	2013	4460.48	2264.02	4086.53
1979	80.43	36.6	13.63	2014	4777.42	2438.2	4845.52
1980	85.45	39.92	18.14	2015	5897.84	3151.81	4426.9
1981	85.94	39.5	24.16	2016	6090.73	3187.32	5706.09
1982	92.28	40.13	25.65	2017	6901.67	3227.33	5832.39
1983	95.03	44.48	28.14	2018	7253.06	3580.19	4554.61
1984	98.01	47.97	30.26	2019	7247.4166	3504.3604	5252.2426
1985	102.49	52.47	30.98	2020	7285.13	3725.30	4452.42
1986	106.55	56.15	33.54	2021	7747.54	3850.32	6105.17
1987	113.51	61.62	37.4	2022	8186.18	4014.43	6221.6

1953—2022年全国铜精矿、电铜、铜加工材产量表

表4　　　　单位：万吨

年份	铜精矿	电铜	铜加工材	年份	铜精矿	电铜	铜加工材
1953	0.06	0.04	1.08	1988	28.18	52.5	44.26
1954	0.74	4.68	1	1989	29.91	56.16	44.33
1955	1.26	4.91	0.7	1990	29.59	55.87	45.19
1956	1.67	7.03	2.41	1991	30.4	56	47.45
1957	2.45	5.28	2.63	1992	33.42	65.92	61.59
1958	3.78	7.11	5.65	1993	34.57	73.03	72.04
1959	5.61	11.69	8.16	1994	39.56	73.61	77.82
1960	8.74	10.03	8.29	1995	44.52	107.97	157.19
1961	4.21	5.34	3.4	1996	43.91	111.91	135.1
1962	4.48	5.84	2.84	1997	49.55	111.94	146.32
1963	5.75	7.83	3.53	1998	48.68	121.13	125.2
1964	7.23	10.58	4.73	1999	52.01	117.42	128.19
1965	9.7	13.31	6.82	2000	59.26	137.11	159.66
1966	12.89	15.9	8.49	2001	58.74	152.33	184.88
1967	8.05	10.42	7.55	2002	56.81	163.25	251.16
1968	4.85	7.51	7.62	2003	60.44	183.63	319.6
1969	10.37	12.58	11.02	2004	74.22	219.87	471.61
1970	14.58	16.53	13.25	2005	76.16	260.04	502.48
1971	19.07	20.69	16.5	2006	87.29	300.32	532.44
1972	19.25	24.12	16.14	2007	92.8	349.94	630.21
1973	18.95	27.23	17.76	2008	93.08	377.93	748.6
1974	15.41	23.47	17.38	2009	96.74	411.08	888.42
1975	18.02	25.77	15.57	2010	115.58	457.35	1009.27
1976	15.63	23.68	14.83	2011	127.2	517.9	1028.2
1977	17.65	26.45	15.15	2012	162.6	582	1153.9
1978	21.34	29.89	18.28	2013	181.97	699.81	1573.96
1979	21.7	33.71	21.15	2014	192.33	795.86	1783.58
1980	22.13	38.36	22.85	2015	166.71	796.89	1618.83
1981	19.84	38.62	23.03	2016	185.07	843.63	2095.99
1982	19.65	35.13	26.87	2017	165.64	888.948	1861.67
1983	19.8	37	26	2018	150.6	902.86	1715.54
1984	21.39	39.23	31.61	2019	162.7751	978.4238	2017.1856
1985	23.97	41.26	38.38	2020	167.33	1003.10	1842.55
1986	25.35	45.6	42.74	2021	185.48	1048.67	2123.51
1987	27.82	51.64	44.39	2022	190	1106.3	2286.5